性別社會學

性別作為範疇、理論與實作

性別社會學

周碧娥——著

The Sociology of Gender:
Gender as Category,
Theory, and Practice

三民書局

謹以此書紀念 張慶輝 教授 (1942–1997)

無私的伴侶、富正義感與愛心的父親、出色的財政學者與經濟學家！

作者序

　　「性別研究」（Gender Studies）與女性主義理論可說是過去 20 年我在清華大學教學生涯授課的核心課題。課程主題涵蓋：在研究所層次，性別社會學、女性主義理論或經典選讀、性別與發展專題、性別、發展與全球化專題等；在大學部，從最早在通識課程的婦女研究與性別研究外，等到人社院成立學士班之後，在性別與社會學程，較常開授的課程有：「性別與社會」、「性別論述」、「台灣e查某人」、「性別與日常生活」等，至於「性別與工作」與「性別與政治」，或許因為牽涉到許多數據，或因主題與學生的生命經驗有距離，不易引發修課學生的興趣，則是曇花一現，偶一為之。總之，由於社會所是個小所，教師編制名額不多，以致有一段時間，約從 90 年代到新世紀的初期，性別領域的課程就變成我的招牌，由我「獨撐大局」！其實，這種情形在社會所其他領域也是相差不多的。

　　也正因有此機緣，這一段不算短的時間我也認真讀了一些女性主義的經典與性別社會學的重要著作，同時也累積了一些心得。多年來，在性別領域的教學現場，教師們會遭遇各種不同的挑戰或挫折，其中之一就是女性主義理論中文教科書的選擇不多，多元性較少。目前坊間雖有集合多位女性主義學者合寫出輯的讀本，合輯的讀本固有其涵蓋面廣，且個別理論派別各由專精學者深入討論的優點，但對初入門者、大學部學生或自學者，合輯讀本則有缺乏一致性與連貫性的缺點，而這也是本教科書寫作的動機。因此，本書嘗試對性別社會關係的分析作一系統性的討論，將「性別」界定為三面向，分三層次討論：「性別作為範疇」、「性別作為理論」及「性別作為實作」。第一篇：導論，性別作為範疇，討論性別概念的萌生及發展；第二篇：性別作為理論，試圖以「平等」與「權利」為核心的社會思想傳統與理論為架構，討論不同派別的女性主義理論關於「性別平

等」與「女權」思想其各自的主張、指出其間的差異並勾勒她們發展的歷史連貫性。有別於傳統女性主義理論的安排,本書將西蒙波娃放置於最後一章,除了剖析波娃對「女性」次級地位的處境論,更希望經由當代對「第二性」的細讀與重讀,凸顯波娃的理論對後世女性主義理論發展的重要貢獻與智識遺產。第三篇:性別作為實作,秉持女性主義立場論的觀點,知識作為力量,要能解放,必也實作。將焦點放回台灣,以「性別研究」在學院建制的過程與「女性參政」的發展作為顯示「性別實作」的方式、策略與成果,同時也檢視台灣性別權力關係在過去 40 年間的變遷。希望透過對「性別」作不同層面與層次的呈現與檢視,這本教科書的出版能對「性別學」的教授者有輔助之用,並讓學習者有所依循,達到依序前進之效。

　　寫書,不比寫論文,需要長時間的投入與耐心,而我總是因為工作或私人的考量與藉口而拖延投入本書的寫作。直到退休之後,終於得以定下心,專注寫書。(也許,因 2020–2021 的 COVID-19 的流行,導致全球移動幾乎停擺,配合防疫,宅在家和研究室專心寫作,也是有助益的。)完成一本書的過程需要許多因素的配合,而許多人的支持是最重要的。本書得以完成首先要感謝三民書局創辦人劉振強先生持續的支持與堅持,過去 20 年間,個人因工作與家庭理由而無法履約如期交稿,甚至決定放棄時,劉董事長總是對我寬容、給我鼓勵。本書終於完成,能由三民書局出版,總算可以履行我對劉董事長的承諾,聊表我對他的尊敬與謝忱。學界朋友與清華人社院學生與同仁的鼓勵也支撐了我的續航力。本書的編輯與校對,包括章節的安排、文稿的潤飾、各章的註解與參考書目的校對等,這些重要細節得以完成,要特別感謝尤美琪博士的細心與投入。三民書局編輯部同仁在出版編輯的協助也是不可或缺,在此一併致謝。當然,本書若有錯誤,仍是作者自負。

　　如果說,「科技始終來自人性。」那麼,「知識就應該源自生命,立基

於生活。」這也是女性主義社會學者 Dorothy Smith 對社會學研究的主張：「日常生活世界作為問題意識：女性主義社會學」(Smith, 1987)。其實我對「性別」或「女性主義」的投入並非源自我的社會學博士班訓練，而是在完成學位，進入高等教育任教與從事學術研究後，職場的挫折經驗而促成的。當時因為身為已婚女性而受到差別待遇的經驗及缺乏同行同儕的支持，讓我驚醒，原來所謂的性別平等只是抽象的原則與口號！從此，投入「性別」研究與教學，至今仍然堅持。

　　堅持性別平等的原則與追求女性主義的理想，並非平坦大道。一路走來需要許多的理解與支持。我很幸運，不但生長在一個男女平等的家庭，也有個平權伙伴關係的婚姻。我深深感謝父母親與兄姐無私的栽培，無條件供給我教育機會，出國留學，直到完成博士學位。這在 60 年代的鄉下，對不富裕的農家而言，絕非易事。最後，僅以本書紀念先夫，張慶輝教授 (1942–1997)，一位堅信「自由主義」的傑出經濟學家，他曾對婚姻作此註解：「婚姻關係也是權力鬥爭的關係。」他的洞見竟與社會主義女性主義經濟學家 Heidi Hartmann 對家庭的看法有異曲同工之處 (Hartmann, 1981)，這應該是出乎他的意料吧！他無私的支持與愛，永誌我心。同時，我也要藉此書感謝女兒，秀慧。她在外多年，早已是個獨立自主的女性，我以她為傲。我們同遊世界各地，分享歡樂時光，更讓我深深體會「有妳／女真好」的幸福。我也希望本書傳遞給秀慧賦權的信息，讓她面對投身的科學與教育職場的性別與族群的挑戰能更從容的應對。"Like mother, like daughter." 為達到性別平等目標的實現，世世代代的女性仍需持續努力！

周碧娥

2022.08

作者序

第一篇
「性別作為範疇」：「性別研究」的萌生　　2

第三篇
「性別作為實作」：性別平等在台灣

第一篇

「性別作為範疇」：
「性別研究」的萌生

<table>
<tr><td>第一章</td><td>導論</td></tr>
</table>

　　「性別研究」是 1960 年代歐美興起的所謂「第二波婦運」的產物,是當代婦女解放運動重要的成果之一。藉由「性別研究」作為學術領域的建立,不但女性主義的立場得以成為建構知識系統的觀點,「性別」作為社會分類的範疇,對社會關係與權力分配的重要性亦得以彰顯。此外,女性/婦女因為她們「雌」的「性」和「女人」的「性別」而處於附屬社會地位的現象,也同時受到社會學領域的重視,並進而重新檢視社會的性別體制,而有「性別社會學」的誕生。

　　隨著女性主義知識體系的發展與成熟,「性別研究」除關注男人與女人之間的不平等外,1990 年代之後的女性主義理論,更將焦點放在女人之間的差異,試圖釐清女人之間因為階級、種族(族群)、性取向等的差異,而受到何種不同的壓迫經驗。

　　近年來,女性主義學者更提出「交織理論」(intersectional theory),試圖將性別與階級、族群、國族、性取向等重要社會分類範疇之間如何互動與交織的途徑,以及其運作的機制和效應加以概念化與理論化。「交織理論」的提出意味著女性主義理論的成熟,「交織」 儼然成為大眾媒體與公共論述普遍使用的語彙,「交織理論」也廣為社會科學分析所引用,顯示「性別」作為社會分析的重要性已備受肯定,「性別研究」作為學術領域,亦已逐漸由邊緣邁向中心。

　　回顧「性別研究」的發展,曾經歷一段漫長的歷史與頗為坎坷崎嶇的道路。關於女性次等地位的批評與女性權利平等的呼籲 , 瑪麗·沃斯通克拉夫特 (Mary Wollstonecraft, 1759–1797) 於 18 世紀後期出版的《為女權辯護:關於政治及道德問題的批判》 (*A Vindication of the Rights of Woman: With Strictures on Political and Moral Subjects*, 1792) 可說是女性主義思潮發展初期的系統性論述

之一，此書也被當代女性主義者公認為現代女權思潮的發端 (Wollstonecraft 1996 [1792])。

　　至於當代「性別研究」的建制，則是女性主義知識體系在 1980 年代後期的發展。首先，在 1960 年代，「婦女研究」在當代婦女解放運動和女性主義學者的共同致力推動下成立並蓬勃發展，而「性別研究」則奠基在「婦女研究」的基礎上，將關注的核心議題與研究主體，由「婦女／女性」提升為「性別」，研究的範圍則進一步擴展到包括「男性研究」與「跨性別研究」。

　　對於女性知識的建立，由「婦女研究」到「性別研究」此一發展路徑的歷史意義，女性主義社群看法歧異，不同陣營之間態度不同，立場各異。雖然多數女性主義學者持正面看法，認為有助於女性主義知識體系在學術界的主流化。但堅持以女性和長期被壓迫的性別為主體的婦運與「基進女性主義」陣營，則認為以「性別」取代「婦女」作為知識建構的核心議題，是放任女性主義被主流收編，也是女性主義者的全面妥協。因此，拒絕以「性別研究」取代「婦女研究」，作為建構女性知識體系、達到翻轉男性主流知識偏差的途徑 (Braidotti 1994)。

　　雖然女性主義者或許對於究竟要以「性別」或「女性」作為建構解放性知識的發展路徑仍存在爭議，但可以肯定的是，藉由「婦女研究」與「性別研究」的推動與建制，關於「性」、「性別」、「性別關係」的想像與理解，已有相當程度的進展。以往被認為是「天生自然」、「非女即男」、「一分為二」的「性」，或是「性」與「性別」不分的傳統說法，在「婦女研究」與「性別研究」的光譜檢視下，業已呈現複雜多元的樣貌，不再自然、也不簡單，既非生物、也不純然醫學，而是處處都充斥著文化的鑿痕與社會的建構。

　　關於「性別」的論述，除了傳統主流男性觀點的「自然論」以外，女性主義的「婦女研究」與「性別研究」亦提出「文化決定論」與「社會建構論」的觀點。而關於「性」的分類，除了傳統的「男」、「女」之外，經過女性主義學者對醫學文獻的重新檢視，更發現還有介於兩者之間，共五種不同的生殖生理特徵的「性」。至於「性」與「性別」的概念化與理論化，經過為時半世紀女性

主義者的投入，以及從「婦女研究」到「性別研究」的制度化，關於性別體制與性別關係的解釋，不但當代女性主義理論已有各自不同的論點與派別，可謂眾聲喧嘩，且「性別社會學」更已是當代社會學不可忽視的一個領域。

本書共分為三大篇，簡單介紹如下：

第一篇為「『性別作為範疇』：『性別研究』的萌生」，討論當代「性別研究」出現的背景、發展的路徑與核心關懷議題，共分為以下四章。第一章〈導論〉。第二章〈當代性別研究的發展：從「婦女研究」到「性別研究」〉：重溯當代性別研究的發展過程，探討「性別研究」作為一門當代新興的學術領域，其興起的社會脈絡與發展歷程，對學科知識所產生的效應。第三章〈發現「性別」〉：討論社會對「性別」既有的看法，也就是所謂的傳統性別論述：「自然論」，並檢視隱含在這類論述背後的一套關於性別差異的邏輯與性別關係的論證，最後提出女性主義對此類論述的批判。第四章〈性別論述〉：延續前一章的討論，進一步探究「性別」作為社會分類的範疇，其指涉的內涵是什麼？是性或性別，抑或生理性別與社會性別？兩者之間是否相關？其關係究竟如何？這是一個頗具爭議性的問題，學界也分持不同看法。此外，作為第二篇的前導與引言，本章也將聚焦在當代女性主義理論發展初期，關於「性別」的三種不同論述：「自然論」、「文化決定論」與「社會建構論」。

第二篇為「『性別作為理論』：當代社會學女性主義理論」，討論當代主要的社會學性別理論，以性別觀點作為檢視社會制度的女性主義理論為討論重點。雖然當代女性主義理論經過為期半世紀的發展，已累積相當豐碩的成果，除了傳統以女性為主體，且以關注性別不平等為主的女性主義理論派別之外，還有晚近以多元性或情慾為出發點，關注性別權力關係的酷兒理論 (queer theory)，但本書將聚焦在上述第一類的性別理論。

本書第二篇主要討論的社會學女性主義理論，共分為六章。第五章〈自由主義女性主義理論〉：涵蓋古典與當代的「自由主義女性主義」。第六章〈社會主義女性主義理論〉：包括「馬克斯女性主義」與當代「社會主義女性主義」。第七章〈基進女性主義理論〉：以早期的「基進女性主義」理論代表人物為主，

討論「基進女性主義」對當代性別研究的獨特貢獻。第八章〈有色婦女女性主義理論〉：包括「美國有色婦女女性主義」（黑人女性主義）理論，以及「第三世界有色婦女女性主義」理論。第九章〈心理分析女性主義理論〉：不同於前述「結構論」主張的女性主義理論，「心理分析女性主義」堅持若要從根本解釋女人特定的行為方式，則必須要從女人們的心理 (psyche) 出發，特別是隱藏於內心深處，對於「身為女人」此事的看法與「女人是什麼」的想法來著手。當代「心理分析女性主義」理論可分為以下兩類：其一是佛洛伊德 (Sigmund Freud, 1856–1939) 的心理分析，特別是「嬰兒性慾」(infantile sexuality) 發展理論中，以「伊底帕斯情結」(Oedipus complex) 的構念 (construct) 為基礎而發展的理論；其二是以繼他之後的拉岡 (Jacques Lacan, 1901–1981) 所提出的語言與象徵系統的心理分析為基礎，而發展出來的拉岡式 (Lacanian)「心理分析女性主義」理論。第十章則為〈西蒙波娃與當代女性主義理論〉：西蒙波娃 (Simone de Beauvoir, 1908–1986) 的《第二性》(The Second Sex [TSS], 1949)，是當時少數對於女人與女性地位的系統化分析與理論，她一方面批評當時男性關於女人論點的錯誤，另一方面檢視歷史與神話等文化因素對於女人的呈現，並分析女性生命不同階段的社會情境，是如何形塑女人 (woman) 及女性 (femininity)。她所提出的名言：「女人不是天生命定，而是後天養成」(One is not born, but rather becomes, a woman.) (TSS: 283)，更被視為是當代「性別建構論」的先驅。

由於波娃的《第二性》中，關於女人如何被形塑的批判，涵蓋宏觀層次與微觀層次，可謂博大精深，不但檢視西方歷史、神話與文化中的女性論述，更從個人生命經驗的各個階段：包括嬰兒／孩提、少女、成年（妻子／母親）、更年期／老年等階段，檢視女人身體、性／情慾與角色的「處境」(situation)，是如何造就女人成為「他者」（而非「主體」）的性別身分。因此，波娃的理論很難定於一尊，她既強調結構因素的「性別建構論」的重要性，也不否認「性」與「身體」的主張，她更提出「處境說」試圖將二者之間予以連結，可謂當代女性主義理論的先行者。

因此，對於許多「性別研究」者而言，西蒙波娃的《第二性》堪稱是當代

「女性主義聖經」(feminist bible)，任何關於當代女性主義的討論，如果沒有涵蓋西蒙波娃的《第二性》，將會被視為不完整與不夠格的。本書將波娃的《第二性》放在女性主義理論的最後一章，而不是第一章，其目的在於突顯波娃關於性、性別、身體與處境間關係之論述的先驅地位，藉此更加彰顯其理論的重要性。

　　本書的第三篇為「『性別作為實作』：性別在台灣」，將焦點放在台灣，共分為兩章，分別從「性別研究的發展」與「女性政治權力」兩個議題出發，探討台灣性別教育與女性權力在過去 40 年間的變遷。第十一章〈「性別研究」主流化：台灣高等教育的性別化〉：從實證資料的分析，追溯「性別研究」如何從「婦女研究」到「性別研究」，發展成為台灣高等教育及學術領域建制化的途徑與過程，藉此反映以女性為主體的女性主義知識系統，在台灣男性主流的學術領域中，其主流化的程度為何，以衡量女性的知識權力。第十二章〈政治平等作為性別實作：兼論台灣女性的政治參與〉：以過去 40 來，台灣女性參與公共事務與決策的統計資料，例如女性參與各級選舉的投票率、參選率與當選率，以及她們在各級政府擔任行政主管的比例等，作為測量女性在傳統政治領域的代表率，以及女性政治權力的具體展現。

　　這兩篇論文，原來是應「行政院性別平等處」的邀約所撰寫的論文。第十一章〈「性別研究」主流化：台灣高等教育的性別化〉，原刊登於「行政院性別平等會」的「性別平等觀測站」❶。為使此論文更加合時與完備，相關部分的資料已作補充與更新。而第十二章〈政治平等作為性別實作：兼論台灣女性的政治參與〉，則是收錄在「行政院性別平等處」所出版的「性別意識進階教材系列叢書」：《性別與權力、決策與影響力》（行政院性別平等處，2017）。由於政治平等是性別權力平等的核心概念，提升女性參政影響力是近年各國女性及國

---

❶　參見周碧娥，2018，〈性別教育主流化：台灣高等教育的性別化〉，原刊登於「行政院性別平等會」的「性別平等觀測站」：https://geo.ey.gov.tw/article?id=8a946c9262effeba0163c9a0c9fd000d，取用日期：2021 年 7 月 5 日。

際婦女組織致力推動的目標，歐盟與聯合國的婦女組織更認定「性別配額制度」為達成該目標最有效的積極政策措施。同時，自 1995 年聯合國「第四屆世界婦女大會」 (The Fourth World Conference on Women) 在北京發表 「北京宣言」 (Beijing Declaration) 與「行動綱領」(Platform for Action) 之後的 25 年來，隨著更多國家的選舉辦法採納不同形式的 「性別配額」制度，全球女性在政治的權力，特別是在國家議會層次的代表權，獲得顯著的提升。因此，本章除更新國內外女性政治參與的現況資料，也對 「性別配額制度」的相關資訊與效應，作較大幅度的更新與補充，提供有興趣的讀者參考。

　　作為教科書，本書所設定的讀者，是以選修性別進階課程（例如性別理論或女性主義理論等）的大學部高年級學生為對象，以作為這些課程的課堂參考讀本。各章內容除協助學生瞭解「性別」作為社會學概念的內涵、意義與脈絡，並熟悉不同派別女性主義理論的主張、特色、異同與發展之外，傳遞女性主義知識更重要的目的，則是必須培養學生批判、分析與實踐的精神與能力。「性別」、「性」、「男」與「女」是最為日常的社會現象，也是人們生活中最習以為常的社會關係。這本書若能對關心此一議題的讀者，開啟一個不同於傳統的性別視角，重新看待既有的性別關係，那就是身為作者的最佳回饋。

參考書目

Beauvoir, Simone de, 2011, *The Second Sex* (*TSS*), translated by Constance Borde and Sheila Malovany-Chevallier. New York: Vintage Books.

Braidotti, Rosi, 1994, *Nomadic Subjects: Embodiment and Sexual Difference in Contemporary Feminist Theory*. New York: Columbia University Press.

Wollstonecraft, Mary, 1996 [1792], *A Vindication of the Rights of Woman*, edited by Candace Ward. New York: Dover Publications.

行政院性別平等處編，2017，《性別與權力、決策與影響力》。台北：行政院。

第二章

當代性別研究的發展：
從「婦女研究」到「性別研究」

　　「性別研究」(Gender Studies) 是 20 世紀後期新興的學術領域，是當代婦女運動的產物，也可說是 1960 年代第二波婦女運動發展的最重要成果之一，甚至可以說是當代婦運最特殊之處，許多女性主義者或婦運人士，將之稱為婦運在學院的分部或其學術部門 (an academic arm of woman's movement) (Gordon 1975: 565)。

　　雖然「性別研究」的萌生是當代婦女解放運動的成果，但這個學術領域的出現並不是婦運人士原先所設想的產物。嚴格說來，「婦女研究」(Women's Studies) 才是當代婦運的直接成果，「性別研究」可說是從「婦女研究」的基礎演變而來，「性別研究」或可被看作是「婦女研究」的進階版。

　　然而，並非所有女權運動者都認同二者之間的此一關係，對一部分的婦運人士或女性主義者而言，沒有所謂的「性別研究」，她們堅持「婦女研究」才是以女人為主體來建構女性主義的知識系統。以「性別」取代「婦女」的「性別研究」，是一種對主流學術的妥協。另一方面，對許多非學界的人士而言，「性別研究」直至今日仍是相對陌生的名詞，至於對傳統主流或男性為主（男流）的學術界而言，「性別研究」更是非正統的 (illegitimate) 領域，他們既不認可「性別」作為研究議題的必要性，也對其具有價值取向或政治實踐的知識立場保持懷疑的態度。

　　由此可知，「性別研究」的發展並非一蹴即成，而是有一段曲折甚至是顛簸坎坷的路程。因此，在針對性別研究做深入探討之前，先將此一領域的發展過程作一扼要的呈現，將有助於讀者對性別研究背景與相關議題的理解。

　　關於婦女問題的討論，並非源自 1960 年代的當代婦女解放運動（或一般通

稱的 「第二波婦運」），而是歷經一段相當漫長的歷史。若是追溯到 1792 年瑪麗·沃斯通克拉夫特 (Mary Wollstonecraft, 1759–1797) 發表《為女權辯護：關於政治及道德問題的批判》(*A Vindication of the Rights of Woman: With Strictures on Political and Moral Subjects*, 1792) 此一經典之作，更是已有兩百多年的歷史。

另外，在 19 世紀中期，馬克思 (Karl Marx, 1818–1883) 討論資本主義和工業革命所造成的階級不平等的社會問題時，也具體提到「婦女問題」(Women's Questions, 1844)。馬克思指出在工業革命大幅改變生產關係之後，婦女就開始面臨無產階級的社會關係。雖然他並未深入探討女人的問題，但恩格斯 (Friedrich Engels, 1820–1895)——馬克思主義的共同創始人——在《家庭、私有財產與國家的起源》(*The Origin of the Family, Private Property and the State*, 1884) 一書，則對女權（相對男權）的失去與女性地位的下降，提供物質基礎的分析，成為當代馬克思女性主義理論的基礎。所以，追溯近代女性主義思潮的發展，婦女問題的討論確有其悠久歷史，關於女人與婦女爭取權益和平等地位的努力，甚至被稱之為「最漫長的革命」(Women: The Longest Revolution) (Mitchell 1966)。

一、西方女權思潮的發展階段

西方女權思潮自 1792 年至 1992 年的兩百年期間，可以概略分為三個時期：⑴古典時期 (1792–1847)；⑵現代時期：第一波婦運 (1848–1920)；⑶當代時期：第二波婦運 (1963–)。

（一）古典時期 (1792–1847)

「古典時期」的主要女權理論家和論述，多半是承襲西方啟蒙時期的人權、自由、平等和正義的思想，藉此檢視女性在當時社會所遭受的不平等待遇和次等地位，指出女人（尤其是已婚的婦女）在婚姻、家庭、經濟和法律所受到的限制，不但有違天賦人權的主張，也不利於社會進步和公益。此一時期的主要

論者，包括：瑪麗·沃斯通克拉夫特、約翰·密爾 (John Stuart Mill, 1806–1873) 和哈莉特·泰勒 (Harriet Taylor, 1807–1858) 以及恩格斯。其中瑪麗·沃斯通克拉夫特更是被當代女權主義者公認為女權思想之母。

　　沃斯通克拉夫特於 1792 年出版《為女權辯護》，這本書被當代女性主義學界公認為西方女權思潮發展初期最主要的系統性論述之一。《為女權辯護》的主要論點是立基於啟蒙時期天賦人權的思想，認為人生而自由平等。雖然當時的自由主義思想家所指涉的「人」是男人，而非女人，但沃斯通克拉夫特主張，女人與男人雖然有生理上的差異，但其人性 (humanity) 的潛能是相同的。所謂人性的潛能是指涉人的理性 (rationality) 和公善 (public good) 的能力，沃斯通克拉夫特稱之為美德 (virtue)。她認為只要給予女性適當的教育，女性就可以發揮她們的「美德」，女人不但可以成為善的公民，更可以藉由母職，培育具有公善的未來公民，而這是達到社會持續進步的關鍵。

　　但當時的男性主流思想家卻不認為如此，關於女性的地位或女權，他們主張女人之所以不能自主、獨立且具有個體 (individual) 的資格，乃在於女人與男人有其基本差異。女人天生的生理特質，使她們以生殖與養育為天職，導致女人容易傾向情緒性與歇斯底里 (hysteria)，她們缺乏理性和公善的智力 (mental ability)，所以不具備成為個體的資格，也無法享有自主、平等和自由的天賦人權。她們僅能被視為男人的附屬品，因其附屬地位而得以享受男人保護的權利，她們也因此擁有不必為犯罪後果負責的權利。

　　沃斯通克拉夫特的《為女權辯護》則反駁這種說法。她主張：女人之所以未能發揮所謂的人性 (humanity) 或美德 (virtue)，並不在於女人天生具備的生理特質或其母職身分，乃在於女人缺乏適當的教育。沃斯通克拉夫特主張女性不但要有受教育的機會，更強調給予女孩和男孩的教育應該是相同的內容，不能施以差別的教育。透過適當的教育，能使女人發展其具有人性（理性與善性）的潛力，使她們成為好公民，更可以使她們成為好母親。而後者的重要性並不遜於前者，因為具有公民美德的母親，才能孕育下一代的好公民，民主才能繼續發展，社會才能持續進步，邁向理想的公義社會。

　　約翰・密爾是古典時期另一位重要的女權思想家。這位自由主義大師在他晚年的著作《女性的屈從》(*The Subjection of Women*, 1869) 提出對女性平等權利的主張。密爾從自由主義 (liberalism) 論個人與社會的關係著手，闡釋女性不平等是如何違反自由平等的人權思想及社會最大利益的原則。他並且論證不平等的主張是社會發展過程的非理性表現，他批評過去對於女性特質的論述缺乏實證的根據，既不是建立在事實的基礎上，也並非根據多數女性的經驗而來。大部分關於女性的論點，都是來自男性根據他們對少數女性的膚淺觀察，所以是偏頗且毫無論證根據的觀察。

　　同時，密爾也從社會發展的歷史，指出限制女性平等的地位，是違反社會進步的方向，是反社會的。再者，根據自由主義的利他主義原則 (utilitarianism)，當社會有一半的成員，不能享有自由平等的機會，來發揮他們的理性和公益時，將會妨害社會最大效益 (utility)，而這與自由主義的不干涉原則是相互違背的。

　　最後，密爾自認其對女性能力的肯定，是來自對女性密切的接觸與理解，所以是客觀且實證的。眾所周知，密爾的妻子哈莉特・泰勒，也是女權思想的倡議者和理論家。一般相信，哈莉特・泰勒的理論能力對密爾在女權思想和其主張的發展上，具有相當程度的影響。然而，比較有趣的是，這本「小」書也是密爾眾多著作中的最後一本專書。在此書中，他不但肯定女性的能力，並主張法律應給予她們平等的權利，同時也自述因為佩服「妻子的才華與能力」，所以選擇以女權作為最後一本專書的主題。但《女性的屈從》此本女權經典著作，並未給予哈莉特・泰勒共同作者的名分，不以合著方式出現，而是由密爾個人以單一作者的方式來出版，只在書中強調哈莉特・泰勒對他寫作該書有其重要貢獻。密爾此舉背後的性別思考邏輯和對女權發展的意義，引起不少的遐思與議論。

　　沃斯通克拉夫特對女權的主張和論述，雖然成為後世自由主義女性主義思潮的奠基石，但她的著作在當時，尤其是在她死後的相當一段時間中，並沒有對女權思潮的發展，發揮任何引領風騷的作用。究其原因，可能與她個人的婚姻關係和感情生活，悖離當時保守的社會規範有關。沃斯通克拉夫特是一個不

平凡的女子，其人生相當傳奇。她出身在一個不富有的家庭中，父親是個失敗的紳士農夫，不擅經營又有酗酒和暴力傾向，她的母親、姐妹和她本人，可能都是父親家暴的受害者。

　　沃斯通克拉夫特沒有受過正式教育，靠自學而成為多產作家和思想家，是當時極少數能以寫作維持家庭經濟的女性。而且她還在法國大革命最動亂的時刻，隻身親赴巴黎目睹革命的屠殺和暴動，她的論著使她得以在當時，享有與同時期男性菁英自由主義思想家平起平坐的地位。另一方面，在感情和婚姻的面向，她卻有相當坎坷的經驗，不但在成長過程中遭受家暴的陰影，也有疑似同性戀的關係，更為了挽救與美國籍丈夫的婚姻與感情而兩度自殺。離婚多年之後，雖然選擇再婚，卻又堅持不與丈夫同住在一個屋簷下的婚姻方式。這些行為在當時保守的英國社會，自然被視為離經叛道，且被指責是造成女性悖離善良品性的威脅。

　　當時英國社會對她感情生活方式和婚姻關係的批判，連帶影響對她的女權論述的評價。在後來的一百年間，也就是「第一波婦運」(1848–1920) 的發展過程中，在婦運倡議和女權論述者的眼中，沃斯通克拉夫特是缺席與不被看見的。婦運倡議者或婦女投票權運動者，對其論點避而不談，以免婦運被當時的社會輿論誤認（或標籤化）為婚姻與家庭的威脅。直到「第二波婦運」(1963–) 再起時，沃斯通克拉夫特才重新被發現，女權思潮的斷層才得以修補並重新連結。

　　除了《為女權辯護》、《女性的屈從》兩本早期自由主義女權思想的經典著作之外，如前所述，在 19 世紀中期，馬克思也曾提到「婦女問題」(Chattopadhyay 2001)。此外，恩格斯的《家庭、私有財產與國家的起源》一書，對當代女權思潮與理論（特別是「馬克思女性主義」與「基進女性主義」）更是扮演重要的啟發角色。恩格斯在該書中，主要提出在社會由蒙昧時期 (savagery)、野蠻狀態 (barbarism) 到文明時期 (civilization) 的發展過程中，因為生產方式由採集、畜牧到農業與初級工業的轉變，對社會生產關係（特別是私有財產的興起與家庭組織的改變），究竟會產生何種影響。

　　恩格斯指出，生產方式的改變，將導致家庭或社群組織，由原來以女性或

母親為主的「母系氏族」(matrilineal clan)，轉變為後來以男性為主的「父系氏族」(patrilineal clan) 與現代的「父權家庭」(patriarchal family)。恩格斯形容此一轉變，對女人和女權而言，「母權的被推翻可說是女性世界性與歷史性的挫敗」(the overthrow of mother right as the world-historic defeat of the female sex) (Engels 1986 [1884]: 87)。恩格斯的理論因此不只是對現代女權（相對男權）的喪失與女性地位的下降，提供物質基礎的分析，更是當代馬克斯女性主義理論的奠基石。

（二）現代時期：第一波婦運 (1848–1920)

所謂的「第一波婦運」，通常是以 1848 年在美國紐約州的 Seneca Falls 舉行的第一次「全美婦女權利大會」(Women's Right Convention) 為起點。此次大會為期兩天，由全美各地方性的婦女組織代表齊聚一堂，討論婦女在社會和法律上受到的限制和阻礙，並於會後由 100 位與會者（包括 68 位女性與 32 位男性代表）共同簽署一份《感傷宣言》(*Declaration of Sentiments*)，包括要求女人與男人平等法律和投票權的 12 項決議文。

此後，這批美國婦運團體為了運動目標與行動策略的爭議，前後經歷數次的分合，直到 1920 年美國國會正式通過「第十九號憲法修正案」(*The 19th Amendment*)，賦予女性投票權，美國婦女才因此獲得與男性平等的投票權，此次的勝利，也將「第一波婦運」推上高峰。當時婦運團體天真的以為在婦女行使投票權之後，只要假以時日，女性的不平等地位即可獲得改善，因此在 1920 年之後，婦運逐漸轉弱終至消失。這樣的描述可能會極度簡化「第一波婦運」在議題和運動策略的豐富性，即便如此，其對後世女性主義知識和女權思潮的構建，的確扮演舉足輕重的角色，畢竟參政權與投票權，確實是女權發展史中最重要的遺緒 (legacy)。

源自啟蒙思想與自由主義理論，追求女性平等公民權利的訴求，一直是婦權運動的核心，而參政權則是平等公民權利的基本內涵。傳統以來，女性（尤其是上層階級的女性）都是藉由參與社會救濟與慈善活動為管道，達到參與社

會的目的，並藉此實踐女人為善、作公益和為社會服務的義務。此類活動或組織，雖然提供婦女參與社會、培養組織與領導能力，以及匯集女性集體行動的機會，然而，這些社會參與儘管重要，畢竟不是體制內或正式管道的參與，法律仍然沒有賦予女性平等參與公共事務的機會。

1848 年全美地方婦女組織的代表，在紐約州的 Seneca Falls，啟動「第一波婦運」並提出《感傷宣言》，明確要求必須賦予女性平等法律地位與投票權。更重要的是，女性要藉由集體的力量，表達自我意志與需求，來達成共同的目標。不同於「古典時期」著重於女性權利的抽象訴求，此一時期的婦運不但明確指出女性權利所受的限制為何，更具體指認在法律與結構有何阻礙，並提出具體行動的目標。

此一具體行動，可以說是婦運的重要轉捩點：將權利 (rights) 的概念從抽象的訴求，轉變為以解除阻礙 (emancipation) 為目標的具體行動。集體行動的方式，包括公共演說、動員組織、抗爭行動和出版，以透過立法程序為路徑，推動修改憲法，最後達到女性平等投票權的法律地位，可以說是這一波婦運最具體的成就。女性投票權的取得，成為「第一波婦運」的代表和象徵，成功地將婦權論述轉變成婦女運動，並達到獲得平等投票權的具體目標。不僅為「古典時期」抽象婦權訴求的合法性與可行性，提供具體實質的支持，也是婦女實踐公民權能力的絕佳見證，更為後來「第二波婦運」主張集「知識」與「實踐」為一體的「女性主義知識論」奠定基礎。

除了「投票權運動」(women's suffrage movement)，此一時期關於婦女與政治的關係，還有另外一個重要的面向，那就是歐陸國家（特別是法國婦運為主）所開創的 "feminism" 的概念。查爾斯‧傅立葉 (Charles Fourier, 1772–1837) 於 1837 年首次提出此詞 (Cott 1987)，至於 "feminism" 第一次被使用在女權相關的論述，大概出現於 1880 年初期（可能是 1882 年）法國婦運者（也是法國婦女投票權運動組織的創始人）胡伯汀‧奧克萊爾特 (Hubertine Auclert, 1848–1914) 的一封信中，但是直到 1907 年時，奧克萊爾特才真正察覺 "feminism" 的原創性，並且正式公開使用。

　　1890 年初，feminism 被傳到英國，但此詞在當時被英國社會視為「負面」現象，女權運動的反對者通常會特地將 feminism 加上引號 (" ")，用來指涉英國對歐陸國家社會主義主張的懷疑與拒斥，且將它視為激進 (radical) 和脫序 (unruly) 行動者的連結。所以，當時英國女權運動的擁護者對 feminism 一詞也是極欲撇清關係，避之唯恐不及，例如，她們經常自稱是「投票權運動者與女性，而非女性主義者」(suffragists and feminine, not feminists)。

　　feminism 之所以有此負面印象和混淆，部分原因來自 feminism 是新創的語彙，她結合拉丁字源 "femina"（女人）和現代語根 "ism"（主義），而後者又與社會主義的興起脫離不了關係，因此，任何帶有 "ism" 的辭彙，總被賦加激進和負面的涵義。當時最常見的誤解，包括 feminism 就是主張混淆性別，就是要把女人變成男人，且將男人女性化。西方社會對 feminism 的誤解，一直要等到 1913 年才得以終結。美國婦運者為了突破當時婦運停滯的現狀 (stagnation)，不得不開始尋找一個可以用來標示女性運動新紀元的元素，以呼籲女性脫離社會對其生活和性別秩序的宰制，並企圖號召更多女性繼續投入，宣示婦運已由原先的女性平權主張，進一步拓展到女性的解放 (emancipation)。

　　在這個脈絡下，女性主義 (feminism) 恰巧填補此一需求。feminism 因此被當時的婦運人士，界定為代表「女性全面自由和自主」的主張，宣示婦運要剷除限制女人達到平等地位的社會結構和心理障礙，以及對女人性道德的雙重標準與禁錮。自此，婦運與女性主義的關係開始產生巨大的轉變，由之前的疏遠排斥轉為互生共榮。對於接受女性主義或自稱為女性主義者 (feminist) 的人而言，投票權 (suffrage) 只是婦女解放的工具，是達到女性自主 (autonomy) 目標的手段，而非目的本身。他們將「投票權運動者」(suffragist) 和「女性主義者」之間的關係界定為：「女性主義者一定是投票權運動者，但投票權運動者不一定是女性主義者」。因此，對照原先被負面化與標籤化的情境而言，「女性主義」一詞開始被廣為接受與引用，可說是婦運新紀元的開啟。婦運的指導原則或意識形態，由「女性平等權利」轉移成「女性的自主性解放」，「女性主義」象徵女人現代化的起始，自此，女權思潮開始進入女性現代主義的階段 (Gordon 1986)。

　　「第一波婦運」在 1920 年美國通過「第十九號憲法修正案」，賦予女性與男性平等的投票權之後告一段落。當時的女權運動者，不僅期待也相信婦女從此可以藉由新獲得的投票權為手段，選舉適當人選參與政治決策，達到婦女在經濟、社會和法律的全面平等，可惜美國婦運人士的此一期待，卻遲遲未能落實。不但大部分的婦女缺乏行使投票權的資源或條件，例如家務之外的自由時間以及前往投票地點的交通工具等，使女性投票率相對偏低；同時，女性也會因為教育程度不足以及對政治的冷感，導致其投票的選擇權，經常被家裡的男性所左右，缺乏獨立自主的決定。

　　此外，伴隨 1930 年代美國的經濟大蕭條，以及兩次世界大戰的洗禮，婦女雖然因此被召喚或被迫參與勞動市場，扮演協助家計與生產報國的角色，但基本上，美國女性仍然被鼓勵必須回歸家庭，當個專職的主婦與母親，做個「快樂的」家庭主婦。女性在這種以男性為主體，且公／私二分的性別分工與意識形態甚囂塵上的情境下 ， 使得 1920 年代到 1950 年代間被稱為是美國婦運的「黑暗時代」(dark age)。這也造成戰後許多受過高等教育的中產階級婦女，因為夾在這兩個相互衝突的社會角色期待下，產生高度的焦慮與疑惑，終至心生不滿並起而反抗。這股挫折與不滿的情緒，在幾經醞釀與累積之下，終於成為1960 年代風雲再起的「第二波婦運」的主要動力。

（三）當代時期：第二波婦運 (1963–)

　　所謂無風不起浪，任何社會運動的興起，必然有其背後推波助瀾的社經因素，1960 年代再起的第二波婦女解放運動 (Women's Liberation Movement) 亦不例外 (Freeman 1975)。

　　導致當代婦女解放運動肇生的主要因素，包括人口與社會經濟結構的變遷。首先，戰後美國社會的人口結構出現嚴重性別失衡。戰爭是高度性別化的國際軍事衝突，大量的年輕男性被徵召上戰場並喪失生命。因此，戰後的社會必然面臨年輕人口（特別是 20 到 40 歲之間）的性別失衡，女性人口遠多於男性人口，是造成適婚年齡男女人口嚴重失衡的基本因素。再加上父權社會的性別意

識形態，通常以「男大女小」的婚姻模式為主要的模範依歸，更進一步導致適婚年齡的女性在婚姻市場面臨「婚姻擠壓」(marriage squeeze) 的現象，增加女性進入婚姻／家庭的困難度。因此，許多女性將會被迫選擇「非自願」單身，無法成為家庭主婦，得到男性經濟上的支持，而是必須參與並加入勞動市場，藉由工作的薪資收入，以保障經濟來源無虞 (Heer and Grossbard-Shechtman 1981)。

其次，戰後美國隨著經濟情勢的改善，女性接受高等教育的人數迅速攀升，就學比例亦創空前新高，女性進入勞動市場的人力不僅快速增加，尤其是未婚女性的就業情形更是普遍 (Cain 1966; Goldin 2006)。然而，眾所皆知的是，勞動市場一直存在著性別隔離的現象，美國亦不例外。不只是年輕的女性，受過高等教育的女性亦同，皆會遭受勞動市場的性別歧視，職業選擇往往被侷限於「三低」工作：即女性特有的低薪資、低福利、低升遷的「死巷工作」(dead-end jobs)。

總之，戰後美國除了婚姻擠壓的現象極為普遍之外，就業的女性也經常必須面臨經濟擠壓 (economic squeeze) 的風險。面對來自婚姻與就業市場的雙重擠壓，女性（尤其是適婚女性）一方面不易找到合適的婚姻對象，選擇不婚和被迫單身的機率必然增加；即便「幸運」進入婚姻，高學歷的已婚女性亦必須面對「嬰兒潮」家庭的經濟壓力，這也是另類的經濟擠壓。一方面她們必須承擔將工作禮讓給「為國犧牲」退役男性的社會壓力，即便可以勉強繼續工作的女性，也需要面對勞動市場性別隔離的殘酷現實。1960 年代，美國女性面對婚姻與就業市場的雙重擠壓，貝蒂・傅瑞丹 (Betty Friedan, 1921–2006) 在《女性的迷思》(*The Feminine Mystiques*, 1963) 一書中，以「無名的難題」(the problem that has no name)，揭露此種既無以名狀，復又無處宣洩的困境，引起數以萬計處境相同女性的共鳴與覺醒。此種女性「莫名的鬱卒」四處蔓生，終於被命名且找到出口，就此掀起當代婦女解放運動的序幕，並帶動其後女性主義思潮的發展 (Friedan 1974 [1963])。

在短短十年之間，不但婦女運動蓬勃發展，婦女組織也遍地開花，女性主義蔚為風潮，「婦女研究」更是開始發芽茁生。1966 年 6 月 30 日，「全美婦女組織」(National Organization for Women, NOW) 正式成立，並在全美各地設立分會。1971 年 5 月 21 日，「聖地牙哥州立學院」創設「婦女研究學系」(Department of Women's Studies, San Diego State College ；現已更名為 San Diego State University)，美國第一個「婦女研究」的高教機構於焉誕生。這是歷史性的時刻，也是婦女運動的新紀元，開啟以女性為主體的知識建構體系，女人的知識系統自此得以在學院被建制化。1972 年，Flore Howe 在紐約創辦「女性主義者出版社」(The Feminist Press)；「美國婦女研究學會」(National Women's Studies Association, NWSA) 則在 1977 年設立，而「國家婦女研究委員會」(National Council for Research on Women) 也在 1983 年創立，會員組織共計 112 個，負責協調全美各地婦女研究機構的聯繫，以及相關工作的推動。

此波婦女解放運動也透過以下這些創舉，為婦權發展史建立嶄新的里程碑：

1. 創意的動員策略

除了沿襲過去藉由組織、遊行抗議活動與草根運動的倡議行動之外，也透過「意識覺醒團體」(Consciousness Raising Group, RAP) 的團體動力方式，分享女性的生命經驗，分析和批判導致女性共同受壓抑／迫經驗的社會結構因素，以成功喚醒女性的意識覺醒，建立婦女解放的正當性和政治意義（王雅各 1999）。

2. 性別政治化

為了串連不同女性的共同經驗，擴大婦運的社會基礎，讓婦運脫離中產階級女性運動的刻板印象，此波婦運也提出「姐妹情誼」(sisterhood) 的概念，作為女性團結 (women solidarity) 和動員女性能量的機制。此外，也以「姐妹情誼真有力」(sisterhood is powerful) 作為運動訴求的口號，藉以定位婦女運動是以女性為主體的社會改造運動，確立「性別」成為政治訴求的合法性 (Morgan 1970)。

當然，「姐妹情誼」(sisterhood) 這個概念，後來備受許多來自勞動階級及有色族群婦女的批評，認為這是以白人中產階級婦女為中心的「姐妹」，對非白人、非中產階級的女性而言，不但具有排他性，也是另類壓迫性的根源。因為在這個看似團結的口號之下，任何對當時婦運目標或行動，抱持不同於主流的立場或看法者，都可能被解讀為對姐妹情誼的質疑與背叛，甚至會被標籤化為是破壞女性團結的罪魁禍首 (Freeman 1972, 1975)。

3.連結公／私領域，打破二元對立的思考模式

藉由「意識覺醒團體」的團體動力，將女性受壓迫的經驗，由過去被認為是私領域和個人的 (personal) 問題，轉化為女人普遍共同的經驗，也是「性別」與「公領域」(public) 的問題。透過將女人受到性別壓迫的因素，指向社會結構與文化的意識形態，讓女性不再將問題私人化，視為是專屬於自己和個人的問題，而是源自社會文化既存的性別體制。這樣的論述讓女人的「造反」更加有理路可循，婦運亦可從此擺脫過去「指責被害人」(blame the victim) 的負面形象。

此外，「第二波婦運」也進一步提出「個人的即政治的」(The personal is political) 的說法，將女性個人層次和私領域的經驗與問題，與公領域作進一步的連結，讓女性得以將私領域的議題（例如「身體權」與「生育選擇權」）公共化。但其中影響最大的概念，當屬激進女性主義所提出的「性政治」(Sexual Politics) (Millett 1970)，宣稱傳統認為是屬私領域且純屬歡愉的性關係，抑或存在於異性戀之間的情慾關係，其中亦隱藏著無所不在的性別權力。婦女運動藉由跨越公／私領域的疆界，讓女人不再被排除在公領域之外，女性不再被視為是「低政治」或「去政治」(de-politicized) 的主體，政治也不再是男性專屬的產物。

4.建構以女性為主體的知識體系

為了讓婦運能夠持續發展，直到任務達成的時刻降臨，「第二波婦運」亦積極推動以女人為主體，以受壓迫的經驗為立場，來建構具有解放性與實踐性的女性主義知識體系，並以建制「婦女研究」的教學與研究，作為其推動的路徑。

　　女性主義知識體系的建構，除了在高等教育體系內建置「婦女研究」的相關機構，透過教學與研究，將女人的經驗與知識系統化，讓婦運向下紮根，培養後繼人才之外，更重要的則是累積知識與建立知識體系，深化婦運理論基礎，建立女性主義知識的學科建制，作為與主流男性知識抗衡的基礎，以實踐其知識體系的解放性。此外，「第二波婦運」也透過社區的教育體系，擴展女性主義的論述版圖，藉由讀書會、女書店、女性主義出版社與雜誌期刊的發行，深耕女性主義論述的傳播管道與婦運的社會基礎。

二、「婦女研究」的萌生與轉變

　　「第二波婦運」在 1960 年代風起雲湧之後，對美國社會傳統的保守性別論述造成極大的威脅。除了引發當時許多保守團體的全力反撲之外，主流媒體對婦運和婦運者的形象亦極盡奚落醜化之能事，不時給予婦運負面報導，為婦運者冠上各種不雅的名號與負面標籤。例如稱婦運者為 "women's libber"，或總是把她們描述為一群理短髮、穿涼鞋與寬褲、既不化妝也不打扮，不但沒有女人味又討厭男人的「男人婆」或「假男人」。另一方面，主流勢力也對婦女解放運動的抗壓性和持久性，抱持始終懷疑的態度，認為這只是曇花一現的短暫風行，美國女人終將「認清事實」，回歸自我原始的本性。

　　此波婦運關於婦女權利的主張，除了平等權之外，自由權也是其爭取的核心，尤其是女性主義者對「身體自主權」與「生育選擇權」的堅持。第二波婦女解放運動所倡議的「墮胎選擇權」(pro-choice)，更是婦運「反挫」(backlash)勢力的重要來源。至今關於「墮胎選擇權」的爭議，仍是造成美國社會分裂的主要因素，也是歷屆總統大選中的熱門政治議題 (Faludi 1991)。

　　然而，或許是有感於此波來自主流的強大反撲勢力，也可能是經歷「第一波婦運」的洗禮並自其中汲取教訓，此次婦運捲土重來之時，許多婦運者已非當年善良天真的「家裡的天使」，更非昔日無私奉獻的慈善公益者。此次婦運的

倡議者，除了傳統受教育的中產階級和已婚婦女之外，更吸收一群為數頗多的年輕女大學生。她們飽經反（越）戰與學生運動的衝擊，也在左派思潮的洗禮與浸潤中成長。因此，這些婦運者除了要求體制內的改革以外，更是挑戰既有體制的革命者；她們除了要求剷除社會不公平的制度，給予女人平等的機會，更要求將女人從社會與私人的禁錮中解放出來，甚至主張將社會的性別結構全面翻轉。

「第二波婦運」除了行動策略不同以往之外，論述的語彙亦和從前的婦運大不相同。更重要的是，她們宣示這個革命與解放運動是專屬女人所有，女人不只要當家作主，女人的革命更要由女人自己來。為確保這個專屬女人的革命不會被主流勢力所削弱 (undermined) 和收編 (coopted)，婦運者必須發展一套以女人為主體的知識系統，用女人的觀點為切入點來分析社會結構，以女人的經驗為基礎來論述發聲。因此，讓女性的知識、觀點和聲音 (voice)，被看到、聽到與現身 (presence)，就成為此波婦運的主要任務 (Willis 1984; Radical Women 2001)。

在經過內部激烈的爭辯和克服制度上的阻礙之後，正如前文所述，婦女研究的相關系所、學會與出版社也陸續成立。1972 年在紐約成立的「女性主義者出版社」，不僅擔負起以女性經驗為主體且符合婦運目標的出版任務，更選擇以低價的方式（例如平裝本）發行，以便提高女性出版品的普及性，讓女性的知識能傳遞給更多不同階層的女人，使知識不再只是專屬於中產階級女性的特權。「女性主義者出版社」還有另外一個重要使命，就是要突破主流媒體和出版通路的封鎖。

伴隨「女性主義者出版社」的成立，為了擴大婦女知識的傳播，各地方與社區的婦女組織，也紛紛創辦女書店 (women's bookstores)，專賣女性主義相關議題的書籍和刊物。女書店除了同時兼辦許多女性主義的推廣工作，也建構婦運女性和社區婦女互動連結的平台❶。另外，女性主義者也開始在社區大學和大學的推廣部，廣設與開授婦女研究的相關課程，提供社區婦女（特別是已婚

---

❶ 「婦女新知」在台北市開設的「女書店」，亦屬相同性質的組織。

或擔任母職的婦女）接觸女性主義和婦運的機會，讓她們得以在晚上或週末選讀「婦女研究」的課程。總之，自 1971 年第一個「婦女研究學系」正式在美國的「聖地牙哥州立學院」設立，到目前為止，設有婦女／性別研究學系／研究所或相關學程的美國大學，其數量已超過 900 個❷。

　　至於婦女研究（或女性研究）為何會衍生各種不同的制度形式，則是另一個複雜的議題，這通常牽涉到女性主義者對「婦女研究」學科性質的看法、各大學的制度性條件以及領導者的特質等因素，值得另章爬梳 (Chou 2018)（詳見第十一章）。但可以確定且有共識的一點是，女性研究的相關學者堅持，「婦女研究」作為一門新興的學科領域，應該是跨學科和多學科的，而且女性主義的知識是相互滲透與整合的，婦女研究的知識系統則是關於社會整體的知識，而非只是關於女人經驗的部分知識。所以，「婦女研究」 不但是跨學科的知識體系，也不獨屬於既有的單一學科領域或系所。

（一）何謂「婦女研究」？

　　何謂「婦女研究」？從字面上解釋，「婦女研究」所指涉的是「以婦女為對象的研究」或「與婦女相關的研究」。這個看似簡單的命題，究竟有何玄機，值得我們進一步討論？此外，女性主義又為何宣稱其知識具有解放之處？關於這些問題可以從「知識論」(epistemology) 的觀點來加以探討。

　　首先，傳統（男性）主流觀點認為，科學之所以作為有效的知識，乃是立基於理性的主體為前提，並以可觀察且非情緒性的經驗現象為客體，經過一套嚴謹的證成程序並可經重複驗證，所累積的知識才可以被稱之為科學。在此一理性科學的知識傳統之下，女人一向被認為有情緒性的傾向，既缺乏理性邏輯的論述能力，其經驗也被侷限在私領域當中。因此，在傳統男性主流的知識體

---

❷　Korenman, Joan, 1994–2021, "Women's/Gender Studies Programs & Research Centers." in *Women's Studies Online Resources*, https://userpages.umbc.edu/~korenman/wmst/programs.html (Date visited: April 11, 2021).

系中，女人從來不是知識的主體，她們的經驗更不是知識的客體。即便女人的經驗與公領域相關，她們的經驗也是從男性的觀點被分析和構建，也就是說，關於女人的知識，也是男人從他們的觀點所生產與建構的。

　　總之，女人是被主流知識生產體系排除在外的。女人不但不是知識的生產者，她們的生命經驗，也不是有效的研究素材或知識客體，在最好的情況下，她們也只能是知識的邊緣者。在這樣的知識論脈絡之下，女性主義者則主張「婦女研究」，倡議女人「可以」且「應該」作為知識生產的主體，生產關於女人的知識 (by women)；女人更是知識的客體 (of women)，關於女人經驗的探究，可以作為一個合法且具正當性的知識領域。同時，以女人為主體所生產的知識，必須對改善女性附屬地位的社會困境有所助益 (for women)，才能突顯「婦女研究」所具備的革命性以及顛覆性的潛能 (Boxer 1982)。

　　除這些主張外，婦女研究者並且要求在教育體系（特別是高等教育機構）廣設與女性經驗相關的「婦女研究」課程／學位 (Women's Studies Programs)，「婦女研究」相關課程的教師職位，也應設置員額的保障，以確保「婦女研究」知識的傳承與發展。由於「婦女研究」的這些宣稱，與主流科學的知識論有相當程度的衝突，可以想見的是，「婦女研究」在學院內的建制化與合法化過程，必然遭遇許多公開和隱微的阻礙 (Lowe and Benston 1991)。

　　女性主義者所主張的「婦女研究」究竟是什麼？若換另外一個方式提問，就是：「婦女研究」(Women's Studies) 與「婦女議題」(women's questions) 在本質上有何差異？首先，「婦女研究」作為一個知識領域，並不是泛指所有與女性相關的資訊或研究，「婦女研究」作為一個知識系統，係有下列嚴謹的前提：

　　⑴「婦女研究」是以女人作為研究的主體，主張女人可以也應該成為知識體系的生產者。

　　⑵「婦女研究」是以女人經驗作為研究的客體，主張女人的生命與生活經驗，是可以經得起客觀觀察與驗證的，也可以作為科學研究的資料。

　　⑶「婦女研究」是以女人的觀點為切入點的社會分析與批判，所謂女人的觀點，則是指以女人身為受壓迫的性別，作為知識建構的立場。

⑷「婦女研究」的問題意識 (problematics)，要與婦女的生命經驗緊密關聯 (relevancy)，研究的結果要對提升女性福利 (welfare)、改善女性不平等的處境有所助益。換言之，「婦女研究」所建立的知識體系，對長期處於被壓迫情境中的女性，要同時具備解放 (liberating) 和賦權 (empowering) 的效用。

⑸知識不是中立且毫無偏頗的，知識是權力關係的具體展現。「婦女研究」的知識生產，要對研究過程中的權力關係和相對位置有所警覺；要對社會不公平的現象有所批判，其理論建構對壓迫性的權力關係，更要具備不囿於主流框架限制的解放性與立場論。

　　總之，「婦女研究」可以說是「女本研究」，是以女人作為研究主體 (by women)，以瞭解女性經驗為研究客體 (of women)，和為謀婦女福祉 (for women) 為研究目標的知識生產體系。相對於傳統男性研究知識論所堅持的知識客觀性，特別是科學知識應該是中立、客觀且不具有價值判斷，更不為任何人或團體所採用的立場或說法所影響，女性主義的「婦女研究」對知識生產的定位與知識結果的期待，不但顯得與男性主流的知識論扞格不入，甚至可說是公然挑戰傳統且離經叛道的產物 (Boxer 1998)。其中尤以「婦女研究」明示知識應具有解放的政治效用，婦女研究應服務於婦女解放運動目標的主張，最為男性主導的學院建制所詬病，也是男性學院守門人長期以來，將「婦女研究」排除於學院教育體系和研究領域之外的主要理由和藉口 (Sheridan 1990)。

(二)「婦女研究」的學科建制

　　雖然必須面對學院內極度不友善的環境，「婦女研究」在 1971 年成立第一個相關系所以來，其發展仍有相當程度的斬獲，直至目前為止，已有超過 900 個「婦女研究」或「性別研究」的學程 (women's studies programs)。在出版研究成果方面，第一份期刊是 1969 年由 Ann Calderwood 創辦，並於 1972 年正式發行的 *Feminism Studies*。由「女性主義者出版社」所發行的 *Women's Studies Newsletter*，此刊物到 1981 年時更轉型為專業的學術期刊：*Women's Studies*

Quarterly。目前，以性別、性與女性主義為出版宗旨的專業學術期刊，更是為數不少。

此外，女性主義研究學者在 1977 年所成立的第一個學術組織「美國婦女研究學會」 (National Women's Studies Association, NWSA)，也正式發行期刊 *NWSA Journal*。自 1970 年代開始，女性主義學者更開始在傳統主流人文社會科學的學術組織，推動婦女／性別研究群組，並獲得學科內部女性學者的熱烈回應。不同的學會也相繼成立婦女／性別研究群組，有些學會的女性主義研究群組更另闢空間，選擇出版獨立期刊。例如「美國社會學會」的女性主義學者，即在 1969 年另組研究群組，成立 "Sociologist of Women in Society"，並於 1987 年發行獨立的期刊 *Gender and Society*。1975 年創辦的 *Signs: Journal of Women in Culture and Society*，則是芝加哥大學出版社發行的第一份「婦女研究」專業期刊。目前以性別、性與女性主義為主題相關的學術期刊，在英美學術界至少有百種以上（約 113 種）。人文社會科學領域中，以教育、健康／醫療、歷史、法律、心理與社會學等學科相關的期刊數量較多。另外，以跨科系議題為主的期刊也是這類期刊的特色，「跨性別與酷兒研究」 (gay, lesbian, bisexual, transgender and queer studies) 與「跨領域」(interdisciplinary) 可謂大宗，分別各有 13 本與 40 本期刊發行中❸。

以女性主義主張和女性為本位，以受壓迫者的經驗為立場，作為構建知識系統的根基，「婦女研究」作為婦運的學術／教育部門 (an academic arm) 主要發揮兩項重要的作用。第一是填補知識的性別落差 (filling-in the gender gap)，特別是關於女性在歷史、教育、經濟、政治和法律等公領域處境之既有知識的匱乏。由於「婦女研究」的課程是從無到有，缺乏隨手可及的教材，許多女性主義學者與教師為了備課所需，一方面要對現有的知識進行庫存清查的工作，以

---

❸　參見 McGill University 的 Institute for Gender, Sexuality, and Feminist Studies (IGSF) 網頁。https://www.mcgill.ca/igsf/resources/graduate-studies-resources/journals-gender-sexuality-and-feminist-studies，取用日期：2021 年 4 月 11 日。

瞭解主流學術圈關於女人知識的欠缺和不適用的程度，同時也必須對原有少數男性觀點的研究偏差提出批判。另一方面，在師資不足（許多教師是在額外負擔的情況下授課）又要照顧到數量遽增的學生修課需求，「婦女研究」發展出許多極富創意和另類的授課方式，其中之一便是「團隊教學」(team teaching)。

許多早期的「婦女研究」課程，都是透過「團隊教學」的方式，由不同學科的教師合作，準備共同的核心課程和教材，並且透過系／校際分享，讓「婦女研究」的課程，可以在短期內克服師資與教材的限制與困窘，在各大學校園中迅速開拓與發展。除了表現在授課教師的通力合作以外，「婦女研究」的團隊合作教學作為一種教育手段，更進一步主張學習不應存在權力關係，因此，教室作為教育的場所，不但要打破傳統學院權威的師生單向教與受的關係，教室座位的空間安排，更是顛覆傳統師前生後的配置，改以圓圈環繞的座位。教材內容也同時包括學生的輸入 (input)，不但鼓勵學生積極參與課堂討論，評分方式更是採取團體（全班）評分。這種強調跨學科的團隊教學，以及師生共同參與發展課程與評估成效的學習方式，稱為「女性主義教育學」(feminist pedagogy)。

（三）「婦女研究」發展的三階段

從歷史的解讀來看，女性主義知識體系的建構過程，可以大略分為以下三個階段：⑴第一階段「起步期」（填補空缺）：1963–1974；⑵第二階段「過渡期」（解構傳統）：1975–1984；⑶第三階段「成熟與蛻變期」（再構新體系）：1985–1990。

1. 第一階段「起步期」（填補空缺）：1963–1974

第一階段「起步期」的「婦女研究」，可以稱之為「添加女人並攪拌」(add women and stir)，也就是在既有（女性缺席）的學術研究框架內，加入女性樣本與資料，試圖補足過去分析的不足，但基本的男性觀點仍然維持不變。此一作法，由於沒有改變以男性為主流觀看角度的知識體系，因此女性主義學者批評

這樣的研究方式就像是泡咖啡，若覺得純咖啡太黑，只要加入牛奶並加以攪拌，就會變成白咖啡，雖然咖啡的顏色有所差異，但咖啡的本質並未改變 (McIntosh 2020 [1983])。

作為推動婦運的一環，「婦女研究」在理論與實踐的光譜究竟應如何定位，女性主義者之間也存在不少爭議。有鑑於當時婦運的目標，此一時期有不少女性主義者（特別是學院內的婦運者），就強烈主張「婦女研究」要以女性普遍處境的資訊，作為喚醒草根婦女的女性覺醒和參與為首要任務。「婦女研究」應發揮其作為推動政策倡議和社會革命根基的角色，因此，她們認為婦女研究不應朝理論化的方向發展。高度理論化的女性知識，不但會落入複製男性主流知識框架的偏見，也會造成對大部分女性（特別是基層女性）的疏離感 (alienation)。

然而，婦運者這個以「實踐」優先、「理論」次行的有意選擇，卻被扭曲為「反理論化」(a-theorization) 的路線，連帶使得「婦女研究」在傳統的學院與學術圈，被標籤化為非科學、反學術或次學術的二流知識，根本不配成為一門合法的學科領域，而是將「婦女研究」視為是一種政治活動與宣傳，這些批評也進一步成為傳統主流學術抗拒接受「婦女研究」的藉口 (Sheridan 1990)。

2. 第二階段「過渡期」（解構傳統）：1975–1984

第二階段「過渡期」的「婦女研究」，著重在解構既有知識生產體系的優勢，也就是批判原有以男性優勢為本位所建構的（關於女人與社會的）知識，究竟隱含何種偏差與謬誤。在這樣的脈絡下，以男性觀點對女性經驗的扭曲，和將男人作為所有人類的原型，將片面、部分的知識概化為全面性原則的霸權論述，自然是「婦女研究」的重點批判對象。此一時期的代表著作，包括艾德麗安·里奇 (Adrienne Rich, 1929–2012) 在《女人所生：母職作為經驗與體制》(*Of Woman Born: Motherhood As Experience And Institution*, 1976) 對母職制度的分析與批判、南西·裘德洛 (Nancy Chodorow, 1944–) 在《母職的再製：心理分析與性別的社會學》(*The Reproduction of Mothering: Psychoanalysis and the Sociology of Gender*, 1978) 對母職再製與佛洛伊德心理分析的批判，以及卡羅

爾・吉利根 (Carol F. Gilligan, 1936–) 在 《用不同的聲音說話》 (*In A Different Voice*, 1982)，從女性經驗的立場出發，檢視傳統兒童道德發展理論的侷限。

　　除了對既有論點的批評外，這些研究並試圖提出相對 (alternative) 的理論和概念，例如里奇將母職更進一步細分為兩種層次與面向，母職既是父權制所建構的壓迫性社會制度，也可以是女人自願選擇做為母親的經驗，及其與子女之間的關係，它不僅是負面的社會結構宰制，也可以是正面增權的生命經驗。除了對既存概念和理論的解構外，此時期的「婦女研究」也在研究方法、方法論和知識論的議題，著手提出「女性主義立場論」(feminist standpoint theory)，試圖從女性長期處於附屬與被壓迫社會位置的立場出發，批判原有主流實證科學方法所隱含的問題：例如中立和客觀的科學迷思。

　　「女性主義立場論」認為知識的生產，必然反映特定位置所建構的社會事實，只有當知識生產的立場是從社會底層或受壓迫的位置出發，其所建構的知識，才能貼近社會關係的真實並揭示權力關係的機制。因為性別分工是人類社會分工的起點，性別壓迫關係也是社會關係的起始，所以「女性主義立場論」即便是部分知識 (partial knowledge)，但相較於其他的社會位置或立場，其所生產的知識仍然具備知識論的「特殊優勢」(privilege of particularity) (Harding 1986, 1991)。

　　此外，女性主義也以女性的弱勢位置為起點，批判主流的研究方法，通常會對研究者與被研究者之間的權力不對等關係，予以漠視或迴避。傳統實證研究方法的研究取徑，經常隱藏研究者優勢的權力關係，一方面假設研究者是無所不曉的全知者，由其設定的問題意識出發，再透過由上而下的提問方式收集資料，這樣的研究方法，經常導致研究成果複製社會統治關係，讓知識成為統治者的工具，而非抵抗或解放統治的武器，因而使傳統知識不但複製或合法化既有的統治關係，更無法充分賦權 (empower)，使被統治者擁有反抗統治機制的力量。

3. 第三階段「成熟與蛻變期」（再構新體系）：1985–1990

「婦女研究」在解構傳統知識論和建構女性主義知識論的成果斐然。在研究方法的方面，「婦女研究」所提出的女性主義研究法，以紮根理論為其根本，並兼採質性研究方法，強調在研究過程中，將女性研究者和被研究者放在同一權力平台上，以相互回饋的方式進行資料收集、設定研究問題和結果分析，並在研究結果的報告中，同時呈現女性研究者與被研究者的聲音。

經典女性主義方法論的研究，包括安·奧克利 (Ann Oakley, 1944–) 關於家庭主婦的研究 (Oakley 1990 [1974])。在女性主義知識論的部分，則包括「女性主義立場論」和「情境知識論」(situated knowledge)，其中珊卓拉·哈定 (Sandra G. Harding, 1935–) 以及南西·哈特索克 (Nancy Hartsock, 1943–2015) 是立場論的主要推動者 (Harding 1986, 1991; Hartsock 1983, 2004)。朵洛西·史密斯 (Dorothy E. Smith, 1929–2021) 則是以女性經驗為起點，提出日常生活為社會學研究範疇的知識建構論，以及其後的建制民族誌 (Smith 1987a, 1987b, 1990, 2005)。晚近則有唐娜·哈樂薇 (Donna Haraway, 1944–) 提出女性主義的「情境知識論」，主張知識應從多重跨界、彼此連結的混雜 (hybrid) 身分情境出發，才能達致知識的完整性與解放性 (Haraway 1985)。

這些批判性的論述、顛覆性的主張和開創性的立論，可說是「婦女研究」出版最蓬勃發展的時期。不少人甚至認為，如果沒有當時女性主義者的百家爭鳴，八〇年代的西方人文社會科學界，應該會非常乏善可陳。隨著研究成果的累積與教學課程的發展，「婦女研究」作為一門學術領域的合法性也隨之提升，反對或排斥的聲音也逐漸消失或削弱。但此時婦女研究也必須面對另一項挑戰，那就是：婦女研究是否應該主流化？或應該如何整併到主流學術領域當中？這些問題雖然是缺乏新意的舊議題，在「婦女研究」發展的初期階段，就曾面臨相同的掙扎與質問，只是當時「婦女研究」尚處於萌芽的階段，以其微弱不堪的勢力，若要挑戰巨大無比的學術主流高塔，無疑是蚍蜉撼大樹，根本全然無力對抗。

當時女性主義研究者為了爭取一個完全不受干擾的生存空間，不得不自我

拒斥於主流學術圈之外，這是面對嚴苛環境不得不然的選擇。然而，經過長達二十年的努力，「婦女研究」已頗有斬獲，也累積相當程度的成果。而九〇年代人文社會的學術氛圍，也已進入後現代多元論述的環境，當邊緣已然化身成為優勢，性別不再是唯一的認同，「婦女研究」的邊緣位置，在面對多元論述與百家爭鳴的局面下，學術主流化再度成為「婦女研究」可資選擇的選項。面臨性別、階級與族群之間錯綜複雜的關係，將婦女和女性主義的觀點，整合為社會分析的基本範疇與分析論述，遂成為婦女研究主流化必須嚴肅思考的議題。

　　在這樣的脈絡下，「性別研究」逐漸被女性主義研究者所接受與採用，「性別」取代「婦女」作為社會分析的主要基本範疇，成為婦女研究主流化的敲門磚和墊腳石 (Woodward and Woodward 2015)。「性別」作為一個社會體制，雖然立基於其生理性，卻不單純囿限於性 (sex)，而是社會建構的身分認同。性別作為社會分類的範疇，除了女性／女人之外，還包括男性／男人與跨性別者；性取向則除了異性戀之外，亦包括同性戀與雙性戀。這樣的「性別」論述，固然在某種程度上減損「婦女」此一語彙的排他性和激進性，但也具體見證「婦女研究」進入成熟期之後，面對學術主流化的挑戰而不得不蛻變的樣貌。因此，性別絕非一成不變的類屬，性別作為社會建構的身分，有其歷史過程和文化差異；性別作為分析社會關係的基本範疇，也與種族、族群、階級、年齡等社會分類，有著極為盤根錯節的複雜關聯，形成共同影響社會關係與權力分配的機制。

參考書目

Boxer, Marilyn J., 1982, "For and about Women: The Theory and Practice of Women's Studies in the United States." *Signs: Journal of Women in Culture and Society* 7(3): 661–695.

Boxer, Marilyn J., 1998, *When Women Ask the Questions: Creating Women's Studies in America*. Baltimore: Johns Hopkins University Press.

Cain, Glen G., 1966, *Married Women in the Labor Force: An Economic Analysis*. Chicago: University of Chicago Press.

Chattopadhyay, Paresh, 2001, "Marx on Women's Question." *Economic and Political Weekly* 36(26): 2455–2457.

Chodorow, Nancy, 1978, *The Reproduction of Mothering: Psychoanalysis and the Sociology of Gender*. Berkeley: University of California Press.

Chou, Bih-Er, 2018, "Gendering of Academic in Taiwan: From Women's Studies to Gender Studies, 1985–2015." pp.115–147 in *(En)Gendering Taiwan: The Rise of Taiwanese Feminism*, edited by Ya-chen Chen. Cham: Springer International Publishing.

Cott, Nancy F., 1987, *The Grounding of Modern Feminism*. New Haven: Yale University Press.

Engels, Friedrich, 1986 [1884], *The Origin of the Family, Private Property and the State*. London: Penguin Books.

Faludi, Susan, 1991, *Backlash: The Undeclared War Against American Women*. New York: Crown.

Freeman, Jo, 1972, "The Tyranny of Structurelessness." *Berkeley Journal of Sociology* 17: 151–165.

Freeman, Jo, 1975, *The Politics of Women's Liberation: A Case Study of an Emerging Social Movement and Its Relation to the Policy Process*. New York: Longman.

Friedan, Betty, 1974 [1963], *The Feminine Mystique*. New York: Dell.

Gilligan, Carol, 1982, *In a Different Voice: Psychological Theory and Women's Development*. Cambridge: Harvard University Press.

Goldin, Claudia, 2006, "The Quiet Revolution That Transformed Women's Employment, Education, and Family." *The American Economic Review* 96(2): 1–21.

Gordon, Linda, 1975, "A Socialist View of Women's Studies." *Signs: Journal of Women in Culture and Society* 1(2): 559–566.

Gordon, Linda, 1986, "What's New in Women's History." pp. 20–30 in *Feminist Studies, Critical Studies*, edited by Teresa de Lauretis. Bloomington: Indiana University Press.

Haraway, Donna, 1985, "A Manifesto for Cyborgs: Science, Technology and Socialist Feminism in the 1990s." *Socialist Review* 15(2): 65–107.

Harding, Sandra G., 1986, *The Science Question in Feminism*. Ithaca: Cornell University Press.

Harding, Sandra G., 1991, *Whose Science? Whose Knowledge?: Thinking from Women's Lives*. Ithaca: Cornell University Press.

Hartsock, Nancy, 1983, *Money, Sex, and Power: Toward a Feminist Historical Materialism*. New York: Longman.

Hartsock, Nancy, 2004, "The Feminist Standpoint: Developing the Ground for a Specifically Feminist Historical Materialism." pp. 35–54 in *The Feminist Standpoint Theory Reader: Intellectual and Political Controversies*, edited by Sandra G. Harding. New York: Routledge.

Heer, David M. and Amyra Grossbard-Shechtman, 1981, "The Impact of the Female Marriage Squeeze and the Contraceptive Revolution on Sex Roles and the Women's Liberation Movement in the United States, 1960 to 1975." *Journal of Marriage and Family* 43(1): 49–65.

Lerner Gerda, 1986, *The Creation of Patriarchy*. New York: Oxford University Press.

Lowe, Marian and Margaret Lowe Benston, 1991, "The Uneasy Alliance of Feminism and

Academia." pp. 48–60 in *A Reader in Feminist Knowledge*, edited by Sneja Marina Gunew. New York: Routledge.

McIntosh, Peggy, 2020 [1983], "Interactive Phases of Curricular Re-Vision: A Feminist Perspective." pp. 131–150 in *On Privilege, Fraudulence, and Teaching as Learning: Selected Essays* 1981–2019. New York: Routledge.

Mill, John Stuart, 1970 [1869], "The Subjection of Women." pp.125–242 in *Essays on Sex Equality*, edited by Alice S. Rossi. Chicago: University of Chicago Press.

Millett, Kate, 1970, *Sexual Politics*. Garden City, NY: Doubleday.

Mitchell, Juliet, 1984 [1966], *Women: The Longest Revolution*. New York: Pantheon Books.

Morgan, Robin, ed., 1970, *Sisterhood Is Powerful: An Anthology of Writings from the Women's Liberation Movement*. New York: Random House.

Oakley, Ann, 1990 [1974], *Housewife*. London: Penguin.

Radical Women, ed., 2001, *The Radical Women Manifesto: Socialist Feminist Theory, Program and Organizational Structure*. Seattle, Washington: Red Letter Press.

Rich, Adrienne, 1976, *Of Woman Born: Motherhood as Experience and Institution*. New York: W. W. Norton.

Sheridan, Susan, 1986, "From Margin to Mainstream: Situating Women's Studies." *Australian Feminist Studies* 1(2): 1–13.

Sheridan, Susan, 1990, "Feminist Knowledge, Women's Liberation, and Women's Studies." pp. 36–55 in *Feminist Knowledge: Critique and Construct*, edited by Sneja Marina Gunew. New York: Routledge.

Smith, Dorothy E., 1987a, "Women's Perspective as a Radical Critique of Sociology." pp. 84–96 in *Feminism and Methodology: Social Science Issues*, edited by Sandra G. Harding. Bloomington: Indiana University Press.

Smith, Dorothy E., 1987b, *The Everyday World as Problematic: A Feminist Sociology*. Boston: Northeastern University Press.

Smith, Dorothy E., 1990, *The Conceptual Practices of Power: A Feminist Sociology of Knowledge*. Toronto: University of Toronto Press.

Smith, Dorothy E., 2005, *Institutional Ethnography: A Sociology for People*. New York: Rowman & Littlefield.

Willis, Ellen, 1984, "Radical Feminism and Feminist Radicalism." *Social Text* 9/10: 91–118.

Wollstonecraft, Mary, 1996 [1792], *A Vindication of the Rights of Woman*, edited by Candace Ward. New York: Dover Publications.

Woodward, Kath and Sophie Woodward, 2015, "Gender Studies and Interdisciplinarity." *Palgrave Communications* 1(1): 15018. DOI: 10.1057/palcomms. 2015.18.

王雅各，1999，〈婦女解放運動和二十世紀的性別現象〉。頁 1–26，收錄於王雅各編，《性屬關係（上）：性別與社會、建構》。台北：巨流。

第三章 發現「性別」

　　談到「性別」，社會普遍會出現兩種反應：第一種反應是覺得無聊：此類人士認為性別就是兩性（男性或女性），而人天生就有性別，非男即女，女人和男人各有不同，天生自然，沒有什麼值得討論的。第二種反應則是談性別就色變：認為現在社會女權高漲，女人得罪不起，談論性別必然動輒得咎，所以最好避免（公開）談論性別，免得引起意見衝突，有傷感情。

　　其實，這兩類對待性別的態度和反應，基本上是相同的，都是認為性別就是兩性（男或女），性別不同乃是天生自然，其差別處在於兩者的表現方式，前者認為不必討論，後者則是不願討論。總之，對這兩類人士而言，性別已是既定的社會事實，不是一個有待質疑的問題意識 (problematic)，因此完全沒必要、也不值得多加討論。更重要的是，既然性別的問題是源自女性，所以，如果性別會衍生其他社會議題的話，也僅是女人要面對的問題，而非社會製造或男人產生與要面對的問題。

　　上述這兩類對性別的看法，可以通稱為傳統的性別論述，也就是所謂的「性別自然論」。隱含在這類論述背後的，是一套立基於「三段論法」的性別差異邏輯。大前提：男性和女性天生不同，性別差異是出於自然；小前提：差異就是不相同，不相同就不能等同；所以結論：因為男女不同，兩性不平等亦是自然，在這樣的前提下，要求性別平等當然是不自然且違反自然的。因為，在不同的基礎上要求相同的待遇，反而是違反平等原則，畢竟不同的基礎不能給予相同的對待。然而，性別的社會現象真是如此嗎？性別（或男人與女人）真是如此不同嗎？差異就應該是不平等嗎？傳統「性別自然論」的說法，隱含了哪些謬誤和化約呢？以下我們就從性別的概念來加以檢視。

▌一、看不見的「性別」：
　　只有「性」，沒有「別」

　　關於性別最突出的現象，就是每個社會都對性別有其各自的想像，對男人與女人應有的「氣質」(temperament) 或合宜的舉止 (decorum)，亦各有不同的文化內涵與規範。雖說如此，但大部分的社會卻亦有共同處，那就是關於男人和女人是天生自然不同的說法，也就是絕大部分社會都存在性別差異的迷思。因此，在許多社會的日常生活中，不論媒體或民間「智慧」，經常充滿男人或女人（或男性與女性）是如何不同的想像和看法。

　　但若我們仔細檢證這些話語與論述，就會發現講者與聽者共同分享兩組關於男人和女人的假設：⑴人的性別只有（或只能）分為兩類：男性或女性，且男性與女性會因為（性）生理差異，而發展成為兩類全然不同的人。男人與女人各有一套不同的人格特質或態度，稱之為「男性（陽剛）氣質」與「女性（陰柔）氣質」；因此，⑵男人和女人適合扮演不同的角色，擔任不同的工作，占據不同的社會位置。由此衍伸而得的結論，就是生理性別與社會性別，和社會分工以及社會地位之間，存在著某種必然的因果關係。上述這些說法中，可以看到性 (sex) 和性別 (gender) 兩者是被視為等同的，即性與性別是兩者合一，兩詞一義，兩者相通。

　　此外，性與性別兩者之間，也存在必然的對應關係；生理男性必然會發展或表現出陽剛氣質，例如堅強有力和積極進取；反之，生理女性則必然具有溫柔纖細的氣質和體貼依賴的個性。若非依循此種對應關係，反而是女性獨立自主、男性溫柔細心，就會被認為是違反常規或是偏差的發展，必須加以矯正，以免造成社會的失序。

　　性和性別的關係果真如此嗎？隨著當代「性別研究」的發展，我們可以發現「性」與「性別」已被界定為完全不同的概念，各自有其指涉，而且兩者之間有著相當複雜的關係 (Connell 2002)。根據大多數女性主義學者的說法，性指

的是源自生殖器官的特徵不同，而隨之衍生生理上的不同情慾或欲力 (libido)，所以又稱之為「生理性」(biological sex)。性是人們日常生活中最基本的元素，也是最常看到和聽到的詞彙，卻也是在公開場合中，被社會認定為最隱晦和最被文化規範所限制的現象 (Foucault 1992 [1984])。生理「性」也是社會互動中辨識個人身分的原初準則，每個人出生之時，社會即根據一套約定俗成的生理標準或身體特徵，經由權威人士的認定，給予嬰兒性別身分：男性 (male) 或女性 (female)。

在大部分的社會中，最常被採用的分類標準，就是根據嬰兒出生時的外顯生殖器官作為判準，由社會認可的權威人士（例如醫生、助產士或巫師等接生者）宣布其性別，奠定其個人未來官方法定的性別身分，成為個人永久的性別認同。國家針對不同的性別，分別賦予不同的公民身分，享有不同的權利和義務，更改個人的性別身分，則需要透過國家規定的嚴格程序。在當代的台灣社會，大部分的嬰兒都是在醫院內由產科醫師接生，嬰兒的性別身分，就直接由醫師根據醫學專業權威作性別的判定。這樣的性別身分分類，假設個人的生理性可以清楚的分成相互排斥的兩類：非男即女，因此每個人都可以依此原則加以清楚分類。然而實際的狀況又是如何呢？以下藉由分別探討「性」與「性別」來加以檢視。

（一）性 (sex) 與性別 (gender)

雖然「性」與「性別」在日常生活中常被混為一談，但嚴格說來，兩者所指涉的是完全不同的概念 (Kang, Lessard and Heston 2017)。「性」可以說是日常生活中人們最關心以及社會最在意的議題。這可以從這類議題在媒體出現的頻率，以及社會文化對性規範的嚴密限制程度可見端倪。另一方面，隨著現代社會的開放，「性」早已不再是隱晦不可言說的話題，人們對「性」的好奇，隨著「性」此一社會禁忌的鬆動，呈現出在保守與開放之間多元與衝突的論述面貌 (Giddens 1992)。

打開報紙或網路新聞，不但社會新聞充斥與「性」相關的聳動議題，以揭人隱私，滿足人們對「性」的窺視的雜誌與「大字報」，更是目前許多社會新興媒

體的共同現象，其中女人的「性」及「性化的身體」，更是媒體商業化、娛樂化以及閱聽／讀者消費和注視的焦點。這種現象反映社會傳統性別意識形態對女人的性和身體的看法：女人的性與身體是男人性的客體，亦即男人是性的主體，而女人是性的客體；男人是性主動且富有性慾的，而女人則必須是性被動且無性慾的；男人是性的「能指」(signifier)，女人相對之下則是性的「所指」(signified)。

　　一般而言，「性」指的是依據生理上的性徵或性能力不同而產生的分類，人類分男性／女性，生物界則分雄／雌，英文通稱為 "male" 和 "female"。男性相對於女性 (male/female) 各有不同的生殖器官和生殖系統，擔負不同的生殖功能和具備不同性力 (sexuality)。「性」有時也被稱做「生理性」(biological sex)，以別於「性別」或「社會性別」(gender)。

　　而 「性別」 所指涉的 ，則是社會關於男人 (man)／男性 (maleness/masculinity) 與女人 (woman)／女性 (femaleness/femininity) 所建構的一套行為與氣質的要求和規範。簡單的說，「男人」與「女人」是社會性別的分類，針對男人和女人的人格特質、行為舉止與角色扮演，分別有其各自不同的社會想像與期待，也就是「男人」和「女人」應分別具備以下兩種不同的性別氣質：「陽剛氣質」(masculinity) 與「陰柔氣質」(femininity) (Connell 2002)。

　　例如，大部分社會的性別文化，都認為男人應該擁有這些男性氣質——勇敢、壯碩、堅強、積極、獨立、有擔當等所謂的「陽剛氣質」，才算得上是男子漢與真男人；同樣的，社會也有一套關於女性氣質的規範：女人就應該展現符合女人角色的特性——即溫柔、體貼、纖細、順從等所謂的「陰柔氣質」，才符合理想女人或淑女的標準。反之，若男人沒有陽剛氣質，就會被稱之為「娘」；而不具備陰柔氣質的女人，則會被稱為「男人婆」。

　　由於這套性別氣質，是社會根據男人和女人的生殖功能所建構出來，以適合該社會對性別分工的角色期待和文化規範，在此情況下，「性別」作為社會分類和性別認同的標準，女性主義將之稱為「社會性別」，指涉其係經由社會建構的產物，而非生物上必然或自然而成，因此，不同的社會與文化之間，自然也會有各自不同的社會性別分類、定義和內涵。

（二）性與性別之間的關係

　　由上述可知，就分析的角度而言，「性」和「性別」之間是可以完全無關或相互獨立的。「性別」作為社會分類的範疇，正如法文對語言的分類，可以是一套根據字形、字母組成形式而制定的分類規則，所以是武斷和人為的，與該辭彙的內涵或指涉的客體的性別並無必然的關聯。例如法文中的 X 是陰性，因為 X 的字形符合陰性字的形式，與該字彙指涉的內容是否為陰性並不相關。沿用語言學字形分類，「性別」作為人群的社會分類，不管是男人或女人，皆可以與人群的生理 「性」 毫不相關，任何人只要能夠展演出 (perform) 陰性氣質的內涵，演出符合社會對女性的角色扮演、身體表現方式和行為舉止的期待，就可能被社會歸類或他人認定為女人。這也是 「跨性別」(cross gender) 的扮裝之所以可能的原因，也是「性別」此一語彙的弔詭之處 (Butler 1990)。

　　從上述的討論可以看出，「(生理) 性」與「(社會) 性別」並不必然相關，理論上甚至兩者可以完全獨立，而事實上，這種情況亦確實存在，雖說在目前社會中，這類情況仍是相對少數的 「特例」。就社會的常態和實際情況而言，「性」與「性別」兩者之間，即使存在密切的關聯，卻並非絕對一對一或完全等同的關係。「(社會) 性別」的分類，仍然是以「(生理) 性」的分類為基礎，同時，生理女性 (女人) 也會被期待具有女性氣質或扮演某些角色 (例如母職)；而生理男性 (男人) 則被期待具有陽剛特質，既必須勇敢獨立、精力旺盛，也被期待事業有成等。

　　對女性主義而言，「(社會) 性別」與「(生理) 性」之間的密切關聯，是建立在性別化社會制度的支撐與維護，性別化社會制度則是以兩性在性關係的分工為基礎所建立的社會關係體制。社會經由父權家庭、教育、政經制度及文化規範，在個人生命的不同階段，藉由家庭社會化與學校課程，以及遊戲和勞動市場職業分配等機制，乃至於國家法律與制度的管控，將每個人塑造成為符合社會對不同性別角色的期待 (Connell 2002; Kimmel 2000)。

　　另一方面，在父權社會的性別體制與文化的性別意識形態之下，社會性別也會經由個人層次的「做性別」(doing gender) 來加以強化：在日常生活的社會互動過程中，當我們看到一個生理女性，或具有女性化身體的個人，我們就很難不對她的行為、態度與能力產生某些期待，然後互動雙方根據這些期待做出適當或違和的預期反應，進而強化或修正「性」與「性別」之間的一致性。在這個「做性別」的過程中，透過互動雙方對預期反應的肯定或否定，不但個人的性別認同和表演得到肯認或否定，社會的性別秩序得以維護或改變，同時也強化或鬆動社會既存的性別分類，以及「性」與「性別」之間的關係 (West and Zimmerman 1987)。

　　「性別」之所以是建構的，且仍與「(生理) 性」有所關聯，亦可見諸於跨文化之間對性別氣質規範的差異，或一個社會對性別氣質規範在歷史上的變異。社會關於性別氣質的規範，並非一成不變或普世皆同，性別規範不但充滿跨文化之間的差異，同一社會的性別現象也充滿歷史變革。最有名的跨文化性別氣質差異研究，便是瑪格麗特‧米德 (Margaret Mead, 1901–1978) 關於南太平洋三個原始部落之社會性別氣質的研究 (Mead 1935)。

　　而台灣社會在過去百年來對女性身體的規範，反映在服裝打扮與角色分工，對男性的情緒表現與父親角色的期待，更是已有相當程度的轉變❶。這些跨文化和跨歷史的多元或多樣的性別氣質規範，更進一步點出「性別」建構性的特質，及其與「性」之間錯綜複雜的關係。

　　目前，世界大部分的社會，不論其性別氣質內涵如何，雖然仍是以生理「性」（男或女）作為社會分類的基礎❷，但什麼才是適當合宜的性別氣質，每

---

❶　中央研究院台灣史研究所檔案館，〈從檔案看百年來台灣女性地位之轉變〉。https://archives.ith.sinica.edu.tw/collections_list_02.php?no=19，取用日期：2021 年 4 月 11 日。

❷　目前有些國家（例如澳洲），已經將「性別」由原來的「男」、「女」兩類，進一步擴大為「男」(Male)、「女」(Female) 和「其他」(X: Indeterminate/Intersex/Unspecified) 三類。參見「澳洲律政部」(Australian Government Attorney-General's Department) 網頁中，於 2013 年 7 月出版（並於 2015 年 11 月最後更新）之報告書：Australian

個社會根據其社會分工的需求，其所呈現的樣貌未必相同，甚至相去甚遠。然而，值得注意的是，這和「性別」是源自社會建構的說法，並未有所抵觸，也不意味「性別」與「性」無關，而是顯示兩者之間更加幽微複雜的關係。而這也是當代性別研究一個重要的焦點所在，不同的女性主義理論派別之間，關於此議題也各有不同的主張與看法。

｜ 二、性別的弔詭：
｜ 性與性別的問題化

　　傳統上，社會的性／性別的分類都只有兩類（或以兩類為主），而且是互相排斥的兩類——非男即女或非女即男。這樣的社會分類，假設每個人都可以清楚地被歸類，所以「性」作為社會分類是絕無問題 (non-problematic) 且不需被質疑或檢視的。如果有人不能依此原則被清楚歸類，那就是個人的問題與偏差，而非性別分類的問題。然而，實情又真是如此嗎？其實，不論是「性」（生理性）或是「性別」（社會性別）的分類都非常弔詭且充滿矛盾，無法簡單清楚的一分為二，而是盤根錯節且複雜多元，也就是說，對於「性」或「性別」的分類是很有問題的 (Lorber 1994)。

　　首先，就「性」的分類判準與生理醫學上而言，男性和女性之間的不同，除了外顯生殖器官有別（陰莖／陰蒂），更包括染色體 (XX/XY) 與賀爾蒙（睪丸素／雌激素）的差異，甚至晚近更主張男女在腦部的構造亦有所不同。在理想的情境下，三者的分布應全然一致，也就是說：男性必須同時具有外顯陰莖、22 對 XX 和 1 對 XY 染色體，以及一定程度的睪丸素；而女性則必須具有外顯的陰蒂、23 對 XX 染色體，以及充分的雌激素。在這樣的條件下，「性」的分

Government Guidelines on the Recognition of Sex and Gender，尤其是第 4 頁至第 5 頁中的 "Sex and Gender Classification in Australian Government Records" 部分 。https://www.ag.gov.au/sites/default/files/2020-03/AustralianGovernmentGuidelinesontheRecognitionofSexandGender.pdf，取用日期：2021 年 4 月 11 日。

類判準是相對清楚且毫無疑義的，也就是所謂的「正常」情況。但是，當三者分布不一致時，一連串的問題就會隨之衍生而來。當個人和「性」有關的三項生理屬性並不一致時，個人的「性」究竟該如何歸類？性的分類要以哪一個屬性為判準？這三者之間有優先秩序嗎？如有的話，其順序為何？為何如此？

例如，在大部分的社會，嬰兒出生時的性別，是以醫師或接生者根據嬰兒外顯生殖器官判定，但當這個標準不明顯或兩種器官同時出現時，醫師該如何判斷或作出決定？根據美國的資料顯示，當這種情況出現時，醫師往往是以陰莖的大小或明顯度，作為判定「男性」的根據。當嬰兒的陰莖有明顯的形狀而且不會太小時，醫師通常會優先將嬰兒歸類為男嬰，並將陰道予以縫合；反之，當嬰兒的陰莖不明顯且太小時，醫師則傾向從社會對男性與陰莖的重視（或陽具中心的觀點）而將之歸類為女嬰。醫師作為社會對「（生理）性」分類的守門人，陰莖和男性陽剛氣質在他們的思考中，不但高度相關甚至具有絕對的優位性。作為「（生理）性」分類的權威，醫師這樣的作法充分反映「陽具中心」主義和以男性為優勢的性別秩序和文化意識形態。

除了「（生理）性」判準的問題外，「（社會）性別」的分類也有其問題。「（社會）性別」作為社會分類的建構，理論上是有可能與「（生理）性」無關，但實際上卻是密切攸關，若是如此，則「性」與「性別」之間的關係並非清楚二分，而是紛繁交錯且複雜多元的。讓我們先從理論層次來推演：首先，最簡單的方式是將「性」與「性別」視為只有男、女兩類，則「性」與「性別」之間的關係，就存在以下四種社會性別組合型態，如表 3-1 所示。

這四種類型分別為：(I)「陽剛男」：生理男／社會男；(II)「陰柔男」：生理男／社會女；(III)「陽剛女」：生理女／社會男；(IV)「陰柔女」：生理女／社會女。在這四類中，只有「陽剛男」（生理男／社會男）和「陰柔女」（生理女／社會女），符合目前大部分社會性別二元分類的「標準」男人與「真」女人。而「陰柔男」（生理男／社會女）與「陽剛女」（生理女／社會男）的性別身分，只有在少數的社會被承認並賦予名分 (naming)。例如在南太平洋的薩摩亞群島 (Samoa islands)，就承認 "Fa'afafine"（「陰柔男」：生理男／社會女）的身分，

他們雖然是男兒身，長大後卻扮演傳統女性的社會角色。而美國印地安 Mohave 部落的「女爸爸」(*hwame*)，則隸屬於「陽剛女」（生理女／社會男），她們雖然是生理女性，但卻擁有與男性等同的社會位置，不但可以結婚，也可以擔任妻子（與其他男人）所生子女的父親角色 (Blackwood 1984: 32)。

表 3-1　四種社會性別組合型態

性別 性	社會男（陽剛氣質）	社會女（陰柔氣質）
生理男	陽剛男 (I)	陰柔男 (II)
生理女	陽剛女 (III)	陰柔女 (IV)

資料來源：作者整理。

　　因此，傳統「性」與「性別」二分的分類架構與文化規範，其實並非如既有論述所言，是天生自然且毫無疑義，而是有其問題和侷限性。當源自「性」及「性別」的屬性之間，發生彼此互不相合的情況時，該如何定位他們的性別身分？目前大部分的社會，因為既有性別體制缺乏處理的機制，總是將之歸為「異類」(deviants)，或是以「（生理）性」作為定位的標準，並試圖藉由法律制裁或醫學手術的方式，矯正所謂的「偏差」，進而鞏固並維護性別二元的體制。這些作法顯示傳統性別論述背後有強烈的人為因素，特別是男性陽具中心文化及父權性別意識形態的鑿痕。

三、性別認同的多元性

　　除了這些「異類」的性別類屬外，在兩個標準型內的性別認同也充滿了變異；也就是說，在兩個性別理想型內，其男性氣質和女性氣質的表現，也有很大的內部差異，與理想性別氣質的期許，亦各有不同程度的符合或偏離。

　　以男性的陽剛氣質而言，大部分社會都將好色強慾、強壯積極、主動競爭和理性邏輯等，界定為理想男性的特質，或稱之為「霸權的陽剛氣質」(hegemonic masculinity) (Connell 1987, 1995)，但實際上符合這套標準的男人，在大部分的社會中並非多數，多數男性可能只具備此一理想標準的某些特質或能力。例如，許多男性並非特別喜愛運動，或運動表現特別良好，也不一定特別勇敢或極具競爭性。甚至在傳統中國社會獨厚文人書生的文化氛圍裡，社會菁英的男性所表現出來的溫文儒雅或文弱書生的氣質，更是備受推崇的男人典型。我們可以從「萬般皆下品，唯有讀書高」以及「頭腦簡單、四肢發達」的褒貶評價中，即可略見一斑。

　　此種帶有陰柔特性的男性氣質，被稱之為「陰性的陽剛氣質」(female masculinity)，相對於西方社會理想化的陽剛氣質或「霸權的陽剛氣質」，它也被視之為「從屬或邊陲的陽剛氣質」(subordinate and marginalized masculinity)。即便如此，由於他們之間分享對女人情慾的「異性戀性慾」(heterosexuality)，所以在異性戀霸權的父權社會，後一類的男人仍然享有相對女人優越地位的男性紅利 (male dividend)，因此，女性主義者亦稱他們為「共犯男性氣質」(complicit masculinities) (Connell 1987, 1995; Kimmel, Hearn and Connell 2005)。

　　雖然理想型的女性氣質，強調女人的嬌弱、溫順、體貼、感性和依賴，但實際上大部分的女人恐怕天生既不具有這些特質，後天也不一定在如此的條件下被培養成長。雖然平均而言，女人或許天生在體能上不如男人，比男性更加不喜運動也比較被動，但這並不表示所有的女人就一定傾向柔弱或依賴。通常只有少部分的女人，才有這樣的養成條件，或被鼓勵表現出符合男人期待的「柔弱似水」或「小鳥依人」，社會上具有「強化的陰柔氣質」(emphasized femininity) 的「小女人」，亦未必占據多數。由於「小女人」這種「強化的陰柔氣質」(Connell 1995) 是父權性別體制建構下支撐男性霸權的重要機制，因此，「小女人」成為被父權社會獎勵的女人，也被稱為「誇大的女性氣質」(exaggerated femininity)，作為「霸權的陽剛氣質」的相對概念，以及支撐男性霸權性別體制的關鍵機制 (Schippers 2007)。

　　此外，每個社會都有一些女性，不論在天生體能或後天人格特質上，都體現出 (embodied) 陽剛的氣質，如身高體壯、善於運動、積極主動、獨立自主，甚至是性主動等一般認為是屬於男人的特質。華人社會稱這樣的女人為「男人婆」，西方英語社會則稱她們為蕩婦 (slut)、潑婦 (shrew) 與悍婦 (bitch)，用來標籤化在情慾、身體力量與權威等面向體現男性氣質的女人，作為社會對於女人逾越「霸權的陽剛氣質」之性別關係的制裁。當代女性主義性別研究學者，則將這類的女性特質，稱之為「陽剛的女性氣質」(male femininity) (Halberstam 1998)，並指出在以「霸權的陽剛氣質」為中心的父權社會中，會將這群女人歸類為「賤民女性氣質」(pariah femininities)，以示她們對「霸權的陽剛氣質」所構成的威脅，因而被男性霸權排除在性別體制之外 (Schippers 2007)）。

　　由此已可發現，在既有的男性霸權性別體制中，雖然「陰性的陽剛氣質」與「陽剛的女性氣質」，都是「非理想型」的性別氣質，但兩者之間仍有差別待遇，其社會地位與權力關係也彼此不同。前者仍可分享霸權陽剛男性的紅利，而後者則會因其對霸權性別氣質的挑戰與威脅，而被流放於性別紅利的規範之外，藉此進一步維持「陽剛氣質」優於「陰柔氣質」(masculinity over femininity) 的性別位階。

　　關於性別氣質的刻板印象或理想的性別認同，在仔細檢證下，我們可以發現其實並非一成不變。不但不同的社會對於性別氣質有不同的文化規範（詳見第四章），不同時代亦各有其理想化的男性與女性特質類型，且特定性別氣質理想型態的形成，也有其歷史社會脈絡和經濟物質等條件。也就是說，某些特質 (characteristics) 或作為 (practices) 之所以會成為理想的性別氣質和行為標準，是某一社會在特定的歷史時代，由某一社會位置（通常是占據社會優勢位置）的人群，根據他們的生活經驗和經濟條件，而產生出一套適合該階級性別分工安排與社會關係的文化規範，並利用社會結構的統治機制，包括婚姻家庭、教育、政治、經濟及文化規範等社會制度及控制管道，使之成為社會主流的意識與生活型態。

　　例如，近代西方性別氣質的理想模式，基本上是源自英國維多利亞時代的

貴族階級，或有閒的資本家階級的性別分工（公／私：男／女）而來 (Landes 1998)。完美的男性氣質，是當時理想的上層階級白人男性的寫照，是兼具「經濟供應者」(economic provider) 及「騎士勇敢精神」(chivalry) 的紳士，還要有「駕馭與運動」的能力。而當代以美國為主流的陽剛氣質，則以美國西部開發時期粗獷且不畏艱難的拓荒英雄為原型。例如來自東部上層階級家庭的羅斯福總統，因為兼具英國傳統的騎士精神與美國西部的拓荒英雄形象，就被公認為近代美國男性氣概的典範 (Kimmel, Hearn and Connell 2005)。

同理，西方理想的女性氣質，則是以當時上層階級對家庭女主人的角色期待為藍本，女人不僅需要以「相夫教子、賢妻良母」作為終生職志，還必須一手掌管家內大小事情，且以家庭守護天使 (angel of the home) 自居，才能被視為理想女人的典型。這些性別氣質和行為的標準，藉由父權社會制度（如教育或文化的治理機制）而再三被複製與強化，成為社會的主流論述和文化規範，對符合或遵守規範的男人和女人給予獎賞，對違反或不遵守者則施予懲罰。

因此，在這樣的性別體制下，除了符合「霸權的陽剛氣質」的男人，理所當然的獲得父權社會與文化的獎賞與紅利外，符合「誇大的女性氣質」的女人，也可以分享父權利益的管道與優勢。而這樣的「性別氣質」位階，更造成同一性別（特別是女人）之間的壓迫，對處於不同經濟位置與階級的男人和女人，也產生壓迫的效應。所以，不能養家賺大錢的男人，被認為不像男人，不夠勇敢的男人，則被稱「娘」或「小男人」；而女人太強壯，會被貼上「男人婆」的標籤，擁有獨立自主的能力，則會被稱之為「女強人」或「鐵娘子」。

從上述的討論可以看出，隨著當代女性主義知識體系的發展，「性別研究」已成為一門新興的學術領域，不僅「性」或「性別」成為分析社會關係的核心議題，「性」與「性別」這兩個概念，作為個人身分認同與社會分類的基本類屬，也已經備受學界的質疑。過去被認為清楚且毫無爭議的（生理）性，其分類判準亦充斥父權制度下人為和文化的鑿痕。而（社會）性別作為社會建構的產物，其界定與分類人群的特質，更是充滿文化差異與歷史變異。

總之，性別的概念和類屬並非恆數，而是變數，其內涵隨著歷史情境而異，

不同社會之間亦展現跨文化的多樣性。更重要的是，即便在同一社會，男性氣質或女性氣質也是紛雜繁複的，其內涵亦呈現繽紛多元的樣態，形成一組具有連續性的性別認同之光譜——從兩端理想化且具優勢的男性氣質和女性氣質，到中間變異混合的性別氣質，例如「女性化的陽剛氣質」(feminized masculinity) 與「陽剛化的女性氣質」(masculinized femininity)，兩端的理想型對中間的變異型，不僅會產生壓迫和規訓的效應，性別同時也會與情慾、階級和族群等其他社會分類秩序彼此交織，隨著情慾、階級與族群位置的差異，而衍生不同的性別效應。

四、性別研究核心議題：性別差異和性別不平等

　　儘管「性」與「性別」作為社會分類的基本概念，其指涉的內涵有跨文化的多樣性和歷史的變異，但「性別」作為一種社會關係，確實有其跨文化的共通性和跨歷史的不變性。換句話說，「性別」作為身分認同，關於什麼是「男人」（或男性氣質）與「女人」（或女性氣質）的內涵，異文化之間必然產生許多不同的社會規範，歷史進程之間亦有相當程度的轉變。但是關於性別的社會關係，即男人和女人的社會定位、權力關係或性別秩序，不同社會與文化之間確有高度的共通點，且近代歷史上的變化亦不大。那就是長期以來，父權社會存在著性別差異的迷思與性別不平等的現象，這也是女性主義的性別研究最核心的議題，更是女性主義者極欲改變的實踐目標。

　　關於男人與女人的社會關係，即「性別關係」，最常見到的現象或最常聽到的說法，可以歸納為以下三種不同的論述：

（一）「性別差異」的迷思與謬誤

　　即使不同社會對於男性氣質或女性氣質的定義各有不同，甚至完全相悖，但是為什麼在大部分的社會（或幾乎所有的現代社會）中，男人和女人總是被

認為也被當作是不同的兩類人？也就是說，為什麼「性別差異」的說法，會如此普遍地被視為理所當然的現象？

　　例如，男人和女人基本上是同一類動物（靈長類哺乳動物），除了 23 對染色體中有一對互不相同，男人與女人的身體組成大抵是相同的，但是在文化論述和社會實踐中，女人和男人卻常被形容或比喻為兩種不同的人類。例如，「男人是火，女人是水」、「男人從火星來，女人從水星來」等 (Gray 1992)，中國也有類似的說法：像是「男為陽／日，女為陰／月」等。學術研究中亦不乏關於男女差異的研究「發現」：例如，女人善於語言，男人強於空間；女人長於文字，男人擅於數學；女人精於手藝，男人工於機械等各種關於男女不同能力或發展傾向的「結論」。

　　然而，這些所謂的「性別差異」，常是將男人和女人當作兩個集合群體，並將各自群體內的男人、女人視為同質，再透過群體平均數的比較，將兩個平均數的差異，概推到兩個群體內的所有成員。所以，當男性平均數高於女性時，就被認為所有男性都比所有女性在某一能力是較好的。這樣的推論忽略每一群體之間的內部差異，也就是不同男人在某項能力的表現上並不相同，男人之間的差異可能大於他們和女人之間的差異，即所謂的內部差異大於外部差異。相同地，女人之間的能力也各自有異，她們的數理和機械能力，比男性好的大有人在。所以，許多所謂的性別差異，其實是源自類推的謬誤 (fallacy)，再經過大眾文化或出版媒體的簡化、傳播與強化。長此以往，群體總合的平均值 (aggregate average) 就被誤認為群組個人的數值；男女群體平均值的差異，就變成所有男人與所有女人的差別。

　　其次，「性別差異」的研究雖然多如恆河沙數，但此類研究在方法和結論上，均有許多令人質疑之處 (Connell 2002; Kimmel 2000)。仔細檢視眾多關於「性別差異」研究 (sexual difference research) 的結果後，發現屢見以下兩大缺失：(1)在測量方法上太過粗糙；(2)隱藏性別的偏好。這些研究方法上的缺陷，會導致測量失去可信度和效度，有些研究更會過度渲染此種「差異」的幅度。其實許多所謂的性別差異，極可能沒有任何學術或理論的實質意義，甚至統計

上亦未達顯著差異。只是當社會的主流意識是以性別差異為前提，在這樣的脈絡之下，少許的差異很容易被無限制放大。當性別差異被認為是自然的情境，任何細微的不同都很容易就被視為理所當然，甚至被拿來充作支持性別差異迷思的「證據」。只有當研究發現性別是相同或沒有差異時，研究結果才會被質疑，才需要具體的解釋或證明。

因此，要破除此種差異的迷思，除非有明顯的相同證據或資料可供佐證，否則是不易被接受的。總之，在性別差異的迷思下，學術研究的結果也會遭遇相當不同的對待，這種情形在現今的社會情境下，仍然沒有太大程度的改變。即使大家都認為當代是女性主義或女權高漲的時代，媒體仍然選擇性地大幅報導生物科學界所發現的男女差異，特別是在腦科學的領域興起之後，男女在大腦結構的差異，儼然成為一個新興的熱門話題。科學家和社會主流，以及大眾媒體與保守組織（例如教會或極右派種族組織），對於發現男女（甚至族群）在大腦結構的差異充滿期待。這樣的現象是新瓶裝舊酒？還是新瓶裝新酒？仍有待時間的考驗。

（二）性別階序的社會關係

為什麼在大部分的社會（或幾乎所有的社會）中，男人和女人都是占據不同的社會位置，扮演不同的角色，從事不同的工作？更重要的是，這些不同的位置、角色和工作，也因此被賦予不對等的意義、價值、地位和權力。甚至在語言系統與文化符碼的範疇，與男人相關的字彙、形容詞、工作與活動，總是被賦予正面良善的價值和較高的地位；相反的，與女人有關的字彙、形容詞、工作與活動，總是給人較不重要的印象和卑微低下的社會位置，甚至令人產生貶抑 (derogatory) 與負面的聯想。

這種性別論述在父權文化獨擅的社會中，如同家常便飯，導致男人和女人之間形成不對稱 (asymmetrical) 的關係，女性主義者將之稱為「性別階序」(gender hierarchy) 的社會關係。這種性別地位不對等或「性別階序」的社會關係相當普遍，例如公／私領域之分：男屬於公、女屬於私，但公永遠先於私。

即使在職場或其他公領域內，男性與女性的職業隔離也是隨處可見。主管與決策位置經常以男性為主，秘書與助理等輔助性和文書工作，則是女性專屬的行業，形成「男主管／女秘書」、「男醫師／女護士」的刻板印象。

　　最明顯的莫過於每日翻閱報紙或打開電視，不論是平面或電子媒體，當報導在政經領域頗負盛名的政治人物或公司董事長時，往往會出現在報紙的頭版或第二版，且主角或行動者多半皆是男人；反之，若是家務與照護的工作場景，則都是以女人為主，且通常版面都是在報紙的「副刊」或家庭版。同樣地，在教育體系內，小學及學前教育（托兒所、幼稚園）的教養工作是以女人為主，但擔任高等教育的大學教授卻是以男性為主。這種在勞動市場中的性別隔離，即便在不同社會中必然會有不同的職業分布，但男女所得不平等和經濟決策權力的差距，卻是放諸四海而皆同（行政院性別平等處 2021；周碧娥 2017）。

　　其中，尤以政治權力的性別差距當屬經典，也是長期以來女性爭取平等地位的目標。政治是管理眾人之事，傳統上一向被認為是男人的專屬領域，女人（與小孩）不宜參與。因此，平等投票權的爭取，直到十九世紀初期，才成為「第一波婦運」的核心議題，而女性平等參與公共事務與政治決策的權力，卻直到 1960 年代的「第二波婦女解放運動」，才逐漸得以實踐。當代婦運一方面持續倡議婦女參政權的普遍落實，女性主義政治學者更致力於從女性作為附屬地位的立場，來批判傳統「平等」政治理論的缺失，並提出更具解放性的「代表權理論」。在政策參與的落實，晚近聯合國的婦女部門與歐美國家的婦女平權組織，分別推動「性別主流化」(gender mainstreaming) 與「性別配額」法案 (gender quota laws)，作為進一步落實並保障女性（或任一性別）具有實質參與決策的權利，並且在不同領域（含經濟領域）的決策單位（如企業董事會），也必須具有相當比例的代表權（詳見第十二章）。

（三）性別差異與性別不平等的關係

　　為何「性別差異」總是與「性別不平等」彼此連結或同時出現？而且越是注重性別差異、強調男女有別的社會與文化，例如穆斯林社會、天主教社會或

傳統儒家文化掛帥的中國傳統社會，男人與女人之間的不平等似乎也越加顯著？因此，「性別差異」和「性別不平等」之間是否有何因果關係？究竟是「性別差異」導致「性別不平等」？還是「性別不平等」合理化且強化了「性別差異」？也就是說，因為男女之間存在不平等的地位，男性作為既得利益者，需要透過強化與女性間的差異，來合理化已然存在許久的不平等關係，以便使這種不平等的關係得以繼續維繫。如果這樣的假說是成立的，那麼，將「性別差異」連結轉化為「性別不平等」的機制和過程又是什麼？

　　過去傳統或男性主流的性別論述，習慣以性別生理差異的既有事實，作為論述性別關係的前提，企圖建立「性別差異」導致「性別不平等」的因果關係，鮮少反向思考並檢視：(1)「性別差異」的說法，隱含統計上的集體謬誤 (aggregate fallacy)，將集體的均數 (aggregate average) 當作個體的特質 (individual trait)，忽視性別在個體層次的內部異質性；以及(2)差異如何及為何被放大或擴大闡釋的社會脈絡。性別研究將性別關係視為某種社會體制，就是希望能夠解答這些疑問，從受壓迫的性別（女性）的觀點和立場重新解讀，希望為性別關係開拓另一個全然不同的視野，構建一套對現有壓迫體制更具批判力和解放性的知識系統。

　　最後，性別研究還有另一個目標，就是讓男人的性別被「可見化」。很多女性主義者都曾有類似的經驗或曾觀察到此種現象，那就是關心性別議題的人，不論是從事性別研究的學者，抑或是講授與修習女性主義／性別研究課程的教師和學生，多半都是以女性為大宗，即使在一般探討性別的演講、研討會和草根活動的場合，聽眾和參與者也皆是以女性為主。這種現象傳遞一個弔詭的訊息，那就是好像只有女人才會有性別的問題，性別單純只是女人的問題，而男人則沒有性別的問題，因為男人的性別是理所當然的中心，所以只有女人（非男人）才會有性別問題。

　　此現象與種族的議題極為近似，當白人是中心與唯一的主體時，白人是沒有顏色的，只有處於客體位置且被命名為「有色人種」的非白人才有顏色。所以，男人作為性別關係的主體，社會往往對其身分或性別認同視而不見，而女

性作為界定男性的客體，其性別認同則是被命名才得以被看見，藉由建構差異來突顯男人的性和性別。男性是看不見的且不可言之，唯有透過差異與負面化女性的性別身分和認同，才能界定與正面化男性的性別。性別研究的目的，就是要將男人看不見的性別「可見化」，試圖藉由檢視既存性別體制的性別邏輯、社會建構及性別效應，讓男人的性別優勢被社會所看見。因此，在這樣的思考脈絡下，「性別研究」可以說是讓男人和女人的性別同時被透明化的陽光法案。

參考書目

Blackwood, Evelyn, 1984, "Sexuality and Gender in Certain Native American Tribes: The Case of Cross-Gender Females." *Signs: Journal of Women in Culture and Society* 10(1): 27–42.

Butler, Judith, 1990, *Gender Trouble: Feminism and the Subversion of Identity*. New York: Routledge.

Connell, Raewyn, 1987, *Gender and Power: Society, the Person and Sexual Politics*. Cambridge: Polity Press.

Connell, Raewyn, 1995, *Masculinities*. Berkeley: University of California Press.

Connell, Raewyn, 2002, *Gender*. Cambridge, UK: Polity Press; Malden, MA: Blackwell Publishers.

Foucault, Michel, 1992 [1984], *The History of Sexuality*, Volume 2: The Use of Pleasure, translated by Robert Hurley. London: Penguin Books.

Giddens, Anthony, 1992, *The Transformation of Intimacy: Sexuality, Love and Eroticism in Modern Societies*. Cambridge: Polity Press.

Gray, John, 1992, *Men Are from Mars, Women Are from Venus: A Practical Guide for Improving Communication and Getting What You Want in Your Relationships*. New York: HarperCollins.

Halberstam, Judith, 1998, *Female Masculinity*. Durham: Duke University Press.

Kang, Miliann, Donovan Lessard and Laura Heston, 2017, *Introduction to Women, Gender and Sexuality Studies*. Amherst, MA: University of Massachusetts Amherst Libraries. http://openbooks.library.umass.edu/introwgss/ (Date visited: April 11, 2021).

Kimmel, Michael S., 2000, *The Gendered Society*. New York: Oxford University Press.

Kimmel, Michael S., Jeff Hearn and Raewyn Connell, eds., 2005, *Handbook on Studies on Men & Masculinities*. Thousand Oaks: Sage.

Landes, Joan B., ed., 1998, *Feminism, the Public and the Private*. Oxford: Oxford University Press.

Lorber, Judith, 1994, *Paradoxes of Gender*. New Haven: Yale University Press.

Mead, Margaret, 1935, *Sex and Temperament in Three Primitive Societies*. New York: William Morrow and Company.

Schippers, Mimi, 2007, "Recovering the Feminine Other: Masculinity, Femininity, and Gender Hegemony." *Theory and Society* 36(1): 85–102.

West, Candace and Don H. Zimmerman, 1987, "Doing Gender." *Gender and Society* 1(2): 125–151.

行政院性別平等處編，2021，《2021 年性別圖像》。台北：行政院性別平等處。

周碧娥，2017，《台灣性別平等面面觀：性別平等資料庫資料應用分析案「就業經濟與福利篇」結案報告》。台北：行政院性別平等處。

第四章　性別論述

　　「性」與「性別」在過去經常被混為一談且交互使用，用來同時指涉個人在生理和社會的分類。「性」和「性別」往往被等同而觀：雄性就等於男性，雌性就是指女性，男性與男人是同義詞，女性與女人則可以彼此互通。這樣的說法，假設生理性別與社會性別是一致的：當一個人具有雄性生殖器，他就必然擁有男性的身體特徵和陽剛氣質，自然且應該表現出男人的樣子；而具有雌性生殖器者，就會擁有女性的身體表徵和陰柔氣質，行為亦會展現出專屬女人的特性（詳見第三章）。

　　此種將「性」與「性別」等同而觀的傳統說法，過去並非沒有受到挑戰，例如，西蒙波娃在《第二性》就已對此現象提出批判（詳見第十章）。但直到當代「第二波婦運」蓬勃發展，隨著對女性地位不平等的關注，帶動婦女研究的誕生，才開啟學界對於「性」與「性別」差異或二者之間關係的嚴肅探討，質疑的聲浪方始不斷。在這樣的歷史脈絡下，女性主義學者進一步提出「性」與「性別」是全然不同的概念，前者為「生理性別」，指涉生理的分類，亦即在個人出生時，依外顯生殖器官的特徵，將其分別歸類為男 (male) 或女 (female)；而後者則為「社會性別」，專指社會的分類，依個人表現出來的身體特徵與舉止樣貌，將人歸類為男人 (man) 或女人 (woman)。

　　隨著性別研究的深化與發展，關於「性」或「性別」的分類也有相當程度的轉變，不再受限於傳統的「性別二元論」。性屬類別也由傳統的男、女二分，更加細緻的分為（至少）三個性別，也就是除了男與女外，還包括第三性，用來涵蓋無法被傳統「性」框架分類的人。例如天生生殖器官性屬不明顯、同時

具有雄性與雌性器官者，抑或生理性別與社會性別出現不一致的情況，也就是性別認同誤置者。

　　總之，隨著學術研究的推展與社會日漸開放，以及相關案例的出現和數據資料的累積，性／性別分類的既定概念，在過去半世紀已備受挑戰與衝擊，關於性的分類框架，更是已由傳統的二分，進展到三分甚至多分。例如安妮‧法斯托‧絲德琳 (Anne Fausto-Sterling, 1944–) 就認為若以性生理特徵與染色體作為分類根據，關於人類「性」的分類，至少可以區分為下列五種：(1)真男；(2)真女；(3)真陰陽性（同時具有男性與女性生殖器官）；(4)偽男（男身女性）；(5)偽女（女身男性）(Fausto-Sterling 1993)。而性別類屬也可以進一步區分為以下四類：(1)陽剛男人；(2)陰柔女人；(3)陰柔男人；(4)陽剛女人 (Halberstam 1998)。

　　除了「(生理) 性」與「(社會) 性別」的分類之外，「性別關係」也由傳統的兩性關係轉變為現在的多元性別關係，因此，與性關係和情慾 (sexuality) 相關的論述，也由主流霸權的異性戀，具體擴展到同性戀與酷兒關係。至於生理性別與社會性別（即「性」與「性別」）是否彼此相關？其關係究竟如何？這是一個頗具爭議性的問題，學界也有各自不同的看法。可想而知，傳統的性別論述必然主張兩者之間不僅密切攸關，「(生理) 性」作為「(社會) 性別」的基礎，更有其明確的因果關係。但支持女性主義的學者，則通常會主張「(社會) 性別」是源自社會建構的產物，既反對此種「性別本質論」的狹隘觀念，也不認為兩者之間存在任何因果關係。然而，關於社會「性別」是否可以完全跳脫生理的「性」，女性主義陣營各持不同觀點，這些爭議在後續女性主義理論的相關討論過程中，將會進一步具體呈現。

　　本章作為第二篇「當代社會學女性主義理論」的引言與前導，將聚焦在當代女性主義理論發展初期關於「性別」的不同論述。除了揭露傳統「性別二元論」和「性別迷思」的謬誤，也同時檢視當時學界不同學派對於「性別論述」的觀點，包括以下三類：(1)自然論；(2)文化決定論；(3)社會建構論。

┃一、自然論

關於「性」、「性別」與「性別關係」（也就是「性別論述」）的說法，並非專屬當代女性主義或婦女運動所獨有。長期以來，科學、醫學、知識界與教會，早已存在各種不同的見解。但女性主義者多半認為，關於傳統父權社會性別關係的本質和起因，最普遍與優勢的觀點應該就是「自然論」(ordained by nature) (Kimmel 2002: 21–46)。

所謂的「自然論」，其主要的論點有二：(1)關於性別關係的本質，此派學說認為社會是由男人和女人所組成，而社會之所以會有男女之分，乃是為因應人類繁殖與社會延續的目標，就像自然界生物的繁衍一樣；(2)所以性別差異是天生自然的現象，性別的社會關係則是立基於男女生理差異而來的分工，且這樣的分工是為達到人類與社會延續的目標所必需，任何違反此類性別關係的舉動，不但違反自然的規則，也會危害社會集體的利益。

簡而言之，立基於達爾文 (Charles Darwin, 1809–1882) 的《物種的起源》(*On the Origin of Species*, 1859) 一書，所提出「物競天擇」(law of natural selection) 的說法，作為解釋自然界物種演化過程的「生物進化論」(evolutionary theory)，性別「自然論」認為人類和其他物種皆是自然界生物的一分子，因此，在物競天擇、適者生存的進化／演化過程中，人類也與其他生物相同，為了物種的繁衍和存續，必然會分化為雌雄兩性，透過雌雄兩性的交配，兩組不同的染色體才得以相互結合並順利繁殖下一代。「生物進化論」認為這種由單性繁殖到雙性繁殖的演變，是生物演化的進展，所以男女有別是自然演化的必然，也是人類社會延續所必需。因此，男女在身體特徵與生殖功能上的差異，不但是性別分工的基礎，也是男女社會關係與社會位階的依據。

具體而言，「自然論」主張由單性繁殖到雙性繁殖是自然界物種進化的必然結果，不同的繁殖方式，則代表物種由簡單的生物進化為複雜的生物。人類作

為高等生物的哺乳類動物，也是藉由雙性繁殖來延續物種。人類物種繁衍是透過雄性精子與雌性卵子結合成為胚胎，然後由女性身體內的子宮孕育，當胚胎成熟時，就會經由產道分娩而出。胎兒一旦離開母體，由於嬰兒無法獨立存活，則需依賴母親的奶水提供養分，並提供日常生活的照顧。總之，在人類繁衍此一首要的任務中，男女的分工極為清楚明確，為達到物種再生產的最大化，男性的功能和工作，是負責提供大量健康的精子給更多的女性，以確保個體最大的複製機會。反之，女性主要的功能是提供卵子，與精子結合成為胚胎，並經由子宮來孕育胚胎及乳房來哺育嬰兒。

由此可以看出，對「自然論」者而言，男人與女人之所以天生有別，是源於自然的天命 (ordained by nature) 和上帝的意旨 (creation of God)，男女的身體差異有其存在的社會功能，是維續人類繁衍不可或缺的設計，更是自然演化的必然結果。因此，社會制度必須確保此類分工可以發揮最大的效應，固守性別差異的疆界而不被踰越，俾便男女兩性可以各自依其角色分配，發揮該有的功能。也就是說，性別差異的設計，是社會與人種延續的根基，如何恆久維繫男女兩性的生理差異，則是社會分工的基礎所在。

至於性別該如何分化才符合「自然論」的觀點？可想而知，在性別差異的前提下，男性必須吸引為數眾多的女性，讓精卵結合的機率最大化。於是理性的男性氣質，強調的是強壯的體格與旺盛的精力，且必須同時兼具競爭與進取的個性，才能吻合作為女性保護者和資源提供者的形象。反之，在生殖繁衍的任務分工上，女性卵子的角色被視為被動的接收者，也是胚胎的儲存與孕育者，更是嬰兒的照顧養育者，因此女性身體在繁衍的分工上，顯然必須付出相當的成本。為求成本效益得以最大化，理想的女性特質必然強調其性關係趨向保守與矜持，且嚴選精子的提供者，以確保胎兒最大存活機率與未來最佳的成長條件。因此，「男強女弱」是理想的性別氣質，「男主外／女主內」是最佳的性別分工模式，而「男公／女私」或「男主／女從」的社會關係，更是最適當合宜的性別關係。也就是說，女性的角色應以養育者或母親為主，強調其生育和養育的社會功能，她們不但是胎兒的孕育者，也得擔負嬰兒成長時期主要的養育與照護工作。

　　立基於這樣的性別論述邏輯，「自然論」主張「男主外／女主內」的性別分工，以便具體保障性別差異的維繫，並達到男女互補與各盡所長的最大社會功能。一方面強調男性生理／性的主動性，以及天生身體／體力的優勢，另一方面也要求男性應發展諸如主動、理性、積極、勇敢等陽剛特質。理想的男人更需具備強健的身體、充沛的性精力與爭取資源的競爭力，才能勝任提供者與保護者的角色。唯有同時具備這些理想特質的男性，在物種生存競爭的激烈競賽中，才能成功吸引女性的關注與信任，並進而確保精卵結合的最大機會。

　　反之，女性因為生理／生殖結構的特殊性，註定她們得承擔繁衍下一代的責任和母親的天職。因此，女性不但應該培養適合孕育和強化養育的陰柔特質，以保持她們對（男）性謹慎自持的態度，也要避免任何對生育／生殖功能有所妨害的活動。也就是說，女性應以私領域作為活動的主要範圍，並以結婚生子和照顧家庭作為最終職志，任何公領域的接觸或政治的參與，都將危害她們天生自然的母性與身體功能，也將同時導致對社會分工有所威脅的負面效應。

　　當個人無法適應這樣的社會分工要求，也無法展現符合性別氣質期待的行為舉止時，陰柔的男性會被稱為「娘娘腔」，強壯獨立的女性則被叫作「男人婆」。這些負面的性別標籤，隱含對於悖離社會性別規範者的譴責和否定。「自然論」的擁護者認為這類違反自然原則的表現，是病態偏差的行為，需要受到社會規範的制約與醫療體制的矯正，一如社會學的「功能論」關於性別角色分工和偏差行為的觀點。

　　此種傳統「自然論」對於性別關係的論述，係源自 18 世紀的「社會生物論」，並在十九世紀的歐洲紅極一時，不僅主導社會性別秩序的發展，也成為當時保守之性別社會關係的理論基石和「科學」根據。伴隨「社會生物論」與「功能論」開始備受質疑並日漸式微，此種論點亦頓失其優勢的主導地位。然而，這並非意味「自然論」的性別論述就此退位，強調性別差異與性別分工的說法，依舊是大部分社會中的主流性別論述，畢竟就傳統的思維而言，男女有別、各司其職且功能互補，即是順應自然與天命，唯有這樣才能讓社會功能的效益最大化，並鞏固與維持社會秩序。

　　即便是在工業革命初期或二次世界大戰期間，大量女性被迫進入勞動市場，擔任家庭之外的生產勞動工作，此種現象仍只被視為勞動階級女性的特殊狀況，抑或非常時期缺乏男性勞動力下的暫時權宜。前者可以透過社會救助的政策加以補救，後者則只需等到戰爭結束且男性重回社會後，女性就會退出勞動市場回歸家庭，社會秩序就會自動調整，並回復到原初性別分工下的社會關係。換句話說，當女性外出工作或從事傳統男性工作的比例日益增加，面對此種既存的社會情勢，「自然論」者仍傾向將此歸類為特殊情況，或「非常態」下的暫時失衡。而違反性別常模的個人，則被當作適應不良的問題製造者，需要求助於醫療機制的協助與矯正。

　　這種鐵板一塊的性別二分法，將性別一分為二，人群切割為非男即女，在1960年代後期「第二波婦運」興起之際，開始受到極為嚴厲的挑戰。伴隨當代婦女解放運動的蓬勃發展，尤其是「婦女研究」的建制，以女性的觀點重新檢視當代女性的地位與處境，一時之間蔚為顯學。當代新興的女性主義性別論述，除了批判傳統「自然論」以男性為主體與中心，將性別不平等化約為單純的生理差異等觀點，並同時倡議性別分類的社會建構論。傳統「性別二元論」的優勢在這樣的論述挑戰下，雖曾一度遭受威脅，但是號稱立基於科學基礎之上的「自然論」，並未從此消失在歷史的舞台之上 (Goldberg 1973)。

　　隨著生物科學研究的日新月異，當代的「自然論」也提出不同以往的科學論述，作為性別差異與性別分工的「科學」根據。其中最有力的兩種說法分別是：⑴美國哈佛大學生物學家艾德華・威爾森 (E. O. Wilson, 1929–2021) 提出的「社會生物學」(*sociobiology: The New Synthesis*, Wilson 1975)，以及據此發展延伸的「演化心理學」(evolutionary psychology)；⑵晚近生物學家理查・道金斯 (Richard Dawkins, 1941–) 在《自私的基因》(*The Selfish Gene*, 1976) 一書中所提出的基因論觀點 (Dawkins 1976)。

　　威爾森主張，所有生物（包括人類與動物）乃至於文化的發展，都是服膺「生理基礎」所形成的「基因的牽繩」(genetic leash)，其社會行為（如人格特質與文化氣質）等文化差異表現，也是生物在「物競天擇」演化壓力下的發展

與結果。換句話說,對當代社會生物學家與演化心理學家而言,生理結構乃是
生物社會行為的基礎,生理結構不同,其表現必然有所差異,而社會組織以及
制度的安排,則是自然的差異結果。因此,威爾森和道金斯主張:「我們在現代
社會看到的女性剝削,是從女性的生理結構開始」,而且「文化與此毫不相干」,
因為「基因已將文化綁上狗鍊牽著走了」("Genes hold culture on a leash.") (Wilson
1978: 167) 也就是說,基因的差異決定了社會關係的位置,文化的安排只是其必
然的後果,這樣的論點可說是將「生物決定論」推展到極致的性別論述。

對當代的「生物決定論」而言,兩性在基因上的生物差異,是影響男女社
會行為不同表現的首要生理因素。男女之間的性生物差異,是身為哺乳類動物
的人類,在數千萬年物種演化的過程中,經歷物競天擇的存活競爭和蛻變後,
所發展出來最適切 (fittest) 的生理結構。為了將各自基因傳遞到下一代的機會最
大化,男女兩性的生殖系統也據此發展出不同的特性。例如,男性精子量多而
體小,生命短但產期長;女性卵子則是體大量少,產量固定且產期有限。面對這
樣的生理條件限制,基因在複製的自私驅力下,男女兩性必然會各自採取一套有
效的「進化穩定策略」(evolutionarily stable strategy),像是男人到處留精,讓精子
獲取最大散播的機會;而卵子則採嚴格篩選,擇善固執,減少受精失敗的機會。

此種生理結構不同所導致的策略選擇差異,也進而衍伸出差異的社會性樣
態與行為模式,例如男性就該主動、積極、進取、理性;而女性就該傾向被動、
溫柔、保守、感性。這種人格特質的差異,也因此決定男女社會關係的高下,
諸如「男主外/女主內」、「男文化/女自然」、「男獨立且掌握權威/女依賴且服
從權威」。所以,男人與女人的性和性慾表現,之所以會大不相同,其實肇因於
精子與卵子的基因,在自私的考量下,發展出來的「繁衍策略」而表現出來的社
會行為,進而決定男、女的社會位置與關係。至於所謂父權的社會制度與文化,
乃是後果而非原因,也就是前述「基因已將文化綁上狗鍊牽著走了」的意思。

除了「社會生物學」與「演化心理學」的論點之外,晚近的腦科學研究也
為以「自然論」/「生物論」為基礎的性別論述,提供最新的「科學」根據
(Cahill 2006)。當代腦科學與性別有關的研究,主要聚焦在以下三個議題:(1)左

腦與右腦的差異；⑵連結左右兩腦組織的差異；⑶男女使用不同腦組織的差異。雖然，當代腦科學的研究發現，尚屬仍待檢證的起步階段，但是，許多科學家熱衷致力於發現男女在左右腦葉功能與使用方式的差異，並對於男女兩性左右腦差異的初步觀察寄予厚望，甚至提出所謂「他（男性）的腦」與「她（女性）的腦」的說法。例如，男性的腦體積較大，其腦結構較有利於感知 (perception) 與行動 (action) 之間的連結；而女性的腦設計則較有利於分析與直覺的溝通。這樣的差異「解釋」了社會關於性別差異的一般看法，像是男人為何在空間感有較優異的能力，較擅長看地圖；而女人則是語言溝通能力較佳，比較擅長說話和表達。這些發現讓許多科學家因而主張：腦組織與功能之間的性別差異是內在且生物決定的，因此相對之下對文化有抵抗力，也就是不受文化或後天的影響 (Ruigrok et al. 2014; Kelly, Ostrowski and Wilson 1999)。

　　關於生物論的性別差異，「科學」除了提供以上的生理根據外，晚近還有一個流行的說法，即為「賀爾蒙」說 (Sapolsky 1997; Kelly et al. 1999)。此派論述的學者和支持者，主張男女差異是源自兩性在性賀爾蒙的不同：男人體內因具有大量的雄激素和睪丸素，決定他們天生傾向競爭、攻擊性與好鬥；反之，女性因為雌激素較多且缺乏雄激素，導致她們不具備好鬥的驅力和競爭的特質，女人因此不適宜在外拋頭露面，在爾虞我詐且競爭激烈的權力遊戲中，女性注定位居下風，也將是被淘汰的失敗者。從上述的簡扼解說可以看出，相對於其他的「自然論」觀點，賀爾蒙的性別差異論，其重點侷限於解釋男性與攻擊行為傾向之間的關係，試圖為男性的攻擊行為與暴力傾向，特別是在性關係的面向，找出生物／生理的基礎，也為男性對女人的性和身體施加暴力的攻擊事件，找到所謂「科學」的解釋，並以「天生自然」的「生物決定論」，來為霸權的陽剛氣質論述解套。

　　伴隨當代女權運動與女性主義的發展，改善女性的次等地位、女性自家庭與生殖解放、婦女平等機會的追求，已成為婦運所揭示的三大目標。同時，婦運也主張應該透過法律與政策的手段和途徑，來達成並保障性別平等的權利。因此，「自然論」此種將普遍存在的性別不平等現象，單純歸因為生物界物種進

化的結果，以及兩性生理差異的必然後果，而非受社會制度或文化的影響，必將受到女性主義理論嚴厲的質疑與批評，乃是預期的後果。

▍二、文化決定論

　　相對於十九世紀以來享有優勢地位的「自然論」，二十世紀初期則出現「文化決定論」 此種關於性別差異的說法， 主張人的個性 (personality) 或氣質 (temperament) 的養成，主要是受到社會或部落文化的影響和決定。此理論主要是由人類學家瑪格麗特·米德在《三個原始部落的性別與氣質》(*Sex and Temperament in Three Primitive Societies*, 1935) 一書所提出 (Mead 1935)。

　　米德在該書描述南太平洋巴布亞紐幾內亞三個原始部落社會中，其男人與女人所呈現之人格特質和氣質的不同類型，及其與文化之間的關係。米德認為不同性別表現出來的行為，例如性別角色或性別氣質，是隨文化而有所差異，且具備許多不同的樣態，而非定於一尊。除西方社會的「男強女弱」、「男主外／女主內」的傳統性別氣質與性別角色外，不同的社會文化也會隨之衍生各種不同的性別型態。米德根據她的人類學田野資料，發現三個原始部落的文化，恰巧培育出各自不同的性別氣質類型。

　　例如在 Arapesh 部落社會，其文化並不重視性別差異，也不像美國社會一樣強調男女有別，而是著重於男女皆同樣表現出當地文化中具有價值的人格特質。兩性在性別氣質上也沒有明顯的差異，不論是男人或女人，其母性傾向與陰柔的氣質都會被部落文化所肯定，不論是男人或女人的養成，合作、溫和與敏感的特質，也都被部落文化視為必須著重的目標。也就是說，在 Arapesh 部落中，具備「陰柔女性氣質」或母性的特質，是被該部落的社會文化規範所肯定的理想人格特質，不分性別，也同時適用於男人與女人。

　　與此相反，在 Mundugumor 部落男女的成長過程中，只要是冷酷（冷靜）與具有進取性（攻擊性）的人格特性，都被認為是正面與積極的性別特質；而

母性的愛護、保護等特質的發展，則不被期待且備受貶抑。換言之，該部落文化不但鼓勵男孩成為具有競爭性與好鬥特質的男人，即便是女孩，也希望將她們養成並訓練為具有 「陽剛男性氣質」 的女人。總之，對 Arapesh 和 Mundugumor 兩個原始部落的男人或女人而言，性別並非分類或界定社會關係的重要因素，男女兩性的養成皆是以相同人格特質的培養為目標。

但在第三個部落 Tchambuli，米德卻發現這個原始部落，對理想性別氣質的文化規範極為不同。不但強調男人與女人必須展現不同的性別氣質，而且將「強勢、不講人情與善於管理」等特質，規範為女人的理想特質；而男人則被期待具備「依賴性與情感性」的理想人格特質。此一性別氣質的文化理想，不但與前述兩個原始部落差異甚大，更完全顛覆美國社會對性別氣質與性別角色的文化規範。米德並且進一步指出，縱觀這三個原始部落關於性別氣質的文化理想，其所呈現的差異，與性別並沒有一定的關係。男人與女人的氣質是否有別或如何不同，與天生身體器官的差異亦沒有必然的關聯，而是受到社會文化的理想與期待所規約。

因此，由於部落社會文化與美國社會對理想人格特質的期待有所差異，這三個原始部落社會的男人與女人，因此展現出與美國社會完全不同的性別特質。一方面缺乏差異的性別氣質：男女皆被鼓勵發展相同的人格特質，或是崇尚「陰柔／女性氣質」，或是追求 「陽剛／男性氣質」；另一方面，即便在強調性別氣質差異的 Tchambuli 部落，理想的男性氣質卻傾向「依賴性與情感性」，而女性氣質則是「強勢、不講人情與善於管理」。此種性別氣質的想像，正好顛覆主流西方社會對（男性）「陽剛氣質」與（女性）「陰柔氣質」的理想與期待，也推翻前述「自然論」關於性別氣質的論述與觀點：男女有別，男陽剛、女陰柔乃是天生自然。

除了性別氣質源自文化的規範外，米德更進一步主張，每個社會大部分的人格特質，不管是所謂的陽剛氣質或陰柔氣質，跟個人的天生性別 (sex) 最多只有微弱的關係，就像社會對男女穿著、服飾與舉止的規範一樣。人格特質的養成主要來自 「社會制約」 (social conditioning) 的力量，也就是經由制度與文化

規範加以訓練養成。當和諧與和平被視為該文化的理想，Arapesh 部落透過結構制度與文化規範的社會制約機制，將所有的兒童皆「社會化」成滿足、被動且有安全感的人。反之，在以追求攻擊、暴力及不安感作為文化理想的 Mundugumor 部落，所有的兒童在社會制約機制的規範下，多數都會發展成為具有攻擊力、暴力傾向且欠缺安全感的大人。米德認為，這種情況只有一種解釋，那就是當兒童置身在部落文化的整體作用之下養成，只要兩個部落的文化呈現鮮明對比，就必然會造就兩個部落兒童完全不同的人格特質。這種文化的規約與效應，並非部落的種族、飲食或淘汰 (selection) 等因素可以解釋。

同樣的道理，也適用在將不同性別賦予差異人格特質的 Tchambuli 部落。Tchambuli 部落的文化，將出現在某些社會成員獨有的人格特質，指派給社會特定性別的一群人，他們也將與此不同的人格特質，指派給另一性別，且不允許非屬該性別的人來展現這類特質。至於個別文化如何界定「性別氣質」（男性氣質與女性氣質），就歷史發展而言，文化之間對性別差異的界定，基本上是充滿武斷的安排，沒有特別的科學依據或知識論的基礎。例如 Tchambuli 部落對男性氣質與女性氣質的期待，與美國文化對男性陽剛與女性陰柔的性別氣質規範正好相反。雖說相同的是，在美國社會與 Tchambuli 部落中，皆同樣強調性別之間的差異，性別不但是組織社會的重要分類範疇，文化也因此賦予男女不同的理想人格特質。總結這些田野觀察之後，米德具體宣稱：「我們被迫得出的結論，是人的本質具有令人不可置信的可塑性，會針對差異的文化情境，做出精準且對比的回應。」(We are forced to conclude that human nature is almost unbelievably malleable, responding accurately and contrastingly to contrasting cultural conditions.) (Mead 1935: 289)

除了《三個原始部落的性別與氣質》之外，米德關於文化與性別角色的著作，還包括《男與女：變遷世界中的性研究》(*Male and Female: A Study of the Sexes in a Changing World*, 1949) (Mead 1949)。然而，米德在這兩本著作中，對於「生理／生物」(biology) 和文化 (culture) 如何影響性別差異的立場，卻有不同的看法。在《三個原始部落的性別與氣質》一書，米德提出「文化決定論」

的觀點，展示不同文化之間關於何謂「男性」和「女性」，其定義所呈現出的巨大變異。這在女性主義相對微弱且社會風氣保守的 1930 年代，確實提供社會大眾與學界一個不同於「自然論」觀點的性別論述，並為男女角色的分工與性別氣質的差異，提供有別於西方社會傳統文化所規範「男強女弱」的性別類型。因此，米德被當時的女權運動者，視為婦運啟蒙思想的代表。

　　然而，在 1949 年出版的《男與女：變遷世界中的性研究》中，儘管米德仍然關注性別氣質的文化差異，卻主張性別角色在不同文化間所呈現的變異，乃是立基於「初始的性別差異」(primary sex differences)：亦即男女之間在生殖功能與生理結構的差異。她甚至在該書中，形容男人為具有「自然湧現的性能力」(natural springing potency)，而女人則是表現「自發性的慢熟回應」(spontaneous slower-flowering responsiveness)。米德這些關於男女本質籠統且不精確的過度渲染，對於當時保守反動的美國社會中產階級而言，不僅正中下懷，更是與當時的女性主義者正面宣戰為敵。當代婦運的催生者貝蒂‧傅瑞丹，就曾感慨萬千地形容米德撰述的這兩本書：一方面，《男與女：變遷世界中的性研究》成為「女性迷思」的基石；另一方面，如果米德可以維持她在《三個原始部落的性別與氣質》一書中的立場，她是有機會成為美國大眾文化的婦女解放運動的先行者的 (Friedan 1974 [1963]: 127–130)。

▍三、社會建構論

　　雖然米德關於性別角色之「文化決定論」的說服力，隨著《男與女：變遷世界中的性研究》一書的出版而備受質疑，然而關於性別氣質的文化差異與多元樣貌，卻為後來的建構論奠下基礎。所謂的建構論，就是將性別視為一種社會／文化建構 (social/cultural construction)，指涉某一社會關係或社會分類，是被人類社會與文化，透過結構、制度與語言論述而建立構造出來。除了性別 (gender) 之外，種族 (race) 與階級 (class) 也是常見的社會建構。

　　就人類學的觀點而言,性別是人類文化對於人類男女身體特徵差異的理解,經由社會生活的形塑,為性徵賦予特殊的意義,並具體建立性別之間的社會關係。人類學家經常運用「社會／文化建構」此一概念,意在指出某些我們習以為常並視為理所當然的東西或現象,其實並非必然存在,而是人們在歷史進程與社會生活中創造出來的。「社會建構論」的提出,是當代女性主義關於性別論述的重要貢獻之一,當代女性主義者認為不能用生理和文化因素,來概括解釋性別之間的差異和不平等待遇。生理或生物論的觀點,最多只能說明男女在生理或身體特徵上的差異,而不能解釋兩性在經濟、社會和政治層面上的不平等。至於「文化決定論」的觀點,也只能描述觀念、信仰和慣習等,與性別差異或兩性對待究竟有何關係,而不能解釋這些差異是如何被建構與再三鞏固。

　　關於性別關係的建構,女性主義人類學家在 1960 至 1970 年代間,相繼提出新的論點與看法。雪莉‧奧特納 (Sherry B. Ortner, 1941–) 在 "Is Female to Male as Nature Is to Culture?" 一文中,提出「男與女＝文化與自然」(women as nature and men as culture) 的建構論觀點 (Ortner 1974)。「自然」與「文化」之間的分界 (demarcation),是西方文化思想的重要模式,也是當代人類學重要的基礎所在。在西方的文化思想體系中,「自然」與「文化」之間,不僅二分且互不隸屬;屬於自然的即非文化,不能是人類干預的結果;而被歸類為文化之進展的,則是對抗自然而達成的結果。

　　在這樣的思想基礎上,女性因為「天生」的生殖生理及生育能力,而被西方文化視為更加接近「自然」;男性則因為不能生殖,且以家庭之外的社會活動為主,而被認為更加接近「文化」。而人類所創造的「文化」,又被認為是超越且對抗「自然」的成就;因此,藉由將「自然」和「文化」的分界與領域關係加以界定,並和「女性」與「男性」之間的性別關係予以連結,經由邏輯推演的過程,女性就被認為應該從屬於男性,就像在西方文明的發展進程中,必須克服「自然」、創造「文化」的成就一樣。Ortner 特別指出,女性並不是真的比較接近自然,只是因為男人為了區分差異,而特別強化女性身體的特性中,與其他雌性物種相似的生育功能,再經由社會制度與文化體制的支持,使人們將

此種性別關係視為理所當然。至於文化與自然之間的價值評判，也是人們主觀的想法與西方文化的價值觀。因此，Ortner 認為性別不平等是一種社會建構，至於男女地位的差異，則建基於人們對於男女生理差異所賦予的文化價值，而非不同性別的生理差異，所產生的必然關係與效應。

　　另一位女性主義人類學家米雪・羅薩爾多 (Michelle Rosaldo, 1944–1981)，則提出「家庭／公共」二分 (domestic/public dichotomy) 的概念❶，作為解釋父權社會建構「男人」與「女人」性別關係的機制。在《女人、文化與社會》(*Woman, Culture and Society*, 1974) 一書，羅薩爾多強調建立在維多利亞時期英國社會的「分離領域」(separate spheres) 規範之下的「家庭／公共」二分，一方面將「家庭／私人」與「公共／社會」界定為完全分離的領域，另一方面更將女性的活動範圍限縮於「家庭」(domestic) 的領域，其工作僅侷限於家務和育兒；而將經濟、社會與政治的活動劃定為公共 (public) 領域，並規定「僅限男性」且女人止步。

　　隨著經濟生產方式的改變與社會組織的複雜化，「私人／公共」二分的關係，也由原先的「對稱」(symmetry) 轉變為「不對稱」(asymmetry)；「私人」領域的範圍日益縮減，而「公共」領域則日漸擴增，發展至今，後者的管轄權力範圍甚至涵蓋前者。羅薩爾多因此進一步提出「普世不對稱」(universal asymmetry) 的概念，作為解釋不同文化之間共同存在的「性別不平等」。羅薩爾多提出的「普世不對稱」受到不少質疑，特別是其忽略非西方社會的差異與歷史的變遷。例如《女人、文化與社會》此書的另一位主編路易絲・蘭弗雷 (Louise Lamphere, 1940–)，即提出納入跨文化與非西方社會的資料，作為修正「普世不對稱」概念的主張，不過「普世不對稱」的概念，現在已少被提及 (Lamphere 1974)。

　　除了人類學的「文化建構論」以外，社會學的女性主義觀點也提出「社會建構論」，試圖釐清「性別差異」與「性別不平等」之間的關係，從結構層面解

---

❶ 這個概念與傳統中國社會「男主外、女主內」的說法類似。

釋在社會發展的歷史進程中，「性別差異」如何被轉變為「性別不平等」的問題。代表的論述包括：瓊・斯科特 (Joan W. Scott, 1941–) 最早提議將性別作為歷史分析的範疇 (Scott 1986)；拉文・康奈爾 (Raewyn Connell, 1944–) 則將性別視為分析社會權力分配的重要軸線 (cathexis) (Connell 1987)；芭芭拉・里斯曼 (Barbara J. Risman, 1956–) 主張將性別視為社會結構 (Risman 2004)。國內的女性主義社會學者林芳玫與張晉芬，亦強調兩性差異是經由法律、政治、經濟、語言、文化等各種制度建構而成（林芳玫、張晉芬 2000）。

總之，經歷過去 30 年來女性主義知識體系的累積，建構論的性別論述已有相當程度的進展，不但使得性別論述更加系統化，論證過程更加完整，更重要的是其論述觀點的多元化與豐富化。當代女性主義性別理論出現許多不同的派別，代表此一領域的開花成熟。與此同時，晚近以來的女性主義理論，亦開始進一步關注女性之間的差異，理論重點則轉為聚焦在性別與性、階級、種族之間的交織作用。除了關照性別差異的社會建構外，也指出性別不平等社會關係的多樣性；除了建構以西方女性為主體的性別理論，更致力發展以非西方有色婦女在國族主義運動與全球化交錯下的生命經驗為主體的性別理論。

此一發展意謂著 21 世紀的女性主義理論，已開始進入全新的階段，在此關鍵性的時刻，對當代女性主義作溯源式的回顧，也恰好正逢其時。本書第二篇「當代社會學女性主義理論」，將具體盤點當代女性主義不同派別關於性別社會關係的不同理論，並深入探討其關於性、性別與不平等社會關係等議題的不同觀點與理論論證，是如何建構並進一步導致性別不平等的社會關係。「社會建構論」指出藉由社會建構的過程，使得原來看似「中性」的「差異」，被轉換成具有地位高低的「不平等」權力關係；原先不具價值判斷的性別差異，亦因此成為性別不平等的基礎。此類論點同時也可以推論到族群或階級的關係上，因此，當代女性主義者主張透過建構論的觀點，來解釋社會建構的「性別體制」，對女性被壓迫經驗的影響，更能夠彰顯「性別」作為社會分析與政治運動的意義。這些議題是當代女性主義理論的核心關懷，也是性別研究的重要成果。

參考書目

Cahill, Larry, 2006, "Why Sex Matters for Neuroscience." *Nature Reviews Neuroscience* 7(6): 477–484.

Connell, Raewyn, 1987, *Gender and Power: Society, the Person and Sexual Politics*. Cambridge: Polity Press.

Darwin, Charles, 1964 [1859], *On the Origin of Species*. Cambridge: Harvard University Press

Dawkins, Richard, 1976, *The Selfish Gene*. New York: Oxford University Press.

Fausto-Sterling, Anne, 1993, "The Five Sexes: Why Male and Female Are Not Enough." *The Sciences* 1993 (March/April): 20–24.

Friedan, Betty, 1974 [1963], *The Feminine Mystique*. New York: Dell.

Goldberg, Steven, 1973, *The Inevitability of Patriarchy*. New York: William Morrow.

Halberstam, Judith, 1998, *Female Masculinity*. Durham: Duke University Press.

Kelly, Sandra J., Nancy L. Ostrowski and Marlene A. Wilson, 1999, "Gender Differences in Brain and Behavior: Hormonal and Neural Bases." *Pharmacology Biochemistry and Behavior* 64(4): 655–664.

Kimmel, Michael S., 2002, *The Gendered Society*. New York: Oxford University Press.

Lamphere, Louise, 1974, "Strategies, Cooperation and Conflict Among Women in Domestic Groups." pp. 97–112 in *Woman, Culture, and Society*, edited by Michelle Zimbalist Rosaldo and Louise Lamphere. Stanford: Stanford University Press.

Mead, Margaret, 1935, *Sex and Temperament in Three Primitive Societies*. New York: William Morrow and Company.

Mead, Margaret, 1949, *Male and Female: A Study of the Sexes in a Changing World*. New York: William Morrow and Company.

Ortner, Sherry B., 1974, "Is Female to Male as Nature Is to Culture?." Pp. 67–87 in *Woman, Culture, and Society*, edited by Michelle Zimbalist Rosaldo and Louise Lamphere. Stanford: Stanford University Press.

Risman, Barbara J., 2004, "Gender as a Social Structure: Theory Wrestling with Activism." *Gender and Society* 18(4): 429–450.

Rosaldo, Michelle Zimbalist, 1974, "Woman, Culture and Society: A Theoretical Overview." pp. 17–41 in *Woman, Culture, and Society*, edited by Michelle Zimbalist Rosaldo and Louise Lamphere. Stanford: Stanford University Press.

Ruigrok, Amber N. V., et al., 2014, "A Meta-Analysis of Sex Differences in Human Brain Structure." *Neuroscience and Biobehavioral Reviews* 39: 34–50.

Sapolsky, Robert M., 1997, *The Trouble With Testosterone: And Other Essays on the Biology of the Human Predicament*. New York: Simon & Schuster.

Scott, Joan W., 1986, "Gender: A Useful Category of Historical Analysis." *The American Historical Review* 91(5): 1053–1075.

Wilson, E. O., 1975, *Sociobiology: The New Synthesis. Cambridge*: Belknap Press of Harvard University Press.

林芳玫、張晉芬，2000，〈性別〉。頁 199–238，收錄於王振寰、瞿海源編，《社會學與台灣社會》。台北：巨流。

Wilson, E. O., 1978, *On Human Nature*. Cambridge: Harvard University Press.

第二篇

「性別作為理論」：
當代社會學女性主義理論

第五章　自由主義女性主義理論

　　「自由主義女性主義」思潮有其淵遠流長的歷史，不僅是當代女性主義理論的先驅，也是該理論發展的基礎。顧名思義，「自由主義女性主義」是由自由主義政治思想衍生而來，批判「古典自由主義」政治思想忽略女性作為社會一分子的個體，也應享有自由平等的權利，故提出一套主張女性應享有與男性同等公民權利的女權論述。

　　關於女性不平等的描述與批評，雖然早已存在且屢見不鮮，然而對女權提出系統性的主張與論述，並對後來的女權理論發展與社會改革，產生持續與實質之影響者，一般皆公認起源於 18 世紀中期。當時（女性）知識分子面對歐洲社會的不穩定與失序，以及啟蒙時期發展出來的「古典自由主義」之缺失，具體提出批評與訴求，特別是一般人民（包括女性）享有自由與平等權利的限制。而其中關於女性不平等與不自由的批判，以及對女權平等的宣稱，當代女性主義學者與性別研究學界，將其稱為「自由主義女性主義」。

　　18 世紀的歐洲經濟，正處於工業革命的初期，生產方式開始由機械取代人工，家庭既有的生產功能，也逐漸被工廠及市場所取代，更是經濟秩序面臨重新調整的混亂時期。在這個轉變的過程當中，女性原有的生產價值與工作機會受到極為嚴重的衝擊，女性的經濟地位也因此大幅下降。傳統上，女性（特別是已婚女性）由於生育及家務的要求，往往被限制外出工作的機會。隨著生產方式的改變，男性的勞動者更成為工廠生產的主力，以及家庭經濟的主要來源，已婚女性則由家庭經濟的（共同）提供者，搖身一變成為家庭經濟的倚賴者，未婚女性的工作機會也隨之大幅減少，僅能成為產業的後備軍。這些重大的改變，導致女性的經濟地位與性別關係面臨更加嚴峻的困境 (Hartmann 1976)。

　　而在政治的面向上，18 世紀中期法國大革命前的歐洲，一股訴求全民皆平等與自由的社會浪潮正風起雲湧，要求社會承認不分階級、職業與性別的公民，人人皆應平等享有自由的權利。此一大規模的政治訴求與社會風潮，最終導致法國大革命的發生。這場革命不但對法國社會（也對歐洲其他社會）帶來巨大的轉變，其訴求的對象，除了一般平民 (common people)——即一般男人的平等與自由之外，也包括婦女的平等與自由。

　　在此之前，婦女作為社會的成員，其公民身分一直不被社會及法律所認可，其作為個體的權利基礎，也被啟蒙時期的自由主義所挑戰與質疑，以致若非歸屬於父親或以丈夫為託管者，就是淪為其附屬的財產，女性始終被排除在公民的身分之外，從未享有作為個體理應享有之平等與自由的權利 (Pateman 1988)。隨著工業化的生產方式與市場經濟的出現，原來的性別分工與公／私劃界，在分離領域 (separate sphere) 的規範下更加嚴格，女性在公領域及法律的附屬身分，在政經制度與公私分界 (domestic/public divide) 交互作用的結果下更加限縮，女性參與公共生產與經濟獨立的機會更加減少，她們的處境也日益艱難與惡化 (Landes 1998)。

　　面對如此的困境，法國大革命訴求自由平等的風潮，無疑在女性鼓吹倡議女權的同時，提供一個有利的社會氛圍。經過法國大革命洗禮的瑪麗·沃斯通克拉夫特在 1792 年，出版《為女權辯護：關於政治及道德問題的批判》(*A Vindication of the Rights of Woman: With Strictures on Political and Moral Subjects*, 1792) 一書，針對當時主流男性知識分子貶抑女性能力、角色與地位的看法提出批評。她並主張社會應該給予女性同等參與社會的機會，以便讓女性得以成為「有美德」的母親，而這更是培養公民素養、保障民主社會不可或缺的要素。這本書的出版，為後來的女權思潮發展，豎立至關重要的里程碑，也被公認為是「自由主義女性主義」的發端與起源 (Wollstonecraft 1996 [1792])。

一、自由主義女性主義的根源

「自由主義女性主義」衍生自「古典自由主義」(libertarianism)，是女權主義者對此一政治思想學說之不足與偏見的批判，而並非全盤否定或推翻其說法。兩者雖然對於享有或行使權利的條件，抱持不同的看法，但其主張皆奠基於天賦人權的基礎之上，也都支持啟蒙時期之後，西方思想體系關於人性、權利與自由等概念的假設。因此，討論自由主義政治思想關於人性、權利與自由的概念，即是瞭解「自由主義女性主義」的起點 (Jaggar 1983)。

關於人性的假設，是自由主義的根基所在，自由主義認為人之所以有別於其他生物的獨特性，正來自人類的「理性」(rationality)，也就是說理的能力。但這個抽象的概念，多數人皆不易理解，「古典自由主義」的政治思想家，於是提出以下兩個面向，來解釋「理性」或「說理」：(1)「理性」的道德面 (moral)：著重人類具有分辨善惡價值的能力，人類具有理解好壞的道德能力，正是個人享有自主權利的基礎；(2)「理性」的謹慎面 (prudential)：指涉個人皆會為自己選擇最好的目標，以及達成該目標的最佳途徑，也就是側重個人追求自我實現的理性。

雖然個別的「古典自由主義」者，對這兩個面向各有不同的偏好，其著重點亦各自不同，但他們皆共同認定：一個公義的社會，應該允許個人行使自主的能力，並提供其發揮自我的空間。因此，社會賦加個人「權利」(right) 不僅是合理的，也是對的 (right)，權利不但是基本的價值，其優先性也遠高於「善」(good)。「權利」不但可以保障社會每個人皆可自主行使自我實現的機會，也同時規範個人不會去妨礙其他個人追求「善」的機會。當社會中的每個個人，都能各自分別選擇自己的「好」時，社會的「善」也就唾手可得。換句話說，由於人類是理性的生物，具有理解善／惡與選擇好／壞的能力，若賦予個人相同的權利，保障個人平等的自由，使其有機會去做「對」的事以及「好」的選擇，那社會全體就可以達成共善與最大利益。

　　然而，「古典自由主義」對於人的理性與權利，賦予至高地位的主張，也並非毫無疑義。隱含於人類心靈中的理性，包含個人必會追求好或利益的極大化，但是「古典自由主義」者也同時坦承，社會的資源極其有限，不可能讓所有的個人，皆能追求自我滿足的最大化，即使個人在理性的自我約束或利他主義的考量下，亦是如此。面對這樣的挑戰，「古典自由主義」一方面在理念的層次上，提出個人自由以不妨礙他人自由為界限；另一方面則在現實的層次上，主張藉由政治、經濟與社會制度的設計，來保障個人自由的最大化，以及社群的權益不受損害。

　　「古典自由主義」所提出的制度設計，可具體分為以下兩個部分：(1)公私領域的分界 (demarcation)：自由主義將個人的活動領域或社會生活，劃分為「公領域」(public sphere) 與「私領域」(private sphere)，兩者互不隸屬且畛域分明。「私領域」所指涉的範圍，是以個人為主體而延伸的社會生活與關係，個人對此部分的社會生活，享有權威與自主性，不受他人或政府干涉。個人的生命、生活方式、經濟與家庭，皆是典型「古典自由主義」所認定的「私領域」。「公領域」乃是相對於「私領域」而言，指涉社會生活涉及個人權利以外的部分，或是人際之間與社會共同的問題；(2)政治與政府的制度設計：由於此部分的社會生活，不僅限於個人的權利，因此「公領域」通常需要藉由公共討論與公開表達的機制，讓個人享有自由表達看法的機會，進而達成社會的共識。「古典自由主義」者將涉及公共事務的政治，劃歸於「公領域」的管轄範圍，並主張政府的角色應侷限在「公領域」之中，限制政府干預個人婚姻家庭與子女教養等「私領域」的生活。

　　關於公私領域的劃界，以及限制政府干預「私領域」事務的主張，隨著自由主義思想的發展階段不同，其看法亦各自有別。對「古典自由主義」者來說，理想的社會與政治體制，應該是「小政府、大個人」，不僅政府的權力必須受到嚴格的規範，使其無法侵犯個人私領域的生活與自主權利，理想的政府更必須保障個人行使公民權利的自由與平等，免於政府的干涉與侵擾。

　　政府對於個人的生活，應保持最低限度的干預，且只限於隸屬公共生活的

政治事務。政府的干預是為保障個別公民對公共事務的政治，有平等表達意見與參與決定的機會。至於其他領域的社會生活，例如屬於經濟領域的市場，政府不但不應插手干預，更應保障市場的自由運行，讓所有個人得享平等的機會，在市場追求各自的最大利益 (interest)，並進而達到社會最大的效益 (utility)。至於個人的財產以及家庭生活，例如婚姻關係、子女教養或家人關係等，則純屬「私領域」的事務，政府不但不能過問，反而要嚴明立法禁止政府的侵入。

隨著工業化與都市化的發展過程，以及經濟組織與社會結構的改變，「古典自由主義」這樣的主張，也開始逐漸受到挑戰。面對快速工業化與都市化所帶來的財富不均、傳統家庭的失能與個人的錯置，「古典自由主義」者主張的政經分離與公私分界，是否在這樣的環境下仍然適用，已備受學界的質疑，即便是同一陣營的內部，其聲音也各有差異。例如「新自由主義」(new liberalism) 或「福利自由主義」(welfare libertarianism) 就曾經宣稱：理想的政府無須全面退出經濟領域，放任市場被所謂「看不見的手」操盤運作，政府反而更應該確保社會的經濟正義。因為人生而不同，天生即有不同的天分、能力與家庭背景，使個人進入市場的條件亦各自不同。而且，每個人的運氣也往往有別，這些都會影響個人在市場競爭的機會，以及其所獲得的利益。

既然個人進入市場的門檻高低各有不同，為確保個人在市場公平競爭與追求最大利益的機會，提供相關的措施或政策，則是政府責無旁貸的使命。對於「福利自由主義」者而言，政府採取合適的政策，並加以適當的干預，避免放任市場自由運作，造成利潤集中與分配不均的後果，並進一步確保經濟正義的落實，才是理想政府應有的作為 (Pateman 1985)。

表面觀之，「新自由主義」與「福利自由主義」兩派，與「古典自由主義」對政府角色與市場的立場顯有差異。「古典自由主義」者甚至認為「福利自由主義」的說法，已經嚴重偏離自由主義的基本主張。然而若仔細加以比較，其實兩者的基本主張並無太大的差異，僅只是對政府保障個人在市場「平等」追求各自的「好」或「效益」的看法彼此有別。

對「古典自由主義者」而言，個人的理性既是天賦而然，就是平等與自由

的基礎，因此政府不干預市場的運作，是因為想讓個人擁有追求各自利益的自由，在這樣的情況下，若其獲利各自不同，也只是個人能力與選擇的結果，與市場的不平等毫無相關。「古典自由主義」聚焦的重點，在於人人皆有理性，以及市場應自由運作且不受政府干擾的基本原則。但對於「福利自由主義」者而言，雖然個人天賦的理性彼此相同，但是個人進入市場的條件卻互相有別，政府因此需要採取適當的政策與措施，保障個人在市場中平等競爭的基礎。更何況市場並非完美或完全開放的場域，在必要的時候，政府也需要具體規範市場的自由運作，避免市場被全盤壟斷，進而造成競爭不公與利益分配不均的後果。

　　由此可見，兩派的自由主義者，針對個人自由與平等的理想，其主張並無差異，而是對於平等的詮釋或平等的落實，其看法彼此有別。由於自由主義的人性觀，是「自由主義女性主義」思潮的基礎，「古典自由主義」與「福利自由主義」兩派對於平等的概念及政府角色的看法，也會在不同的時期，具體影響不同派別「自由主義女性主義」者的理論。

二、古典自由主義女性主義： 18 與 19 世紀的女性主義思潮

　　雖然「自由主義女性主義」的人性觀與人權論，是奠基於「古典自由主義」，卻對其中關於「人」的界定所隱含的侷限性或排斥性，頗有微詞和批判。首先，她們質疑「古典自由主義」在高談個人理性及人權時，其所指涉的「個人」，僅限於擁有一定特質（性別）及條件（經濟能力）的人，例如男性或財產豐厚者，而非廣為含納所有社會中的成員。因此，無論何種年齡、婚姻與階級的女性，都全部被排除在他們所謂「公民」的範疇之外。

　　18 世紀的「自由主義女性主義」先驅，對於「古典自由主義」的挑戰，主要聚焦在女性是否天生擁有理性能力的爭議。「古典自由主義」主張「理性」是個人平等與自由的前提，認為女性因為生理結構與男性有所不同，其具有生殖能力的特性，是自然賦予她們特有的任務，所以女性應該將母職視為天職，以

提供丈夫和子女溫暖的家庭為職志。因此，女性的任務所在，是以情緒的滿足為主，並不需要擁有理性的判斷能力。既然女性不論在先天條件或後天環境上，都不具備理性的條件，也無須擁有理性的能力，那也就意味女性的生活是以家庭的「私領域」為主，完全不需要也不適合參與「公領域」的政治事務。「古典自由主義」者宣稱女性的生理特質（與男性）不同，也不具備（與男性）相同的理性能力，因此男人與女人天生有別，若立基在相同的基礎方能享有同等機會的平等原則下，女性既然不具備（與男性）相同的基礎，當然無法享有相同的公民身分與權利。

　　「古典自由主義」以男性作為絕對的標準，以男女本就天生有異作為判斷的依據，將女性排除在理性與人權的概念之外，導致女性喪失平等與自由參與社會公共事務的公民資格。18 世紀的「自由主義女性主義」者主張：「理性」是一種心智能力，無關乎生理特性，女性與男性皆具有天賦相同的心智能力，擁有相同的「理性」。因此，男女既然同為社會中的個人，就應該同樣享有自由與平等的天賦人權。換言之，「自由主義女性主義」反對「古典自由主義」以女性特有的生殖與生理因素，作為其權利不對等與不同待遇的根由。她們認為女性既然擁有同樣的「理性」心智能力，就應該享有平等的公民權利。

　　此一時期的「自由主義女性主義」關於女權平等的論證，仍然依循以理性作為個人自由和平等的基礎，主張男女兩性同樣具有理性的心智能力，因此，女性應該享有（與男性）同等的社會參與權利。女權主義者並且進一步指出，當時的女性之所以會表現出缺乏獨立及道德的判斷，或出現依賴、幼稚等非理性的情緒化行為，乃是肇因於社會和法律往往將女性侷限在家庭之中，扮演妻子與母親的角色，缺乏與男性相同受教育、發展理性和生產技能的機會。古典的女權主義先驅也指出，將女性排斥在理性與公民身分之外，對女性是不公平的，使女人只能成為依賴者或次等公民，不但無助於女性成為「好母親」或具有「美德」的妻子，更有違功利原則。這不僅將造成社會的損失，阻礙社會邁向自由與平等的民主之路 (Mill 1970 [1869])，也不利於養育「有美德」的下一代公民 (Wollstonecraft 1996 [1792])。

　　「自由主義女性主義」是女性主義思潮與理論的嚆矢，不僅其發展的歷史極為悠久，論述的內涵更是豐厚。學界通常將此流派分為以下兩個階段加以討論：⑴「古典自由主義女性主義」：涵蓋 18 世紀中期至 19 世紀關於女權的論述，以及 20 世紀初的女性投票權運動。此一時期重要的女權主義者，包括瑪麗・沃斯通克拉夫特、約翰・密爾與哈莉特・泰勒；⑵「當代自由主義女性主義」：以 1960 年代的「第二波婦運」為主，且以性別平等理論的建構，以及改革措施的推動為重點所在。美國隸屬「當代自由主義女性主義」的理論與組織相對眾多，貝蒂・傅瑞丹所撰寫的《女性的迷思》(*The Feminine Mystiques*, 1963) 一書，以及「全美婦女組織」(National Organization for Women, NOW) 於 1966 年的創立，經常被視為其中最具有代表性的人物與組織。

（一）18 世紀自由主義女性主義思潮：瑪麗・沃斯通克拉夫特 (Mary Wollstonecraft)

　　雖然「女性主義」之所以出現在歷史的舞台之上，是因為 1837 年法國社會主義者查爾斯・傅立葉首次使用 "feminisme" 一詞 (Mann 2012: 2)，但沃斯通克拉夫特的《為女權辯護》一書，卻經常被當代女性主義者推崇為女性主義思潮的開端。

　　沃斯通克拉夫特年僅 38 歲，其生命就因為難產早逝而戛然中止。她的一生極其短暫，卻充滿傳奇性的色彩。1759 年她出生於英國的鄉村家庭，父親是一個失敗的鄉紳，同時也是酒鬼和不時施以家暴的丈夫與父親。雖然沃斯通克拉夫特是文采思慮皆極為出眾的才女，卻生長在一個高度父權與並不富裕的家庭，縱使她的兄弟得以接受正式的教育，她卻並沒有獲得相同的機會，僅能透過自學來增長知識與見聞。沃斯通克拉夫特曾經擔任家庭教師與學校教師，她不僅創立女子學校，最後更成為專職的作家，得以藉由寫作、翻譯、出版與創辦雜誌的所得，來維持基本生活所需，並且成為當時極少數能與男性菁英相互抗衡的女性知識分子，這在女性被高度排除於公領域之外的父權社會中，是極其不凡的成就 (Falco 1996)。

　　《為女權辯護》一書，除了〈獻詞〉與〈導論〉之外，主文共有十三章。除論證自由主義的人權思想以外，也針對當時社會普遍貶抑女性的不友善態度，提出詳盡的反駁與批判（第二、三、四、五章），並對女性的處境與困境，具體提出她的看法（第八、九章）。她更主張唯有給予女性同等的教育，讓女性的「理性」獲得發展的空間，才可以培養「美德」（第六、七章），進而享有平等的公民權利，並參與公共事務，提升社會整體的道德，讓民主更加進步。而且，唯有具有美德的女性，才能成為好的妻子與善的母親，這樣不但可以提升丈夫的道德水準，更可以培養社會未來良善的公民，這對「共和」的未來是非常重要的（第十、十一、十二章）。

1.關於當時社會對女性的看法

　　「自然論」主張女性因其生殖功能，也就是性別的生理差異，因此在傳統的社會分工體系下，往往被歸類在家庭與養育的範疇。女性也因此具有某些所謂的「女性特質」或「陰柔特質」，例如情感豐富、心思纖細、溫柔體貼以及溫順依賴等，並將此與所謂的「男性特質」或「陽剛特質」互為對照，以作為男女兩性性別差異的根據。

　　相對於男性往往被認為理性、獨立且具有判斷力，女性被賦加的特質，則總是「情緒性」而非「理性」、依賴而非獨立，且缺乏自主判斷的能力。由於這些具有負面意涵的特質，女性被社會文化認定為不適合參與「公領域」的公共事務，換句話說，女性僅能是男性的附屬品，屈居於社會的次等地位。在啟蒙時期之後，雖然天賦人權是當時西方社會的基礎所在，但主流社會關於性別的看法，並未隨著普遍人權概念的勃興而有所改變，主張男女有別、性別差異的「自然論」，仍是位居主流的性別論述。

　　由於「古典自由主義」關於個人自由平等權利的主張，是立基在個人的理性之上，因此當大多數的男人，由於天賦的理性而獲得自由平等的權利時，女性並未在相同的基礎上獲得平等的權利。「古典自由主義」承襲過去男性優勢的看法，接受女性具生殖性的身體差異，以及女性天生不具「理性」的論點，主

張正因女性與男性不同，所以女性不得享有同等待遇，這才符合平等的原則。因為「古典自由主義」堅持平等 (equality) 必須建立在相同 (sameness) 的基礎上，雖然這個原則讓多數男性因此獲得參與公共事務的權利，卻因為性別與天賦理性的差異，而將所有女性排除在「公領域」之外。

　　18 世紀的工業革命，除引發新資本主義的工廠生產方式，以及家庭生產功能的喪失，更進一步將女性排除在經濟生產的場域之外。除了少數「不幸」的婦女，因為情非得已的理由，而被允許出外到工廠工作，賺取低於男性工人的薪資以貼補家用外，中產階級的女性，更是向來都被期待成為「家裡的天使」，以滿足丈夫的需求與子女的福祉為其使命。當女性長期被侷限於家庭的活動與養育的責任，女性不僅喪失對公共事務的興趣與判斷的能力，更由於其依賴者的社會位置，而養成慣於取悅他人、精於算計、患得患失以及缺乏安全感等情緒性的行為特質。而這些對於女性的負面評價，正是當時男性的自由主義學者，名正言順將女性排除在「公領域」之外的理由。

2. 《為女權辯護》：關於女人「情緒化」的觀察

　　針對當時男性主流的知識菁英，對於女性本質與行為的貶抑和負面評價，沃斯通克拉夫特也進一步提出她的看法。首先，她並沒有完全否認女性的「情緒化」(emotional)，她也同意女性在當時社會的道德規範下，確實出現許多悖離「理性」的行為──也就是「情緒化」的表現。

　　在日常生活當中，女性（尤其是中產階級的女性）經常帶有「憂鬱」(melancholy) 的精神狀態或歇斯底里 (hysterical) 的行為傾向，沃斯通克拉夫特對當時女性的表現，甚至抱持相當批判的態度。例如，她用「毫無生氣」(lifeless)、「乏味」(uninteresting)、「被動」(passive)、賣弄風情 (coquettish)，甚至是「邪惡」(vicious) 來形容當時女性的特質；並以過度敏感 (hypersensitivity)、極端自戀 (extreme narcissism)，或是太過自我放縱 (excessive self-indulgence)，來註解女性的「情緒化」。總之，在當時的社會氛圍下，女性的行為大抵是奴性 (servile) 與不賢慧的 (unvirtuous)。

　　然而，沃斯通克拉夫特認為這些不理性的表現，並非來自女性天生缺乏理性，而是因為女性在社會的處境，以及她們所受到的對待，而相對產生負面的表現。尤其是當時的婚姻制度對婦女所產生的影響，因為婚姻使已婚女性的社會處境，幾近等同於「合法的妓女」。當社會與男人一方面貶抑女人的無知與做作，剝奪她們的受教權，另一方面卻又大力讚美女人的天真與順從，女人在這樣的社會處境下，只好執著於感性 (sensibility) 與愛情 (affection)，藉由造作 (pretentious)、順從 (submissive) 與取悅 (pleasing) 男人，在男人所設下的牢籠中獲取權力，以便得到男人的保護。關於這一點，沃斯通克拉夫特從經濟與政治兩個面向，提出她的解釋與辯護。

　　18 世紀中葉，維多利亞時代的英國正值工業革命的初期，英國女性受到工業革命的影響與衝擊，其經濟與社會地位更加低落。隨著生產資本主義工業化，家庭的生產功能被全然取代，女性 (特別是已婚女性) 被排除在生產工作之外，失去經濟獨立的能力與社會參與的空間。未婚女性也只能從事少數被社會允許的職業，例如擔任保母、伴遊、家庭教師或幫傭等符合女性身分的工作，以獲取微薄的工資，來勉強維持生活。

　　另一方面，女性在法律上完全沒有自主權，而是隸屬於父親或丈夫，女人必須藉由婚姻的管道成為妻子，才能受到男人／丈夫的保護。女性面對如此壓迫與艱難的社會處境，婚姻與母職遂成為多數女性逃離社會污名與剝削的唯一選擇和出路。然而，對底層或工人階級的已婚女性而言，承擔妻子與母親工作的雙重壓迫，不但造成女性在經濟上的慣性依賴，在法律上也沒有身分和地位，更導致她們在心理的層面上無法獨立自主。

　　至於上層資產或中產階級的「優勢」(privileged) 女性，則藉由婚姻而得以分享丈夫的階級地位與經濟支持。雖說如此，由於她們被排除在資本主義的生產場域之外，只能被侷限在經濟優渥的中產階級家庭之內，被期待扮演「家中天使」的角色，專心照顧小孩與滿足丈夫的情緒，成為一個失去自我的女性。對於沃斯通克拉夫特而言，被如此安排和定位的女性，正如同被關在華麗鳥籠中的鳥兒，整天無所事事，只能鎮日梳理羽毛，等待主人的觀賞與讚美，或企圖藉由唱歌來取悅主人。

　　身處此種情境的女性，不但沒有主體性，也沒有專屬自己的經濟來源，生活上不但需要依賴男人或丈夫的賞賜，法律上更不具備獨立人格，只能被視為丈夫的附屬品。為了確保享有丈夫的社會地位與經濟來源，這些養尊處優的「優勢」女性，於是鍛鍊出充滿心機 (calculating) 與取悅他人 (pleasing) 等為人詬病的行為模式。

　　總之，對沃斯通克拉夫特來說，女性之所以情緒化，並非出自女性天生不具理性，而是來自女性的附屬地位與不平等的對待。社會不給予女性發展其理性的機會與空間，卻又同時責備或詆毀女性，這對女性是極為不公平的待遇，也是剝奪她們應有的基本權利。她認為凡是一個先進的社會，都應該給予女人平等的機會，以發展她們的理性與美德。

　　除了 18 世紀的工業革命，帶來「新」資本主義的生產關係以外，沃斯通克拉夫特寫作《為女權辯護》一書時，還有一個極為重要的時代背景，那就是發生在 1789 年的法國大革命。《為女權辯護》出版於 1792 年，當時正處於法國大革命之後的混亂時期，而沃斯通克拉夫特在法國大革命正如火如荼之際，不但隻身前往巴黎，親身體驗並目睹革命發生當時的社會混亂與失序，面對革命之後巴黎的危險處境，她也藉由美國公民身分的庇護——來自她與美國公民的婚姻，而得以順利逃過一劫。前往巴黎親身見證法國大革命的經驗，讓沃斯通克拉夫特對於民主的脆弱與個人理性的重要性，產生極為深刻的體會，因此，她將維繫民主的重責大任，寄望在具有美德的妻子和母親身上。

　　她主張當女性得以接受正規教育，其天生具備的理性就可以被引導與啟發，進而養成具有「美德」(virtue) 的妻子與母親。當女人能夠同時發揮秉持原則的行動能力與自我治理的能力時，婚姻將是平等的「友誼」(friendship) 關係，而非傳統妻子依賴丈夫的「愛慕」(affection) 關係。當婚姻制度不再受限於男性權力的專制與主宰時，丈夫的道德水準也會日漸提升，這樣的家庭與父母，也會為社會培養出更加理性與更具美德的未來公民，而這對於未來共和的發展，是舉足輕重且密切攸關的。

3.《為女權辯護》：女性受教權

有感於女性所處的社會情境極為惡劣，沃斯通克拉夫特主張：教育是女性發揮天賦理性的根基，藉由相同的受教機會，女性的理性才得以發展，作為社會的個人與成員之一，她們更應該同樣享有平等與自由的權利。沃斯通克拉夫特之所以提倡女子受教權，乃因當時法國正在考慮制訂的國家教育政策，提供男性兒童接受公共教育的權益，卻將全部的女孩皆排除在外，使女孩無法同樣享有接受公共教育的權利與機會。

為闡釋女性受教權的理念，沃斯通克拉夫特出版《為女權辯護》一書，並將該書呈獻給當時國家教育政策的擘劃者查理·莫里斯·塔列蘭 (Charles Maurice de Talleyrand-Périgord, 1754–1838)，希望藉此可以說服他，將女孩含納在他所規劃的國民教育系統當中，讓女孩擁有同等接受公共教育的機會，並且與男孩接受完全一致的教育內容，其中也包括體能／身體的訓練。

關於女性的受教權，沃斯通克拉夫特有以下幾個主要的論點，首先是教育的意義。她認為女性應該要接受正規教育的啟迪，才能成為獨立的個人，因為只有透過教育（包括體能）的訓練，女人的身心才能維持健全。當女性擁有足夠的體能與力量時，心智也可因此獲得發展，他們與生俱來的「理性」就能被啟蒙與開發，進而養成女性「論理」的能力，培養女性作為妻子與母親特有的「賢慧」美德。

其次則是教育的內容，沃斯通克拉夫特與當時的男性思想家不同，她認為教育分為以下兩種：

(1)「個別教育」(individual education)

相當於家庭教育，以養成個人的氣質為主，例如敏銳的感官品味、形塑脾氣性格、約束激情，以及理解他人的能力。

(2)「公共教育」(public education)

也就是社會教育，讓男女兩性接受社會的洗禮與考驗，培養個人理解與參與社會公共事務的能力。

傳統女性的教育，皆被侷限於個別教育（家庭教育），缺乏接受公共教育

（社會教育）的機會，使男女兩性在個人特質的養成與能力皆彼此有別。與此同時，由於當時主流的男性知識菁英，例如盧梭 (Jean-Jacques Rousseau, 1712–1778) 與約翰‧格雷戈里 (John Gregory, 1724–1773) 等人，對女子教育仍抱持傳統保守的態度，導致女性接受此種教育之後，反而更加做作、虛假與衰弱，無助於社會的長足進步與發展。

對沃斯通克拉夫特而言，最好的教育必須達成以下兩項要求：(1)教育的效用應該包含「強身」與「塑心」(strengthen the body and form the heart)，讓教育不只可以鍛鍊強健的身體，也可以養成美德的習慣，使人更加獨立；(2)此種教育必須同等延伸到女性的教育，這樣女人就可以回歸女性的「本質」，享有平等的天賦人權。因為唯有具備德性的女人，才能勝任妻子與母親的角色身分，婚姻與情感關係中若只有愛，激情不但會隨時間的流逝而消失，也會使女人因為愛而屈從並取悅男人。

總之，沃斯通克拉夫特主張男女兩性皆具有天賦相同的「理性」，只要給予同樣的教育機會與課程內容，女性就能適度發揮「理性」的能力，因此社會應該給予女性平等受教機會與發揮理性的自由。值得特別注意的是，沃斯通克拉夫特在為女權或女性受教權辯護時，並沒有否認或批判社會加諸女性的性別角色，而是接受當時對女性應有的角色期待——妻子與母親，並以此作為辯護女性受教權時的論述框架與策略，企圖說服當時的社會與男性主流知識菁英。

因此，她主張必須透過給女性正規教育來培養「美德」，並且將擁有德性／美德，視為女性通往幸福的道路，也是唯一能讓女性脫離男性暴政的方式。而擁有德性的主要途徑，就是必須學習知識，並且以理性思考推論。她同時也反對過去男性學者對於德性所作的性別區分，認為上帝賦與人類的「理性」，就如同真理，只有一種，若是具有相對性，真理就無法成其為真理了。

而「美德」可以讓人類藉由理性來克制情慾，不被感性所迷惑，因為美德就是「理性」(rationality)，而非感性 (sensibility)。愛情和感性雖然不可或缺，但教育的效用是要讓女人將愛情和感性視為次要的價值，而將知識、友誼與尊重視為更高層次的美德。以當代女性主義理論的標準來看，這樣的論述策略或

主張，必然略顯妥協與保守，但沃斯通克拉夫特置身於 18 世紀中期英國父權社會的性別規範下，她對女性角色與婚姻關係的批判，以及要求爭取女性受教權的主張，可以說是相當先進了。

（二）19 世紀自由主義女性主義思潮：約翰・密爾 (John Stuart Mill) 與哈莉特・泰勒 (Harriet Taylor)

沃斯通克拉夫特於 1797 年過世後，「自由主義女性主義」的思潮並未有長足的進展。直到 19 世紀中葉，伴隨約翰・密爾與哈莉特・泰勒先後出版關於女性婚姻與社會地位的評論，「平等」與「女權」的議題，才又重獲「古典自由主義」思想家的關注。

這波「自由主義女性主義」思潮的主要著作，包括：約翰・密爾與哈莉特・泰勒合著的〈論婚姻與離婚〉("Early Essays on Marriage and Divorce", 1832)，和哈莉特・泰勒的〈婦女的權利〉("Women's Rights", 1848)、〈給予婦女選舉權〉("The Enfranchisement of Women", 1851) 兩篇文稿，以及約翰・密爾的《女性的屈從》(The Subjection of Women, 1869)，其中以《女性的屈從》最廣為人知 (Mill and Taylor 1970 [1832]; Taylor 1998 [1848]; Taylor 1970 [1851]; Mill 1970 [1869])。19 世紀的密爾與泰勒提出女權平等的主張時，與 18 世紀末的沃斯通克拉夫特相隔約有半世紀，兩個年代的自由主義女權論者之間，究竟有哪些異同之處，以下將分項加以討論。

1.關於「理性」

首先是關於女權的主張，密爾與泰勒作為「古典自由主義」的信仰者，他們堅信人類天生的「理性」，即是天賦人權的基礎，既然女性也具有天賦的「理性」，那立基在相同的條件上，應該與男性相同，皆享有平等與自由的權利。然而，相差一個世紀的兩代女權論者，對於「理性」的闡釋卻不盡相同。

對沃斯通克拉夫特而言，「理性」所指涉的是個人的「道德」層面，也就是個人判斷對錯與善惡的能力，以及其德性習慣的養成。但對於密爾與泰勒來說，

除了個人的道德能力之外，「理性」還有另一層的涵義，即個人審慎務實 (prudential) 的能力。也就是說，具有理性的人，不只會為自己做出最好的打算與最佳的選擇，也會同時追求最大程度的自我實現，而理性正是使人達成以上兩者的不二法門。

密爾作為 19 世紀重要的「古典自由主義」思想家，同時也是「功利學派」(utilitarianism) 的掌門人之一，雖然他所撰述的《功利主義》(*Utilitarianism*, 1863) 一書，其主張與邊沁 (Jeremy Bentham, 1748–1832) 不免有些差異，但他同樣也認為追求幸福快樂是人性的本質，而政府存在的目的，則是保障個人追求最大幸福的自由。何謂快樂與痛苦，每個人自己都瞭然於心，所以原則上，人人皆是他自身幸福的最佳判斷者。而理性的審慎務實，則促使人們的一切行為，都傾向於增進幸福抑或減少痛苦。每個人皆追求一己的最大幸福，是所有具備理性之人類的終極目標，不僅私人行為會受到此一原理的支配，政府的所有措施也應該要據此行事 (Mill 1863)。

按照邊沁的看法，由於社會是由個人組構而成的團體，每個人都是組成社會的一分子，因此，組成此社會之個人幸福的總和，即是社會全體的幸福。既然社會的幸福，是以多數人的最大幸福，作為衡量的標準，若想增加社會的利益，就必須增益（而非減少）多數人的最大幸福，如此才能合於功利的原理 (Bentham 1789 [1780])。

密爾面對工業革命帶來日益加深的階級利益衝突，或許也同時受到泰勒的影響。他置身在這樣的社會氛圍之中，於是進一步提出功利主義道德觀。他認為個人在追求最大幸福之際，並非單單只追求行為者一己的幸福，而是與此有關之一切人類的幸福。基於此一功利原則，密爾與泰勒主張必須提升女權，賦予女性法律的獨立地位、平等政治權與經濟機會，讓女性有發揮其理性能力的空間，進而追求她們最大的幸福。密爾指出女性都是男性的妻女，呼籲當時的男性知識菁英，應該同意給予女性平等的權利，以便達成社會全體最大的幸福與快樂，這樣才是符合進步社會應有的功利主義道德觀。

2. 約翰‧密爾 (John Stuart Mill) 的女權論述

　　密爾與泰勒對女權的論述，有以下幾個要點。首先，他們認為作為人類社會的基本成員，女性與男性一樣，天生都具有理性，因此在不妨礙他人的前提下，社會應該給予女人相同參與的權利，讓女人可以追求她們最大的幸福，這樣同時也可以達到社會利益的極大化 (Mill 1970 [1869])。對密爾與泰勒而言，除了受教權之外，女性也應該享有與男性相同的政治權與參與經濟的機會，社會才可達到性別平等，並具體落實性別正義。

　　其次，是關於婚姻與家庭中的女性，雖然密爾與泰勒兩人都認為，（理想的）婚姻應該是一種「友誼」關係 (friendship)，是男女之間相互尊重，也就是平等的關係，而非單純只建立在肉體上的吸引力 (sensual attraction)。因此，兩人都主張在婚姻關係中，男女兩性的地位應該是對等的，女性不應該因為婚姻而喪失其法律上獨立的人格與平等地位，社會應該給予已婚女性參與政治與家庭之外工作的機會。

　　但是，關於已婚女性就業的議題，密爾與泰勒的看法卻有所不同：密爾對此抱持反對的立場，而泰勒則是採取支持的態度。密爾對於婚姻關係中的家庭性別分工，與當時社會普遍持有的看法一致，主張男人應該完全擔負起維持家庭經濟的責任，提供妻子與小孩的生活所需，而女人最重要的職業，則應該是「美化」 生活 (“The great occupation of woman should be to beautify life.”) (Mill and Taylor 1970 [1832]: 76)，也就是為她自己和她身邊家人的身心靈發展，創造最佳的環境。所以，妻子應該完全負起滿足丈夫情緒與養成子女品性的責任，她必須營造快樂家庭的氛圍，讓丈夫的情緒從中得到安慰，子女的品性與心智亦得以美化，並進而培養「愛」(affection) 的能力。

　　特別值得注意的是，關於妻子的家務責任，密爾並不主張其家務包括子女的教育，而是主張應該將教育子女的任務，交由專業的教師 (teacher) 來執行。泰勒則認為已婚女性仍然可以自由選擇家庭外的就業機會，而且女性在就業市場中，應該享有平等的機會，以及選擇適合女性工作的權利，但所謂適合女性的工作，應該由當時的社會所認定，而非由女性個人單方面決定。

　　此外，兩人對於女性在婚姻關係中的權利，看法則極為類似，都同樣贊成已婚女性應該享有提出離婚的權利。畢竟婚姻如果是建立在自由選擇的前提之上，且以達到最大快樂與幸福為目的，當婚姻關係中的其中一人，發現結果與預期不同，婚姻關係並未為其帶來快樂，反而是一種錯誤的選擇時，法律應該給予婚姻當事人反悔的機會，以及退出婚姻關係的權利。密爾認為，當時社會多數的婚姻關係，在婚前全都缺乏理性思考與仔細計算。他並且宣稱：「結婚有時會被戲稱為買彩券；如果有人會在事前真正頭腦清醒，仔細計算成功機率與價值的話，很可能就沒有人去買彩券了。」(Mill and Taylor 1970 [1832]: 78) 關於離婚權利的議題，泰勒則建議，與其將解散婚姻關係的法案稱為《離婚法》(*Law of Divorce*)，不如稱其為「愛情的證明」(Proof of Affection)，反而更為恰當 (Mill and Taylor 1970 [1832]: 86)。

　　關於女權的論述，密爾著力最多的議題，則是女人的權利 (rights)——女人的選舉權與同等受教的機會。他強烈相信賦予女性選舉權，是促使人類道德進化的關鍵因素，唯有當夫妻關係是立基於法律和實質面的同時平等，以及「婚姻的奴隸」被「婚姻的友誼」所取代時，阻礙人類社會文明發展的最後一個奴隸關係，才可全面消除。他在《女性的屈從》一書中，第一段就開宗明義點明：「現有關於兩性之間社會關係的原則——就是在法律上一個性別是附屬於另一個性別——本身即是錯誤的，也是當今造成人類進步的一個主要障礙；因此……它必須要由一個完全平等的原則所替代，也就是承認兩造雙方任何一方皆無權力或優勢，或任一方都不會喪失法律能力。」(Mill 1970 [1869]: 125)

　　密爾一向被公認為「古典自由主義女性主義」的代表人物，但其實他的主張，甚至與當代「基進女性主義」的論點彼此相關。首先，他將女性的不平等地位，具體區分為公、私兩個領域，他除了批判當時女性在法律地位上的不平等，也沒有參與公共事務的投票權，更進一步指出，女性之所以會被排除於公領域之外，這是因為男性無法忍受與平等的另一個人共處與生活的通性所致 (Mill 1970 [1869]: 181)。密爾對婚姻與家庭中的夫妻關係，不僅認為男性相對於女性，就如同主人與奴隸的關係，也將之視為人類文明發展最後的阻礙，密爾更時常使用「奴隸」的意象，來討論女人在家庭與婚姻中的地位。

密爾關於女性社會地位的看法，即便在當代社會依然適用。關於女性屈從的來源、性別差異，以及差異的起源與本質，他的看法始終有別於當時社會的主流知識菁英，其中也包括「古典自由主義」者的論點。密爾堅持男女兩性的相似性，而非兩者間的差異。他並且主張：「任何被認為存在於男女之間的心智差異，其實都源自他們教育與處境不同，所自然延伸的效應，並不表示兩者之間有任何本質上的基本差別，更不表示優劣之分。」(Mill 1970 [1869]: 150) 因此，密爾論述的著重點，是強調和正面評估女性在心智能力或行為特質的優勢，例如女性重實務與應用的能力特質，對公共事務參與的重要性為何。

此外，密爾作為實證主義的支持者，他同時也指出，當社會從來沒有給予女性表現天賦能力與傾向 (dispositions) 的機會，當社會從未試圖瞭解女性真實能力的同時，任何宣稱男女兩性天生的差異，以及其所扮演的角色，皆是合適且符合「自然」的說法，乃是基於社會習焉不察的「習慣」(habit)，而非擁有任何實證的根據 (empirical basis)，只是因為時日已久，難免就會「習慣」成「自然」。密爾認為所謂女性的本質 (nature)，其實是當時女性所受教育與社會化的結果，這種以社會處境的效應，作為解釋女性特質的標準，不僅與西蒙波娃 (Simone de Beauvoir, 1908–1986) 的主張極為類似，也與當代「第二波婦運」所提出的「性別建構論」十分雷同。

3. 哈莉特 · 泰勒 (Harriet Taylor) 的女權論述

雖然密爾在《女性的屈從》中一再強調，該書是他與泰勒共同合作的著作，其主要內容亦是經過兩人討論而來，足以充分反映他們的觀點與主張。但是關於密爾此種說法，哲學界內部的相關討論雖多，但意見並不一致，且其討論的主旨，似乎多半集中在泰勒對密爾關於自由或自由主義等哲學思想的影響，對於泰勒關於女權的論述，反而著墨不多。由於該書是在泰勒死後方正式出版，而泰勒單獨出版的著作又較為稀少，因此關於她對女權的看法是否有別於密爾，除了女性主義社會學者愛麗絲 · 羅西 (Alice S. Rossi, 1922–2009)，是少數對哈莉特 · 泰勒個人的論點，以及她與密爾之間的知識協作爭議，投予學術關注的學者。此外，幾乎乏人問津。

　　一般而言，女性主義學者多半認為泰勒在女性婚姻、家庭與工作的看法與密爾有異 (Rossi 1970)。例如，密爾雖然批判社會的性別角色分工，僅是社會習慣而非出於天生自然，但他同時也認定：女性由於具有生殖 (childbearing) 與養育 (child-nurturing) 的生理能力——或「動物功能」(animal function)，所以女性較適合於家庭。由於密爾認為男女兩性只要在法律地位上是平等的，女性屈從的社會情境就可以被徹底消弭，所以在理論上，基於性別生理的自然分工，就應該也不會是導致女性地位低落的主因。在這樣的前提下，他接受社會普遍認定的看法，主張已婚女性應該留在家庭，由身為男性的丈夫擔負維持家庭經濟的任務。而且，密爾同時也認為大部分的已婚女性，應該都會在家處理家務與養育子女，而非選擇出外到職場工作。

　　然而，泰勒似乎並不同意這樣的看法。在〈論婚姻〉(On Marriage) 一文，泰勒對於社會認定女人偏好結婚與家庭（而非優先選擇工作或事業）的說法提出質疑。她認為雖然社會大部分的女性都會選擇婚姻與家庭，但這並不表示女性不希望外出工作，她相信若是社會給予女性選擇的機會，許多女性都會願意選擇在外工作，或是擁有自己的專業，並且也會從中得到極大的滿足感與成就感。泰勒甚至提出女性除了在「家庭」與「外出工作」兩者之間擇一以外，應該還有第三個選項：選擇婚姻並同時在外工作。泰勒認為如果女性可以有此選擇的話，那麼女性（特別是已婚女性）就會擁有獨立的經濟能力；若以此為基礎，更可以保障女性在婚姻中的平等地位 (Taylor 1998 [1832])。

　　此外，關於母親必須扮演育兒的角色，雖然密爾認為女性的自然性向，讓她們天生適合家庭的功能，其中也包括養育兒童，但他認為母親的責任，應該僅限於兒童的養育，至於成長與教育的功能，則可交由大家庭或社區及學校的教師來負責，這樣可以減低女性離婚時，對兒童所造成的傷害。與此相反，泰勒則主張子女的生養與教養，皆和母親密切攸關，母親應承擔生育與養育的重責大任。因此，即便女性不得已選擇離婚時，子女在成年之前的教養，也應交由母親負責。泰勒主張已婚女性除了應享有離婚權外，離婚女性對子女也仍舊負有教養的責任，所以女性結婚後不宜太早或生養太多子女，以免造成兒童的不幸。

（三）古典自由主義女性主義的批評

　　「古典自由主義女性主義」可說是引領近代社會性別平等思潮的火車頭，也為後來婦女追求平權運動時，提供理論根據與行動基礎。對 18 世紀中葉的社會氛圍與知識分子而言，「古典自由主義女性主義」的立場顯得較為激進，不僅針對當時社會以男性為中心，且以性別差異為主流的性別論述，具體提出挑戰與批判，更是後來「第一波婦運」之所以誕生，以及婦女得以取得投票權的重要因素。然而，隨著第二波婦女解放運動的出現，以及婦女／性別研究在女性主義思潮的發展，「自由主義女性主義」，特別是「古典自由主義」，若放在當代女性主義理論的光譜中來看，卻往往被視為落後與保守。當代女性主義論者對於「古典自由主義女性主義」的批評，主要包括以下兩點：(1)「男性本位」的人性觀；(2)普遍主義。

1.「男性本位」的人性觀

　　當代女性主義論者對「古典自由主義女性主義」的首要批評，是其「男性本位」(androcentric) 的人性觀。「古典自由主義」的女權論述者，不論是沃斯通克拉夫特或密爾／泰勒的主張，都立基在男女兩性心智能力相同，皆具有天生的理性，所以女人應該享有同等的個體人權——自由與平等的權利。換句話說，由於「古典自由主義」主張平等的權利應建立在相同的基礎之上，而男性既被認為是理性人類的代表，依此邏輯，女性若要享有平等參與公共事務的權利，就必須證明女性與男性並無差別，同樣具有理性的心智能力，儘管若論其生理／生殖的特質，男女兩性確實有所差異。

　　礙於當時極為保守的社會思潮，雖然這樣的論證邏輯或論述策略已屬相當激進，但若置身於當代女權思潮的脈絡來看，卻難免窘態畢露。當平等的權利是建立在相同的基礎上，相同的基礎是享受平等權利的前提時，唯有當兩者相同，才能平等。這樣的平等權僅是「形式平等」(formal equality)，而非「實質平等」(substantive equality)。就當代女性主義性別論述的觀點來看，在「古典

自由主義」所主張的「形式平等」架構下，女性的差異性或特殊性不僅備受忽視，導致女性被形塑為「假男人」，女性的主體性更未獲彰顯。其差異性刻意被忽略的結果，造成女性若要參與公共事務，就必須證明她們擁有與男性相同的能力，並符合男性的行為模式和規則，在這樣的架構下，女性並未享有實質上的平等。

總之，「古典自由主義」所主張的「形式平等」，誠然有其進步的時代意義，為 18 至 19 世紀保守西方社會的婦女不平等地位發聲。密爾的論點並且為後來的婦女投票權運動，提供重要的理論基礎，造就「第一波婦運」得以順利達成婦女平等參政權的目標。然而，諷刺的是，這些成果後來的發展，卻恰巧印證後來女性主義者對「古典自由主義」的批評。因為當女性取得投票權與參政權後，女性實際行使投票權的人數或比例並不踴躍，女性參與政治與公共事務的效應也不明顯，甚至 20 世紀初期的「婦女運動」之所以日漸式微，也被認為與此有關。驗證此一歷史發展，隨著當代女性主義理論的日漸成熟，關於女權平等的訴求，已逐漸轉向以女性主體為基礎，並進一步主張「實質平等」的立場。在這樣的論述框架下，「古典自由主義」所提倡的「形式平等」，為何會顯得保守與男性本位，也就不足為奇了。

2. 普遍主義

當代女權論者也批判「古典自由主義」對人類本質與社會發展，抱持「普遍主義」(universalism) 的觀點。所謂的「普遍主義」，指涉的是「古典自由主義」對於人類、人性、人權等概念與其社會發展進程，抱持普遍性的主張：亦即此概念適用於所有的社會，是所有社會發展進程必經的路徑。對「古典自由主義」的女權論者而言，提升女權並且讓女性接受相同的教育，有同等參與經濟的機會，固然是保障女性作為人類的平等權，但更重要的是因為其符合「古典自由主義」的基本主張：只要是具有天賦理性的人類，皆應享有自由與平等的人權，這不但是文明社會的普同價值所在，也是增進社會全體利益與社會發展的必要過程。

　　換句話說，提升女權或女性地位的平等，固然對女性意義重大，但是可以讓所有個人同等享有平等的機會，得以自由發揮其理性，才是達到社會最大利益，與推進社會民主發展的必要手段，而這更是社會發展必然的進程。簡而言之，對「古典自由主義」女權論者而言，女性人權的保障，固然可以提升女性的地位，但唯有女性也同享平等與自由，才更能確保社會民主的發展，並維持社會的最大利益，因為這對社會整體是有利的。

　　面對當時主流的性別論述，這樣的論點對 19 世紀的「古典自由主義」而言，可能是一種有效且可被接受的女權論述策略。然而，對當今的女性主義者而言，「普遍主義」的說法則相對顯得落伍與守舊，因為它將女人權利的合法性，置放在有利於全體社會福祉的前提下，間接也削弱女性主張平等權利的主體性。此外，「普遍主義」的思考架構，也經常伴隨西方中心主義的觀點，且多半是以當時的歐洲社會（尤其是英、法兩國）的社會關係與政治體制作為唯一的標準，不但忽視其他非西方社會既存的差異性，也排斥另類社會發展路徑的可欲性或可行性，更同時貶抑其他社會的文明程度。

　　但是對於當代女性主義理論而言，女人的主體性，即是所有女人的主體性，除了關注性別之間的差異以外，更強調女人由於階級、族群、種族與國族的不同，所產生的差異與多元性。因此，晚近發展的「有色婦女女性主義理論」與「第三世界婦女女性主義理論」，以及其所倡議的「交織理論」（intersectional theory），就是對「古典自由主義女性主義」理論所隱含之西方中心主義／西方白人女性中心的修正。

三、當代自由主義女性主義

　　以「古典自由主義」為其理論依歸的「第一波婦運」，伴隨英、美兩國婦女分別在 1918 及 1920 年取得投票權，已達到其階段性的目標。此後的 40 年間，兩國婦女雖然享有法律賦予的投票權，但女性實際行使投票權與參與公共事務的機會，仍然是相當有限。不論是行使投票權或參與選舉，女性所占的比率不僅遠低於男性，女性參選與當選各類公職或民意代表的人數，更是屈指可數。也就是說，女性即使取得形式上平等的投票權，但實質上，她們仍然被排除於公共事務的參與之外，政治或公共事務仍然是專屬於男性的領域。

　　伴隨第二次世界大戰的發生，雖然大量女性被動員參與二戰期間的生產工作，卻在戰後再度被社會要求退出公共生產領域，回歸家庭成為「快樂的全職家庭主婦」。此種情況導致許多美國女性的不滿，中產階級的白人女性更出現所謂的 「家庭主婦徵候群」 (housewife syndrome)。 1963 年貝蒂・傅瑞丹 (Betty Friedan, 1921–2006) 藉由出版《女性的迷思》一書，將之稱為「無名的難題」 (“the problem that has no name”)，藉此喚醒女性的自覺，帶動日後 「第二波婦運」 的勃興 (Friedan 1974 [1963])。

　　此波為女性爭取平等權的社會運動，主要是以美國白人婦女及其相關組織為主，涵蓋不同年齡及世代，其訴求的議題亦各自不同，所主張的理論立場更是多元繁雜。舉凡「自由主義女性主義」陣營所追求的婦女平權，到「基進女性主義」團體所倡議的婦女解放；從公領域的政治平權，到個人私領域性權力關係的平等，皆是其關注的焦點所在。相較於自由主義在「第一波婦運」中的獨唱，「第二波婦運」可以說是各家爭鳴、百花齊放，此一現象也促成當代女性主義理論的成熟，為日後女性主義知識系統的建構，奠定無比穩固的基礎。即便「自由主義女性主義」在現今看來或許略嫌保守，但它對於當代女權運動的推展，仍然占據舉足輕重的地位。以下分別針對當代「自由主義女性主義」的女權理論、運動目標與行動策略三方面，來進一步加以探討。

（一）當代自由主義女性主義的女權理論

　　「當代自由主義女性主義」的女權理論，主要是以 1960 年代美國婦權倡議團體的女權論述，以及其所推動的立法活動為核心。這些團體以 1966 年在美國成立的 「全美婦女組織」 (National Organization for Women, NOW) 及其首任理事長貝蒂·傅瑞丹為代表。而同一時期另一位重要的「自由主義女性主義」者，則是愛麗絲·羅西，她不只是「全美婦女組織」的發起人之一，也是美國早期少數的女性社會學家，而她所發表的論文，對於「當代自由主義女性主義」的理論發展，更是影響深遠 (Rossi 1964)。

　　沿襲「古典自由主義」的女權論述，「當代自由主義女性主義」仍然立基在男女兩性並無差異的基礎之上，且以追求女性平權、提升女性參與公領域的機會，作為其主要的訴求。雖然此一觀點與「古典自由主義女性主義」的論述並無二致，但相較於 18 至 19 世紀的姐妹們，「當代自由主義女性主義」的主張仍然有其特殊性。首先，它對於女性平等參與公領域的訴求層面較廣，除了呼籲且要求提升女性的政治代表性外，更關注女人在經濟、社會及私領域所受到的不平等待遇。「全美婦女組織」甚至還在 1967 年，正式提出女權版的《權利法案》(*Bill of Rights*) (Morgan 1970)。

　　在立法方面，「當代自由主義女性主義」的支持者，不僅要求國會必須通過《平權修正案》(*Equal Rights Amendment, ERA*)，在政治參與的面向上，「全美婦女組織」與「女性選民聯盟」(League of Women Voters, LWV) 等婦女團體，更致力提升女性參與投票的權益，並同時加強女性選民的政治教育，鼓勵女性投身政治。直至今日為止，「女性選民聯盟」在歷次美國大選所舉辦的總統候選人辯論會，仍然占有舉足輕重的地位，對美國政治的發展，也產生相當程度的影響。

　　在經濟的層面上，「全美婦女組織」 則提出女性在就業時得免於被歧視的《同工同酬法案》(*The Equal Pay Act of 1963*)，要求保障：(1)女性在不同職業皆擁有相同的就業機會，女性不得因其性別差異，而影響其就業的機會，或被排除在某些職業之外；(2)女性從事相同的工作時，應給予與男性相同的報酬，女性不得因為其性別而受到歧視。

在教育的方面，「當代自由主義女性主義」 主張女性必須享有完整的受教權，不管是在任何層級的教育，女性皆應擁有相同的受教機會，使其得以在健全的教育環境中成長。 她們也同時要求法院必須嚴格執行 《民權法案》 (*The Civil Rights Act of 1964*) 第六款之規定 (Title VI－Nondiscrimination in Federally Assisted Programs)，落實聯邦教育經費被平等運用到女性的各類教育 （包括體育訓練），以具體保障女性教育權的平等。

（二）當代自由主義女性主義的運動目標

關於女性平等權的推動，以「當代自由主義女性主義」為主力的「第二波婦運」，與「古典自由主義女性主義」者之間最重大的差異，即為公領域或公／私領域的界定。「當代自由主義女性主義」將女性在私領域的不平等，一併涵蓋在平等權的訴求範圍當中，這也是她們針對性別平等所提出的全新主張。

古典時期的自由主義，只是將個人權利的平等，狹隘的限縮在公共領域的範疇之內，而將私領域劃歸在政府管轄之外，並主張凡屬私領域的問題，就不應屬於立法或政府的干涉範圍。但由於「第二波婦運」的行動者，具有濃厚的中產階級與高教育屬性，這些中產階級的白人女性，因為必須扮演婚姻與家庭中的妻子和母親角色，導致她們在公共事務、就業的參與，以及個人成就皆因此受限，並進而產生挫折與覺醒。與此同時，私領域的負擔，特別是社會規範對於女性生養子女施以嚴格的要求，卻對男性在婚姻與家庭中的角色，給予相當程度的自由，讓女性的生殖與養育責任，構成女性社會參與機會的不平等，家庭也同時成為限制女性追求自我與主體性的桎梏。

因此，對「第二波婦運」而言，女性的生殖與養育既然具有社會性，也是社會規範的後果，自當屬於公共事務的範疇。在這樣的論述基礎上，「當代自由主義女性主義」 主張社會或企業不但不得任意歧視懷孕女性，更應積極提供協助並保障其應有的權益。例如女性勞工生產時，應給予有薪的產假，並保障其產後可以順利返回原有職場工作的權利。除此之外，婦運團體亦呼籲政府（或鼓勵企業）提供適當的育兒設施，以減輕職業婦女的負擔。更重要的是，此波

婦運也同時要求女人應享有身體的自由權，其避孕與墮胎的選擇權，更應受到法律的具體保障。這樣的訴求，對女權與平等概念的發展，可謂居功厥偉。

（三）當代自由主義女性主義的行動策略

女權平等的提升，除了消除或減輕女性在生育層面的責任與負擔，以求達到女性公共參與機會的平等之外，「當代自由主義女性主義」更進一步擴展女權的概念，主張女性對於自己的身體應享有控制權，特別是關於懷孕與生殖的部分，女人應享有自主決定權，此部分應該被劃屬於個人的私領域，而不在政府的管轄與干預範圍之內。因此，女性有權自由獲得避孕與生產的相關知識與服務，法律不得規範或懲罰女性自由接觸此類資訊，亦不可限制其瞭解與避孕相關的訊息，同時更要求女性墮胎權的合法化 (Friedan 1974 [1963]; Rossi 1964)。

關於女性身體自主權的主張，乍看之下似與自由主義思想的基本假設有所扞格。由於「古典自由主義」乃建立在公私領域界限分明的基礎上，公（權力）不及私（法不入家門），亦是其首要的基本原則。在這個論述框架下，女性的生育被劃歸於婚姻與家庭，即個人私領域的範疇，故此議題並非古典自由主義女權論述所關注的焦點。更何況在當時極為保守的性別體制與社會氛圍之下，任何挑戰傳統女性婚姻與家庭角色的質疑，恐怕只會徒增女權論述的不合法性。

然而，1960 年代的美國社會，正處於相對開放與寬容的政治氛圍，美國女性在歷經第一波婦運及參與二戰生產行列的洗禮，社會的人口與經濟結構已有相當程度的改變，女性接受高等教育的機會，以及對婚姻家庭的期待，更是早已不同以往。這些因素不但對傳統的性別角色期待產生衝擊，也催生「第二波婦女解放運動」的出現，強調將婦女從社會固有的桎梏中解放出來，其中亦包括性、生育與家庭的束縛。除追求公領域的平等之外，建立女性獨立自主的主體性，更是其所欲達成的目標。與此同時，伴隨醫學發展的突飛猛進，避孕科技與方法也愈見成熟，「當代自由主義女性主義」之所以會將女性的生育與身體的控制權作為其女權論述的內涵，也就不足為奇了。

四、當代自由主義女性主義的回顧

　　以自由主義女權思潮為基礎的當代婦女解放運動，自 1960 年代開始集結並蓬勃發展，直到 1980 年代達到高峰。藉由組織婦女團體，以及推動立法或修法等體制內的改革，當代婦運對於提升女性地位的平等，特別是政治、教育與就業機會平等的相關立法，具有相當程度的貢獻。

　　雖說如此，但所謂徒法不足於自行，法律所保障的權利，並不意味在現實環境中亦可以自由行使。婦女團體所推動的《平權修正案》，業已功敗垂成，而《同工同酬法案》 與 《積極行動法案》 (*Affirmative Action* [*Equal Employment Opportunity for Women*] *Act 1986*)，也沒有讓女性在職場與教育體系中，順利獲得完全相同的待遇。但打破法律的牢籠限制，讓權利得以從無權參與到有權要求，建立女性權利的合法性，仍然是女權運動史上的重大突破。

　　因此，縱然「當代自由主義女性主義」的婦女團體，例如「全美婦女組織」所推動的《同工同酬法案》與《積極行動法案》，依舊無法確保女性在職場的報酬與男性相同，也無法保障她們在體育和運動訓練的層面，皆可以獲得相同的教育資源。但是相關平權法案的通過，在女性面對性別歧視或遭受不平等待遇時，卻是其可以尋求法律救濟的途徑。總之，此類平權法案不僅提供女性享有平等權利的法律基礎，也同時確保女性和男性享有同等參與公共事務的機會與權利。

　　而婦女解放運動在女權運動史上的另一個重大成就，是將女性因生育功能所特有的需求，以及對自己身體的控制權，都涵蓋在個人自由權的保障範疇之內，使其被歸屬於女性個人自由的範圍，例如 1973 年知名的「羅伊訴韋德案」(*Roe v. Wade, 410 U.S. 113*)。墮胎合法化雖然仍是高度敏感的議題，但在此判例中卻贏得「美國聯邦最高法院」的判決，自此婦女墮胎權遂得以受到憲法隱私權的保障。「羅伊訴韋德案」的判決結果，可謂重塑美國政治的版圖疆界，從此

美國因為墮胎議題一分為二，支持墮胎合法化與反墮胎的陣營彼此分化，至今仍然不時牽動美國政治的敏感神經，也嚴重影響美國選舉的動員和結果❶。

然而這些成果，對於「當代自由主義女性主義」的女權論述究竟有何意義？或對自由主義與當代女權平等的論述有何影響？(Oakley and Mitchell 1997) 雖然不同流派的女性主義各有其解讀方式，但對於傳統的擁護者而言，「自由主義女性主義」的激進性絲毫未減，其論述與主張依舊與時俱進 (Eisenstein 1986)。

（一）進步或保守的爭議

「當代自由主義女性主義」對女權的主張，相較於「古典自由主義女性主義」而言，無疑較為全面與深入。關於平等權所涉及的範圍，除了在政治權以外，經濟權與教育權也是同等重要，政治、經濟與教育，形成平等概念的三要素。此外，關於平等權的基礎，除了主張與男性必須享有相同基礎的平等，也將女性特有且與男性差異的部分，都包含在平等權的訴求當中，以消弭其所造成的性別不平等，並進一步將自由權的範圍，擴大到女性私領域的保障。

若將「古典自由主義」的女權思想，放在 19 世紀社會性別規範極度保守的環境，其論述顯然是相當先進的。由此觀之，「當代自由主義女性主義」在傳統自由主義的脈絡與光譜中，無疑是相當「進步」甚至是「激進」的，同時也是「不合傳統」的自由主義，甚至可說是「非」自由主義 (Elshtain 1981)。

然而，當代婦女解放運動之所以風起雲湧，除了自由主義者的倡導以外，還包括其他不同的女權派別，例如年輕、受大學教育，也參與過反戰運動和學潮的激進女性主義者，可謂是婦運的後起之秀。對此派後來被稱之為「基進女性主義」的女權論者而言，「自由主義女性主義」之所以會被批評為「保守」、「妥協」與「被收編」，當然其來有自。因為它對於女權平等的主張，不但是以

---

❶ 2022 年 6 月 24 日，美國最高法院大法官以 6 比 3 的比數，推翻保障婦女墮胎權的兩項法律依據：1973 年的 Roe v. Wade （羅訴韋德案） 與 1992 年的 Planned Parenthood v. Casey（計劃生育訴凱西案），此後關於美國女性墮胎權的問題，將交由各州自行決定。

男性中心為本位，將女人偽裝為假男性，還必須基於「相同」的基礎，方能要求同等的權利。女性在這樣的架構下，其性別差異不僅被全盤抹除，也讓女人不是因為女人自己本身的身分，而得到應有的平等，而僅淪為男性權利的延伸，女權因此成為次級 (secondary) 而非原始 (primary) 的權利。「基進女性主義」認為這不但無助於女性的解放，也無法推翻父權的性別體制，反而還會進而鞏固既有男尊女卑的關係。

而「自由主義女性主義」所推動的平權相關法案，從「基進女性主義」的觀點來看，也僅只是針對既有制度的修改或補充，充其量只是制度內的「改革」，是一種對既有體制的妥協，反而更容易因此而被體制所收編。「基進女性主義」主張婦女運動所需要的是社會「革命」，且必須全盤推翻原有不平等的性別制度，重新建立平等、非壓迫且以女性為本位的社會制度與文化價值。對「基進女性主義」而言，女性的身體、性與生殖（或再生產），在本質上就是一種權力關係，自屬於政治的領域；因為就女性的主體而言，「私」從來都不是女人的「私」事，不是女人自己可以決定的，並沒有所謂的公私之分。因此，「自由主義女性主義」將避孕權與墮胎權，視為女性私領域的議題，並將之作為政府與法律不應干涉或禁止的理論基礎，自然會被「基進女性主義」者批評為是迴避議題或避重就輕 (Stacey 1983)。

（二）平等的辯證：從形式平等到實質平等

除了對於女權訴求內涵的擴展以外，「當代自由主義女性主義」對於平等的論述也有所著墨，特別是針對平等權前提的爭議。

對「古典自由主義」者而言，平等權的享有 (entitlement) 是建立在「相同」此一前提之上。也就是說，必須是在相同的基礎上，才能享有相同的待遇，若基礎不同或有所差異，就不應享有同等的待遇。依此邏輯推論，由於女性和男性不同，前者天生具有生殖的能力，而後者則天生具有理性的能力，自然是屬於兩群不同的人，若論其享有天賦人權的基礎當是不同的，因此女性自然不能要求與男性享有相同的權利。反之，若是賦予不同能力／特質的人群相同的權利，

那就是違反平等的原則，才是另一種不平等。「古典自由主義女性主義」遵循此
一邏輯，接受「相同才能平等」的論證，因此所提出的女權主張，是以男女兩
性本質上並無差異，且天生都具有人類與生俱來的理性能力為前提，而女人所
欠缺的只是訓練與發展理性的機會而已，只要接受正規的教育，就可以發揮。

　　「當代自由主義女性主義」認為這樣的主張太過狹隘，因為「相同才能平
等」的說法，強調機會或參與權利的平等，它僅是一種「形式平等」而非「實
質平等」，忽略行使權利的能力與效應是否相同 (Pateman 1985)。這群「當代自
由主義女性主義」論者指出，法律對權利的行使，只能提供最低限度的保障，
它僅是一種必要條件。除此之外，權利的行使還需要具備一定的能力或條件，
也就是必須滿足充分條件，權利平等的機會與效應才能達成。

　　例如許多關於女性參政權的研究發現，女性雖然享有相同的政治權利，例
如投票權與參選權，但是長期以來，女性由於必須負擔生育角色，其經濟條件
更受到懷孕、分娩與育嬰等家庭角色，以及不利的工作環境所限制，即使是在
歐美國家，她們參與公共事務的能力，若以投票率、政治代表或就業比例來看，
雖有明顯的攀升，但仍遠低於男性 (詳見第十二章)。「當代自由主義女性主義」
主張，「平等」的意義應該涵蓋以下兩個層面：(1)權利的相同；(2)行使權利能力
的平等。也就是女權的平等，除了保障女性與男性擁有相同的公共參與機會外，
更應該提升女性參與公共事務的能力，使之與男性可以達到同一水平 (Phillips
1987)。

　　因此，女性若由於負擔生育角色，且因為懷孕、分娩與育嬰等因素，影響
其公共參與（如投票、參政或就業）的能力，女權平等的措施則應該包括減除
女性特有的障礙，或改善其不利條件的積極措施，以求達到參與基礎平等或行
使權利能力的相同，如此方能達到女權的「實質平等」，特別是保障女性在政治
代表 (political representation) 與經濟決策權力 (economic decision power) 的層
面，擁有相同的地位。支持此一「平等主義」(equalitarianism) 主張的「當代自
由主義女性主義」者，亦被稱為「平等主義女性主義者」(equalitarian
feminists)。當代女性主義政治理論與哲學的學者，包括卡羅爾‧佩特曼 (Carole

Pateman, 1940–)、安妮‧菲利普斯 (Anne Phillips, 1950–)，以及瑪莎‧努斯鮑姆 (Martha Nussbaum, 1947–)。由 Nussbaum 和喬納森‧格洛弗 (Jonathan Glover, 1941–) 所合編的《女性、文化與發展：人類能力的探究》(*Women, Culture, and Development: A Study of Human Capabilities*, 1995) 一書，也可說是此一流派的重要代表 (Nussbaum and Glover 1995)。更多關於政治平等概念的討論，可參見第十二章。

（三）性別、階級、族群：交織的平等

　　當代婦女解放運動經常被認為是以「西方白人中產階級女性」為中心，以反抗白人父權性別制度對女人的壓迫，作為其基本的訴求，完全忽略其他階級、種族或族群女性所遭受的不平等待遇，不僅來自於性別體制，還包括階級、種族與族群的壓迫。例如，勞工階級與有色人種的女性所受到的壓迫，除了白人男性的父權之外，還有來自白人中產階級女性與黑人男性的多重壓迫。非白人中產階級女性的受壓迫經驗，除來自性別、階級與種族之外，更重要的是，多重壓迫的效應與型態，本質上是一組錯綜複雜的關係。性別、階級與種族的壓迫，並非單向或持續的加權 (additive) 關係，而是相乘 (multiplicate)、交互 (interactive) 的關係。

　　伴隨「有色婦女女性主義」與「後殖民女性主義」在 1990 年代的興起與發展，晚近並提出「交織理論」的概念，以回應來自「第三世界女性主義」的挑戰 (Crenshaw 1991)。當代以白人女性為主的「自由主義女性主義」學者，也隨即呼應此一論點，一方面接受女性壓迫是多重性壓迫的說法，同意除了性別以外，階級、種族、性向等因素，也是女性備受壓迫的關鍵來源。女性被壓迫的經驗，是極為複雜的過程與現象，端看性別體制與階級或族群，在個別社會中如何交織而定，並非僅有唯一或固定的方式。因此她們擁護藉由「交織理論」作為分析的框架，以釐清性別如何與這些因素互動與交織，並進而產生對女性的多重壓迫。關於「交織理論」的概念，將在第八章〈有色婦女女性主義理論〉中作進一步的探討。

參考書目

Bentham, Jeremy, 1789 [1780], "Of The Principle of Utility." pp. 1–6 in *An Introduction to the Principles of Morals and Legislation*. London: T. Payne.

Crenshaw, Kimberlé, 1991, "Mapping the Margins: Intersectionality, Identity Politics, and Violence against Women of Color." *Stanford Law Review* 43(6): 1241–1299.

Eisenstein, Zillah R., 1986, *The Radical Future of Liberal Feminism*. Boston: Northeastern University Press.

Elshtain, Jean Bethke, 1981, *Public Man, Private Woman: Women in Social and Political Thought*. Princeton: Princeton University Press.

Falco, Maria J., ed., 1996, *Feminist Interpretations of Mary Wollstonecraft*. University Park: Pennsylvania State University Press.

Friedan, Betty, 1974 [1963], *The Feminine Mystique*. New York: Dell.

Hartmann, Heidi I., 1976, "Capitalism, Patriarchy, and Job Segregation by Sex." *Signs: Journal of Women in Culture and Society* 1(3): 137–169.

Jaggar, Alison M., 1983, *Feminist Politics and Human Nature*. Totowa, NJ: Rowman & Allanheld.

Landes, Joan B., 1998, "The Public and the Private Sphere: A Feminist Reconsideration." pp. 135–163 in *Feminism, the Public and the Private*, edited by Joan B. Landes. Oxford: Oxford University Press.

Mann, Susan Archer, 2012, "Doing Feminist Theory." pp.1–30 in *Doing Feminist Theory: From Modernity to Postmodernity*. Oxford: Oxford University Press.

Mill, John Stuart, 1863, *Utilitarianism*. London: Parker, Son & Bourn, West Strand.

Mill, John Stuart and Harriet Taylor, 1970 [1832], "Early Essays on Marriage and Divorce." pp. 65–88 in *Essays on Sex Equality*, edited by Alice S. Rossi. Chicago: University of Chicago Press.

Mill, John Stuart, 1970 [1869], "The Subjection of Women." pp.125–242 in *Essays on Sex Equality*, edited by Alice S. Rossi. Chicago: University of Chicago Press.

Morgan, Robin, ed., 1970, "Historical Documents." pp. 511–556 in *Sisterhood Is Powerful: An Anthology of Writings from the Women's Liberation Movement*. New York: Random House.

Morgan, Robin, 1984, "Introduction." pp. 1–37 in *Sisterhood is Global: The International Women's Movement Anthology*, edited by Robin Morgan. New York: Anchor Press.

Nussbaum, Martha C. and Jonathan Glover, eds., 1995, *Women, Culture, and Development: A Study of Human Capabilities*. New York: Oxford University Press.

Oakley, Ann and Juliet Mitchell, eds., 1997, *Who's Afraid of Feminism?: Seeing Through the Backlash*. New York: The New Press.

Pateman, Carole, 1985, *The Problem of Political Obligation: A Critique of Liberal Theory*. Berkeley: University of California Press.

Pateman, Carole, 1988, *The Sexual Contract*. Cambridge: Polity Press.

Pateman, Carole, 1989, *The Disorder of Women: Democracy, Feminism and Political Theory*. Cambridge: Polity Press.

Phillips, Anne, ed., 1987, *Feminism and Equality*. New York: New York University Press.

Rossi, Alice S., 1964, "Equality between the Sexes: An Immodest Proposal." *Daedalus* 93 (2): 607–652.

Rossi, Alice S., 1970, "Sentiment and Intellect: The Story of John Stuart Mill and Harriet Taylor Mill." pp. 1–63 in *Essays on Sex Equality*, edited by Alice S. Rossi. Chicago: University of Chicago Press.

Stacey, Judith, 1983, "The New Conservative Feminism." *Feminist Studies* 9(3): 559–583.

Taylor, Harriet, 1970 [1851], "The Enfranchisement of Woman." pp. 89–121 in *Essays on Sex Equality*, edited by Alice S. Rossi. Chicago: University of Chicago Press.

Taylor, Harriet, 1998 [1832], "On Marriage." pp. 21–24 in *The Complete Works of Harriet Taylor*, edited by Ellen Jacobs. Bloomington, IN: Indiana University Press.

Wollstonecraft, Mary, 1996 [1792], *A Vindication of the Rights of Woman*, edited by Candace Ward. New York: Dover Publications.

第六章 社會主義女性主義理論

　　「社會主義女性主義理論」是當代「第二波婦運」發展下的產物，此一性別論述的發展過程，曾歷經前後兩階段的轉折。最初立基於「馬克思主義」的理論之上，20 世紀初蘇聯共產革命之後，「馬克思女性主義」隨之而生，直到「第二波婦運」蓬勃發展，方進一步轉化為以性別分析為視角的「社會主義女性主義」。其間「社會主義女性主義」者針對馬克思主義（階級）與女性主義（性別）之間的糾葛與應有的關係，也曾展開激烈的辯論，至今仍各持不同的立場 (Sargent, 1981)。

　　「馬克思女性主義」與「社會主義女性主義」之間，存在著極為糾葛牽纏的關係，兩者之間的近似性，除易生混淆之外，甚至也經常被誤認為同一理論。雖然兩者有其共同的理論淵源，皆承襲馬克思主義的歷史唯物論和辯證史觀，並以其對資本主義經濟社會關係的批判為基礎，探討資本主義社會中的女性次級地位及性別壓迫關係。然而，關於導致女性受壓迫的因素與機制，兩者所提出的解釋架構，卻有相當程度的差異 (Hartmann 1981a)。

　　「馬克思女性主義」承襲傳統馬克思主義對階級壓迫與生產模式的解釋觀點，將性別不平等的社會關係，等同於資本主義階級壓迫關係的延伸，認為性別關係也是另一種階級關係，宣稱「只有階級壓迫，沒有性別壓迫」，因此其女性主義的立場，也經常備受質疑。

　　而「社會主義女性主義」則以性別分析為視角，具體檢視資本主義社會的性別壓迫關係，主張父權體制與資本主義皆是造成當代女性附屬地位的主因。因此，針對若干「馬克思女性主義」者直接沿用馬克思主義以男性工人為主的階級論述，「社會主義女性主義」不僅批判其因而衍生的「性別盲」，也企圖發

展以女性勞動身分為主體的歷史唯物論。在檢視資本主義生產體制的同時，更聚焦在父權體制與資本主義的連結，探究其對女性次級經濟地位及被壓迫的社會關係，造成何種具體的影響。

　　本章將首先剖析「馬克思女性主義」對性別壓迫的本質與因素有何看法，並指出其與傳統馬克思主義的差異。接下來則以「社會主義女性主義」為焦點，具體爬梳「雙元系統論」與「單元系統論／互動系統論」的觀點，探究在資本主義生產體制以及父權性別體制的雙重壓迫下，女性勞動關係如何因此衍生獨特的經驗。

▍一、馬克思主義的基本概念

　　首先，由於傳統馬克思主義是「馬克思女性主義」與「社會主義女性主義」的理論基礎，要瞭解這兩個理論之間的差異，必須以馬克思主義的基本概念作為討論的起點。其次，馬克思主義的許多觀點，皆起源於對自由主義的批判與反駁，因此，自由主義的論述也必然成為討論馬克思主義的理想對照。以下五個傳統馬克思主義的概念，對探討「社會主義女性主義」的發展而言，可謂具有相當程度的重要性：⑴人性觀；⑵歷史唯物論；⑶階級關係與歷史辯證；⑷階級鬥爭；⑸疏離感。

（一）人性觀

　　自由主義認為人性的特殊之處，即人類之所以有別於其他生物，在於人類擁有獨特的能力，包括理性、語言的使用，以及人類文化的發展。而其中的理性，除具體體現在分辨善惡及好壞的能力之外，更是天賦人權與平等自由的基礎。

　　而傳統馬克思主義則認為人之異於其他生物，是立基於人有改變自然的能力。其他的生物皆必須依靠採集自然界的物產來維繫生命，其生存的來源乃直

接取自於自然，但是人類的生存，卻是透過對自然的轉換來達到維生的目的。因此，生產 (produce) 維生工具的能力，才是人性的基礎，特別是為了滿足基本維生所從事的生產活動 (production)：例如農、林、漁、牧等可以直接改變自然狀態的活動。也就是說，人類所從事的活動，決定你是什麼樣的人 (We are what we are because of what we do.)，由此可以看出，「勞動」(labor) 是馬克思主義的核心概念。因為勞動作為媒介人與自然的關係，其活動界定了人的意義，不同的勞動性質不但賦予人類不同的價值，也會因此導致不同的社會關係 (Marx 1978 [1844])。

（二）歷史唯物論

　　自由主義認為人類的心智能力 (mental ability)，是人性或人類價值的根源所在，特別是理性能力 (reasoning) 作為社會的基礎。由此可推知，當人類智識能力有所改變，必然將會隨之帶動社會的變遷。對自由主義者而言，個人的理念、價值和思想，才是解釋歷史變遷的力量，與促進社會改變的動力。對於此種「唯心論」式的觀點，傳統馬克思主義則抱持完全相反的態度。

　　對馬克思主義者而言，既然人性的體現，是藉由生產活動（或勞動）作為人與自然的媒介，那麼，物質的力量與重要性，自然不言可喻。也就是說，維繫社會生命的生產與再生產，以及生產方式的改變，才是歷史變遷的主要動力與推手，馬克思主義者將之稱為「歷史唯物論」(historical materialism)。馬克思認為歷史的進程是：「物質生活的生產方式，決定社會、政治與智識的過程」，亦即「物質生活的生產方式」──社會的「下層結構」(base structure)，不同於「社會、政治與智識」──社會的「上層結構」(super structure)，「下層結構」的改變，必然也會隨之導致「上層結構」的差異，社會的變動即由此而生。

　　馬克思並且進一步主張社會變遷是歷史唯物辯證的過程，社會的全部生產方式或生產力（包括原始物質、工具與人力等生產要素總和），以及其特有的生產關係 (production relations)，會引發且決定社會的「上層結構」（例如政治、法律與社會關係），而「上層結構」也會同時反過來強化「下層結構」的生產方

式，形成循環辯證的過程 (Marx 1978 [1859])。因此，資本主義的生產方式，必然會伴隨以市場交換價值為原則，以追求利潤及資本累積為目標的生產關係，而這也會導致有產階級與無產階級的對立，以及資本家壓迫工人與勞動者的社會關係。

（三）階級關係與歷史辯證

　　既然「上層結構」（社會關係）的轉變，是由「下層結構」（生產方式）所決定，只要資本主義的生產方式，是以市場交換價值為原則，並以追求利潤與資本累積為目標，在這樣的生產方式邏輯之下，必然會產生相互對立的階級社會，以及不同以往的社會關係。伴隨勞動者與生產工具之間的關係已和過去有所差異，社會自然也會出現兩個相互鬥爭的階級關係：擁有資本主義生產工具（即資本）的資本家，以及只有自身勞力可供交換的勞工階級；也就是所謂「有的」("the haves") 與「沒有的」(the "have nots") 兩個對立的階級，以及前者對後者所施予的剝削 (Marx 1978 [1848])。

　　關於歷史的進程，除了「歷史唯物論」之外，馬克思主義亦主張歷史是循環辯證的過程，亦即每一個階段的政治經濟體系，必然內含推翻自我或自我毀滅的種子。例如在資本主義的社會中，相較於社會少數的有產資本家階級，無產階級的人口數量占居社會多數，少數階級對多數階級的壓迫與剝削，最終將會導致無產階級意識的覺醒，使勞動者與工人之間彼此團結並引發階級鬥爭，完成推翻資本主義的社會革命，達到消除階級的共產主義社會。

　　換言之，既然資本主義的生產方式，所造成生產工具所有權的不均，是社會壓迫關係的來源，那只要消弭資本家對生產工具所有權的壟斷，階級壓迫就可以在共產主義的社會中消失。對女性主義者而言，馬克思主義的階級分析與歷史辯證理論，也同時為女人的不平等地位及女權的訴求，提供有力的分析架構與實踐的歷史基礎。

（四）階級鬥爭

馬克思主義認為，資本主義的生產方式會帶來階級分化，導致無產階級的被壓迫與疏離感。然而，由於無產階級畢竟位居社會多數，資產階級則是相對少數，當無產階級在階級意識的覺醒下，進而產生共同的階級認同與階級團結 (class solidarity)，當「革命先鋒」(a vanguard of "professional revolutionaries") 也同時出現時，就可以領導大規模的無產階級革命 (proletarian revolution)，推翻原有的資本主義體制，代之以共產主義的生產方式，將生產工具公有化，讓工人從長期壓迫的社會關係中解放，就可以達到無階級與平等社會關係的理想境界。

在這樣的意義下，馬克思主義是頗富行動力和實踐意涵的政治理論。「馬克思女性主義」、「社會主義女性主義」與「基進女性主義」，在實踐性別革命與解放女性的理想時，更是在馬克思主義的「性別作為階級」、「階級意識」與「意識覺醒」等概念中，找到其理論基礎與行動支撐 (Marx 1978 [1859])。

（五）疏離感

對馬克思主義而言，資本主義的生產方式，除了會導致階級對立，以及資本家對勞工的剝削以外，其追求效率與利潤的生產目標，也會產生勞動過程的高度分化與工作的單一化。而單調與重複的工作方式，不只會讓勞動失去其原有體現人性意義的功能，也會使工人或勞動者，在勞動過程中產生「疏離感」(alienation)。

勞工不但對生產過程沒有決定權和參與感，對勞動的成果或產品也沒有歸屬感，而缺乏勞動過程的參與感，更會引發勞工對於工作的厭惡感，使勞動單純淪為只是無產階級的謀生方式，而不是富有成就感的愉快經驗。因此，工作非但無法實現自我認同，反而造成勞工自我的疏離感，也使勞工和其他共事者之間，缺乏彼此連結的認同感 (Marx 1978 [1844], 1978 [1859])。此種資本主義生產方式的勞動疏離感，除了在「馬克思女性主義」探討「生產」(production)

是如何對女性造成具體壓迫時，提供充足的理論養分外，更在「基進女性主義」論證女性再生產 (reproduction) 和母職 (motherhood) 對女人造成的疏離感時，提供重要的理論分析架構。

「古典馬克思女性主義」者沿襲傳統馬克思主義唯物史觀的論點，主張社會的存在決定意識，物質的基礎決定上層意識，生產模式和生產關係則決定社會關係。然而，傳統馬克思主義所關注的生產方式或勞動，是以公共生產、具有交換價值的勞動，及其所衍生的生產關係和社會階級關係，作為研究與分析的對象。而此類生產或勞動的主體通常是男性工人，女性的勞動經常被限縮在養育與家務的工作，多半是屬於不支薪且不計價的私領域勞動，也就是所謂的「再生產」(reproduction)，而非「生產」(production)。

因此，女性作為「再生產的」勞動者，在傳統馬克思主義所討論的生產關係與社會階級關係中是看不見的，充其量也只是被次要關注的特殊工人，是馬克思主義所指涉的「婦女問題」(Women's Questions, 1844)。女人作為被排除在資本主義生產關係之外的「勞動者」，必須面對以下兩個特殊的困境：(1)她們所從事的家務勞動不是「生產」，而是「再生產」，在資本主義體系中是沒有「價值」的生產者，只能成為男性生產者的「家庭奴隸」(domestic slavery)；(2)那些「不幸」需要出外工作，以便賺取薪資、貼補家用的無產階級女性工人，因為必須參與公共生產，所以和男性的工人一樣，都同樣受到資本家的剝削。至於那些不必或不被允許在家庭之外工作的已婚中產階級女性，因為她們沒有從事公共生產，雖然不必直接受到資本主義生產關係的剝削，因此沒有階級的問題，但仍然有成為「家庭奴隸」的疑慮。

換言之，就傳統馬克思主義的觀點來看，由於女性在資本主義生產體系不具備勞動者身分，因此不是社會關係分析的主體。即便少數參與勞動的工人階級女性，她們充其量也和男性無產階級的工人一樣，是受到資本家剝削的勞動者，而此種困境是與她們的性別全然無關的。對馬克思主義者而言，如果資本家是「社會寄生蟲」的話，那這群中產階級的女性就是「社會寄生蟲的寄生蟲」。馬克思主義者不僅漠視女性在資本主義社會中的艱困處境，甚至更採取極

為貶抑的觀點，無怪乎會被當代女性主義者批評其為「性別盲」，而這也是「馬克思女性主義」試圖克服的挑戰，希望可以提出一套同時納入女性作為工作者與勞動者的性別階級理論。

二、馬克思女性主義理論

（一）古典馬克思女性主義

　　雖然傳統馬克思主義的論點，時常招致「性別盲」的批評，但作為馬克思追隨者與贊助者的恩格斯 (Friedrich Engels, 1820–1895)，在《家庭、私有財產與國家的起源》 (*The Origin of the Family, Private Property and the State*, 1884) 中，卻提出關於女性地位歷史演變的重要論點。

　　以人類學家路易斯‧亨利‧摩根 (Lewis Henry Morgan, 1818–1881) 撰寫的《古代社會》 (*Ancient Society*, 1877) 一書中，關於美國印地安人部落社會演變的資料為基礎，恩格斯具體提出以下三大論點：⑴隨著人類社會生產方式的改變：由採集、狩獵、畜牧到初級農業，部落社會組織的轉變也可以分為蒙昧時期 (Savagery)、野蠻狀態 (Barbarism) 與文明時期 (Civilization) 三階段；⑵由於「性分工」是維繫人類物種存續最重要的生產活動，因此「性分工」也是人類社會最原初的生產分工形式；⑶人類社群在不同進化階段的生產方式，也會隨之衍生不同的「性分工」方式與相對應的社會組織，即不同的婚姻與家庭型態。

　　恩格斯認為人類的社會組織，是由蒙昧時期的採集和「群婚方式」或「親族家庭」 (consanguine family)，因為狩獵的發明，而進化到野蠻狀態下的「對偶婚」或「普那路亞家庭」 (punaluan family/pairing family)，最後則因畜牧與初級農業技術的取得，而進入文明時期，社會的婚姻關係及家庭型態，也跟著「演變」為「一夫一妻的單偶婚」 (monogamous family)。這些不同的婚姻與家庭型態，隱含極為不同的男女「性分工」方式與性關係，同時也象徵女性社會地位

與性別關係的變化。相對於「群婚」和「對偶婚」的家庭型態，是以女性或母親為中心所形成或界定的母系或母權氏族組織，「一夫一妻的單偶婚」則是以男性為主的父系與父權家庭的社會。

對恩格斯而言，由於生產方式的具體差異，特別是生產的單位由家戶內 (inside household) 轉變為家戶外 (outside household)，可說是改變婚姻方式、家庭關係及女性地位的重要關鍵。例如，當畜牧與初級農業技術的發明之後，伴隨動物圈養及牲畜繁殖技術的出現，生產重心就會由原來的家戶內生產，也就是煮食、製衣等消耗性的生產技術，轉換為在家戶之外可以分配與交換的生產。此種生產場域的轉變，使得生產的主體，由原來家戶內的女性，轉換到以男性為主。

與此同時，在畜牧與繁殖技術大幅改變與進步的情況下，生產的物品也從使用性轉換為可以累積的產物。此一重大的轉變，不但導致私有財產制的出現，並進而帶來婚姻形式的改變，家庭也自此成為以男人為主的「一夫一妻的單偶婚」。男人不但得以藉此鞏固父系子女的純正血緣，同時亦可確保家庭私有財產的傳承。從此，不僅母權因此衰退，女權也隨之旁落，女性更淪為附屬的次級地位，恩格斯並且進一步宣稱：「母權的被推翻可說是女性世界性與歷史性的挫敗」 (the "overthrow of mother right" as "the world-historic defeat of the female sex") (Engels 1986 [1884]: 87)。而且，所謂「一夫一妻的單偶婚」只是針對女性而言，對男性從來不具備任何的約束力。總之，對恩格斯而言，生產方式的改變，不只導致私有財產的出現，也開啟男女之間第一個顯著的性別分工模式，造成女人被歸類為次等的生產地位。

恩格斯關於生產方式改變導致私有財產興起，並進而改變婚姻形式與家庭型態的論點，雖然所根據的人類學資料，其有效性已受到學界所質疑，但他將馬克思主義的歷史唯物論，延伸到人類物種的生產 (production of human species)，以「再生產」(reproduction) 的性別分工與生產關係作為分析的焦點，不但部分補正傳統馬克思主義「性別盲」的缺失，也為「古典馬克思女性主義」提供論述基礎與解釋架構。

　　不僅於此，恩格斯的論點也同時指出，女性地位的低落或近代性別的不平等關係，除了受到生產方式改變的制約之外，更受到婚姻與家庭結構變遷的影響。在「一夫一妻的單偶婚」出現以後，家庭型態也隨之由母系傳承改為父系傳承，氏族組織更是由母系／權社會轉變為父系／權社會。對恩格斯而言，此種全新的婚姻制度，是為了維持私有財產的經濟制度，也是確保子女傳承父系血緣的機制，而非單純出於感情或愛。

　　在婚姻成為以男性為中心的單偶制婚姻後，女性終其一生只能擁有單一配偶，而男性卻通常是選擇多偶，未必只有一個妻子，在這樣的情境下，男性也同時確保私有財產被傳承給具有自己血緣的子女。女性在單偶制婚姻的性別分工中，主要是扮演生育的角色，為丈夫提供性和生育服務，以便交換經濟來源的支持，男性則是主要的經濟提供者與生產者。婚姻在此搖身一變成為一種交換關係，只有在無產階級的婚姻關係中，因為沒有傳承私有財產的問題，而且許多工人的妻子也需要同時參與勞動，所以，恩格斯認為在這些家庭中，男女之間的地位才是平等的。除此之外，其他階級的女人，不論是在婚姻或社會當中，都是處於附屬和依賴的地位，也只有無產階級的婚姻，是建立在男女之間的愛情，而非僅只是利益上的交換。

　　恩格斯關於生產方式與家庭關係的觀點，為「馬克思女性主義」和「社會主義女性主義」的理論，提供非常重要的論證基礎。對「古典馬克思女性主義」者而言，恩格斯的說法為女性「再生產」作為勞動的價值，以及其之所以造成女性被壓迫的因素，提供了極為有力的佐證。對「社會主義女性主義」者而言，恩格斯的論點則可視為對父權家庭批判的始祖，也為她們所提出之「父權資本主義」的主張背書。當代女性的政經地位或勞動身分，除了會受到資本主義的影響之外，父權家庭制度更是女性之所以備受壓迫的主要根源。女性勞動者同時受到來自「公／私」雙領域的制度性壓迫，這是男性勞動者在勞動關係中所無法體會的事實。

　　因此，將「生產」的概念擴大到同時包含公共生產與私領域的再生產，則女性作為再生產的主要勞動者，在資本主義的體制威脅下，應可以透過女性勞

動者的分析，體現她們的勞動本質、勞動關係及性別與階級壓迫關係。這是「社會主義女性主義」理論關懷的核心主體，而非僅將女性勞工的處境，置放在以男性工人為勞動者原型的分析框架中，放任她們被視為次要或特殊的工人。

（二）當代馬克思女性主義

　　對許多當代女性主義者而言，討論「古典馬克思女性主義」是極為弔詭的。這是因為關於女性備受壓迫的解釋框架，傳統馬克思主義是採取階級分析而非性別分析的視角。也就是說，對「古典馬克思女性主義」者而言，現代女性的被壓迫，以及性別之間的不平等，基本上是源自資本主義的生產方式，所發生的階級不平等關係，以及資本家對無產階級的壓迫與剝削，其本質上不是性別之間的不平等，也並非出自男人對女人的壓迫，需要被改變的是資本主義的社會體制與生產邏輯。唯有由社會主義的社會來取代資本主義的社會體制，女性才能在這種新的社會秩序，以及婚姻和教育制度下，獲得全然的真正解放，達到與男性地位平等的終極目標 (Bebel 1988 [1910])。

　　雖然「當代馬克思女性主義」者，試圖從女性的觀點對資本主義作進一步的批判，例如美國共產主義者與女權運動者伊芙琳‧里德 (Evelyn Reed, 1905–1979) 就曾經指出：資本主義的生產模式，除了會導致階級關係的壓迫以外，也會帶來種族與國族的壓迫，甚至會造成一個性別對另外一個性別的壓迫。即便如此，里德並不同意所有女人都會因其女性的身分，而處於最受壓迫的位置，亦不主張所有的女人都是被壓迫者。她認為在父權文化或男性優勢社會中，女人相對於男人，雖然整體而言是處於從屬地位，但並非所有女人都受到相同形式的壓迫，或女人只會受到來自男人的壓迫。相反的，她指出中產階級的女性，可能也會同時成為無產階級男性和女性的壓迫者 (Reed 1970a)。

　　上述馬克思主義關於性別的論述，突顯幾個關於「當代馬克思女性主義」的理論特點：

1.「資本主義階級分析」作為解釋的視角

對「當代馬克思女性主義」者而言，在資本主義的社會當中，女性的確是處於從屬的地位，且大部分的女人是被壓迫的，這當然是無庸置疑的事實。然而，並不是所有女人都被壓迫，或女人只會被男人壓迫。從性別的角度來看，所有的女人都同樣被身為資本家的男人所壓迫，但是資本家男人也會同時壓迫無產階級的男人，且中產階級的女人，也會同時壓迫無產階級的男人與女人。

換句話說，對「現代馬克思女性主義」者而言，女性處於從屬位置和被壓迫的社會關係，雖然是無可否定的事實，但在這個被壓迫的層級關係中，並非所有女人都處於同一社會位置，並且經歷同樣的性別壓迫。所以，女人就像男人一樣，並非屬於同一階級，而是分屬不同階級 (In short, women, like men, are a multiclass sex.) (Reed 1970a)。歸根究柢，女人的不平等以及被壓迫的社會關係，其主要的根源不是來自性別問題，而是資本主義體制下的社會階級問題❷。

「當代馬克思女性主義」主張女人之所以受壓迫，主要是源自於資本主義的階級關係。隨著西方社會的生產方式，由農業生產轉向工業生產的模式，生產單位也從原來以家庭為核心的生產模式，變成大規模生產的工廠。此一重大的轉變，導致女性喪失原來在一夫一妻的家庭中既有的生產角色，也同時被排除在全新的工廠生產模式之外，無法參與公共生產的工作。女性在此種雙重因素的排斥下，幾乎完全無法參與社會性的生產活動，只能淪為無酬的家務勞動者和無產階級。不但中產階級女性無法獲得就業的機會，即便有經濟需要與謀生需求的勞動階級女性，亦被排斥在這樣的體制之外。所以女人的被壓迫是因為資本主義社會的生產方式，取代原先以家庭為單位的生產模式，在這個新的生產社會關係中，女人註定只能是無產階級，而勞工階級的女性，則更是無產階級中的無產階級，絕非是「因為女人有 XX 染色體的關係」(Reed 1971)。

因此，依照馬克思主義的行動理論框架，對被壓迫的女人（特別是無產階

---

❷ Zetkin, Clara, 1899, "The Workers International Festival." in *Marxists Internet Archive*, https://www.marxists.org/archive/zetkin/1899/05/festival.htm (Date visited: April 11, 2021).

級的女人）而言，其主要的敵人是男性的資本家階級，要反抗的對象則是剝削的生產方式。若是如此，則女性主義的革命策略，就必須聯合同樣被資本家壓迫與剝削的男性工人，共同發起一場階級戰爭，才能達到消弭階級壓迫與解放女性的最終目標。這些「馬克思女性主義」者反對以聯合不同階級女性的利益作為優先的革命策略，以達到其推翻父權體制或男性優勢的目標。例如，里德就認為資產階級的女性，雖然與無產階級的女性相同，皆未擁有生產工具，但是她們並不會因此就與無產階級的女性分享共同利益，並且團結一致對抗資本家。與此相反，因為她們的身分附屬於資產階級男性，分享來自於他們的階級利益，這群女人通常會認同有產階級的社會價值，並且捍衛私有財產制與追求利潤的經濟制度。因此，若要達成解放女性的目的，女性應該要聯合同樣被資本家所壓迫的男性工人，不應將勞動階級的男人當作敵人，而是必須將他們視為革命伙伴，團結起來共同推翻資本主義的體制。在生產工具被公共化，且沒有私有財產的共產主義社會中，不但工人可以獲得解放，男人與女人之間的不平等關係，也會隨之消弭。

2.「勞動」作為性別平等的訴求

　　承襲傳統馬克思主義關注勞動與人性的論點，「當代馬克思女性主義」主張女性應有相同進入公共生產領域的機會，以便參與勞動市場的經濟運作，使女性得以擺脫經濟上的附屬地位❸。因此，她們對於 1917 年共產革命之後，蘇聯女性大量走出家庭，進入社會參與生產，從事和男人同樣性質的勞動，曾經寄予無比的厚望。她們相信只要女人成為共產主義生產體制的工人，得以獲得經濟上的獨立地位，這將會是她們解放之路的起點，也會為她們帶來對自我的肯定與信心，並進而建立女性專屬的主體性和自我意識。

---

❸　Zetkin, Clara, 1906, "Social-Democracy & Woman Suffrage." in *Marxists Internet Archive*, https://www.marxists.org/archive/zetkin/1906/xx/womansuffrage.htm (Date visited: April 11, 2021).

　　然而，雖然女性的勞動參與率在共產主義時期的蘇聯，的確有顯著程度的攀升，但是女性在共產主義蘇聯的經濟地位，並未因她們勞動參與的增加而有所改變，女性的工作仍然停留在低薪、枯燥與繁瑣的低階職務，高薪以及具有決策權的工作，仍然是由男性所把持。對於這個令人失望的現象，「現代馬克思女性主義」意識到傳統馬克思主義的「性別盲」，也就是傳統馬克思主義的視角只看見「工人」，卻從未看見工人的性別。因此，「工人」就僅只是男性工人，沒有性別可言；至於「女性工人」，則只具備工人的身分，而沒有女性 (Bryson 2003)。

　　除了「性別盲」的批評以外，「當代馬克思女性主義」也進一步指出共產主義的生產方式，只有將女性帶入公共生產的場域，卻沒有同時將她們從私人領域的家務責任（煮飯、清掃與照護等）釋放出來，這只會加深女性被壓迫的困境。女人（特別是已婚婦女）由於負擔家務工作或從事家戶生產這類只有使用價值的生產，以致讓她們仍然像是另一個勞動階級。因此，婦女需要進一步從「使用價值」的家務勞動中解放，唯有如此，共產主義的革命方可完全消除階級壓迫的問題 (Benston 1969)。

　　有鑑於此，「當代馬克思女性主義」主張將私有領域的生產社會化，只有當婦女（女性工人）也能從「私有且無酬的家務勞動」中解放出來，女性才能與男性一樣參與社會勞動，達到經濟地位平等的目標。這是「現代馬克思女性主義」的重要論點，企圖扭轉並修正傳統馬克思主義的「性別盲」，並將私領域的「生產」（即「再生產」）公共化，也是兩者理論之間最重要的核心差異。

3.「家務勞動公共化」作為婦女解放策略

　　不論是資本主義社會或共產主義社會，家務工作在大部分的現代社會都是屬於私人領域，而且在父權家庭體制下，更是屬於女人的責任或「天職」，也就是既「沒有市場交換價值」可言，更是一種「無酬」的免費勞動。所謂將「家務勞動公共化」，所指涉的就是將之「去私人化」(de-privatization)，並且移出家庭之外，讓家務勞動公共化 (publicization)，可以跨越 「個別」 家庭女人的工

作，成為「大家」和許多女人的共同工作。當家務或再生產成為社會性的公共
勞動，就可以具有市場交換的價值，也可以明確計價。至於如何改變婦女家務
勞動或再生產的「使用價值」？「現代馬克思女性主義」者提出以下兩個不同的
策略：⑴家務工作社會化；⑵家務工作薪資化。

⑴家務工作社會化

以安吉拉・戴維斯 (Angela Davis, 1944–) 為代表的「當代馬克思女性主義」
者，提出藉由將「家務工作社會化」(socialization of housework)，作為終結以追
求利潤為目標的資本主義經濟制度 (Davis 1983)。此派學者認為既然家務工作是
導致女性（特別是已婚女性）無法在公共生產的高薪或高階工作取得同等機會
的重要因素，那麼若要達到女性經濟地位的平等，則必須將女性的「家務工作
社會化」。也就是將女性在其個別家庭內的勞動，由個別女人的責任，轉化為社
會公共生產的責任，由社會或公社的共同廚房、食堂、清潔及托育等公共機構，
而非是單一的個別婦女，來提供這些家務的服務與勞動。

將私人領域的無償勞動予以外部化或公共化，一方面可以讓女人從這些無
償的勞動中解放，打破女人淪為「家庭奴隸」(domestic slavery) 的命運，讓女
人也可以和男人一樣全力投入公共生產。另一方面，這派「當代馬克思女性主
義」者之所以主張將女性工作公共化，而非市場化或交換價值化，乃是著眼於
更遠大的目標。她們認為這樣的策略，可以終結以追求利益為至上的經濟制度，
真正達到以滿足「需要」(need) 作為勞動價值的共產主義經濟。同時，她們認
為這也是女性主義運動的倡議策略，主張必須以女性的合作倫理觀 (ethic of
cooperation) 為主體，作為終結以營利為目標之資本主義經濟制度的方式 (Davis
1983)。

總之，這派「當代馬克思女性主義」的策略，其核心論點就是將女人對個
別家庭的責任，由資本主義體制下的無償家務勞動與「再生產」(reproduction)，
轉變為社會主義社會下的「生產」(production)。即使是煮飯、清洗與照護等工
作，仍然主要是由女性所從事，但是至少這種類型的勞動，不再被視為是毫無
價值或非生產的工作。這對提升女性的經濟地位，解放女性「類」奴隸的社會

枷鎖，具有非常積極的意義，同時也是終結「利益至上」之資本主義經濟的最
佳策略。

⑵家務工作薪資化

　　不同於前述的論點，另一派的「當代馬克思女性主義」者，例如「國際家
務勞動工資運動」(The International Wages for Housework Campaign, 1972) 的發
起者塞爾瑪·詹姆斯 (Selma James, 1930–)，以及該運動的主要成員，包括瑪麗
亞羅莎·達拉科斯塔 (Mariarosa Dalla Costa, 1943–)、布里吉特·加爾蒂
(Brigitte Galtier, 年代不詳) 和西爾維亞·費德里奇 (Silvia Federici, 1942–) 等
人，則主張透過以「家務工作薪資化」(wages for housework)，作為解放女性及
女人取得經濟獨立地位的手段。基本上，此一主張與前述「家務工作社會化」
的理念邏輯其實是一致的，都是要將女性「無償」、「私領域」與「使用價值」
的家務勞動，轉化為「有酬」、「公共性」與「交換價值」的勞動，為女性為主
的「再生產」勞動，賦加「類」或「擬」生產的性質，因而可以將之視為市場
交換價值下的「生產」。

　　此派女性主義者認為前述「家務工作社會化」的主張，將家務工作改由社
會來提供，成為公共生產的一部分時，其實絕大部分（甚至是全部）的此類工
作，仍然將會由女性來從事，造成大部分女性在參與公共生產之際，還是集中
在個人服務業為主的低階工作，反而被摒除在高薪資或有意義的工作之外。而
這樣的結果，對於改善女性經濟自主，或消弭其參與公共生產的不平等關係，
其實是無濟於事的。對於這樣的批評，主張「家務工作社會化」的馬克思女性
主義者，雖然也同意這類情形是極有可能發生的，但仍然堅決主張：即便女性
在家庭外面所從事的工作，和她們在家裡作的事情是一模一樣的，但最起碼她
們是在（家）外面 (outside family) 工作，而且是有薪資可領的。女人至少可以
因此擁有自由控管的收入，這也是改善女人處境的方式之一。

　　但是對於主張「家務工作薪資化」的馬克思女性主義者而言，「家務工作社
會化」的說法似乎略顯矮化與委屈。她們雖然同意「家務工作社會化」在社會
主義的社會中是必要的，但在資本主義的社會中，與其讓女人出外工作，卻仍

然被侷限於從事和她們家務勞動相同的職業，不如讓女人還是留在家裡，由資本家的雇主給付提供勞工（包括目前的勞工：丈夫，以及未來的勞工：子女）家務服務與再生產勞動的家庭主婦合於市場的薪資。

　　達拉科斯塔主張給予女人家務勞動薪資的理由，是建立在家務勞動也是一種生產，也會創造剩餘價值的基礎之上。對於資本家或資本主義體制而言，「藉由女性在家事勞動而生產的食、衣與照護，除了提供個別勞工身體與情緒的補充所需外，勞動力或勞工的再生產 (reproduction)，也是維持資本主義生產線和機器運轉價值」的根基 (Dalla Costa 1972: 32)。因此男性工人的資本家雇主，應該支付工人家裡的女人們相對的工資，而不是剝削與苛扣這些女性勞力，來養肥自己的荷包與口袋。

　　對大部分的「當代馬克思女性主義」者而言，多半皆認可達拉科斯塔等人所提出的「家務工作薪資化」，主張必須讓家務勞動「生產工作化」，但是對於支付薪資的可行性與可欲性，則普遍抱持懷疑的態度。關於可行性的部分，首先被質疑的是「誰來支薪」的問題，雖然達拉科斯塔已具體提出女性家務勞動的薪資，應由男性工人的雇主來支付，但此一主張的可行性備受挑戰。大部分的女性主義者都認為這個建議是全然不可行的，因為若雇主被要求得支付工資給家庭主婦，那她們丈夫的薪資必然會被調降。畢竟，資本的主義制度，宣稱付給男性工人的薪資，是「家庭薪資」而非「個人工資」。何況還有許多工人是未婚的身分，他們的薪資也會因此而受到牽連，而提供他們勞力再生產的勞動，卻未必能獲得相應的補償。總之，在這樣的情況下，不但資本家或雇主的總利潤不會受到任何影響，且工人的物質條件也不會因此而有所改善。

　　其次，此派女性主義者也同時指出，即便是在非社會主義的社會當中，也並非所有的女性都是家庭主婦或家務勞動者。隨著社會的快速發展與變遷，在先進的資本主義社會中，女性進入勞動市場的比例已逐漸提高，對於這些在家庭外工作的女性（包括已婚和未婚者）而言，資本家或雇主是否也要支付她們家務勞動的薪資？很顯然的，對於「馬克思女性主義」者而言，答案應該是肯定的，否則女性的生產工作，就會因此處於不平等的地位。然而，並非所有的

就業女性，其家務勞動皆是由他人代勞或雇用他人服務，而是由該女性自己負責提供。在這種情況下，那雇主是否仍需支付這些女性工作者家務勞動的工資？如果答案是否定的，那就業女性的權利就會受到剝削；若答案是肯定的，則女性的薪資就極有可能高於她們的男性同僚，作為勞動市場主力的男性工人，是否可以接受這樣的待遇，將是不無疑問的。

最後，女性的「家務工作薪資化」還必須面臨一個極大的挑戰，那就是家務工作的薪資該如何計價？由於家務勞動在傳統上是屬於私人領域，是女性在個別家庭中，對其家人所提供的勞動與服務，這和在公共生產的市場所交換的產品，其性質並不相同。況且家務勞動的內容，涵蓋身體的勞力與情緒的服務，在體力勞動方面，例如煮飯、洗衣與照護等工作，或許尚可以用市場的價格來計算工資，但情緒的勞動，例如給予家人關懷與愛，或夫妻之間性的滿足等服務，則是不能（或很難）以市場價格精準計算的。

此外，由於家務勞動是隸屬於個人化的私有領域，家務勞動品質的評量也未曾被標準化，如何判斷家務勞動的水準，以作為給予家庭主婦薪資的標準，就成為此一主張的另一個重大挑戰。雇主是否應該給予所有的家務勞動女性同樣的工資？還是依照男性工人職位的高低或組織規模的大小，而付給家庭主婦不同金額的家務薪資？前者會造成小型公司的雇主無法負擔，因而被迫解雇工人，後者則會導致工人和家庭主婦之間的階級分化與不平等❹。以上的問題乃

---

❹ 關於「家務工作薪資化」作為提升女性經濟自主的主張，在台灣的婦女運動發展過程中，也曾經有過極為類似的提議。「婦女新知基金會」及「晚晴婦女協會」於 1995 年正式將「新晴版民法親屬編修正草案」送進立法院時，也曾同時納入「家務有給職」的概念與相關法條，強調家務勞動有其價值，家庭主婦也絕非被社會大眾所看輕的米蟲。雖然自「新晴版民法親屬編修正草案」提出「家務有給職」的概念之後，引發社會各界的批評，王如玄在〈家庭主婦（夫）做家事可以領薪水嗎？〉一文中，就提出此種對「家務有給職」最常見的批判，就是：「『家務是神聖的』、『母愛是無價的』，『家務有給』概念會貶其崇高性，不只無法提高家庭主婦的地位，反而會降低家庭主婦功勞。」對於此種質疑的聲浪，王如玄則進一步宣稱：「正因為家務及母愛的無價，更應

是針對「家務工作薪資化」作為政策措施的想像，究竟是否具有可行性的相關質疑。

　　然而，對於大部分的女性主義者（包括「馬克思女性主義」）而言，此一主張的「可欲性」，才是他們之所以抱持保留態度的重大關鍵。也就是說，這批女性主義者懷疑：透過給付家務勞動工資或薪資，讓女性仍然留在家庭從事傳統的工作，真的可以達成解放女性的目標嗎？這真的是女人想要爭取的嗎？很顯然的，給予家務勞動相應的工資，雖然肯認女性傳統工作的價值，卻會造成將女性孤立在個別家庭之中的困境。這樣的作法不僅無助於不同階級、族群／種族以及性傾向女人之間的彼此連結，還會強化女性屬於私領域的刻板印象，也無法增加女性進入公領域，並進一步發揮領導婦女運動與參與社會革命的機會，當然，也就無法從根本撼動勞動市場中的性別隔離，以及根深柢固的傳統性別分工了。

　　而台灣針對「家務有給職」的具體作法，則已落實在《民法》有關夫妻財產制的法條修訂上。根據「《民法》第 1018-1 條」的規定：「夫妻於家庭生活費用外，得協議一定數額之金錢，供夫或妻自由處分。」此即所謂的「自由處分金」。而「《民法》第 1003-1 條第 1 項」則具體規定：「家庭生活費用，除法律或契約另有約定外，由夫妻各依其經濟能力、家事勞動或其他情事分擔之。」

　　該給它高高的計價，給家庭主婦愈高的酬勞，而不是乾脆以『零』計算。對家庭主婦辛勞的貢獻，不應該只有在一年一度的母親節裡才被歌頌，也不應該在家庭主婦歸天之時才舉辦盛大的送葬行列，我們希望對家庭主婦的肯定及回饋應該讓她生前就感覺得到，而且實際用得到、天天用得到。另一種質疑『家務有給』的說法是：家務有給由太太伸手向先生拿薪水，會使得太太變成先生的受僱人，比先生還矮一級。事實上，家務有給絕對不是說太太受僱於先生，而是自婚後先生與太太即處於『合夥』狀態，共同經營人生與家庭，因此創造出來之利益即應由夫妻二人共享，家庭有給只不過是提前分紅而已。雙方在金錢上不是施與受的關係，而是平等互惠關係，家庭主婦本可理直氣壯提出要求，而非拿人手短。」參見王如玄，2019，〈家庭主婦（夫）做家事可以領薪水嗎？〉。https://www.gender.ey.gov.tw/Multimedia/System/Notes/DealData.aspx?sn=kg7qQt6JAAw5FkDfm7ICjQ@@，取用日期：2021 年 4 月 11 日。

讓家庭生活費用的分擔，不再侷限於有形的財產，也可以透過無形的家事勞動來分擔。那怎樣的薪資支付，才稱得上合理的標準呢？立委李麗芬認為，若以勞工平均工時一週 40 小時、週休二日，且在工作日皆可以準時下班的前提之下，將家務勞動的各項工作按比例分配時數，則台灣的「月薪嬌妻」，每月應該支領的薪資高達 45,958 元❺。

三、社會主義女性主義理論

隨著馬克思主義與國際共產主義的興起，「古典馬克思女性主義」的理論發展也達到高峰。但在共產革命之後的蘇聯，甚至是後來的中國，雖然女性被鼓勵且全面動員進入公共生產的行列，成為國家勞動力的一部分，但女性在職場的工作或職位，卻仍然集中在特定的職業類別，或是低薪與低福利的工作。與此同時，女性也必須繼續負擔家務勞動的工作，不但女性的勞動並未獲得與男性相同的對待，女性的經濟地位仍隸屬次等，家務工作也依然沒有社會化或公共化，更別說要求男性分擔家務工作了。當然，雇主或國家也不可能特別為從事家務勞動的女性支付任何工資，例如在中國，女性參與農村集體生產所得到的工作點數（工分），通常比男性還少，而在城市從事非農業生產的女性，其法定的退休年齡，更是比男性提早五至十歲。

總之，不管是在資本主義社會或社會主義社會，不論共產革命成功與否，女性在勞動市場的分工或其經濟能力，都處於從屬的次等地位。這樣的發展結果，也具體彰顯「古典馬克思女性主義」的理論缺失：造成女性被壓迫與地位不平等的困境，生產體制並非其唯一的因素，家庭性別分工或家庭意識形態也是重要的原因。除了資本主義的生產方式，父權的家庭制度與性別意識形態，更是重要的核心關鍵。

---

❺ 參見〈台灣的月薪嬌妻薪水應多少？立委幫妳算出來了！〉，《自由時報》，2017 年 1 月 7 日。https://news.ltn.com.tw/news/life/breakingnews/1939919，取用日期：2021 年 4 月 11 日。

　　面對女性在勞動市場與經濟地位的持續低落，「社會主義女性主義」者認為女性地位的不平等，不僅單純是階級的問題，更是性別的問題。也就是說，對「社會主義女性主義」者而言，要理解女性的附屬經濟地位或被壓迫的經驗，其正確的提問方式應該是「女性主義者的問題」(the feminist question)，而不是「婦女問題」(women's questions)。因此，其理論試圖整合馬克思主義對資本主義的質疑，以及「基進女性主義」對父權社會制度的批判，主張男女兩性在勞動市場（公共生產領域）、家庭生產或家務勞動（私領域再生產領域）的性別分工，以及兩者之間的連結，才是解釋當前社會性別階序關係或性別不平等的理論基礎所在。

　　雖然女性主義學界一般都認為傳統馬克思主義的性別理論，偏向以階級與生產方式的觀點，來分析性別關係的失衡，例如現代資本主義經濟，對女性經濟地位所造成的壓迫 (Hartmann 1981a)。然而，若仔細回顧恩格斯在《家庭、私有財產與國家的起源》一書，論及女權衰退的主要關鍵機制，其實是源自（隨著生產方式差異而產生的）婚姻形式的改變。當家庭是以「一夫一妻的單偶婚」為基礎，男人不但得以確認父系子女的血緣，同時亦可確保家庭私有財產的傳承，也就是由母系傳承轉變為父系傳承。所以，對恩格斯這位「古典馬克思女性主義」者而言，以男性為主、父系傳承的家庭型態，才是推倒原先女權至上氏族型態的最後一根稻草。只是當時此一頗富新意的論點，似乎反而被後來馬克思主義的性別論述所嚴重忽略。

（一）資本主義和父權體制對性別不平等的效應

　　基本上，「社會主義女性主義」者對以下這些涉及性別關係的基本原則，共享支持的態度：例如，性別不平等是獨立的議題，不是階級問題的衍生；性別的問題要用性別的觀點解決，不能用階級的視角來取代性別；而且女性的不平等，除了源自勞動市場的性別職業隔離外，傳統家庭的性別分工，也是重要的關鍵因素 (Kuhn and Wolpe 1978)。

　　換句話說，對「社會主義女性主義」者而言，資本主義和父權體制都是造

成性別不平等的原因。至於資本主義和父權體制對性別不平等所造成的效應，究竟何者為先為重？兩者之間究竟如何交互作用且彼此連結？關於這些問題，不同陣營的 「社會主義女性主義」 者之間， 則尚未達成一致的共識 (Sargent 1981)。一般而言，目前關於這個議題，可概分為兩種不同的理論：(1)「雙元系統論」 ("dual systems" theory)：以茱莉葉‧米契爾 (Juliet Mitchell, 1940–) 和艾莉森‧傑格 (Alison Jaggar, 1942–) 為代表 ；(2) 「單元系統論／互動系統論」 ("single system" theory or "interactive system" theory)： 以艾瑞思‧楊 (Iris M. Young, 1949–2006)、 海蒂‧哈特曼 (Heidi Hartmann, 1945–) 與莎薇亞‧魏爾比 (Sylvia Walby, 1953–) 最為知名。

1.雙元系統論

從當代女性主義理論的脈絡來看，「雙元系統論」可以說是結合「古典馬克思女性主義」與「基進女性主義」的理論。「雙元系統論」認為女性社會地位的不平等，或之所以被剝削，主要是源自「資本主義的生產方式」與「父權家庭的意識形態」兩個系統。雖然在歷史發展過程的不同階段，例如在現階段資本主義的社會當中，兩個系統也許會相互妥協，產生互動效應，但基本上這兩個系統在性別壓迫的面向上，有其各自獨立的作用。

「雙元系統論」者認為，在資本主義生產方式的邏輯下，女性基本上是被排除在具有交換價值的公共生產場域之外。即便有機會參與勞動市場，也是被限縮於從事次級勞力的工作， 僅能成為被剝削的 「勞動市場後備軍」 (female reserved army of labor)。這讓女性不論是否選擇就業，都必然會身陷經濟弱勢的泥淖，而經濟上的依賴與附屬地位，正是女性無法獨立的主因。此外，傳統的父權體制則透過生物家庭 （或血親家庭）(biological family) 與異性戀的婚姻制度，來限制女人對於身體和性的自主權，以便進一步鞏固性別在文化層次上的不平等，以及女性在性權力關係的附屬地位。

女性的身體為了孕育下一代， 成了社會複製或再生產 (social reproduction) 的載體，她們為滿足男人的性，亦淪為性的客體，而這些文化因素的運作機制，

也進而導致女性特有的心理與人格特質。這些說法雖為「雙元系統論」者所共同接受，但關於資本主義的生產方式，以及父權家庭的意識形態，其對女性不平等地位的影響，究竟孰輕孰重，其先後次序以及運作的機制和途徑為何，論者卻分持不同的主張與看法。

⑴茱莉葉‧米契爾 (Juliet Mitchell)

　　「雙元系統論」的主要代表人物之一，是英國的女性主義學者茱莉葉‧米契爾。如同許多英國唯物論女性主義者 (materialist feminists)，米契爾也具有「馬克思女性主義」的思想，相信由於資本主義的生產方式，女性被迫退出公共生產，是導致女性從屬地位與被壓迫的主因 (Mitchell 1984 [1966])。

　　然而，米契爾也同時認為馬克思主義這樣的說法並不完整，無法明確解釋當代英美社會女性地位不平等的困境。她認為除了資本主義的經濟結構以外，當代女性地位的不平等，還受到其他因素的影響與制約。1971 年米契爾出版《女人的地位》(*Woman's Estate*, 1971)，提出一套解釋女性從屬地位的理論。在這個解釋架構之中，米契爾放棄傳統「馬克思女性主義」將女性淪於附屬地位的問題，單純歸因於獨尊資本主義或女性生產地位低落此種單一因果解釋的說法。她主張女性的地位與狀態，是多種複雜糾結的因素所聯合造成，女性主義理論應該進一步建立多元因果的解釋架構。因此，米契爾認為決定女性在社會中，之所以處於不平等或從屬的狀態，乃同時源自女人在生產領域與再生產領域中的角色與功能。她並且提出具體的解釋架構：決定女性地位的主要因素（也就是女人的社會條件），包括女人的生產 (production) 與再生產 (reproduction)，以及子女社會化 (socialization) 和性 (sex) 的角色與功能 (Mitchell 1971)。

　　米契爾以 1970 年代初美國婦女的情況為例，指出雖然當時美國的經濟高度發展，社會更是民主開放，婦女受教育的水準業已大幅提升，但女性仍然還是處於從屬地位。不但女性在家庭之外就業的人數十分稀少，其比例遠遠低於英國女性，即便在勞動市場或職場當中，女性也依舊侷限在低薪、低階或兼職的工作。

　　米契爾認為大部分的美國女性，之所以仍然選擇留在家庭，乃是因為社會對妻子與母職的角色規範，向來是以養育子女和照顧家庭為優先。所以，儘管當時避孕的知識、技術與工具已經相當普遍，美國女性的結婚率與生育率，還是維持在不低的水平。每個家庭平均有三個小孩，女性需要花費在養育子女的年數很長，延遲她們可以進入勞動市場的年齡，也縮短她們停留在職場的時間。即便是在當時已有省時好用的家電產品，可以相對分擔家務工作的情況下，家庭主婦不但沒有減少投入家務的時間，隨著家電產品的出現，主婦對於家務工作品質和水準的要求，反而跟著提高，導致投入家務的時間不減反增的弔詭現象。

　　與此同時，隨著養兒育女專家的出現，特別是男性專家例如班傑明‧斯波克 (Benjamin McLane Spock, 1903–1998) 的 *The Common Sense Book of Baby and Child Care* (1946) 此本暢銷書的出版，坊間的育兒書籍與雜誌，紛紛開始形塑「如何養育完美子女」(How to raise a perfect child?) 的論述，教導母親應該如何才能教育出優秀的子女。在這些輿論的推波助瀾之下，營造出社會對於「好」母親和「完美」母職的高標準期待，無形中增加許多女性的壓力，也造成母親之間的彼此競爭和比較。

　　除了上述的生產、再生產、子女社會化等角色規範之外，「性」也是影響女性地位的重要因素。關於女人的「性」該如何作用，米契爾的看法正反皆有。伴隨 60 年代反戰與學生運動而來的性開放，1970 年代的美國女性，相較於她們的前輩而言，明顯享有相對自由的性自主權，可以公開且主動表達女性的慾望，女人的性不再侷限於被動或婚姻關係之內。

　　然而，此一性解放運動也會帶來對女人性自主的反挫 (backlash)。相對於19 世紀末對「性」的保守態度，並以「淫蕩女人」來譴責當時追求性自主或不受婚姻拘束的女性，當 1970 年代將「性解放」的訴求推到極致，也會對不願實踐「性解放」實驗的女性，造成無比龐大的心理壓力。男性在無法得到女性「性開放」的好處時，就會經常把女性貼上「性保守」或「反女權」的標籤，而這也在無形當中成為另類的性壓迫。

從上述的討論中，我們可以清楚看到米契爾所提出的解釋架構，不僅包含女性在生產／工作的角色，也涵蓋其在家庭／婚姻中的角色，是如何同時影響她們在社會中的情境與地位。也就是說，資本主義的生產方式，以及父權家庭的意識形態與性規範，此兩個系統是維持當今女性地位不平等與被壓迫狀態的來源。如果進一步深入探究，這兩個系統或體制，對於女性的壓迫作用是否有先後順序或輕重之分？

雖然米契爾並未在其分析過程中明確指出，我們卻可以在她的解釋架構中略見端倪。米契爾主張影響女性地位（或女人的社會條件）的四個要素，依排序分別為：生產、再生產、子女的社會化、性。前兩者與資本主義的生產方式密切相關，後二者則指涉父權家庭的意識形態。雖然性別的生產角色與分工，是導致女性處於經濟弱勢的近因，但是父權體制下的性別文化，對女性母職、身體和性近乎強制性的規範，確實是在背後支持箝制女性進入生產領域的主因。

所以對米契爾而言，如果父權體制的性別文化沒有被改變或徹底消除，即使共產主義革命可以摧毀家庭作為資本主義的經濟單位，讓女性不必因為家務分工的牽制，而可以選擇自由進入公共生產領域，但是女人仍會因為社會文化對母職及女人 「性」 的要求， 在女性特質 (femininity) 或女性心理 (feminine psyche) 的雙重作用下，依舊還是無法達到完全平等的地位。唯有當女人與男人的想法與心思，都能徹底從父權體制的性別枷鎖中解放出來，否則女性始終仍將處於附屬的狀態。

由此可知，米契爾雖然提出「雙元系統論」的觀點，主張資本主義經濟體制和父權文化體制兩者，是導致女性附屬地位的兩大支柱，但是若要在兩者之間，指出何者阻力較大或阻礙較難克服？她應該會傾向選擇父權文化體制，而這也是米契爾作為「社會主義女性主義」者，對馬克思主義論點所提出的批判，她並且也認為這是「古典馬克思女性主義」的缺陷與不足之處。

⑵艾莉森・傑格 (Alison Jaggar)

艾莉森・傑格則是另一位被歸類為「雙元系統論」的「社會主義女性主義」者 (Jaggar 1983)。承襲古典馬克思主義的傳統，她的理論核心聚焦在女性的「疏

離」(alienation) 或「異化」經驗，是如何轉化為她們受壓迫的具體困境。傳統馬克思主義的論點認為，資本主義內存追求利潤與剩餘價值的生產邏輯，導致這個體系中的工人勞動經驗，必然會有「疏離」的狀態。由於男性工人是資本主義生產體系的主體，而女性工人只是此一體系中的「勞動市場後備軍」，因此只有男性工人的勞動過程，會帶給他們疏離異化的經驗，女性的家務工作並不會產生同樣的後果，因此，「疏離」這個概念或經驗，並不適用於女性。

有別於這個說法，傑格主張女性，而且是所有的女性，都會受害於疏離的經驗。女人即便沒有參與公共生產、也並非資本主義制度下的工人，她們所擔負的工作或勞動，不論是再生產、母職或性關係，都會造成她們疏離的心理狀態。例如，在再生產的家務工作中，其勞動的成果是為家人服務，是一種消費而非生產，更因為是為家人所用，所以不具市場的交換價值，也不可能在勞動過程中獲得合理的薪資。至於母職的身分，從懷孕、分娩到養育，女性更是歷經新個體從自己體內生長卻獨立存在的過程，在分娩的「勞動」過程 (laboring process) 中所產生的疏離感，更是男性在資本主義生產體系所無法體會的。至於女性工人，她們除了在生產體系受到至少跟男性工人相同的疏離經驗外，還要承受家務、妻職與母職工作所產生的疏離感。因此，相較於男性，女性的疏離感應該是更為全面也更加沉重。總之，由於資本主義的生產體系，以及父權體制的性別分工和家庭制度，女性受角色規範所造成的疏離狀態，成為女性受壓迫的核心。

關於女性的疏離經驗，傑格將其分為三個面向來討論：(1)性或情慾 (sexuality)；(2)母職 (motherhood)；(3)智識 (intellectuality)。前兩者所指涉的是女性身體的勞動，後者則是與心智勞動的成果有關。傑格以性或情慾、母職及智識三個概念，來分析女性身分在勞力與勞心層面被異化的狀態，就如男性工人的疏離，是來自他們與勞動過程中的成果（產品）之間的斷裂或缺乏歸屬感 (Jaggar and Bordo 1989)。

傑格認為不論是從性或母職的實踐，女人對身體所付諸的勞動，不論就過程或結果而言，都呈現與自己的認同彼此疏離的狀態。例如，傑格主張女性為

了符合社會對於女性氣質的要求，或滿足男性對於女人性感的想像，不但要保持纖細的身材、美麗的容貌與性感的裝扮，為此，女人還經常必須要節食、運動、除毛、化妝，穿著更是必須跟隨流行的時尚。猶有甚者，隨著醫美科技的發展，塑身、整型與美容的風氣更是日漸興盛。女人這些對於自己身體的勞動，雖然看似是為了自己，但實際上這些辛勤的身體勞動，不見得是女性出於自發性的選擇，其採取塑身節食的結果，也未必會讓女性更為健康與快樂。但是在「女為悅己者容」的規範與社會壓力下，女人必須接受對自己身體的異化，以求達到男性主流意見的認可。此外，女人也不被視為性的主體，她們的性或情慾，是為服務男性的情慾，並透過生殖與養育，來維繫社會的延續。在這樣的性文化體制下，導致女人性關係或性勞動的結果，不但沒有產生歸屬感或滿足感，反而是呈現極為疏離的狀態 (Jaggar and Bordo 1989)。

至於在母職實踐的過程中，女性異化的情形可以說是更為全面。社會不但將母職當作是女人的天職 (calling)，把不願或不能生育的女性，皆標籤為不好或不完整的女人，並規定合法的母職必須是在婚姻的範疇之內，以父系的傳承為主要目的。最後，母職還包括女人必須擔負養育子女的使命，並承擔教養子女成為獨立個體的重責大任。當這個最初由女人子宮孕育，並依附於她而成長的胚胎，在歷經分娩的過程之後，脫離母體而成為另一個全新的生命體，即便這個生命體仍須依賴母親的全方位照顧，但胎兒一旦出生就已然取得個體的地位，他們顯然是獨立於母體之外的。

女性在母職勞動的異化過程，除了體現在其勞動成果之外，勞動過程也會帶給她們疏離感，特別是分娩的過程。由於當代社會大部分的分娩都是在醫院進行，除了婦產科醫師多半為男性，分娩過程相關的安排或措施，也都是以醫師執行醫療行為時的安全與方便性為主要考量，產婦的主觀感受或身體的影響（甚至傷害），反而是次要或被忽略的。例如，無痛分娩、剖腹產或割會陰等醫療行為，對大部分的產婦而言，在正常的分娩狀況下雖無必要，但仍然要不就是被鼓勵或強迫接受，要不就是被例行化的執行，而這也連帶強化分娩過程中的醫療化。因此，在父權體制的規範下，屬於母職勞動特有的本質，不但對女

人造成獨特的疏離感，其異化作用也比資本主義生產體系對男性工人的影響更大。傑格關於母職造成女性疏離感的討論，與艾德麗安・里奇 (Adrienne Rich, 1929–2012) 探討母職制度對女人的壓迫極為類似 (Rich 1976)（詳見第七章）。

　　除了分娩的疏離外，養育子女的母職實踐，也會帶給女性疏離感。在傳統父權文化與資本主義經濟的性別分工制度下，女性或母親成為養育子女的唯一（或主要）勞動者。相對於社會對於母職的嚴密規範，社會對於父職 (fatherhood) 卻鮮少著墨，且多半是著重於父親親權的界定，對於父親在育兒責任上的要求是極為稀少的。這樣的親職制度，導致女人或母親需要獨自擔負養育小孩的責任，而子女的表現和成就，更成為判斷女人是否為好母親的指標，也是母親／女人成就感和身分認同的基礎，同時更造成母親之間的競爭與壓力，使得女性母職勞動者之間，也會彼此產生異化與疏離，而無法形成階級意識。總之，在父權資本主義社會的政經體制下，女性在母職的勞動中，不論是過程、成果或意義，都以滿足社會的需求和培養另一個獨立個體為目的，對身為勞動者的女性而言，其自我意識和主體感反而是疏離的。

　　女人經歷勞動異化的狀況，除了身體勞動外，心智的勞動也會產生同樣的結果。這也是傑格特別指出女人在勞動過程中，其異化更為全面、也遠甚於男人的主因，而這也是她獨有的見解。所謂女性在智識層面的異化，是指涉在父權體制的性別分工下，女性往往被認為欠缺理性，不適合從事智性的工作。另一方面，女性因為傾向於感性，而被認為適合提供情緒的滿足（也就是情緒勞動）。然而，社會的文化價值體系，卻賦加理性和感性勞動不平等的階序位置關係，理性勞動的價值遠高於感性勞動。因為智性勞動是習得的，其成果是文化；反之，感性是天賦且毋須學習，其成果則是自然的。這樣的父權文化體制，導致女性被排除於智性勞動的訓練之外，對於少數取得智性勞動工作的女性而言，她們仍會遭遇勞動成果被貶抑、工作價值被低估、職場地位被邊緣化等疏離異化的經驗。

　　例如在受教育的階段，女性在學校裡不但經常必須額外學習不同的課程，諸如家事／護理等，也往往會被鼓勵選擇語文／商業科系。至於科學／工程／

法政的相關科系,則會被認為是限定男性就讀,或不鼓勵女性就讀。而在學習或受教的過程中,男性總是教室討論時發言的多數,安靜的女性則成為沉默的群體;在公共討論的開會場所,社會主流的男性也常以「婦人之見」,來批評看待女性的聲音,輕視或漠視女性表達的意見。如此的經驗久而久之,會導致女性失去公共論述的信心與能力,不僅害怕在公共場合發言,對自己的理念與想法也缺乏信心。即便是在號稱自由與平等的學術生產領域,女性知識生產者也無法避免類似的對待。許多研究指出,女性作者的論文經常會獲得較低的評價;例如,她的研究貢獻相對較小,女性較不具備抽象理論能力,以及女性不適合也不會是好的理論家等。

　　傑格雖然主張「雙元系統論」,認為資本主義與父權體制同是導致女性被壓迫與附屬地位的兩大罪魁禍首,但若要指出其中的首惡為誰,那應該就是父權制度莫屬。畢竟,資本主義生產制度的壓迫,主要是針對女性作為勞工的身分,而父權體制對於女性的壓迫,則是針對她們身為女人的身分。再者,不是所有的女人都是勞工,但是所有的女性工人卻都是女人,所以父權體制對女性的壓迫,絕對是更為全面且深層。更何況資本主義經濟制度對於女性的壓迫,乃是來自其鑲嵌父權文化的社會脈絡,就這一點而言,傑格所提出的 「雙元系統論」,與接下來即將探討的 「單元系統論／互動系統論」,似有遙相呼應之處。

2. 單元系統論／互動系統論

　　「雙元系統論」認為資本主義與父權體制,同為造成女性備受壓迫的兩個主因,且其各自皆有獨立的作用,「單元系統論／互動系統論」雖然也認同資本主義與父權體制是女性受壓迫的根源,但卻主張這兩個系統的作用並非各自為政,而是相互關聯或彼此妥協,共同形成單一強大的壓迫體系,簡稱為「父權資本主義體系」 (patriarchal capitalism) 或 「資本主義父權體系」 (capitalist patriarchy)。提倡「單元系統論／互動系統論」的「社會主義女性主義」學者包括:艾瑞思‧楊、海蒂‧哈特曼與莎薇亞‧魏爾比。以下將討論三者的主要論點及其差異之處。

⑴艾瑞思・楊 (Iris M. Young)

艾瑞思・楊是美國的政治學理論家,也是廣為周知的「社會主義女性主義」者,「正義」與「社會差異」是她長期以來所關注的議題。楊對資本主義與父權體制之間關係的立場,主要出現在「超越不完美的結合:對雙元理論的一個批評」 ("Beyond the Unhappy Marriage: A Critique of the Dual Systems Theory") 和「社會主義女性主義與雙元理論的極限」 ("Socialist Feminism and the Limits of the Dual Systems Theory") 兩篇論文當中 (Young 1981, 1997)。

作為一個「社會主義女性主義」者,楊針對馬克思主義與女性主義之間的衝突,提出以下的主張:她認為女性主義理論若要解釋女性受壓迫的具體情境,不需要一個只能解釋「性別中立的資本主義」的馬克思理論,也不需要另一個只能解釋「性別歧視的父權」的女性主義理論,而是需要一個可以連結兩者的解釋框架。換句話說,楊深信在深入探究盤根錯節的性別社會關係時,不管是傳統的馬克思主義,抑或「基進女性主義」的架構,全都是不足的。因為在社會發展的歷史過程中,資本主義與父權制度是必然相連而非各自獨立的。所以,她提出以「性別分工」(sexual division of labor) 作為連結兩個壓迫系統機制的概念,並主張以此來取代馬克思主義理論的「階級分析」(class analysis)。

楊認為傳統馬克思主義的階級分析,主要是將資本主義生產體制視為不可分割的鐵板一塊,將分析重點聚焦在最具普遍性的生產關係,其關注的對象除了生產工具所有權與生產關係之外,亦皆以男性的工人與資本家為主。在這樣的分析架構下,生產體系內部的個體差異,根本不會受到重視,例如性別或族群等身分特質不同的勞動者,其在勞動工具所有權與生產關係的特殊性,自然會被忽視,甚至無視。此外,男女工人之間的工作階序關係,或勞動市場的職業性別隔離現象,也通常都會被馬克思主義者視而不見。

因此這樣的分析架構,顯然不適於(或無助於)理解女性勞動者的情境。楊因此提出「性別分工分析」(a sexual division of labor analysis) 的概念,作為梳理資本主義與父權體制之間的連結,是如何影響勞動關係與性別關係效應的運轉機制,並以此概念來涵蓋性別關係在不同生產性質(生產╱再生產)、不同領域(勞動市場╱家務勞動),以及兩者互動之下所呈現出來的多元樣貌。

　　不同於馬克思主義將分析的重心，放在生產關係以及勞資和階級對立之上，「性別分工分析」更為著重在勞動市場或工作場所中，哪些性別特質的人屬於決策者、企畫管理者，或經常被指派擔任具有前瞻發展性且可保障升遷的工作？而哪些人又多半是從事接受命令、例行性、單調重複、臨時性、兼職的工作？獲得高薪資工作和低薪資的勞動者之間，又有哪些個體身分特質的差異？

　　換句話說，有異於馬克思主義完全看不見工人的性別差異，楊點出資本主義生產體系的工人是有性別的，在既有男公／女私的性別分工規範下，性別的差異會導致女性在勞動市場中，往往被分派到不同性質、位置與價值的工作。她主張將資本主義與父權體制視為一個彼此互動且相互配合的系統，她認為必須具體整合市場勞動需求與家庭性別關係，延伸出一套「性別分工」的機制，並以此作為分析解釋的架構，才能對女性長期以來在勞動市場處於劣勢，並且位居二軍勞力 (secondary labor force) 的地位，提出全方位的解釋。

　　楊所提出的論點，對於提升「社會主義女性主義」理論化的努力，當然有一定程度的貢獻。她藉由提出一個整合性的概念：「性別分工分析」，來引領「社會主義女性主義」超越馬克思主義「性別盲」的理論框架，讓資本主義生產體系的工人性別化，讓女性工人彼此之間的差異可以被看到。不僅差異的政治 (politics of difference) 因此成為分析的焦點所在，亦可以藉此突顯勞動市場隱含的（父權的）性別體制，同時也指認當代資本主義與父權文化的連結機制，也就是連結「公」、「私」領域的「性別分工」系統。

　　然而，楊的論點雖然具有突破性，但也有其爭議性。「性別分工分析」用來檢視女性勞工在資本主義勞動市場中所受到的歧視：例如低薪、職業地位低落、性騷擾等不平等的待遇，而且還要負擔家務工作，確實有其說服力。但這個架構之所以能成立，乃是建立在工業革命之後，才出現於現代資本主義社會中的公／私分界，以及隨之衍生的生產與消費分化的原則。因此，若場景切換到前資本主義的農業或封建社會，當時家庭仍是社會主要的經濟組織，且社會的生產與消費尚未分化，即便當時亦是由父權家庭制度所掛帥，但性別分工的機制是否依舊存在？或以何種形式運作？

　　雖然楊對於這些問題，並沒有提供具體的解答，但她認為即便是在封建社會中，由於父權體制早已存在，封建的生產模式便會立基在這個基礎上，發展出有利於父權體制運作的性別分工模式。女性在這樣的分工系統下，她們所經驗到的父權壓迫與經濟不平等的性別關係，其方式自然會與當代資本主義社會中的女性不同。即便如此，但楊相信女性即使身處於封建社會，也仍然會遭受不利的性別分工方式，導致她們受到壓迫經驗的來源也是相同的。楊似乎暗示以下兩個論點：(1)女性受壓迫和處於經濟上的附屬地位，並非資本主義社會的獨特現象，而是早已存在於歷史當中；(2)就歷史的進程而言，雖然父權制度先於資本主義而生，但就其在當代社會所造成的性別壓迫效應而言，並不意味父權制度是優於或分立於資本主義之外的。

　　楊的這兩個論點，引發女性主義陣營的爭議。這些爭議所涉及的面向，包括性別不平等或女性受壓迫的情境，究竟是長久存在於歷史文化當中的普遍性，抑或是當代資本主義社會中的特殊現象。傳統男性主流的觀點，一向認為男人與女人由於生理／生殖構造的差異，性別有別乃是天生自然，性別分工各司其職，男公女私或男尊女卑，乃是合情合理，是普遍的社會文化現象，也是從古至今恆久不變的道理。然而，對於此種「自然論」的說法，許多當代女性主義者已分別從人類學和生物學的研究中，提出跨文化及靈長類動物社會行為的資料，作為反駁此一說法的佐證。恩格斯引用馬克思的唯物史觀更是直接指出：人類社會的進化，是隨著生產方式的改變和私有財產的出現，由母系／母權的氏族組織，轉而進入單偶婚的父系傳承制社會，而這也就是恩格斯所指的「女性在歷史上的最大挫敗」！

　　若對照這些來自女性主義以及馬克思主義的論點，楊作為一個「社會主義女性主義」者的立場，難免會受到質疑及引發爭議。此外，雖然在歷史進程上，父權體制是先於資本主義而產生，但在引發性別壓迫的效應上，並不必然具有優先地位，而是必須與資本主義互動且彼此協商的。對照於前述的論點，許多女性主義者難免會質疑 Young 推論的邏輯，除此之外，Young 主張以「性別分工分析」取代「階級分析」，並以此作為調合「女性主義」與「馬克思主義」之間衝突的方式，其觀點與立場，當然也會備受來自不同女性主義陣營的挑戰。

⑵海蒂‧哈特曼 (Heidi Hartmann)

海蒂‧哈特曼是美國少見的「馬克思女性主義」經濟學者。她早期的學術興趣，較多集中於關注勞動市場的性別不平等現象，特別是女性勞動所得相對低落，以及勞動市場性別歧視的爭議。有別於當時美國的（勞動）經濟學者，多半都是採取「人力資本論」的觀點，來解釋性別所得差異的原因。哈特曼在當時就曾經指出，「人力資本論」的分析架構，只能用來解釋部分（而且是少部分）的變異，也就是很小的 R 平方❻，大部分無法被解釋的現象，應該歸因於勞動市場早已存在的性別歧視，以及隨之衍生而來的性別職業隔離現象 (Hartmann and Treiman 1981)。

由此可見，哈特曼與楊一樣，都主張勞動市場的性別隔離造成工作有性別之分，女人與男人從事的工作存在系統性的差異，因而導致他們所屬的社會地位，也跟著呈現階序關係的落差。然而，關於性別是如何造成勞動階序關係的產生，哈特曼提出與「雙元系統論」截然不同的說法：她認為要瞭解女性的次等勞動處遇，除了從女性勞動與資本主義生產邏輯的關係出發以外，更要檢視女人與男人（特別是男性工人）的社會關係。也就是說，要同時考慮到資本主義與父權體制之間相互交錯的複雜關係。

從資本主義的生產邏輯而言，女性勞動力的供給不但可以降低工資，女性工人相對也較為順從且較便於管理，這是有利於降低生產成本和提高利潤。因此，就資本家的立場而言，應該不會排斥，甚至還會優先選擇雇用女性勞工。另一方面，若從父權體制的社會關係來看，雖然女性進入勞動市場可以增加家庭的收入，減少男性養家餬口的壓力，但是對於勞工階級的男性而言，這樣的性別分工，卻會使家裡女人的服務，不能專屬一個男人（家長）所有，而是同時為兩個男人（家長與資本家）提供勞力。這樣不但會在私領域的層面，直接威脅男性工人的地位，因為他們無法藉由家庭來壟斷女性的生產價值，也會間

---

❻　R 平方 (R squared) 又稱為「判定係數」(coefficient of determination)，是一種衡量回歸模型表現的指標，代表從獨立變數 X 可以解釋依變數 Y 變異的比例。因此殘差平方和越大，表示模型解釋力越低。

接威脅男人作為家長的父權紅利 (partriarchal dividend)。在公共生產領域的層面上，女性勞工的加入，也會導致資本家全面降低工資水準。因此，從男性勞工的利益而言，只要女性進入勞動市場成為勞工，於公於私都會成為男性勞工的威脅。基本上，從階級分析的觀點，女性進入勞動市場對資本主義和父權制度的利益，不但是不一致，甚至還是衝突的。所以就理論上而言，女性勞工的出現，不但可以造成不同階級男人之間的衝突，更會進而帶來撼動男權制度的直接威脅 (Hartmann 1981b)。

然而，在資本主義發展的進程當中，此種可能性畢竟從未獲得實踐，女性不但沒有大量進入勞動市場，且進入勞動市場的女性，仍然是處於附屬的地位，資本主義與父權制度也依舊各自繼續發展。對於這樣的歷史現象，哈特曼提出以下的解釋：(1)不論是資本主義或是父權體制，全都不是鐵板一塊，而是具有相當程度的彈性與妥協性，而且在不同的歷史階段，會分別採取不同形式的存在；(2)雖然男人之間因為生產工具所有權的不同，而有階級之間的利益衝突，但是不同階級的男人之間，對於女人擁有權的利益卻是全然一致的，也就是男人之間共享對女人的性別階級利益，對於維護「男性紅利」(male dividen)，不同階級之間的男人是團結的 (solidarity)。不只有男性工人不願看到自家女人外出工作，以致損害影響他獨享家中女人服務的特權，男性的資本家也不希望女性大量進入勞動市場，進一步對男尊女卑、男公女私的家庭制度造成威脅，甚至引發男性工人的全面反彈和抵制 (Hartmann 1976)。

因此，資本主義如何在降低工資、追求利潤與維持家庭制度的同時，還必須在確保勞動力的提供和再生產的考量下，處理這個「婦女問題」(women's questions)，讓女人繼續無酬勞動或支領最低薪資，為男性工人與資本家提供勞力或付出？資本家／資本主義顯然選擇與父權制度妥協，創造出「家庭薪資」(family wage system) 的制度設計，給予在生產體系內的男性工人僅供補償的勞動力，以及讓他的妻子與子女留在家裡的薪資。「家庭薪資」的設計，提供足堪養家餬口的最低工資，讓已婚女性免於出外工作，男性工人也因此得以維持性別上的尊嚴與優勢，而父權的家庭制度也可以被具體鞏固和維繫。

　　至於有些「不幸」需要外出工作的女性，她們的勞動所得，則被定位為「補貼」家用，因為女人並不擔負賺錢養家的角色，她們的勞動參與乃是例外，其薪資只是用來補貼丈夫所得不足的「零用錢」(pin money)。因此，相對於男性勞工是為了養家餬口，是長年累月的持續性工作，是勞動市場／生產領域的主力；女性工人則被定位為臨時性，她們的工作所得是為補貼家用，女性勞工不只是次要的，更是「產業後備軍」(industrial reserve army)。所以，女性即便和男人一樣在職場工作，仍然必須負擔無酬的家務勞動。將勞工的地位按性別區分為「主要」(primary) 與「次要」(secondary) 兩類，直接給予女性工人在勞動市場的附屬地位，以維持男性工人的性別優勢。資本主義更藉由對父權體制的妥協，不但達到維繫男性團結 (solidarity) 的目標，同時也可以在必要的時候，用更低的工資來雇用女性勞動力，以確保利潤與資本的持續積累。

　　在分析英國與美國工業發展的歷史資料後，哈特曼發現資本主義與父權體制基本上具有相當程度的彈性，在歷史發展的過程中，兩者會經由不同的互動方式彼此妥協，並展現各自的韌性，而且兩者經常同時存在，就像一隻兩頭怪獸 (Hartmann 1981a)。因此，哈特曼認為即使經過資本主義的生產方式的興起，「父權體制並沒有被資本主義擊敗，仍然非常陽剛有力 (virile)。就像資本主義的發展曾經改造（封建）父權制度，父權體制也同時形塑現代資本主義的形式，兩者相互妥協的結果，已然帶給女人從不間斷的惡性循環」(Hartmann 1976: 139)。

　　因為對女性而言，企圖藉由進入公共生產領域和參與勞動市場，來改善經濟地位，達到擺脫附屬身分的方式，是非常艱困的工程 (project)。女性要面對的不僅是「資本主義父權體系」(capitalist patriarchy) 這隻兩頭怪獸，還必須承受腹背受敵、困難加倍的挑戰，這樣的困境更使得女性在職場依舊長年受到歧視，以致女性爭取經濟平等的努力與企圖，直到目前為止，還是不得不面臨註定失敗的命運。因此，哈特曼主張以互動論作為解開社會主義女性主義對於父權與資本主義之間爭論的糾葛。

⑶莎薇亞‧魏爾比 (Sylvia Walby)

莎薇亞‧魏爾比是英國的社會學家，也是「社會主義女性主義」陣營的重要理論者。關於「社會主義女性主義」理論的焦點議題，資本主義與父權體制對於性別壓迫究竟有何作用與效應，她主要的著作有以下二本：《工作中的父權制：就業市場的父權制與資本主義關係》(*Patriarchy at Work: Patriarchal and Capitalist Relations in Employment*, 1986) 與《理論父權》(*Theorizing Patriarchy*, 1990) (Walby 1986, 1990)。

魏爾比的基本立場，與楊和哈特曼的觀點極為類似，她也同樣主張資本主義與父權體制的發展是互相連結且彼此連動的。具體而言，魏爾比的理論有以下兩大重點：⑴她將「父權」定義為：「一種以男人為優勢、壓迫與剝削女人的社會結構與實作系統」(system of social structures and practices in which men dominate, oppress, and exploit women) (Walby 1990: 214)；⑵在實際運作的層次上，父權體制的社會結構與實作系統，是經由六個不同的結構與實踐層次加以呈現，以便男性在各自的領域中取得優勢，達到宰制、壓迫與剝削女性的成效。

魏爾比界定的六種父權，由內而外或由下而上，分別是：⑴家戶生產關係的父權 (production relations in the household)；⑵有酬工作 (paid work)：就業市場的父權；⑶父權的國家（政治權力）(the patriarchal state)；⑷男性暴力 (male violence)；⑸父權的性關係（情慾）(patriarchal relations in sexuality)；⑹父權的文化制度 (patriarchal cultural institutions)。這六個面向的父權，分別涵蓋性別關係在經濟、政治、文化與性（情慾）的結構層次，並且納入其在個人與公共領域可能出現的形式 (Walby 1990)。

關於這六個面向的父權，彼此之間究竟有何關係，魏爾比認為個別類型的父權都有其自主性，但父權體制在社會中，仍是作為一個整合的系統而存在。因此，這六個個別的父權制度，彼此之間也會產生因果效應，各種層次的父權也會彼此連帶且相互強化。例如，在西方資本主義的社會，家戶生產關係的父權（性別家務分工），以及就業市場的父權（性別職業隔離）之間，就存在著相互強化的關係，兩者之間的連結，更導致女性被規定需要負擔在家庭內的無酬

勞動，因而被排除在有酬的工作之外。即使進入就業市場，也因為公共生產的父權，而被隔離集中在特定的「女性化工作」：低薪、兼職、無升遷與保障的次級勞動。由於兩者連結而產生的相互強化效應，男性（不論是資本家或工人）因而得以在私領域的家戶中，得到女性（妻女）的免費服務，汲取她們的無償勞動成果。在公領域的就業場所，男性不但因為性別而獲得較高的「家庭薪資」，也被保障優先的工作機會與正規永久的職位。

魏爾比並且提出公／私父權體制的說法，進一步將父權的社會結構分類為兩個不同的形式：「私領域父權」(private patriarchy) 與「公領域父權」(public patriarchy)。前者主要是在家戶之中運作，而後者則是在公領域，如經濟、政治與文化場域。雖然魏爾比認為在西方社會當中，女人已經在某種程度上克服「私領域父權」，但公領域的父權體制仍然持續運作。而且，「私領域父權」與「公領域父權」聯手的結果，就經濟面向而言，必然會造成女性需要被迫面臨克服雙重阻礙的困境，而男性則是兩面受惠，其性別歧視的效應必然加劇。

由以上的討論可以發現，魏爾比論點的核心，聚焦在界定父權體制的本質，及其對女性壓迫與性別階序關係所扮演的關鍵位置。此一論點似乎隱含在魏爾比的解釋架構中，資本主義生產體制是被置於次要的地位。因此，嚴格而論，有些女性主義者會認為此一論點，不宜被歸類為「社會主義女性主義」的理論。然而，這樣的看法卻忽略魏爾比父權理論分析的核心仍舊是女性，特別是英國女性，在勞動參與的變化和就業場所面臨的困境，而這乃是「社會主義女性主義」關懷的核心所在。

魏爾比企圖建構一個「父權制」的理論，藉由分殊父權在不同層次的樣貌與運作機制，提出「私領域父權」與「公領域父權」分類與連結的架構。主張父權體制雖然以其普遍且難以定型的方式，恆久存在於社會之中，但其運作機制卻不見得是各自為政，而是與不同結構層次的主要體制彼此媾連，在互動與妥協的過程中產生具體的效應。所以在生產與經濟的領域中，父權藉由與主流的生產體制（例如資本主義）合謀且互相妥協，得以維持有利於彼此的性別關係。此種說法與其他的「單元系統論／互動系統論」者之間，亦有相互共通之處，就此而言，她被標籤為「社會主義女性主義」者，應當是可以接受的。

（二）社會主義女性主義理論的評論

自從 1970 年代「社會主義女性主義」被正式提出之後，此種結合（或整合）「馬克思女性主義」與「基進女性主義」的理論企圖，引發女性主義學者與婦運圈的熱切期盼，並將其視為女性主義理論發展的重要躍升，也是建構女性主義作為知識體系的例證。然而，其理論發展的潛力，卻未能如眾所願，在 1980 年代的蓬勃發展與熱烈爭論後，「社會主義女性主義」的光芒有如曇花一現，1990 年代其發展隨即明顯停滯且後繼無力。

另一方面，女性進入勞動市場的人口數量卻快速增加，停留在工作場所的時間也逐漸延長，從事的職業類別更是日益擴大，但不變的是女性的工資與所得仍然低於男性，她們仍然處於勞動市場的次級地位，性別經濟地位的不平等，並未隨著女性參與勞動與就業情況的改變而消除。照理來說，這樣的現象正應是「社會主義女性主義」理論關注的議題，事實上，也的確有許多實證研究，具體探討勞動市場性別職業隔離的現象，與導致這個現象的因素，這對提升勞動市場性別歧視議題的可見度，以及婦女要求平等待遇訴求的正當性，有一定程度的貢獻。可惜的是，對女性主義理論的進一步發展而言，這些成果似乎沒有發揮相同的效應。

將父權體制與資本主義制度整合在同一個分析架構，並以此來解釋女性被壓迫（特別是經濟層面）的情境，是「社會主義女性主義」理論最具開創性與解釋力之處。一方面可以保有傳統馬克思主義唯物史觀的論點，著重於物質和生產體系層面的剖析，但同時也納入文化的父權性別體制，將生產的定義，擴展到包括公領域的「生產」與私領域的「再生產」，以期更全面涵蓋性別不平等的社會關係。但是「社會主義女性主義」所提出的雙元體系和理論架構，卻內含不穩定的因素：資本主義制度與父權體制之間關係的爭論。

也就是說，「資本主義」與「父權體制」這兩個系統之間，究竟是各自獨立為政，或已連結成為相互影響的兩頭怪獸？兩者之間究竟孰先孰後？何者為輕，何者為重？如果是互相連動的系統，這個互動系統的樣貌，究竟是「父權資本主義體系」，抑或「資本主義父權體系」？這兩個體系之間的關係形態，在歷史

發展的過程中又是如何變遷？「社會主義女性主義」者對於這些問題的解答，彼此之間不但意見分歧且各有堅持，各自朝向不同的理論方向發展，最終影響該理論派別的整體進展。

　　除了理論內在的因素以外，1990 年代的全球政治經濟關係，也扮演某種關鍵性的角色。隨著國際共產主義政權與經濟體制的崩潰，馬克思主義與共產主義經濟的光環消失，其理論說服力受到相當程度的衝擊。不只影響學界對於馬克思主義學說的支持與擁抱，連帶也為與馬克思主義密切攸關的「社會主義女性主義」理論的發展，帶來壓抑與停滯化的效應 (Fraser 1997)。

　　與此同時，相對於傳統主流自由主義的論述，1990 年代的學界也興起一股對立的風潮，「後現代主義」不但提出「主體已死」、「多重認同」、「多元位置」與「意義建構」等概念，挑戰主流論述關於主體、自我、認同、論述、結構與位置的觀點，這股文化論述的出現，也引發當時學界「文化轉向」的風潮。而女性主義理論也無法豁免於這股風潮的影響，而跟著出現所謂「文字」(words)、「意義」(meaning) 與「結構」(structure)、「制度」(institution) 的對立。主張物質論的「社會主義女性主義」不可避免被歸類為傳統的現代主義，在「後現代主義的文化轉向」之風潮看來，此一理論不僅落伍也是保守的 (Anyon 1994)。

　　此外，「第三世界女性主義」的興起，更進一步質疑其獨重性別而輕種族／族群的「白人中心主義」。在多重因素的相互交錯之下，「社會主義女性主義」理論的發展潛力因而未獲實踐。面對這些極為艱鉅的挑戰，許多「社會主義女性主義」者也在內部自我檢討之後，開始接納來自「有色婦女女性主義」及「第三世界女性主義」的批評聲浪，並具體提出新的觀點：交織理論 (intersectional theory)，納入族群、階級與性別的多重複雜性，作為分析不同女性壓迫情境的解釋框架 (Mann 2012; Tong and Botts 2018)。

　　除了來自「後現代主義的文化轉向」、「第三世界女性主義」和「有色婦女女性主義」的挑戰之外，1990 年代還有另一個國際政經局勢的發展，也許會對「社會主義女性主義」的發展，有其正面的影響，那就是全球化的現象。隨著

新自由主義的興起，為了利潤的追求與資本的累積，經由私有化的政策減少對資本的限制，同時降低福利措施的公共支出，許多原有政府提供的照護與教育，開始轉由市場、私人提供或回到家庭由個人負擔，也就是由婦女來主要負擔無酬的教養與照護工作。

另一方面，資本全球化所帶來的生產垂直分工，不但廉價的女性勞動力成為第三世界勞力密集產業的主力，勞動型態也由傳統的固定勞動，轉變為彈性勞動。資本全球化的全面衝擊，造成女性被動員進入低工資的勞力工作，以扛起負（分）擔家庭生計的責任，同時又必須承擔更多私有化的教養與照護工作。

全球化帶來的「勞動彈性化」、「工作女性化」與「貧窮女性化」，這一連串彼此相關的性別化經濟效應，再度突顯「社會主義女性主義」理論的有效性，尤其是主張資本主義生產方式與父權體制的文化，是造成女性被壓迫情境的關鍵因素。而新自由主義之下的資本全球化，必然會帶來性別不平等的加劇，或許這將是催化下一波「社會主義女性主義」理論發展的動力 (Boxer 2007)。

參考書目

Anyon, Jean, 1994, "The Retreat of Marxism and Socialist Feminism: Postmodern and Poststructural Theories in Education." *Curriculum Inquiry* 24(2): 115–133.

Bebel, August, 1988 [1910], "Working-Class Socialist." Pp. 497–505 in *The Feminist Papers: From Adams to de Beauvoir*, edited by Alice S. Rossi. Boston: Northeastern University Press.

Benston, Margaret, 1969, "The Political Economy of Women's Liberation." *Monthly Review* 21(4): 13–27.

Boxer, Marilyn J., 2007, "Rethinking Socialist Construction and International Career of the Concept of 'Bourgeois Feminism'." *The American Historical Review* 112(1): 131–158.

Bryson, Valerie, 2003, "Marxist Feminism in Russia." pp. 131–144 in *Feminist Political Theory: An Introduction*. New York: Palgrave Macmillan.

Dalla Costa, Mariarosa and Selma James, 1972, *The Power of Women and the Subversion of the Community*. Bristol: Falling Wall Press.

Davis, Angela Yvonne, 1983, *Women, Race and Class*. New York: Vintage Books.

Engels, Friedrich, 1986 [1884], *The Origin of the Family, Private Property and the State*. London: Penguin Books.

Fraser, Nancy, 1997, *Justice Interruptus: Critical Reflections on the "Postsocialist" Condition*. New York: Routledge.

Hartmann, Heidi I., 1976, "Capitalism, Patriarchy, and Job Segregation by Sex." *Signs: Journal of Women in Culture and Society* 1(3): 137–169.

Hartmann, Heidi I., 1981a, "The Unhappy Marriage of Marxism and Feminism: Toward a More Progressive Union." pp.1–41 in *Women and Revolution: A Discussion of the Unhappy Marriage of Marxism and Feminism*, edited by Lydia Sargent. Montreal: Black Rose.

Hartmann, Heidi I., 1981b, "The Family as the Locus of Gender, Class, and Political Struggle: The Example of Housework." *Signs: Journal of Women in Culture and Society* 6(3): 366–394.

Hartmann, Heidi I. and Donald J. Treiman, 1981, *Women, Work, and Wages: Equal Pay for Jobs of Equal Value.* Washington, D.C.: National Academy Press.

Jaggar, Alison M., 1983, *Feminist Politics and Human Nature.* Totowa, NJ: Rowman & Allanheld.

Jaggar, Alison M. and Susan R. Bordo, eds., 1989, *Gender/Body/Knowledge: Feminist Reconstructions of Being and Knowing.* New Brunswick, NJ: Rutgers University Press.

Kuhn, Annette and Ann Marie Wolpe, eds., 1978, *Feminism and Materialism: Women and Modes of Production.* New York: Routledge & Kegan Paul.

Mann, Susan Archer, 2012, "Doing Feminist Theory." pp. 1–30 in *Doing Feminist Theory: From Modernity to Postmodernity.* Oxford: Oxford University Press.

Marx, Karl, 1978 [1844], "Economic and Philosophic Manuscripts." pp. 66–125 in *The Marx-Engels Reader*, edited by Robert C. Tucker. New York: Norton.

Marx, Karl, 1978 [1845–1846], "The German Ideology: Part 1." pp. 146–202 in *The Marx-Engels Reader*, edited by Robert C. Tucker. New York: Norton.

Marx, Karl, 1978 [1847], "Wage Labour and Capital." pp. 203–218 in *The Marx-Engles Reader*, edited by Robert C. Tucker. New York: Norton.

Marx, Karl, 1978 [1848], "Manifesto of the Communist Party." pp. 469–500 in *The Marx-Engels Reader*, edited by Robert C. Tucker. New York: Norton.

Marx, Karl, 1978 [1859], "A Contribution to the Critique of Political Economy (Preface to the Grundrisse)." pp. 221–293 in *The Marx-Engels Reader*, edited by Robert C. Tucker. New York: Norton.

Marx, Karl, 1978 [1867], "Capital: A Critique of Political Economy, Volume 1: The Process of Capitalist Production." pp. 294–438 in *The Marx-Engels Reader*, edited by Robert C. Tucker. New York: Norton.

Mitchell, Juliet, 1971, *Woman's Estate*. Middlesex: Penguin Books.

Mitchell, Juliet, 1984 [1966], *Women: The Longest Revolution*. New York: Pantheon Books.

Morgan, Lewis Henry, 1964 [1877], *Ancient Society*. Cambridge: Belknap Press of Harvard University Press.

Reed, Evelyn, 1970a, *Problems of Women's Liberation: A Marxist Approach*. New York: Pathfinder Press.

Reed, Evelyn, 1970b, "Women: Caste, Class or Oppressed Sex." *International Socialist Review* 31(3): 15–17, 40–41.

Reed, Evelyn, 1971, "Is Biology Woman's Destiny?." *International Socialist Review* 32(11): 7–11, 35–39.

Rich, Adrienne, 1976, *Of Woman Born: Motherhood As Experience and Institution*. New York: W. W. Norton.

Sargent, Lydia, ed., 1981, *Women and Revolution: A Discussion of the Unhappy Marriage of Marxism and Feminism*. Boston: South End Press.

Tong, Rosemarie and Tina Fernandes Botts, 2018, "Marxist and Socialist Feminisms." pp. 96–127 in *Feminist Thought: A More Comprehensive Introduction*. Boulder, CO: Westview Press.

Walby, Sylvia, 1986, *Patriarchy At Work: Patriarchal and Capitalist Relations in Employment*. Minneapolis, MN: University of Minnesota Press.

Walby, Sylvia, 1990, *Theorizing Patriarchy*. Oxford: Basil Blackwell.

Young, Iris Marion, 1981, "Beyond the Unhappy Marriage: A Critique of the Dual Systems Theory." pp. 43–70 in *Women and Revolution: A Discussion of the Unhappy Marriage of Marxism and Feminism*, edited by Lydia Sargent. Montreal: Black Rose.

Young, Iris Marion, 1997, "Socialist Feminism and the Limits of Dual Systems Theory." pp. 95–106 in *Materialist Feminism: A Reader in Class, Difference and Women's Lives*, edited by Rosemary Hennessy and Chrys Ingraham. New York: Routledge.

第七章 基進女性主義理論

┃ 一、從激進到基進：何謂激進？

「基進女性主義」經常被認為是當代婦女解放運動的產物，而非承襲自 19 世紀的「第一波婦運」。究其原因，可以針對其出現與成員背景、關於女人「性」的主張，以及其行動策略加以討論。

首先，是「基進女性主義」的出現與成員背景。當代「基進女性主義」的誕生，與 1960 年代美國民權運動與學生反戰運動密切攸關。1960 年代正是美國社會相對開放，以及抗爭運動蓬勃發展的時期，除了黑人爭取平等的民權運動之外，還有以大學生為主體的學生運動及反（越）戰運動。這些以年輕人或大學生為主體的抗爭運動，在當時被稱為是反社會的抗議活動。而參與運動的成員，則自認不僅是在反抗社會既得利益團體／階級結構，也同時是在進行一場改變美國社會結構的激進行動，因此自稱為激進分子 (radical men)。當時參與這些運動的成員當中，也有許多是女性，特別是年輕的女大學生，她們自稱為「激進女性」(radical women)，藉以和當時主流的「傳統自由主義婦女解放運動」有所區隔。

初期，「激進女性」雖然自主流婦運出走，但是仍然以左派社會運動自我定調。她們以「女性」代替「女性主義」，原是希望女性／性別的議題，能得到左派運動的重視。然而，她們卻發現在這些所謂的「激進」運動與團體中，女性與男性參與者的分工方式，以及她們所受到的性別待遇，卻是非常父權與次等的。這與她們對「激進」團體的期待相去太遠，當這樣的期待未能得到有效的

善意回應，甚至不斷被左派男性領袖嘲弄與奚落後 (Freeman 1975a: 57)，激進女性團體終於體認到性別壓迫的本質性，即便是在所謂社會革命或激進社會運動的組織亦難倖免。

　　基於對男性「激進」團體與所謂「激進男性」的徹底失望，這些以年輕女性為主的社運者，終於採取「分離」路線，決定另組團體，與男性「激進」團體分道揚鑣，改以女性作為參與的主要成員，以追求女性解放與消除壓迫（包括性別壓迫）為目標。這些女性自稱為「激進女性」，一方面標示她們內在的左派屬性，同時亦可與她們所批判的「激進男性」有所區隔❶。

　　1967 年，部分激進運動的女性成員，包括羅賓‧摩根 (Robin Morgan, 1941–)、卡洛‧漢尼施 (Carol Hanisch, 1942–)、蘇拉米思‧懷爾史東 (Shulamith Firestone, 1945–2012) 以及潘‧艾倫 (Chude Pamela Parker Allen, 1943–) 等人決定出走，自創「紐約激進女性」(New York Radical Women, NYRW)。伴隨 1969 年激進女性團體內部的路線爭議，亦即所謂「政治—女權的分裂」(politico-feminist split)，女性主義派（例如蘇拉米恩‧懷爾史東）決定另組團體，稱為「激進女性團體」(radical women's groups)，其中，「紅絲襪」(The Redstockings) 和「紐約激進女性主義者」(New York Radical Feminists, NYRF) 可說是最為人所知的團體。

---

❶ 關於「激進」與「基進」一詞的用法，兩者皆譯自英文的 "radical"。"radical" 作為形容詞，係指涉某種基本價值的改變與既有狀態的根本差異，或指稱所採用的手段與過去迥然不同。早期學界較常以「激進」形容社會運動所採取的手段，直到 1990 年代後期，「基進」一詞開始逐漸取代「激進」，強調社會運動所訴求的目標，是從根基徹底撼動既有的社會結構或制度。1970 年代開始的台灣婦女運動，前期也是將 "radical feminism" 稱之為「激進女性主義」，直到 1990 年代之後，「基進」一詞逐漸受到青睞，用以突顯其對女人與性別體制的主張，與當時既有體制（或其他女性主義）之間的基本差異。本文基本上跟隨此詞在發展時程上的變化：以「激進」指涉前期或其所標榜的策略，以強調其關於女人與性主張的基本差異。同時，亦以「激進」指涉個別的女性主義者，而以「基進」作為此一理論派別的統稱，用來指稱組織、團體與理論主張。

當時重要的激進女性團體／組織 ，包括 1968 年由悌一葛莉絲‧阿特金森 (Ti-Grace Atkinson, 1938–) 成立的「女性主義者」(The Feminists)，它是由「全美婦女組織」 (National Organization for Women, NOW) 的紐約支部分裂而出。該組織有別於以「追求女性權利」為原則的團體，係以「基進女性主義」與「婦女解放」作為基本原則，並自我定位是女性全面解放運動的一部分，而非自詡為特殊利益的團體。自此，「激進女性」轉換為「基進女性主義」者，全心投入以女性解放為前提的社會改造運動，為當代婦運注入全新的元素，豐富當代女權論述的多元樣貌。除了「女性主義者」，當時重要的激進女性團體／組織，還包括：「婦女解放運動」 (The Women's Liberation Movement, WLM)、「復仇女神」(The Furies) 與 「紅絲襪」 (The Redstockings) 等 (Koedt, Levine and Rapone 1973; Maurice and Kazin 2000)。

有別於前述的「自由主義女性主義」與「社會主義女性主義」理論，其理論是承襲既有的論述傳統：例如古典自由主義與馬克斯主義，「基進女性主義」的理論基礎，雖然是源自左派運動，但其理論發展，卻以批判左派的父權為起點，其關於女性地位的主張，仍是依據當代婦運發展而來，可說是當代西方特有的性別論述。「基進女性主義」之所以為「基進」，由其關於女權與女性平等的主張，即可略見端倪。「基進女性主義」的女權論述，有下列幾個重要特色。

首先，關於女性地位或女權，「基進女性主義」是立基於女性本位，獨立於既有的（男流）理論傳統之外。當「自由主義女性主義」與「馬克斯女性主義」仍然是以人（男性）為本位，主張女性與男性本質並無差異，因此要求給予女人同等待遇並享有相同權力時，「基進女性主義」對此觀點卻不以為然。與此相反，「基進女性主義」 的基本立場 ，是女性與男性並不相同 ，兩者不但在性 (sex) 或生殖 (reproduction) 的層面有其基本差異，兩 「性」 (sexes) 之間亦存在「男人的性」(male sex) 對「女人的性」(female sex) 的壓迫關係。

因此，對「基進女性主義」者而言，訴求女性平等與女權的基礎，不是源自她們與男性彼此相同，而是必須要求改變社會既存女性因為差異而被壓迫的不平等關係。亦即婦運女權的目標，不是要求女性必須享有和男性同等的待遇，

而是要將女人從被男性壓迫的關係中解放出來，並進而翻轉以父權意識形態為基礎的社會體制。

其次，則是關於女人「性」的主張。迥異於過去既有的女性主義思潮，對「性」（特別是女人的性）的議題，多半採取避而不談的態度，認為「性」是生理的層次，是天生自然的現象與私領域的範疇，不應屬於公共討論的議題。「基進女性主義」則主張將「性」納入女權與平等議題的討論，認為「性」雖然是生理的現象，卻被文化賦加社會的意義和價值，而非單純天生自然的差異，因此被建構並轉換為不平等的關係：「性」於是成為一種壓迫性的社會關係，而且也是社會關係的基礎。

父權制的社會將男女兩性的「性」，建構為不同的性質：例如：男性主動、積極與自我中心，女性則為被動、消極與利他取向；男人的「性」，是為滿足自我的慾望與需求，女人的「性」，則是為滿足男人和物種存續的使命。以此種自然、生理的「性」作為分類的基礎，所設計出的婚姻與家庭制度，不但限制女人身體與性的自主權，強化女「性」身體應以男人與社會的需求為前提，更進一步造成男人與女人之間的社會階序關係，也讓女人的身體（特別是性與生殖）成為女性被男性與社會壓迫的根源。因此，以「性」為基礎，從女人的立場出發，批判父權文化關於女人身體、性與生育的規範，並依此建構性別理論與制定女權運動策略，可說是「基進女性主義」對女權與女性平等論述最重要的特色，也是與以往女性主義理論流派最大的差異。

最後，則是其行動策略。「基進女性主義」主張採取體制外「革命」（而非體制內「改革」）的方式，強調由於大部分的社會都是父權社會，在男性至上(male supremacy) 的男權制度社會，任何追求真正性別平等的想望皆不可得，因為父權制度是建立在對女性的壓迫與性別不平等的關係之上。所以，女性若要達到真正的解放，唯有透過革命的手段，推翻男性至上的體制，將社會秩序重新反轉與編排方有可能。當代「第二波婦運」認同此一策略的團體，以年輕且受過高等教育的都會女性為主，其代表團體包括「紐約激進女性」、「女性主義者」、「紅絲襪」及「紐約激進女性主義者」等組織。這些團體的成員，自許為

革命者而非改革者，她們在運動早期，就已採取體制外的激烈抗爭手段，而非體制內的溫和改革與倡議活動。

例如，當 1968 年美國反戰運動正如火如荼之際，「紐約激進女性」就拒絕參與當時在華盛頓舉辦的大規模和平遊行。因為這個遊行活動的訴求，僅限於要求國會通過相關法案，而國會卻是由男性所把持，因此這對於協助女性取得真正的權力，或改變社會秩序毫無幫助。另一方面，「紐約激進女性」為反對美國小姐選美活動的物化女性，除號召女性集體對 1968 年的選美典禮表達抗議之外，更舉辦將女性胸罩、束腹、花花公子雜誌、拖把抹布等代表壓迫女人的東西，全都丟到大型垃圾桶中的活動。藉由採取非慣常 (unconventional) 的手段，突顯父權制度控制女性身體的各種不同面向，這是「紐約激進女性」最廣為人知的抗爭活動之一。

此外，為了宣揚女性主義，推動婦女解放運動，「基進女性主義」更提倡以「意識覺醒」(conscious raising) 為方法，鼓勵婦女大眾組成小團體 (rap group)，讓婦女得以認識彼此不同的女人經驗 (Freeman 1975b)。藉由成員分享作為女人所經歷的不公平或受挫的經驗，許多當時（1960–1970 年代）的美國婦女，終於發現她們原先以為是個人不愉快或挫折的經驗，其實並非特殊或僅限於個人，而是許多女人共有的經驗，也就是身為女人的命運。

換句話說，透過「意識覺醒」的團體討論，女性有機會瞭解她們不愉快與挫折經驗的來源，並非獨屬個人的問題，而是父權制的社會結構所造成，需要藉由婦女解放運動，整體改變社會的結構，才能徹底解決問題，而非僅只是鼓勵「有問題的」女人去看心理醫師。雖然有些「基進女性主義」者，對於「意識覺醒」策略標榜小團體、去結構的組織形態不甚贊同，例如喬·傅立曼 (Jo Freeman, 1945–) 就相當批判當時部分婦運組織主張的「無結構狀態」(structurelessness) 的民主方式 (Freeman 1972)。但無可諱言，藉由「意識覺醒」的策略，女性不愉快的經驗與被壓迫的感受終於得到共鳴，女人之間得以彼此連結，對於女性意識的提升與女人團結 (solidarity) 亦有其貢獻，更對婦女解放運動的蓬勃發展，具有重要的意義。

二、基進女性主義理論：派別、概念與代表人物

　　「基進女性主義」可說是 1960 年代第二波婦女解放運動成長最為迅速的團體，也是理論發展最具特色的女性主義知識流派。雖然此一流派的成員，多數為年輕且受過高等教育的都會女性，同時又擁有參與學運或反（越）戰等社會抗爭的背景，但這並不意味這群婦運分子是同質性極高的一言堂。相反的，即便她們皆同意女人有其生理差異，以及女人的「性」備受社會壓迫等基本論點，但是關於女性的身分、自我認同與女性價值的依歸，特別是相對於男性文化等議題的主張，以及對於「性主義」(sexism) 的看法，她們之間其實存在相當程度的差異。一般而言，「基進女性主義」者可以分為以下兩個陣營：⑴「基進－自由主義女性主義」(radical-libertarian feminism)；⑵「基進－文化女性主義」(radical-cultural feminism)，以下將分述之。

（一）基進－自由主義女性主義

　　關於女性地位的議題，「基進－自由主義女性主義」接受女人的生殖與性，和男性之間的差異，是女性備受壓迫的基礎，主張必須將女人從性的壓迫中解放出來，才能達到女性的平等。然而，關於女性自我認同與文化價值的議題，她們則主張女性解放的最終目標，是達到「雌雄同體」(androgynous) 的社會。也就是女性不但可以自「陰柔特質」的文化規範中解放出來，同時亦可發展文化的「男性特質」，培養自己成為剛柔兼具且雌雄同體的個人。

　　她們並不贊成一味鼓吹女性特質或女性文化，認為純（全）女性的身分認同，反而會限制女性成為「全人」或完整個人的發展。換句話說，對「基進－自由主義女性主義」者而言，凡是理想的社會，女性不但不必受到性與生殖所帶來的壓迫，反而應該發展傳統認定的男性氣質，當女人因此兼具雌雄特質或男女同體的身分認同，才是理想文化應有的樣貌。

總之，對「基進－自由主義女性主義」者而言，當女人解放後，允許並鼓勵女人兼具男女兩性的特質，使女性得以發展成為雌雄同體的個人，是其理想的目標所在。以下簡介「基進－自由主義女性主義」最為人熟悉的代表人物。

1. 喬·傅立曼 (Jo Freeman)

喬·傅立曼是「基進女性主義」陣營內，最早主張女性必須培養男性特質，成為「雌雄同體」的個人，並以此作為女性解放運動之目標的代表人物之一。為此，她在 1968 年撰寫並於 1970 年正式出版《悍女宣言》("The Bitch Manifesto", 1970)，將「雌雄同體」界定為女人兼具陽剛氣質與陰柔氣質，或將社會認定的男性氣質與女性氣質，同時融合在女人身上。或許因為「雌雄同體」的概念，對當時美國的社會和女性，顯得太過激進、負面與陌生，所以她特別用「悍女」(bitch) 為例，闡釋女人如何成為雌雄同體且剛柔並濟的解放女性 (Freeman 1970)。

針對社會對於「悍女」的既定刻板印象，《悍女宣言》進一步指出：任何社會始終皆有雌雄同體的女性，只是因為傳統的父權文化，將女性特質界定為依賴與柔順，因此社會與男性將不符合此種規範的女性，皆標籤為「悍女」，藉由賦予負面形象來作為社會懲罰，同時造成女性對有主見與獨立的「悍女」，充滿排斥與輕鄙的態度，以致「悍女」一方面因為是女人而被男性壓迫，另一方面更因為不像女人，也被女人所排擠，而承受來自社會的雙重壓迫，而這就是身為女人被壓迫的根源。

因此，婦女解放運動就是要「讓女人能先做人，再做女人」(Being human before being feminine.)❷；「先誠實面對自己，再對社會壓力磕頭」(On being true to herself before kowtowing to social pressures.)，唯有如此，女人方能實踐「雌雄同體」的理想。為推動此一主張，傅立曼甚至還提倡成立「悍女」

---

❷ 台灣當代婦運先驅呂秀蓮的主張與此非常相近。參見呂秀蓮，1977，《新女性主義》。台北：拓荒者。

(BITCH) 組織，號召獨立、有主見與不溫柔的女性加入，當多數女人皆同時成為「悍女」時，剛柔並濟的女性，就可順理成章成為女人共同的身分認同。

2.蓋兒·魯賓 (Gayle Rubin)

作為「基進女性主義」理論者，蓋兒·魯賓 (Gayle Rubin, 1949–) 早期最為重要的論點，是她所提出的「性／性別體系」(sex/gender system) 說 (Rubin 1975)。魯賓認為「性／性別體系」是父權社會性別壓迫關係的來源，「性／性別體系」指涉的是文化將男女兩性之間「性」的生理差異，轉換成不同社會價值的一組社會安排或制度。例如，就生理的「性」而言，男性與女性雖然在結構與功能上或有差異，但藉由父權文化「性／性別體系」的建構，生理的「性」因此被轉換為社會價值高低不同的男性特質與女性特質，進而導致男女之間不對等的權力關係：為男人的行為與身分賦加權力，卻剝奪女人行為與認同的自主權。

魯賓在〈交換女人：性的政治經濟筆記〉("The Traffic in Women: Notes on the 'Political Economy' of Sex", 1975) 一文，指出在過去的氏族社會，且以男性為主之禮物交換的政經體系中，女人由於性的分工，成為被交換的對象。不同氏族的男人之間，藉由「女人的交換」(exchange of women)——亦即交換他們的女兒與姐妹，使不同的氏族社會，得以從中締結或拓展新的政治與經濟關係。相反的，女人由於不能交換男人（或其他有價值的物品），因此只能淪為被壓迫的階級。魯賓以馬克思主義的分析指出，資本主義社會也是藉由「性／性別體系」的日常運作，將女人排除於市場的交換系統（例如資本家與勞工）之外，讓女人仍然歸屬於家庭與丈夫，就像可以被交換的商品一樣。

藉由父權社會「性／性別體系」的轉換，性別權力的壓迫關係更被賦加「自然」的基礎。父權社會這套「自然論」的說法，為反婦運者或既得利益團體提供有力的基礎，任何改變社會既有性別安排的舉動，就是違反自然的規律。這樣的論述氛圍，也為婦女解放運動增添不少阻礙。因此對魯賓而言，女性主義者最重要的任務，就是挑戰父權體制將「性」等同於「性別」的說法中，所宣

稱之「自然」與「正常」的神話，進而破除性別分類或範疇的僵固性。也就是說，女人和男人其實不是唯一的分類，兩性之間也沒有必然的差異。婦女解放就是讓女人可以同時兼具男女兩性的性別特質，成為「雌雄同體」與「無性別之分」(genderless) 的社會，也唯有在這樣的社會中，性別差異方不會產生任何社會建構的意義與階序關係。

作為「基進女性主義」理論者，魯賓除了早期提出「性／性別體系」的重要理論外，身為女同性戀者，她後期關於「性慾」的研究，特別是不同的「性取向」體制，例如「異性戀」體制對「同性戀」情慾的霸權與壓迫關係，也有其重要的理論貢獻。她在 1984 年出版的論文〈性的思考：性慾政治激進理論的筆記〉("Thinking Sex: Notes for a Radical Theory of the Politics of Sexuality", 1984)，被引用近 6,000 次，學界一致公認與推崇該文是開創「同性戀研究」(gay and lesbian studies)、「性慾研究」(sexuality studies) 與「酷兒理論」(queer theory) 的先驅 (Rubin 1993 [1984])。這些理論近年來發展迅速，已然成為獨立的研究領域，本書由於篇幅有限，且討論的重點聚焦在「性別」，這部分的討論未能涵蓋在內，有興趣的讀者或可另外參閱其他相關書籍。

3. 凱特‧米列 (Kate Millett)

凱特‧米列 (Kate Millett, 1934–2017) 是在「基進女性主義」理論陣營內，另一位主張性與性關係是構成男性對女性權力壓迫的重要代表人物。她在最廣為人知的著作《性政治》(Sexual Politics, 1970) 一書，闡明以下幾個主張 (Millett 1970)。

首先，米列主張「男女之間的性關係」(male-female sexual relationship)，是所有權力關係的典範 (paradigm)。亦即性／別所造成的社會階級，或米列用來指稱性別之間階序關係的「卡斯特」(caste)，已進一步取代其他形式（例如種族、政治或經濟）的不平等。因此，除非男人與生俱來的男性優越 (male supremacy) 能被徹底拔除，否則社會其他形式的壓迫仍將繼續存在。

為說明「男女之間的性關係」就是性別權力階序關係的基礎，米列特別以

1970 年代廣受歡迎的三位男性作家，包括大衛‧赫伯特‧勞倫斯 (D. H. Lawrence, 1885–1930)、亨利‧米勒 (Henry Miller, 1891–1980) 與諾曼‧梅勒 (Norman Mailer, 1923–2007) 的小說為例，指出其作品關於男女性關係的描述，經常會出現某些固定的性動作或性方式 (sex act)。而這些充斥於小說當中的性行為或方式，大抵都是男人主動、女人被動，而且男人對女人的性，不僅充滿羞辱與濫用的態度，而女人也欣然接受（甚或享受）這樣的宰制關係。從這些近乎性暴力或色情小說的描述，在當時的社會與文學界不但被廣為接受，甚至被高度評價的情況來看，米列進一步提出「性政治」的概念。她主張性關係不是私人關係，不單純粹只是個別男女之間的男歡女愛，而是男人與女人之間的權力關係。所以，性就是政治，也是公共領域和權力關係的議題，更是婦女解放運動的焦點所在。

　　她同時也宣稱父權制度所建構的性別體制 (patriarchal gender system)，乃是以男女之間生理性的差異為基礎，將其角色與行為特質的社會意義，予以誇大區分，並且據此建構其男尊女卑的性別意識形態 (gender ideology)。而且，在男尊女卑的父權體制下，男性同時控制公領域與私領域，因此若要解放婦女，就必須具體消除父權制度所建構、以生理性的差異來區分男女兩性的性別體系，以及維護這套性別意識形態的社會制度，諸如學校、家庭與教會等，這樣女性才能同時自私領域與公領域解放出來。

4. 蘇拉米思‧懷爾史東 (Shulamith Firestone)

　　蘇拉米思‧懷爾史東可說是當代「基進女性主義」運動的先驅，她與米列有許多共同與相似之處。她們兩人都是最為人所知的當代「基進女性主義」者之一，她們的代表著作也被認為是早期「基進女性主義」理論最受歡迎且廣被閱讀的兩本經典，即便是她們對於女性地位或性別關係的議題，也有部分抱持相同的觀點。懷爾史東在其重要著作《性的辯證：女性主義革命的案例》(*The Dialectic of Sex: The Case for Feminist Revolution*, 1970) 一書中，具體揭示她對性別關係與婦女解放運動的主張和看法 (Firestone 1970)。

　　正如許多「基進女性主義」者，皆具有左派運動經驗並接受馬克斯主義的理論，懷爾史東在《性的辯證：女性主義革命的案例》開宗明義就主張：「婦女解放運動要瞭解女性被壓迫與剝削的過程，必須發展出一個立基於性的物質歷史觀」(Firestone 1970: 5)。關於這個物質基礎，她與米列的看法一致，認為維繫女性被壓迫與男性宰制關係的性／政治意識形態，其物質基礎是根植於男女兩性的再生產／生殖角色分配。由於兩性之間自然的生殖差異，是人類最早的勞動分工，所以兩性之間的階級壓迫，也是社會階級壓迫的原始典範 (Firestone 1970: 9)。

　　由於女性的屈從，相對於男性的優勢，是源自於生物－生殖功能 (procreative) 的二元性 (dualism)，並且透過「生物家庭」(biological family) 的社會組織來加以強化。因此，對懷爾史東而言，如何將婦女從生殖與養育的生物功能中解放出來，消除男女兩性的生殖角色分工，避免女性因為生殖（懷孕、分娩、哺乳）與養育角色，導致她們對男性的依賴與需求，無疑是婦女解放運動的根本之道。反之，如果不能達成這個任務，任何解放婦女的企圖，將全是白費力氣。

　　至於該如何消除女性的生殖特質，以及她們對男性的依賴，懷爾史東提出必須以科技的方法來解決。具體而言，她認為透過避孕方法與「體外妊娠」(external gestation) 等生殖科技的供給與可及性的提升，是立即可行的策略。藉由避孕方法與科技的普及，女性可以避免因為「性」而承擔懷孕的後果及生育的責任，女性可以將性與生殖徹底分離，不必因為性解放或享受性自由，而被懲罰或承擔不想要的後果。

　　另一方面，藉由「體外妊娠」或人工生殖的科技，女性得以透過「人工受精」與「體外妊娠」等方式，獨立自主選擇母職，將女性的身體與母職，從男性至上的父權體制中解放出來。同時，藉由人工生殖而組成的家庭，因為子女與父母之間並無必然的血緣關係，支撐性別不平等分工的「生物家庭」也會隨之消失與瓦解。當女性可以藉助生殖科技的輔助，而從生殖的生物功能解放，女人的性與母職，就可成為賦權女性力量或女力的基礎，而非構成女人被壓迫的根源。

5. 小結

從以上的簡述，可以看出這四位重要的「基進—自由主義女性主義」者，大體皆同意以下觀點。

⑴解放女人的「性」與「女性氣質」

女性的附屬地位，係源自父權體制與男性霸權的「性／性別體系」，將自然與生物的「性」，也就是雌／雄 (female/male) 之間的差異，轉換成社會性的女／男 (woman/man) 階序關係，也同時將女性氣質與女人的生殖角色建構為附屬地位，而這正是女性備受壓迫的來源。因此，解放女人的「性」與「女性氣質」，讓女人的性與性別氣質，擁有與男性相同的意義與價值，可說是「基進—自由主義女性主義」主張婦女解放運動追求性別平等的策略與途徑。

⑵生物的「性」是性別壓迫的基礎

「基進—自由主義女性主義」對於女性被壓迫的現象，提出有別於過去的解釋概念，包括「雌雄同體」、「性／性別體系」、「性政治」，以及「生殖」與「生物家庭」，強調生物的性 (biological sex) 是性別壓迫的基礎。

至於具體的作法，「基進—自由主義女性主義」者所提出的主張，彼此之間則有相當程度的差異。例如傅立曼宣稱必須培養「雌雄同體」的女性認同，並成立「悍女」組織，改變社會對「女性特質」的貶抑態度，是相對溫和的主張。而懷爾史東的觀點則較為激進，提倡藉由避孕方法與人工生殖科技的普及，讓女人能自生物的生殖、社會的養育之枷鎖中解放出來，進而促成「生物家庭」社會組織的瓦解，達到徹底消滅父權體制的最終目標。

在 1970 年代的美國社會，這些社會改造的倡議不可不謂激進，特別是關於人工生殖科技與女性「體外妊娠」的主張，以及對「生物（血緣）家庭」的批判。即便是半世紀後的當今社會，女性的避孕方法與生殖科技已相對普及，大部分的女性仍然並未因此而得以脫離生物性的生殖，以及社會性的母職和家庭傳承的壓迫。這個現象突顯「基進—自由主義女性主義」策略的盲點，與其備受批判之處，此點容後再論。

（二）基進－文化女性主義

不同於前述的「基進－自由主義女性主義」，「基進－文化女性主義」認為女性解放運動不應要求女人必須具備與男人相同的特質，或讓女性成為「雌雄同體」的女人；反之，她們主張解放婦女應該要聚焦在重建女性的價值，而非要求其培養男性的氣質。女人應該要更加女性化，強調女性的陰柔特質，發揮文化中女人獨具的美德與價值：例如互助、合作、分享、社群感、感性、照護、注重身體與自然的關係等女性價值，同時也要檢視並弱化文化中的男性特質，例如獨立、競爭、積極、理性、成就與科技等男性價值。

「基進－文化女性主義」者相信，即便是在不同女人之間，存在階級和族群的差異，但是所有女性皆分享其共同的女性本質 (femaleness)，而且這個女性本質是優於男性本質 (maleness) 的。因此，婦女解放運動不但要肯定女性本質的價值，讓女性的價值與美德能夠充分發揮，更要提升女性本質與價值在文化中的優先性，這樣才有助於改變社會關係，並增益人類與自然的共存。

部分「基進－文化女性主義」者甚至認為，由於女性本質優於男性本質，為追求社會進步與美好社會的目標，主張婦女解放運動應該翻轉文化的性別秩序，讓社會改由女人來治理，隱含將現有的社會秩序重新改造，改由母權制度來取代父權制度的意味。當然，大部分的女性主義者，特別是「基進－自由主義女性主義」的支持者，並不贊同這樣的主張，而這也是存在於兩個陣營之間最大的差異與扞格之處。「基進－文化女性主義」的代表人物與概念如下，以下將分述之。

1.瑪麗·戴理 (Mary Daly)

瑪麗·戴理 (Mary Daly, 1928–2010) 是早期「基進－文化女性主義」的哲學家與神學學者，關於性別壓迫的關係，她提出以下幾個重要概念。

⑴「非神聖三位一體」(unholy trinity) 作為壓迫關係的體系

關於女性被壓迫的情境，戴理延伸其對西方基督教與教會的批判，她在《超越聖父：邁向婦女解放哲學》 (*Beyond God the Father: Toward a Philosophy of*

Women's Liberation, 1973) 中，提出性別主義、種族主義、階級主義，是「非神聖三位一體」的概念，並指出「父權體制」就是世俗社會中「非神聖三位一體」的具體體現。也就是說，戴理認為由於父權體制是維繫社會壓迫關係的機制，而父權體制的基礎，則來自於性別差異的性主義 (sexism)，「性主義」不但是女性被壓迫的根源，性別壓迫也是所有壓迫型態的基礎 (Daly 1973: 114 –131)。

⑵以女性生殖為中心來重塑生態文明

從《婦女生態學：基進女性主義的後設倫理學》(*Gyn/Ecology: The Metaethics of Radical Feminism*, 1978) 的書名，就可看出戴理標榜以女性生殖 (gyn) 為中心，來重塑生態文明 (ecology) 的立場。在該書中，她批評「男神」 (God) 的基督教義，搶奪 (ripped off)、貶抑 (reduced)、倒轉 (reversed) 與再遮蓋 (reveiled) 原先以女性創造力為核心的女神傳說——也就是文化原有的女神傳統，而改以上帝（天父）與耶穌（天子）等男神，取代女神作為創造之神。戴理形容基督教義此種詮釋，改寫原先許多文化舊有女神傳統的過程，為「強暴女神」(rape of the goddess) 的行為。不僅如此，基督教義還藉由瑪麗亞「處女生殖」(virgin birth) 的神話，進一步將女性塑造為符合男性需求與期待的形象，使得女人在男人的主宰下，被設計進入且參與自我壓迫的騙局 (Daly 1978)。

⑶重尋「自然女人」的身分認同

戴理拒絕「基進－自由主義女性主義」倡議以「雌雄同體」作為女人身分認同的策略，因為這是父權男性中心社會 (androcracy) 收編女人反抗的陰謀，企圖將反抗父權的女人，全都包裝成男性設計的形象，藉此消除女人的不滿，並分裂婦女解放運動，進而維繫原先既有的父權體制。因此，戴理呼籲女性不要被「雌雄同體」的概念所欺騙，女人應該要拒絕「雌雄同體」的說法，因為這仍然是父權允許女人成為的身分。女人應該要追求「野生女性」(wild female) 的身分認同，也就是必須清除、脫掉父權體制為女人所建構的「女性特質」，重新找回在基督教之前的女權／母權體制社會，女人在生活經驗中原即擁有的自我認同。這樣的女人，戴理稱之為「自然女人」(natural women)，以有別於父權所建構的「女性化的女人」(feminized women) 或「爹地的女人」(Daddy's women)。

⑷舊詞新意的翻轉

　　戴理提出「舊詞新意」(Hag-Ography) 的概念，將過去貶抑「野生女性」的詞彙重新定義，改以女人為主體來賦加其正面意義，以便翻轉對女性價值的打壓，以女性價值作為社會關係與重建社會的基礎，賦權女性作為生產意義的主體，完成婦女解放的目標。因此，戴理在《超越聖父》與《婦女生態學》這兩本重要著作的結尾，一再呼籲所有女人要團結姐妹情誼，建構「坦誠的野性聯盟」(Honest Amazon Bonding)，共同挑戰既有關於女性的刻板印象。女人不但要拒絕「自我犧牲」，還要成為有自信的「巫婆」(hags) 或令人討厭的老太婆(crones)，在以「婦女生態學」(*Gyn/Ecology*) 所創造的迷宮 (labrys)，以姐妹情誼相互鼓勵，讓共同的憤怒之火，點燃照亮每個女人所擁有的能力，透過自由創造與共同努力，來一起追求自我實現。「就像火焰溫暖與照亮一個處所，那裡我們可以擁有各自的織布機，一起紡紗並織出以老太婆為中心所創造出來的各種織錦」(Daly 1978: 384)。

2. 艾德麗安・里奇 (Adrienne Rich)

　　艾德麗安・里奇 (Adrienne Rich, 1929–2012) 是著名的詩人與作家，也是「基進女性主義」理論的重要先驅。她所出版的《女人所生：母職作為經驗與體制》(*Of Woman Born: Motherhood As Experience and Institution*, 1976)，不僅是「基進女性主義」的經典，也是開啟當代女性主義母職論述的重要著作。里奇作為「基進－文化女性主義」者，對女性主義的論述發展，具有極為重大的影響，特別是關於母職 (motherhood)、同性情慾 (homosexuality)，以及女人身分認同與女性文化的關係 (Rich 1976)。

　　母職的論述是當代女性主義理論發展的印記，不同的女性主義陣營對於母職也各自抱持不同的看法。「自由主義女性主義」採取中立的立場，視母職為個人領域；「馬克斯／社會主義女性主義」則採取負面的態度，認為母職的再生產勞動，是造成女性經濟附屬地位的關鍵主因；即便在「基進女性主義」者的陣營中，也同時包含支持與反對的聲音，立場各有歧異。「基進－自由主義女性主

義」者，以懷爾史東為代表，認為母職（即女性的生殖生理）是導致女性附屬地位與被壓迫的基礎，主張應由人工生殖代替生物生殖，作為解放母職對女性壓迫的策略。但是「基進一文化女性主義」則認為母職是女性創造生命的能力，也是女性身分認同與女性力量的基礎。母職所隱含的生命、相互依賴、連結與照顧的特質，更是女性文化價值的核心，是女性未來改造社會與文化的理想所在。

關於母職的爭議，里奇以她個人的經驗，在《女人所生：母職作為經驗與體制》一書提出重要的分析架構，將母職具體分為以下兩個層面：(1)「母職作為經驗」(motherhood as experience)；(2)「母職作為體制」(motherhood as institution)，來討論母職對女人的意義。

(1)母職

里奇首先指出「母職作為體制」，是父權體制用來規範女性身分與角色的社會建構。在父權體制建立的母職論述中，母職被界定為女人的「天職」(calling)，所有的女人皆天生「應該」(should be) 且同時也會「想要」(want to be) 成為母親。因此，所有母親必然都會養育且疼愛小孩，為小孩而不惜犧牲自己。但是，將母性視為「天職」的反面，就是對女人的高度審查。當女人不能（或不想要）成為母親，不知如何（且不願）當好的母親，抑或不符合完美母親的形象，也就是當女人無法服膺父權社會對女人母職的要求時，就會被認為是有缺陷 (defective) 甚或不合格 (unfit) 的女人。

此外，里奇指出父權下的母職體制，也同時充斥在現代生殖醫療體系當中，舉凡女人懷孕和分娩的醫療過程，皆多由男性醫師所主導與掌控，這也進一步造成女性與母職的疏離感 (alienation)。總之「母職作為體制」，無論是藉由母職天性的論述，或生殖勞動過程中的醫療化與男性化，其結果都會導致母職成為女人被壓迫的根源，以及女人不得不屈居附屬地位的結果。

另一方面則是「母職作為經驗」，當母職是女性個人自由選擇與自主的決定，當女人可以在自由與自願的情況下，選擇與實踐母職的時候，里奇認為母職作為女人的身分認同，將是女人力量的根基，是女人創造力與建構另類文化

的來源。何謂母職作為個人經驗？里奇認為當所有的女人，皆可在考量個人意願、經濟、時間、生涯規劃與育兒條件等因素後，自由選擇懷孕與生育的時機與方式，同時也可以選擇各種不同的養育方式，並以女性文化作為養育與發展親子關係的基礎，讓母親與子女同為親職關係的主體。唯有如此，這樣的母職經驗方可賦權 (empower) 女人，讓身兼母職的女人得以對抗父權體制，從男人控制下解放，同時也會提升女性的身分認同。

⑵ 女同性戀情慾 (lesbian sexuality)

女性情慾與男性壓迫是「基進─文化女性主義」理論的另一核心論點，但多數的女性主義者，在討論這個議題的同時，都聚焦在異性戀女性情慾與男性壓迫的關係，並主張以解放女性情慾作為對抗父權控制的政治手段。里奇則認為這樣的論點太過於「傳統」或男性主流，仍然是從主流異性戀情慾的框架出發。不但忽略或排斥同性戀情慾的女性，且異性戀情慾基本上是以男性情慾（而非女性情慾）為主體的權力政治，是為男性獲取女性身體、經濟與情緒的權利鋪路。若要真正解放女性情慾，里奇呼籲女性應該要將力氣或能量導向其他女人（而非男人）。她認為唯有當女性主義者對「女同性戀情慾」的經驗有更多深入的理解，女性才能取得真正以女人為主體的情慾 (sexuality) 經驗，打破分隔「異性戀」與「同性戀」女人的界線。

因此，她提出以「女同性戀主義」(lesbianism) 作為「女性主義」的延續，將女性情慾以「女同性戀連續體」(lesbian continuum) 的架構來分析與看待，而非二元分類的方式 (Rich 1980)。當女同性戀可以是另類的情慾制度，也可以作為女性個人的選擇而存在時，女同性戀將不會分裂女性，而是可以成為團結女性、抵抗父權異性戀制度的必要因素。總之，里奇主張討論女性情慾時，女性主義者（尤其是「基進女性主義」者）有必要將這個議題，擴展到「女同性戀情慾」，讓同性情慾作為女人外在於父權「異性戀」政治範疇的選項。唯有將女同性戀當作女人的身分認同，而非僅限於肉體性慾的經驗時，女人之間方能形成情慾紐帶 (female sexual bonding)，藉此形塑女人的集體認同，讓女性得以在情慾與情緒的定位上，獨立於男性之外。

　　「母職」與「女同性戀」對當代「基進女性主義」理論的發展極為關鍵，這是該學派理論的基礎概念，也對當代女性主義理論的推進，具有重要的貢獻。然而，這兩個議題也對「基進女性主義」陣營，造成內部裂解的效果，其內部爭議之劇烈，甚至大於與不同派別女性主義陣營的差異。里奇在「母職」與「女同性戀」這兩個議題上，不僅具有開創性的洞見，同時也試圖將這兩個議題，轉換成女性運動在實踐策略上具有包容性與連帶性的機制，而非造成婦運內部分裂的因素，抑或引發其內爆的導火線。

三、基進女性主義核心爭論議題

　　有別於「自由主義女性主義」或「社會主義女性主義」，是建立在西方既有的思想傳統之上，並受到既有概念與架構的規範，「基進女性主義」則是當代婦運的創見，其基礎概念既沒有框架，也完全沒有既存的說法，更無先決共識。另一方面，當代「基進女性主義」的成員，除曾經參與左派運動的共同背景外，亦具有高度的多元性，在學術領域、年齡／世代、階級、種族，甚至情慾傾向等背景，也具有相當程度的差異性。這些特質與條件，給予「基進女性主義」早期的發展相對寬廣的空間，有利於全新概念與論述的萌芽和競爭，造就「基進女性主義」理論出現百花齊放、各家爭鳴的現象。至於哪些議題是「基進女性主義」 特別關注與爭議的問題點 (sites) 呢 ？ 除情慾 (sexuality) 與母職 (motherhood) 在前述的討論中已有著墨外，「基進女性主義」陣營針對以下幾個議題的爭辯，對當代女性主義理論的發展，也產生十分顯著的影響。

（一）色情 (pornography)

　　傳統以來，色情是指透過文字、影片或聲音為媒介，將女性身體與性部位作扭曲或任意擺布的呈現，以達到滿足男性觀賞與情慾需求的目的。由於女人的性與身體，對「基進女性主義」而言，是女性被壓迫的根源所在，不但涉及女性主

義者對於情慾的看法，同時也與她們對娼妓的觀點有關。因此，對「基進女性主義」而言，針對色情的立場，以及對女人性解放的看法，關係其女性主義立場的純度為何，因此引發內部極大的爭議，色情的議題幾乎可以說是「基進女性主義」最大的引爆點。對於色情的存在、使用、濫用及誤用等議題，「基進－自由主義女性主義」與「基進－文化女性主義」之間，其態度極為懸殊，反色情和性開放各有堅持，且兩者之間的歧異自 1980 年代持續至今，並未隨著時間流逝而有所消弭。

關於色情作為出版的一環，對部分「基進－自由主義女性主義」者，或是所謂的「性積極女性主義者」(sex-positive feminists) 而言，基於自由主義主張言論自由，強調出版不應受到政府審查的禁錮，她們對色情的立場，基本上是抱持開放的態度。她們主張色情並非完全不可接受或必然是壞的，她們反對的是，當色情的內容或呈現方式，會因此造成女性受到傷害的出版。既然坊間既有的色情，多半是以滿足男性情慾卻貶抑女性為主，使女人被物化，女性情慾也因此受到壓迫。那麼，如果色情可以用來開發女性被壓抑的情慾，克服女性對性的恐懼感，進而開發女性的情慾，培養女性對自我情慾的瞭解與滿足，則女人應該被鼓勵去接觸、觀看與使用色情產品。

此派「基進－自由主義女性主義」者認為，如果色情可以用來協助女人得到性愉悅，並從學習不同性方式的過程中，體會到性關係中的權力分配，瞭解性愉悅、物化與客體化等經驗，那對女人解放情慾，並重新建構非壓迫性的情慾關係，是極有幫助的。基於這些看法，「基進－自由主義女性主義」主張，站在解放女人情慾的基礎上，根本無須反對「色情」，而是要讓色情發揮其積極的作用，一方面可以開發女性的情慾，另一方面色情也可以被視為一種負面教材，有助女性理解情慾關係的權力本質。

「基進－自由主義女性主義」陣營並且提議以女性主義的色情，來取代市場中以男性消費者為觀賞者且物化女性的色情。若從其思考的角度與立場出發，女人不但是消費與觀賞的主體，也可以成為色情產業的生產和製造者，包括女性主義的導演、演員或出版者等，同時色情的內容，也要傳達不被壓迫的女性情慾觀 (Schorn 2012)。

「基進－自由主義女性主義」此一關於色情的論點，對「基進－文化女性主義」者而言，無疑是為雙方原就緊張的對峙關係火上添油。反色情的女性主義者，以安德里亞・德沃金 (Andrea Dworkin, 1946–2005) 和凱瑟琳・麥金儂 (Catharine A. MacKinnon, 1946–) 為代表 (Dworkin 1989 [1981]; Dworkin and MacKinnon 1988; MacKinnon 1987, 1989)，她們堅信女人的「性」，是導致女人被壓迫的根源，也是人類最原初的壓迫關係，而色情就是父權體制用來宣揚女人附屬於男人，且女「性」必須取悅男「性」之主／客關係的媒介。

何況，以男性為觀看主體的色情產品，若非經常將女體作部分、分割或扭曲式的呈現，就是賦加女性卑微、服侍甚或是受暴者的角色。因此，色情經由圖片與文字灌輸男性讀者的資訊，可以說是詆毀、污辱女性，傳遞女性是次級人類且樂於受虐的訊息，進而助長男性對女性所施加的暴力，特別是性暴力（例如強暴、性侵）與傷害。關於這個說法，羅賓・摩根為此作出一個經常被引用的註解：「色情是理論，強暴是實作」 (Pornography is the theory, and rape is the practice.) (Morgan 1980: 134)。

總之，「基進－文化女性主義」認為現有的色情，只會是壓迫女性的工具與幫兇，不可能產生啟發女性情慾的效用，凡是女性主義者，就應該全面拒絕色情的存在。「基進－文化女性主義」不但堅決反對任何形式的色情，更批判「基進－自由主義女性主義」 對色情所抱持的看法與期待，是一種 「虛假意識」 (false consciousness)。不但使女性主義被男性主流論述所收編，也是對男性說法的全盤接受，更是出賣女人的說法。此種嚴厲的批評，除引發「基進－自由主義女性主義」陣營的強烈反彈，也連帶引發部分女同志（例如 S/M 群體與 T/婆群體）、女性色情工作者和許多異性戀女性的結盟，她們指控「基進－文化女性主義」是一種「假道學」(prudery)。

部分的「基進－自由主義女性主義」者，例如「性積極女性主義者」，則指責「基進－文化女性主義」者所謂女性主義的「性」，是對女人性主體或能動性 (agency) 的漠視與貶抑 (trivialize)。若女人之間只有溫柔愛撫，而沒有性接觸和上下體位，充其量這只是「香草性愛」(vanilla sex)──例行公事的傳統性愛，

也僅只是女人情慾的選項之一。但女人的情慾屬於個人自由，不應被限縮於唯一選項；女人的情慾偏好，也不應被視為女性主義者純度的判準；女性主義者的情慾，更不應被限縮在單一的性方式或關係。面對「性限制」的指控，「基進－文化女性主義」本其一貫立場回嗆，指稱「基進－自由主義女性主義」不是真正的女性主義，而是被父權男性所迷惑的馬前卒，因此對色情所發出的厭女訊息，不但充耳不聞，甚且視而不見。

很明顯的，色情可說是引發「基進女性主義」陣營內爆的頭號爭議，「基進－自由主義女性主義」與「基進－文化女性主義」兩大陣營針對色情立場的互為對立，在過去 30 年中從未消減。不僅於此，在這段期間當中，為具體影響政策立法、社會態度與民意輿論，這兩大陣營反而分別與反對勢力合作，例如「基進－文化女性主義」就與保守教會合作，共同反對色情，而色情產業則普獲「基進－自由主義女性主義」的支持，得以繼續蓬勃發展。不可諱言的是，面對色情此一重大爭議，「基進女性主義」雖然在理論建構的層面，可說是開創全新的議題，但若論及女性主義的姐妹情誼與團結，則是付出相當程度的代價。

此外，許多女性主義者（特別是「自由主義女性主義」），不論她們對色情的立場為何，原則上皆反對「審查制」(censorship)，即使對「色情」抱持反對立場的女性主義者來說，「審查制」（包括麥金儂主張透過民法立法禁止的途徑）被視為是更加邪惡的制度。此一陣營的女性主義團體，包括美國的「女性主義反審查制工作小組」(Feminist Anti-Censorship Task force, FACT)、「言論自由女性主義者」(Feminists for Free Expression, FFE)，以及英國的「反審查制女性主義者」(Feminists Against Censorship, FAC)。於 1992 年成立的「言論自由女性主義者」，其創始人瑪西亞·帕莉 (Marcia Pally, 1951–) 在定位該組織的使命時，清楚表示「審查制」從來不會降低暴力的發生，歷史證明它常被用來讓女人消音，或扼殺女性改變社會的努力。最為人所知的事例有二：其中之一，是 20 世紀初桑格夫人 (Margaret Sanger, 1879–1966) 倡議女性避孕而遭逮捕入獄；另一例則是 1980 年代中期美國女性戲劇表演者荷莉·休斯 (Holly Hughes, 1955–)，她在紐約市的 WOW Cafe Theater，因為關於女性身體與情慾的作品《我們的身

體，我們自己》(*Our Bodies, Ourselves*) 一書的表演，而遭到禁止與打壓 (Boston Women's Health Book Collective 1970)。

除了「自由主義女性主義」基於言論自由的考量，而反對以「審查制」作為限制色情的手段以外，「基進女性主義」為了反色情，而與宗教右派或政治保守團體結合，例如基督教的「道德多數」(moral majority)，也是構成「基進女性主義」的反色情運動，無法獲得多數女性主義者支持的原因，導致該運動終歸失敗，而色情產業卻依舊蓬勃發展的困境。

（二）娼妓／賣淫 (prostitution)

娼妓則是另一個在「基進女性主義」陣營中，具有高度爭議性的議題。其爭議的癥結在於：娼妓／賣淫究竟是一種可以為社會所接受的正當職業，抑或娼妓是將女人的「性」予以物化和交易化，是女人備受壓迫的另一個「極端」案例？關於「基進女性主義」對於娼妓議題所衍生的爭議，基本上是沿襲前述關於色情的立場而分裂為二。

對娼妓議題持反對立場的「基進—文化女性主義」而言，如果色情是透過文字和圖像來壓迫女性，那麼娼妓或賣淫，就是色情在生活中的具體化，也就是女性壓迫經驗在生活中的具體展現。與此相反，「基進—自由主義女性主義」與「性積極女性主義者」則抱持她們對色情的正面態度，對娼妓也同時採取接受的立場。她們主張：在從娼是女性個人「完全自願」(authentic consent) 而非被脅迫 (coerced) 的前提下，且其性工作不具剝削關係時，娼妓可以被視為「性工作」(sex work) 或個人的選擇。她們將性服務等同於勞動，性工作者則是自由勞動者，女性得以藉由提供性服務，在市場交換工資所得。

「性積極女性主義者」認為，將女人的性服務勞動化，不但可以為從娼的女性去除污名，讓性工作者得以受到勞動法的保障，同時還可以藉此解放女人的性與情慾，拆解父權對於女性情慾的壓迫和禁錮。此種將娼妓正當化／合法化的主張，在 1980 年代之後曾得到不少性工作者組織以及性教育者的支持，其中包括美國的「去除老調道德觀」團體 (Call Off Your Old Tired Ethics,

COYOTE)、台灣的公娼合法化／反廢娼運動，以及性教育者（例如何春蕤等人）(Willis 2012)。

而反娼妓派的「基進女性主義」者，亦同樣以德沃金和麥金儂為代表，她們認為娼妓的存在，就是社會對女性施加暴力的一種方式，根本就不應該被容忍。此派「基進女性主義」者認為，在大多數的情況下，娼妓都絕非女人有意識 (conscious) 或經過計算的 (calculated) 選擇，亦即所謂「自願」或「非脅迫」的決定。發生在真實社會中的情況是：絕大多數的女人之所以會成為娼妓，是因為受到淫媒或老鴇的脅迫，或是人口販運組織的控制。如果有所謂「自主」的決定或「自願」的選擇，通常也是處於極度貧窮，而又缺乏其他救濟機會或管道的情況下，例如吸毒、被性暴力威脅或遭到遺棄的受害女性。

反娼妓派的「基進女性主義」者特別指出，關於娼妓的實情，就是多數從娼女性皆來自貧窮地區或最弱勢的階級與族群。因此，針對妓權派的說法，支持反娼妓派的麥金儂提出具體的質疑：「如果娼妓是自由選擇，為何從娼女性多半來自選擇最少的女性？」 (If prostitution is a free choice, why are the women with the fewest choices the ones most often found doing it?) (MacKinnon 1993: 28)。所以，所謂的「自願」從娼，基本上若非絕不可能，也幾乎是極不可能發生的事 (Sullivan 2000)。

由於對愛滋病 (HIV/AIDS) 快速蔓延的恐懼，以及伴隨色情全球化而愈見猖獗的人口販運，娼妓的爭議在 1990 年代進入另一次的交鋒。對「基進－文化女性主義」而言，全球色情與女性人口販運的猖獗，再度證明她們所抱持的觀點是正確的。正因色情與娼妓是造成女性被壓迫的制度，所以這些產業的存在與發展，只會為女性（特別是弱勢階級與貧窮地區的女性）帶來更多的剝削。

「基進－文化女性主義」也藉此指出「基進－自由主義女性主義」的盲點，認為其無視於娼妓產業和國際犯罪集團之間的密切連結。此種彼此共構的關係，正彰顯娼妓是父權男性剝削女性的制度，因此若只單純將女人的「性」予以勞動化，而忽略隱身其後操控的男性權力，無助於達到解放女人的性或性剝削的目標。針對這個議題，「基進－文化女性主義」又再次與國際教會組織合作，成

立多個國際性的救援組織，以援助被販運成為性奴役的女孩與女性。然而，這些救援行動雖然博得新聞報導的版面與喝采，但卻是杯水車薪，效果仍極為有限。

另一方面，隨著愛滋病在國際的傳染與擴散，不但引起全球人民的恐慌，也為各國政府與國際衛生組織，製造相當大的壓力與誘因，使其不得不著手研擬防制愛滋病的有效治療與防禦措施。由於性行為與性接觸，是愛滋病傳染的主要管道之一，而女性又經常因為受男性性交對象的感染，而不幸淪為愛滋病人，因此對於安全性行為的要求，特別是強調男性需使用保險套，亦成為國際愛滋病預防的重要工作項目。

為防止男性的嫖妓行為，成為愛滋病防禦措施的漏洞，因此，給予女性「性工作者」自主權，管理娼妓的性交易，並且要求男性嫖客使用保險套，以保障女性「性工作者」的安全等訴求，亦逐漸成為愛滋防制措施的主流意見。在這種社會條件之下，自然也間接造就有利於民意接受將娼妓視為勞動，將「性工作」界定為是女性提供性服務的氛圍。因此，妓權派女性主義者對娼妓議題的主張，在這場辯論中，可說是位居上風。目前，西方國家對於娼妓產業，不論是所謂的「北歐模式」或「澳洲模式」，基本上皆是採取控管或除罪化的方式，以代替刑法的判罪與懲罰。

至於台灣針對娼妓議題的爭議，在 1997 年也曾因為「廢公娼」的事件，而引發女性主義者與性研究者／性積極女性主義者之間的論戰。婦運派的女性主義者，以「婦女新知」為首，稱之為「廢娼派」。她們對娼妓抱持反對的立場，認為娼妓制度的存在，代表父權制度對女人「性」的壓迫與物化，贊成政府廢除存在已久的「公娼」制度，輔導從娼女性轉業。而以「中央大學／性別研究室」為主要成員的「性積極女性主義」學者，例如何春蕤等人，稱之為「妓權派」，她們則與公娼組織具體結盟，公開反對政府廢娼。此派人士認為婦運若要解放女人的「性」，就應該將娼妓視為一種勞動，把女人提供性服務視為專業的工作，去除性工作者的負面標籤，並具體保障性工作者的安全，如此方可提升女性的地位。

娼妓爭議之所以會在台灣出現，固然與婦女運動和女性主義的發展相關，但究其所發生的時機，則有其更為複雜的政治脈絡，牽涉到不同政黨與政治意識形態的角力。因此，伴隨台灣政治發展與政黨輪替之後，自 2008 年起始，廢娼與娼權的爭議遂逐漸消聲匿跡並終至停滯。目前台灣現階段仍然是依據《社會秩序維護法》的規定，僅處罰娼妓而非嫖客。但若依照該法第 80 條與第 91–1 條第 1 項涉及性交易的規範，其實只要性交易雙方當事人皆為自願且皆已成年，則性交易活動並不涉及任何受刑法保護的法律權益侵害，性交易活動亦不具實質違法性，其所違反的乃是行政秩序罰（蘇芳儀 2014）。

（三）生殖 (production)：人工生殖／自然生殖

既然女人的「性」，是「基進女性主義」論述父權性別壓迫的起點，而生殖又包括懷孕、妊娠與分娩，是女人性行為後的結果，因此「基進女性主義」認為，生殖與父權的延續密切相關，又是女人特有的生理能力與經驗，男人因為被排除在外的恐懼，而產生對女性生殖的控制慾，導致生殖變成女人受剝削與其附屬地位的重要因素。所以，正如「基進女性主義」對「性」與性議題的關注，其不同理論陣營關於生殖的論述，也採取涇渭分明的立場。

「基進－自由主義女性主義」者主張，雖然生殖是造成女性備受壓迫的因素，但生殖也是女性特有生理能力與身分認同的展現，若要避免女性因為此一特質，而受到父權的壓制或被迫附屬於男性，則必須將女性的生殖，從自然分娩的生殖轉變為人工生殖，並且利用醫療科技的日新月異，發展「體外人工受精」(in vitro fertilization, IVF) 與「體外妊娠」的技術，例如試管嬰兒與人造子宮等人工生殖技術 (artificial reproduction technology)。如此一來，女人就不必因其生殖能力而受到壓迫，也不會因為懷孕而必須附屬於男人，女人可以徹底從生殖的生理桎梏中解放，女人的「性」也因此得獲自由，最終達到消除男女兩性之間差異的終極目標 (Firestone 1970)。

擁護人工生殖技術的「基進－自由主義女性主義」者，其中最具代表性的則是懷爾史東。她同時身為女性主義者和歷史唯物論的信徒，除具體批判馬克

斯主義的性別盲，並提出「性階級」(sex class) 與「性的辯證」的概念，作為歷史唯物論瞭解、尋求與解釋歷史變遷的最終原因與驅動力。所謂「性的辯證」，就是以生殖之再生產的差異為基礎，而形成男女兩個獨特的生物階級，以及存在於這兩個階級之間的彼此鬥爭。換言之，就懷爾史東而言，人類最初的階級分類，是根植於男人與女人不同的生殖／再生產角色，再由此延伸出經濟（生產）階級的差異。所以對她來說，再生產（而非生產）的關係，才是歷史原始的驅動力所在。

由此推論，懷爾史東認為婦女解放運動就是推動一場性別革命，以全面消除男女兩性在生殖之再生產關係的差異。具體而言，就是藉由生殖科技的進展，特別是體外人工受精、試管嬰兒、人造子宮與體外妊娠等人工生殖的科技，消除女性身體與生殖（再生產）的特殊關係，提供女人對於生殖的不同選擇，讓女人不必因為自然生殖的關係，而被迫處於經濟或社會的附屬地位。

除了積極主張人工生殖以外，懷爾史東對自然生殖也有尖銳的批評。她認為自然生殖對擔負生產的女人與被生產的小孩，都沒有任何好處，社會經常強調所謂「女人生產的喜悅」，其實不過只是父權的迷思。她形容自然生殖過程的懷孕，對女人的身體是一種野蠻的行為：自然分娩在最好的情況下，是「必要」與「可以忍受」的，但是在最壞的情況下，則是危險與全然不必要的，就像讓女人硬生生擠出一個大南瓜。

自然生殖還有更大的弊病，那就是占有慾的問題。自然生產容易導致親職／雙親對子女獨占的心理，以及人與人之間相互比較而產生的敵意與猜忌。懷爾史東認為父親對自己子女的占有慾，其實就是恩格斯在《家庭、私有財產與國家的起源》(*The Origin of the Family, Private Property and the State*, 1884) 一書所提出但卻未能解釋的關鍵：關於私有財產的出現，導致女權挫敗的主因，係源自對於親生子女的占有慾。當私有財產出現時，沒有生殖能力的父親為確保財產是由自己親生子女所繼承，此種焦慮遂促使男性藉由控制生產工具的財產，成為有產階級，而使女人淪為無產階級。更何況，自然生殖正是構成「生物家庭」的要素，而「生物家庭」與婚姻，更是支撐父權與異性戀霸權的制度與體系。

　　總之，對懷爾史東而言，自然生殖是女人源自其生物生殖的特殊性，導致女性生殖／再生產與社會的再製，而相對之下，男性則處於獨占的優勢。此種性別再生產的分工關係，肇使女人的性與身體，成為女性受壓迫的基礎，因此，消除性別在生殖分工的差異，讓女人身體不再被視為擔負社會再製的工具，是婦運達成解放女性的根本要求。至於其實踐策略為何？懷爾史東提議婦運必須致力於推動一場徹底的性別革命，藉由發展生殖科技，提供女人逃脫受孕、懷孕及分娩等自然生殖所帶給身體的可怕經驗，及其所導致的附屬社會地位的機會。同時，人工生殖也可破除「生物家庭」的迷思與異性戀婚姻的霸權，最終達至女性完全解放與無性別（生殖）差異的社會。

　　支持以人工生殖取代自然生殖的女性主義作家，還包括瑪姬・皮爾西 (Marge Piercy, 1936–) 以及瑪格麗特・愛特伍 (Margaret Atwood, 1939–)。兩者雖然同屬「基進－文化女性主義」者，但在女性與生殖的爭議上，卻採取與「基進－自由主義女性主義」相近的立場。皮爾西和愛特伍兩人不約而同，各自以科幻與推理小說的方式，藉由分別描述女人的生物生殖能力，在人工生殖科技先進的「烏托邦」(utopia)，以及男權全控社會的「敵托邦」(dystopia) 所經歷的感受或遭遇的對待，來探討人工生殖與自然生殖對女性社會地位的影響與意義。

　　皮爾西在《時間邊緣的女人》(Woman on the Edge of Time: A Novel, 1976) 一書中，描述不同的女性——特別是來自底層的女性，因為自然母職的迷思，而遭受父權體制對女人身體與性的暴力和剝削。透過科學推理小說的抽絲剝繭，藉由轉換時空的方式，讓女人（特別是有過自然生殖經驗的母親）體會不同的生殖過程，比較既有的自然生殖方式與生物母職，與在生殖科技先進的烏托邦 (Mattapoisett) 中，其生殖與母職究竟有何差異，以突顯女性無須獨自擔負生育責任的正面情境與經驗，進而倡議人工生殖對於女性的解放意義。皮爾西主張人工生殖是女性推翻各類階序 (hierarchies) 與主義 (isms) 的漫長革命中，非常重要也是最後的一環。她認為「女性唯有放棄對生殖的獨有權力，才能換取真正的平等」(Piercy 2016 [1976]: 110)。

　　而愛特伍則在她廣受肯定的推理小說 (speculative fiction)，並於其後被改編

為電視影集的《使女的故事》(*The Handmaid's Tale*, 1985) 中，描述女性身處男權全控的「敵托邦」——基列共和國 (the Republic of Gilead)，依照性與生殖的功能，分類為不同的角色與地位，並被彼此隔離，形成權力對立的階級關係。然而，在這個屬於女人的「敵托邦」中，當有生殖能力的使女，經過儀式性的性交、懷孕而分娩，只有在分娩（自然生殖）的場合中，各階級的女性才會被允許或被要求以不同方式，一起參與神聖「生產日」(birthdays) 的工作。

當社會繁衍是男權社會的重要課題，生殖已然成為社會控制的關鍵時，女性生殖面臨高度人為扭曲與分割的情境：女人的性與生殖被徹底分離，由三種不同類型的女人來負擔。其中一類的女人是「蕩婦」(Jezebels, sex prostitutes)，為男性提供性滿足的功能；另一類女人是「使女」(Handmaids, reproductive prostitutes)，為男性提供生殖的功能；還有一類女人是「妻子」(the Wives)，她們被賦予母親的身分，並實踐養育孩童的功能。

在分娩的日子 (giving birth) 中，所有的女人（除了蕩婦外）都會被動員，要求她們透過各自的儀式，集體參與使女的分娩過程，體會女人生產 (laboring) 的經驗，於是女人似乎在集體共同經歷「自然生殖」的過程中，而形成某種形態的女性文化。愛特伍在《使女的故事》中宣稱：「雖然這可能只是一種小確幸，可是在男權的全控體制下，即使只是小確幸，女人也必須感恩戴德」(Atwood 1998 [1985]: 164)。因此，相對於其他的「基進－文化女性主義」者，愛特伍對「自然生殖」的態度，顯得較為謹慎保守，雖然肯定「自然生殖」對於形構女性文化和抵抗男權壓迫的意義，也不忘提醒這可僅是一種小確幸而已。

（四）母職：社會母職／生物母職

對女人而言，母職與生殖應該是連續的生命經驗，是女性身分的不同階段。因此，「基進女性主義」者對母職的立場，以及她們對生殖的看法，原則上應會呈現一致：亦即「基進－自由主義女性主義」反對生物母職，而「基進－文化女性主義」則贊成生物母職。

反對生物母職的「基進－自由主義女性主義」者，主要包括安‧奧克利

(Ann Oakley, 1944–) 與蘇拉米思·懷爾史東。她們雖然對於生物母職的批判，在力道上有些許差異，前者較為溫和，而後者則維持其一貫尖銳的立場，但兩人皆支持此種觀點：母職不應被視為是女性的天生本能，反對母職是女人的「天職」、母性是女人的天性，以及小孩需要由親生母親照顧等說法。

奧克利認為基本上沒有所謂女人母性的本能 (instinct)，女人不會有所謂「自然」就想要生小孩的慾望，女人身上也沒有什麼特殊的賀爾蒙，驅使她們自然邁向生小孩之路，就像「飛蛾撲向火光一樣」(Oakley 1980: 186)。她主張這種父權社會所謂的母親天性和本能，其實都是後天學習而來，是社會透過家庭、教育與文化作為媒介，灌輸女人一套完美母職論述的結果。

總結奧克利的立場，女人之所以成為母親，不是出於天生自然，而是被造就的 (Mothers, in short, are not born; they are made.) (Oakley 1980: 203)，至於「小孩需要親生母親」的說法，更被奧克利指認是對女性最具壓迫性的母職論述。她主張就像女人不具備天生的母性一樣，小孩也沒有自然就需要生物母親的天性，那只是出自社會的建構，以便將女人禁錮於家庭之中。既然母性不是出於天生，生物母親就未必是最好的子女照顧者，而實際研究也發現，許多母親對於照顧小孩，根本缺乏任何耐心與能力。因此，為了小孩的福祉著想，她主張社會應該將照顧小孩的任務，委託給具有愛心、耐心與專業能力的個人或組織，或由足以勝任母親角色的女性，來承擔照顧其他小孩的任務，而非強迫所有的母親都必須放棄個人的事業、生活與自我，改以子女作為生活的核心，對親生子女的照顧親力親為，進而製造許多不快樂的母親與小孩。

至於懷爾史東對母職的看法，可由她對生殖的立場略見端倪 (Firestone 1970)。她一向反對「生物生殖」，認為受孕、懷孕與分娩，是女性受壓迫與附屬地位的起源，而懷孕與分娩的過程，更是對女人身體的野蠻對待，因此她主張透過人工生殖科技來取代「生物生殖」，作為解放女性的策略。

懷爾史東同時也反對「生物母職」的說法。她認為不論是男人或女人，都從來沒有「真正或真實喜歡」小孩的慾望，而是將小孩當作「自我延伸」的替代品。在父權社會中，男性藉由自己的小孩傳遞姓氏、財產、地位與家族，而

女人則藉由小孩來合理化被困在家戶當中，且生命缺乏自我意義的窘境。父母將小孩視為自我延伸的替代品，若發展到極為病態的地步，不但對小孩毫無益處可言，那些「不完美」的小孩甚至還會成為大人期待下的犧牲品。

因此，只有在沒有「母職天性」的社會壓力下，當女人是出於「真正的慾望」而喜愛小孩，並決定成為母親時，她們無須是生物上的「親生母親」，這類的女性可以透過社會的安排，共同擔負養育小孩們的任務。如此一來，兒童將可以得到最好的照顧，「並非完美的小孩」也可避免成為父母親之間競爭的犧牲品。此種方式不但可以讓喜愛小孩的女人，充分發揮養育兒童的特質與能力，也是對兒童最佳的安排。

根據懷爾史東的邏輯，完成婦女解放需要進行一場徹底的性別革命，藉由生殖科技的研發，解除女人性與身體被壓迫的悲慘情境。當生殖科技越來越成熟，可以透過人工生殖的方式來取代自然母職時，強調親生母親與小孩天性的「生物母職」，當然也就沒有任何生物基礎可言，而改由「社會母職」來執行兒童的養育工作，也就更加順理成章。至於支持「生物母職」的代表人物，包括瑪麗・戴理與艾德麗安・里奇的主張，前文已經討論，此處不再贅述。

（五）女同性戀與女性主義

對於女同性戀的立場，牽涉性／情慾對於女性解放的意義，也是「基進女性主義」陣營中的另一項重大爭議。當代婦女解放運動關於女同性戀的爭議，最早出現在 1970 年 (Klemesrud 1970)，當時「自由主義女性主義」與「基進女性主義」兩大陣營的婦運人士，對於女同性戀議題的立場，存在極為重大的歧異。

「自由主義女性主義」 的陣營 ，以貝蒂・傅瑞丹 (Betty Friedan, 1921–2006) 為首，她主張個人的情慾偏好，是屬於私人領域的事務，而婦運乃是追求女性參與公共領域的平等，女同性戀既與公共領域無關，也就沒有所謂的立場可言。與此同時，作為「自由主義女性主義」代表的「全美婦女組織」(National Organization for Women, NOW)，其重要成員主要是以中產階級婦女為

主，身為第一屆會長的傅瑞丹，為降低主流社會對婦運的負面標籤，將女同性戀的議題暗喻為「薰衣草威脅／紫色公害」(the lavender menace)。「全美婦女組織」因此對女同性戀的議題定調如下：她們強調女同性戀會分散婦女解放運動追求女性平等重要運動的力量。此種說法儼然是對女同性戀表達漠視與貶抑的態度，對同性戀女性主義者與支持女同性戀的女性主義者而言，「自由主義女性主義」陣營所謂「中立」的立場，也就是不支持與退卻的態度，甚至認為這是對於女性主義的反動，也是對婦女解放運動所倡議之「姐妹情誼」的具體背叛。

「自由主義女性主義」與「基進女性主義」對於女同性戀立場的對立，可說是「第二波婦運」首波的內爆或內訌。女性主義者或婦運支持者對女同性戀議題的爭議，並非僅止於此，在「基進女性主義」的陣營內，爭議仍然不斷持續中。雖然「基進女性主義」支持女同性戀是一種女性情慾的選擇，同時也宣示婦女解放運動必須對女同性戀採取正面的態度，但對於自認為是「基進女性主義」者的女人來說，究竟是否可將男性作為情慾的對象，此議題確實存在相當程度的爭議。

對「基進女性主義」者而言，由於父權異性戀體制中的性／情慾，是女人被壓迫的基本根源，而解除女人在異性戀中的性與生殖之桎梏，則是她們倡議作為解放女性的實踐策略。在這樣的論述框架下，身為「基進女性主義」的支持者，女人情慾的對象可否是男人，就成為異性戀的「基進女性主義」者所面臨的困境。作為異性戀的女性主義者，當其情慾的對象是男人時，經常會被同性戀的女性主義者，指責此種情慾僅是一種虛假情慾，或被質疑是與壓迫者和敵人共謀，甚至被譴責為婦女解放運動的背叛者。此一爭議最終成為「基進女性主義」茶壺內的風暴：爭論誰才是真正的女性主義者？(Who is the real feminist?)

為了消弭因為「女同性戀情慾」的風暴，而引發「基進—自由主義女性主義」與「基進—文化女性主義」者之間的彼此對立，因此誕生一個全新的概念與範疇：「政治女同性戀主義」(political lesbianism) 或 「政治女同性戀者」(political lesbian)。所謂「政治女同性戀者」所指涉的是，當一個女人發現自己

雖然不是女同性戀者，也對其他女人沒有任何情慾的渴求，但仍然努力且盡其可能的讓自己對女人有性的想望 (Onlywomen Press and Leeds Revolutionary Feminist Group 1981)。

換句話說，「政治女同性戀者」也許可以被稱之為「理念的女同性戀者」。雖然這群女性的生理情慾，不必然是女同性戀的取向，而是道道地地的異性戀，甚至可能其所慾望的對象也是男人。但是她們在情慾實踐上，卻極力抑制自己與男人發生性關係，並在理念上亦可以將女人視為性慾對象。藉由「政治女同性戀者」的理論建構，將行動上（或已經是）女同性戀者，與理念上支持（或未來可能是）女同性戀者，兩者之間予以連結，「基進女性主義」因此順利解除因為女同性戀議題的爭議，所引發的內部分裂危機。

美國重要的「基進女性主義」者，也是激進婦女組織「女性主義者」的創辦人 Ti-Grace Atkinson，她對於女同性戀主義與女性主義之間的關係，也就是「政治女同性戀主義」，曾作出以下的譬喻：「女性主義是理論，女同性戀主義則是實踐」 (Feminism is the theory; lesbianism is the practice.) (Koedt 1971; Richardson 1996: 282)。「基進－文化女性主義」 者夏洛特·邦奇 (Charlotte Bunch, 1944–) 也呼籲所有的女人，都應成為「政治女同性戀者」，而非僅將「同性戀」視為個人的情慾偏好，以及「臥房內的議題」(as a bedroom issue)。因為「女同性戀主義」是婦女解放的關鍵，唯有當女人切斷與男性特權之間的連結，女人才會嚴肅看待反男性壓迫的抗爭 (Bunch 1987)。

相對於「基進－文化女性主義」傾向於優先將「女同性戀主義」視為一種婦運的政治立場，其次才將其視為個人情慾的偏好，「基進－自由主義女性主義」則聚焦在支持女同性戀作為女人情慾偏好的自由，並反對以男性情慾為主體的異性戀霸權。對「基進－自由主義女性主義」而言，異性戀體制與論述才是對女人性／慾壓迫的主要根源，而未必是個別的男人。雖然男人以滿足自己為前提的性行為方式，也是令所有女人普遍詬病的事實，但若男人在進行性行為的同時，也能優先考量女人的性滿足，女人其實也可以在異性戀的情慾關係中獲得愉悅。

　　因此，「基進－自由主義女性主義」認為應該將父權的異性戀體制與個別男人區分開來，主張婦運要集中精力，推翻以男權為優先且保障男性特權的父權制度，她們也認為女性在面對個別男人時，必須要求他們自我檢視並放棄男性特權。即便是 1960 年代立場最為激進的女性主義團體「女巫」(Women's International Terrorist Conspiracy from Hell, WITCH)❸，也曾呼籲女性不必全盤否定男人或異性戀體制，而是要如同解放女人一般，將男人從壓迫與刻板印象的性別角色中解放出來。

　　隨著半世紀以來婦女解放運動與女性主義的倡議，女性的情慾自由以及多元情慾的開發，在許多先進社會中早已司空見慣。雖然大部分的社會，仍然對非異性戀身分認同或非主流情慾的偏好，存在著一定程度的歧視與偏見，但生活在 21 世紀的女同性戀者，已不需要（也不必）為避人耳目，而被迫選擇離群而居。因此，「基進－自由主義女性主義」與「基進－文化女性主義」之間，關於女同性戀與分離主義婦運主張的爭議，也逐漸淡去昔日劍拔弩張的緊張態勢。

　　固然女同性戀者與其他所謂的性少數者，仍然時常必須面對來自社會異樣的眼光與對待，在法律層面上更是存在許多歧視與不公，例如婚姻與家庭的權利，但其所面對的惡劣局勢，已然有大幅度的改變，這也是不可否認的成就。

---

❸　「女巫」(WITCH) 此一團體名稱，係源自 "Women's International Terrorist Conspiracy from Hell" 的縮寫，該團體在 1960 年代的美國婦女解放運動中相當活躍，是數個彼此相關卻又各自獨立之女性主義團體的名稱。而 "W.I.T.C.H." 此一名稱，有時也會被用來指稱 "Women Inspired to Tell their Collective History" 或 "Women Interested in Toppling Consumer Holidays" 等行動或組織。第一個隸屬 "WITCH" 的團體，於 1968 年 10 月在紐約市成立，首次行動則是 "hex of Wall Street on Halloween"。此團體的主要發起人，都是「社會主義女性主義」的支持者，或所謂的政治活動者 (politicos)，她們過去多半都是「紐約激進女性」團體的成員。基本上，"WITCH" 的成員反對「基進女性主義」主張婦運應該以「父權體制」作為主要唯一敵人的立場。與此相反，她們倡議婦運／女性主義者應該必須要聯合具有左派理想的所有團體，以完成大幅度改變美國社會的終極目標。關於 "WITCH" 的相關資訊，參見：https://www.jofreeman.com/photos/witch.html，取用日期：2021 年 4 月 11 日。

對「基進女性主義」而言，當務之急是如何立基在既有的成果之上，並繼續向前邁進，以防止主流保守勢力的反撲。此外，就如同其他女性主義理論流派一般，「基進女性主義」者也面臨更加嚴峻的挑戰，那就是 21 世紀婦運和女性主義已逐漸式微與消聲匿跡，這才是所有女性主義者更應著力關注的焦點。

四、基進女性主義理論的批判

「基進女性主義」理論針對女性地位的性質、來源與運動策略，分別提出有別於先前「自由主義女性主義」和「馬克斯／社會主義女性主義」的論點，為女性主義理論的發展，注入全新的元素，開拓嶄新的論述，是建構女性主義知識多元化的重要里程碑。另一方面，由於「基進女性主義」理論的諸多主張，早已不同以往，其論點因此也就備受學界的嚴格檢驗，其中最受質疑的議題，包括以下三點：(1)本質論；(2)過度依賴生殖科技；(3)西方白人中心主義。

（一）本質論

關於女性的附屬地位，「基進女性主義」主張男女兩性在生物層次的差異，是性別階級不對等關係的前提。由於父權社會為兩性的生理特質，賦加不同的社會價值與任務分工，男性被賦予公領域的活動，而女人則被限縮在私領域當中，所以男性因此被賦予領導與統治的角色，而女性則被認為適合輔助、照顧與依賴的角色，遂導致女人的生殖生理結構，成為女性附屬地位與被壓迫階級關係的來源。

「基進女性主義」雖然反對父權傳統的性別分工與公私階序的論點，但是對性別之間存在生理／生殖差異的主張，其實是抱持贊同的立場。由於生殖功能的生物差異，導致男人和女人成為兩類在本體論上互相有別的生物，並成為具有不同本質的兩類人：其中一類是男人，天生具有競爭、獨立、勇敢、好鬥的本質；而另一類則為女人，其感性、合作、照顧與愛好自然的天性，乃是與

生俱來。對「基進女性主義」而言，性別之間本質的差異，是建制與架構女性價值體系社會的基礎，也是婦運推動性別革命，翻轉既有社會體制，達成真正性別平等的策略與路線。

相較於既存的「自由主義女性主義」或「馬克斯／社會主義女性主義」理論，「基進女性主義」理論關於本質差異的論點，雖然造就其理論的開創性與獨特性，但正因抱持「本質論」的觀點和主張，也是其最受批評與飽受攻擊之處。「本質論」之所以為人詬病，在於其根深柢固的不可改變性 (immutability)，此種說法經常被用來合理化既有的現象，以作為反對和拒絕改變的藉口，使「改變」失去正當性，也成為不可能發生的事實。此種僵固不變的論點，與啟蒙運動以來，以理性和知識作為社會改革與進步的基礎，並追求公平和正義的信念，是互相悖離的。因此「本質論」原就具有潛在的「反動性」，這與「基進女性主義」所追求的性別革命，更是相互牴觸的。

再者，「本質論」在個人層次上，所堅持的先天性與不可改變性，也同時否定個人透過學習與教育而產生改變的可能性。此種論述一方面否定社會大眾對於教育積極效用的信念，另一方面也會使「基進女性主義」身陷進退兩難的泥淖。如果女性價值是造就性別平等之良善社會的根基，也是「基進女性主義」的理想所在，那麼當男人作為社會一半的組成分子，因為其天生的本質有異，再加上教育或學習亦無法改變其「天性」，也沒辦法習得新的邏輯與價值觀時，該如何達到一個性別平等的社會，將會是一個無解的難題。

（二）過度依賴生殖科技

「基進女性主義」理論另一個被批判的論點，在於過度（或甚至盲目）信賴人工生殖科技，並將之視為解放女性被壓迫的策略與途徑。由於「基進女性主義」認為女性的生殖功能，使女人的性和身體淪為男權或父權複製的載體。而懷孕、分娩與育兒的過程，更導致女人陷入脆弱的情境，使其在經濟上退居依賴與附屬的地位。生殖於是成為讓女人受困家中的魔咒，若要解放女人，則必須同時解除生殖的魔咒。但極為弔詭的是，生殖也同樣是女性特有的力量，

女人不應隨意放棄生命的創造力。因此,「基進女性主義」才提出藉由人工生殖科技,例如避孕、人工受精、體外妊娠等既有及未來可能發明的科技,讓女人得以免除生殖的奴役,無需淪為繁衍人類社會的奴隸。

　　但是女性主義者與婦運界對於此種論述和主張,普遍皆認為「基進女性主義」盲目依賴科技,而忽略該科技所處的社會文化脈絡。眾所周知,科技或科學知識並非純然中立,科技的發明與普及,更是有其特定的社會脈絡與條件,其中也包括性別關係的體制。例如避孕方法的發明,基本上都是以女性作為主要的使用對象,然而就生理原理或方法的觀點來看,避孕主要是為阻止精子進入子宮與卵子結合,若是由男性來施行避孕,其方式應是相對簡單、有效且安全,反之,女性的避孕方法顯然相對複雜且風險較大。但是在父權的情慾論述下,男性是情慾的主體,而女性則是情慾的客體,女性的性是為滿足生殖和繁衍的功能,因此,避孕仍然是屬於女性的責任,多半皆由女性主動承擔避孕可能引發的健康風險和傷害。

　　例如 1970 年代主要的避孕方法,在美國或多數西方國家,多半是要求女性服用避孕藥丸 (pills) , 在台灣則是期待女性安裝 「子宮避孕器」 (intrauterine device, IUD),要求男性使用保險套的方式,不但不被鼓勵或推廣,也經常遭遇來自男人的抵制。相對於男性使用保險套,不但簡單、有效且無副作用,女性服用避孕藥丸,則需要醫師開立處方,在使用方法上也有極其複雜的規則,還需要持續性的長期使用,才能確保其避孕效果。所以此種避孕方式,對於有色婦女,或是低社經與教育階級的女性而言,皆會造成排除效用。此外,由於避孕藥丸需要長期使用,其所內含的人造賀爾蒙成分,也會增加女性罹癌的風險。

　　台灣在 1970 至 1980 年代,為配合人口節育的政策,政府大力推行以「子宮避孕器」作為女性避孕的方式,對當時婦女的性規範與身體健康,就曾引發極為嚴重的衝擊。當時政府選擇以「子宮避孕器」作為節育手段,就得將「子宮避孕器」置入女性子宮,這不但必須由醫師或專業醫療人員來執行,同時需要配偶的同意,而這也會規範女性的性行為。所以當時多半是以已婚女性作為避孕政策施行的主要對象,未婚女性則不被允許,避免未婚女性從中獲得性行

為和情慾的自由，以杜絕社會秩序的破壞。再者，由於「子宮避孕器」是侵入性的裝置，就像任何侵入性的醫療一樣，對身體必然產生一定程度的副作用，包括不適、排斥、出血，甚至骨盆腔發炎等風險。更何況，由於「子宮避孕器」裝置不易，容易出現脫落或移位的情形，也會間接對避孕效果產生影響。

相對於女性避孕方式的複雜與不可靠，男性使用保險套的風險，可說是極為微小。不但使用簡單、即時、方便、有效，同時也不會衍生其他的健康風險。既然同時兼具這些優點，那保險套為何沒有成為當時避孕方式的首選？主要是因為男人不需要避孕，且保險套讓男人在性交過程中，既無法盡興也不能即時。而男性輸精管的結紮，作為避孕的另一個有效方式，也面臨極為類似的反對聲浪。保險套使用的普及要等到 1990 年代，伴隨愛滋病的傳播與威脅，安全性行為才成為重要的防治措施，在世界衛生與健康相關組織的大力宣揚下，男性使用保險套的避孕方式，才得以被廣為接受。

除了要求男性使用保險套之外，就避孕效果而言，男性輸精管的結紮，亦是一個相對簡單與安全的醫療程序，而且也是絕對有效的避孕方法，但在大部分的社會中，採用此一方法的比例卻極低。在台灣，此種避孕方法不但在醫界不被鼓勵，男性社會大眾更是普遍排斥，因為不論身為醫師或一般民眾的男人，都認為當男人結紮後就無法射精，而這就等同於「去男性化」，在失去男性陽剛本質的同時，也失去他們對父系傳承或父權傳宗接代的掌握與控制權。

此外，由於科技的研發與生產，多半被認為是屬於男性的領域，而科技也是由男人主導與控制的產業，因此傳統以來，醫療科技及母職過程的醫療化，也被女性主義批評是造成女性疏離感的關鍵要素。「基進女性主義」若是寄望透過男性的科技，來達到女性解放運動的目標，無異於緣木求魚，或「請鬼拿藥單」，不只掉入盲目相信「科技中立」的陷阱，甚至還可能加深父權體系對於女性的壓迫。

以台灣為例，隨著人工生殖科技的出現，以及相關技術的日新月異，台灣婦女在生育與生殖選擇的自由空間，卻並不必然隨之提高，置身在傳統華人家庭的價值體系下，女人生育與傳宗接代的壓力，反而可能日益增加。例如人工

受孕與代理孕母的科技，讓不孕或先天不適合懷孕的婦女，必須在家庭與社會的雙重壓力下，被迫接受人工受孕，也必須歷經嚴格的規範與深受煎熬的醫療過程。為確保受孕的成功機率，女性通常也會同時採取「重複受孕」(superfetation) 的方式，以致人工受孕產生雙胞胎與多胞胎的機率相對提高，增加女性在分娩與妊娠過程中的難度與風險，也會同時提高日後養育小孩時的經濟和體力負擔。因此，當社會文化的價值體系，處於恆久不變的情況下，當女人仍然只能淪為科技的客體，人工生殖科技的出現，不但沒有解放生殖對女性所造成的壓迫，反而可能強化父權對女性生殖的控制。

（三）西方白人中心主義

從上述的分析，我們可以發現「科技始終來自於人性」，科技不但具有性別，也存在階級與種族的差異。當避孕被白種中產階級女性視為性解放的策略時，對於底層階級或有色種族的女性而言，能爭取懷孕與生殖的權利，並抵抗被迫結紮的悲慘命運，卻是她們爭取性與身體自主權的主要目標。

「基進女性主義」主張藉由「體外妊娠」等人工生殖科技，作為解除自然生殖對女性造成壓迫的手段，卻忽略科技延伸的社會效應。現代的人工生殖科技，需要先進的醫療設備與專業服務，不但所費不貲，通常也只限於都市化的大型醫療院所或醫學中心，才有能力提供這類的服務。換句話說，能夠接觸並使用這類科技的女性，通常都是高教育程度與高所得收入的年輕白人都會女性。對於社會其他階級或非白人的女性而言，由於生育／小孩的社會意義，以及生產條件與養育支持體系的差別，生殖仍是女性力量的表現，母職經驗與家庭生活則是女性生命的價值。對於這些女性來說，重要的是確保自然生殖過程中的安全，以及其避孕選擇的自由，昂貴與複雜的人工生殖科技，對第三世界或底層階級的女性而言，幾乎是沒有意義的。因此，人工生殖科技所衍生之階級與族群的選擇效應，是非常明顯的事實，這也是「基進女性主義」往往被批評是「西方白人中心主義」的原因之一。

五、結論：基進女性主義的貢獻

總結而言，「基進女性主義」針對女性身分認同與不同性別之間的關係，提出有別於既有理論的看法，包括以下四方面：(1)關於性別之間的關係：男人相對於女人的關係，是一種權力 (power) 不對等的壓迫關係，而非僅只是公民身分地位不平等或權利 (right) 不平等的關係；(2)男女之間先天生理結構的差異，是性別壓迫關係的基礎：女人之所以受壓迫或身處權力的附屬地位，乃是源自於女性生理結構特有的生殖功能，懷孕、分娩、妊娠與育兒的負擔，導致女人必須依賴男人，且多半被侷限在私領域的家庭當中；(3)婦運必須進行性別革命：要達到女性解放的終極目標，婦運需要進行「性別革命」(sex revolution)，而非「體制內的改革」(reform from within)，「性別革命」包括以人工生殖科技替代女性的自然生殖，以社會家庭取代生物家庭，並進而建立以女性價值為中心的社會，以消弭既有男權至上的父權制度；(4)婦運的實踐策略：「基進女性主義」主張採取分離路線 (separatist approach) 的婦運實踐策略，堅持「女性的解放由女人自己來做」，完全不需要男人插手其中，也同時排除男性成員的參與。

此外，「基進女性主義」對於當代女性主義理論的發展，亦有以下兩個重要的貢獻：(1)重新闡釋「政治」的概念；(2)打破公私分界，重新界定權力的意義。

（一）重新闡釋「政治」的概念

關於「政治」一詞，傳統皆是用來指涉公共領域事務的治理或管理。在父權體制的性別分工規範下，公領域是專屬男人所有，女人則被限縮於私領域的管轄範圍。也就是說，在傳統的性別分工模式下，政治是男性的，女人既不屬於政治也完全不懂政治，更不應該插手或參與政治。當代「基進女性主義」在1960 至 1970 年代，提出「個人即政治」(The personal is political.) 的口號，作為倡議婦女解放運動的宣傳策略 (Hanisch 1970)。

　　「基進女性主義」之所以會提出「個人即政治」的口號，其主要用意在於讓女性瞭解其所遭遇的個人問題，即便看似家庭或日常瑣事，其實都與社會和政治結構密切攸關。例如貝蒂‧傅瑞丹認為家庭主婦存在所謂「無名的難題」(the problem that has no name)，中產階級白人女性心理的失落，以及其日常生活的挫折等個人問題，其實皆有其社會結構的因素，包括西方核心家庭制度、性別分工模式與郊區化的居住型態等。這是許多女人共有的經驗，而非單屬個人獨有的困境，既然是許多女人共同經歷的問題，這些現象就是社會的問題。即便這是所謂私領域或私人的問題，但是在「個人即政治」的解釋架構下，它也是社會的問題，而所謂的政治，正是解決與管理眾人之事。

　　藉由強調個人／私人經驗與社會和政治結構之間的關聯，「基進女性主義」指出兩個層次之間的連結：一方面將女人與政治連結，讓女人政治化；另一方面則拓展政治的意義，除指涉傳統與政府和公共有關的事務以外，任何與權力或資源分配相關的事務，也都是政治所牽涉的範圍。透過將政治予以女性化，讓政治從過去被認為是男性的領地與女性的禁地，轉化為與女性日常生活息息相關，女人也可以搖身一變，成為政治的代理人 (agent)。

（二）打破公私分界，重新界定權力的意義

　　不同於自由主義的傳統，將個人自由與平等的權利，限縮於公共事務或公領域的範疇，「基進女性主義」對於女權平等的主張，除了訴求公領域的權利，例如政治權與工作權的平等以外，更將個人的私領域劃入其中，例如女人在性、生殖與身體自主權的自由和平等，也被界定是政治的範圍，而且是女性解放更為根本的目標所在。

　　「基進女性主義」提出「性政治」的概念 (Millett, 1970)，指出即便是在最親密或極私人的性與情慾關係，男人對女人的性，不論在論述與實作層面，都依舊充滿權力支配的關係與烙印。藉由「性政治」論述的提出與闡釋，「基進女性主義」理論更進一步深化傳統政治的概念與想像，除公領域與私領域的個人經驗以外，更彰顯存在於「性」／「慾」親密關係中的支配性。在此一脈絡下，

　　「基進女性主義」不但強調傳統公私分界的性別階序關係，更提出闡釋政治的全新方式，包括「個人即政治」與「性政治」，以及女性政治實踐的新方式：意識覺醒 (consciousness raising)。在此一視角下，「基進女性主義」不但得以開拓關於性、身體與權力的全新論述，並且也同時推動性、色情與娼妓的辯論與政策立法，這些努力對於提升女性議題的公共性，以及深化女性主義理論的發展，都具有長足且深遠的影響。

參考書目

Atwood, Margaret Eleanor, 1998 [1985], *The Handmaid's Tale*. New York: Anchor Books.

Boston Women's Health Book Collective, 1970, *Women and Their Bodies*. Boston: New England Free Press.

Bunch, Charlotte, 1987, *Passionate Politics: Feminist Theory in Action*. New York: St. Martin's Press.

Daly, Mary, 1973, *Beyond God the Father: Toward a Philosophy of Women's Liberation*. Boston: Beacon Press.

Daly, Mary, 1978, *Gyn/Ecology: The Metaethics of Radical Feminism*. Boston: Beacon Press.

Dworkin, Andrea, 1989 [1981], *Pornography: Men Possessing Women*. New York: Plume.

Dworkin, Andrea and Catharine A. MacKinnon, 1988, *Pornography and Civil Rights: A New Day for Women's Equality*. Minneapolis: Organizing Against Pornography.

Firestone, Shulamith, 1970, *The Dialectic of Sex: The Case for Feminist Revolution*. New York: Bantam Books.

Freeman, Jo, 1970, "The Bitch Manifesto." pp. 5–9 in *Notes from the Second Year: Women's Liberation: Major Writings of the Radical Feminists*, edited by Shulamith Firestone and Anne Koedt. New York: Radical Feminism.

Freeman, Jo, 1972, "The Tyranny of Structurelessness." *Berkeley Journal of Sociology* 17: 151–165.

Freeman, Jo, 1975a, *The Politics of Women's Liberation: A Case Study of an Emerging Social Movement and Its Relation to the Policy Process*. New York: Longman.

Freeman, Jo, 1975b, "Political Organization in the Feminist Movement." *Acta Sociologica* 18(2/3): 222–244.

Freeman, Jo, 1976, "Trashing: The Dark Side of Sisterhood." *Ms. Magazine* 1976 (April issue): 49–51, 92–98.

Hanisch, Carol, 1970, "The Personal Is Political." pp. 76–78 in *Notes from the Second Year: Women's Liberation: Major Writings of the Radical Feminists*, edited by Shulamith Firestone and Anne Koedt. New York: Radical Feminism.

Klemesrud, Judy, 1970, "The Lesbian Issue and Women's Lib." *The New York Times*, Dec. 18, 1970. https://www.nytimes.com/1970/12/18/archives/the-lesbian-issue-and-womens-lib.html (Date visited: April 11, 2021).

Koedt, Anne, 1971, *Lesbianism and Feminism (pamphlet)*. Chicago: Chicago Women's Liberation Union.

Koedt, Anne, Ellen Levine and Anita Rapone, eds., 1973, *Radical Feminism*. New York : Quadrangle Books.

Lederer, Laura, ed., 1980, *Take Back the Night: Women on Pornography*. New York: William Morrow and Company.

MacKinnon, Catharine A., 1987, "Not a Moral Issue." pp. 146–162 in *Feminism Unmodified: Discourse on Life and Law*. Cambridge: Harvard University Press.

MacKinnon, Catharine A., 1989, "Pornography: On Morality and Politics." pp. 195–214 in *Toward a Feminist Theory of the State*. Cambridge: Harvard University Press.

MacKinnon, Catharine A., 1993, "Prostitution and Civil Rights." *Michigan Journal of Gender & Law* 1(1): 13–31.

Maurice, Isserman and Michael Kazin, 2000, *America Divided: The Civil War of the 1960s*. New York: Oxford University Press.

Millett, Kate, 1970, *Sexual Politics*. Garden City, NY: Doubleday.

Morgan, Robin, 1980, "Theory and Practice: Pornography and Rape." pp. 134–140 in *Take Back the Night: Women on Pornography*, edited by Laura Lederer. New York: William Morrow and Company.

Oakley, Ann, 1980, *Becoming a Mother*. New York: Schocken Books.

Onlywomen Press and Leeds Revolutionary Feminist Group, eds., 1981, *Love Your Enemy?: The Debate Between Heterosexual Feminism and Political Lesbianism*. London: Only women Press.

Piercy, Marge, 2016 [1976], *Woman on the Edge of Time: A Novel*. New York: Ballantine Books.

Rich, Adrienne, 1976, *Of Woman Born: Motherhood As Experience and Institution*. New York: W. W. Norton.

Rich, Adrienne, 1980, "Compulsory Heterosexuality and Lesbian Existence." *Signs: Journal of Women in Culture and Society* 5(4): 631–660.

Richardson, Diane, 1996, "Constructing Lesbian Sexualities." pp.276–287 in *Feminism and Sexuality: A Reader, edited by Stevi Jackson and Sue Scott*. New York: Columbia University.

Rubin, Gayle S., 1975, "The Traffic in Women: Notes on the 'Political Economy' of Sex." pp. 157–210 in *Toward an Anthropology of Women*, edited by Rayna R. Reiter. New York: Monthly Review Press.

Rubin, Gayle S., 1993 [1984], "Thinking Sex: Notes for a Radical Theory of the Politics of Sexuality." pp. 3–44 in *The Lesbian and Gay Studies Reader*, edited by Henry Abelove, Michèle Aina Barale and David M. Halperin. New York: Routledge.

Schorn, Johanna, 2012, "Subverting Pornormativity: Feminist and Queer Interventions." *Gender Forum: An Internet Journal for Gender Studies* 37: 15–24.

Sullivan, Barbara, 2000, "Rethinking Prostitution and 'Consent'." Paper presented at the 2000 Conference of the Australasian Political Studies Association, Australian National University, Canberra, 3–6 October, 2000.

Willis, Ellen, 2012, "Feminism, Moralism, and Pornography." pp. 219–227 in *Beginning to See the Light: Sex, Hope, and Rock-and-Roll*. Minneapolis: University of Minnesota Press.

呂秀蓮，1977，《新女性主義（修訂版）》。台北：拓荒者。

蘇芳儀，2014，《我國性交易管制：從女性主義與實證研究評析社會秩序維護法》。
新竹：交通大學科技法律研究所碩士論文。

第八章

有色婦女女性主義理論

　　廣義而言，所謂的「有色」(of color)，是相對於白色或無色 (as color-less)，後來則被用來指稱非白色的種族。然而在社會學的相關研究中，「有色」一詞隱含重要的社會、歷史與政治意義，亦即在「西方白人中心」的文化霸權宰制下，非西方白人族群的文化，因此必須承受被邊緣化、價值被貶抑，以及身分去主體化的命運。對女性主義而言，「有色」與「有色婦女」的意義，即隸屬此一脈絡，且「有色婦女」所指涉的，就是具有此種被排擠經驗的女性。也就是說，相對於白人女性，非白人的婦女除因性別而飽受壓迫之外，還要同時承擔來自種族（階級）社會關係的欺壓。

　　換句話說，有色婦女作為一個群體，必須同時擔負身為女人與有色人種，所帶來的雙重壓迫。此種雙重壓迫的困境，和作為優勢種族的白人女性，僅只受到來自父權體制的性別壓迫，兩者之間的生命經驗確實有極大差別。由於種族藩籬在西方白人社會中有其嚴格的界線，再加上西方殖民文化的長遠歷史因素，使種族壓迫顯得更為突出且具優先性。因此對非西方的有色婦女來說，環繞西方白人中產階級女性經驗為核心，且據此發展出來的主流女性主義，不論是「第一波婦運」或是「第二波婦運」所產生的女權主義，都未曾慎重考量非白人女性的生命情境。此種狹隘的女性主義論述，既無法有效闡釋有色婦女所遭遇的困局，也無法具體改善她們的處境，此種知識對於有色婦女來說，亦沒有任何社會關聯性可言。

　　總之，有色婦女身處「父權體制」與「白人優勢種族階序」雙重壓迫的特殊社會處境，可為其提供知識建構的不同立足點。她們雖然身居種族劣勢，但若以她們雙重壓迫的生命經驗為基礎，其所提出的觀點，必然可以有別於白人

女性主義的理論，對於女性主義知識論的建構，亦有其立場的優位性 (privileged standpoint)。

然而，對於有色婦女而言，即便皆擁有父權與種族雙重壓迫的經驗，也並不意味此種雙重壓迫的形式與性質是絕對相同的。也就是說，族群與性別的壓迫，有其長遠的歷史歸因，同時也會呈現錯綜複雜的樣態。對某些種族／族群的女人來說，父權壓迫可能是首要或是第一層次的壓迫，種族才是次要的壓迫；但是對另一種族／族群的女性而言，種族卻有可能才是主要的壓迫，父權階級則是次要的來源，端視該社會的殖民歷史、種族關係與性別體制如何交織而成的脈絡而定。

因此，所謂父權與種族的雙重壓迫，並非鐵板一塊或一成不變，對有色婦女的生命經驗而言，兩種壓迫之間彼此交互作用的形式，既複雜多元，也沒有明確的關係或類型。唯一可以確定的是，有色婦女的生命經驗，可說是多重壓迫交互作用的場域，「有色婦女女性主義」(women of color feminisms) 其「立場論」的優勢，即在於藉由此種獨特差異的生命情境，不但可以釐清多重壓迫之間的繁複關係，亦可進而建構「交織理論」(intersectional theory) 的概念。

由此可見，相對於種族優勢的白人女性，有色婦女不是本質全然相同的族群，所謂「有色婦女女性主義」的理論，也並非單一（而是多元、複數）的體系。就當今女性主義理論的建構體系來看，主要的「有色婦女女性主義」，可以大致區分為以下兩類：(1)「美國有色婦女女性主義」(US women of color feminisms)：以西方白人優勢國家的有色婦女為主體，而發展出來的女性主義，其中最廣為人知的，則是「黑人女性主義」(black feminism)；(2)「第三世界有色婦女女性主義」(third world women of color feminisms)：相對於西方歐美已開發國家，在資本主義的全球分工體系下，以第三世界國家的女性經驗為主體，而發展出來的「第三世界有色婦女女性主義」。

將「有色婦女女性主義」粗略分為兩大主要的類別，乃是為求分析討論時的方便，並不表示只存在這兩種類別。這兩大類別的「有色婦女」，除了皆以白人女性作為分類的共同基礎之外，其內部仍然存在相當程度的差異。例如，「美

國有色婦女女性主義」至少就涵蓋美國西班牙裔、亞裔以及黑人的女性，而第三世界女性之間的差異，可說是更加複雜多元。

　　面對如此複雜多元的「有色婦女女性主義」，考量各種流派的「有色婦女女性主義」在其論述與知識體系發展階段的差異，本章的討論分為兩個主要部分：第一部分探討「美國有色婦女女性主義」，並且聚焦於「黑人女性主義」；第二部分則主要分析以第三世界婦女作為知識主體，因而發展出來的「第三世界有色婦女女性主義」，其中包括：「第三世界女性主義／後殖民女性主義」、「跨國女性主義」，以及「國際女性主義／全球女性主義」。

一、美國有色婦女女性主義

　　美國是多種族與多族群的國家，其社會之人口組成主要以白人為主，重要的少數族群包括非洲裔黑人 (African Black)、拉丁美洲移民的西班牙裔人 (Hispanic/Latino)、亞洲移民的亞裔美國人 (Asian American)，以及美洲印地安原住民 (Native American Indian)。在美國的婦女運動發展史中，少數族群的女性並沒有缺席，不論是 1840 年代「第一波婦運」的「婦女投票權運動」(the women's suffrage movement)，抑或 1960 年代「第二波婦運」的婦女解放運動，都可以看到少數族群女性穿梭其中的身影，也可以聽到她們所發出的抗爭之聲，其中以黑人女性的參與者為數最多。

　　在 1960 年代興起的「第二波婦運」發展過程中，雖然所有的少數族群婦女都曾參與，也曾分別針對各自不同的生命經驗，對主流白人女性主義提出挑戰與質疑。但相對而言，黑人女性對於美國婦女運動的貢獻，其參與歷史不僅較長，涉入的程度也更深，同時也是最具行動力 (activist) 且最勇於發聲 (vocal) 的一群。美國黑人女性除積極參與早期的「廢奴運動」(the abolitionist movement)，也積極投入 1840 年代的美國「婦女投票權運動」。黑人女性不只挺身而出，爭取女性平等的投票權之外，也對當時以白人女性為主體的「婦女

投票權運動」，明顯忽略黑人女性的存在，表達其不滿並具體提出呼籲。其中最廣為人知，可謂是「黑人女性主義」的先驅者，當屬索潔那‧楚斯 (Sojourner Truth, 1797–1883)。她於 1851 年在俄亥俄州 Akron 市舉辦的「婦女大會」 (Women's Convention) 中，發表擲地有聲的演講：《我不是女人嗎？》(*Ain't I a Woman?*)，此次演說可謂是開展「黑人女性主義」理論發展的重要論述之一 (hooks 1981)。

（一）第一波婦運：索潔那‧楚斯 (Sojourner Truth) 與婦女投票權運動

索潔那‧楚斯的原名為伊莎貝拉‧鮑傅立 (Isabella Baumfree)，出生時即為奴隸，在獲得自由身分之前，她已被輾轉賣過四次，終於在 1826 年才順利逃脫其主人的控制，並在當時一位廢奴支持者的贊助下，重獲自由的身分。當她在 1828 年正式移居紐約以後，就開始積極參與當時的「廢奴運動」，1848 年也主動介入「婦女投票權運動」，為爭取婦女平等投票權發聲，成為這兩個社會改革運動中，十分重要的鼓吹者以及著名的演說家 (Joseph 1989)。

在「我不是女人嗎？」的演說中，楚斯為黑人女性及「黑人女性主義」，提供兩個極為重要的基調：⑴請大家不要忘記，黑人女性也是女人；⑵非裔美國黑人女性作為奴隸的經驗，與美國白人女性作為自由與被善待的中產階級婦女，其生命經驗迥然有別。在當時美國社會普遍瀰漫「奴隸都是男性，而女性只有白人」 (slaves as male and women as white) 的氛圍下，此種呼籲無疑是一針見血，直指黑人女性進退兩難的尷尬窘境。

楚斯點出黑人女性在 19 世紀的美國社會中，面臨種族與性別霸權的雙重壓制：黑人女性「在黑人中，是女人；在女人中，則是黑人」("Among blacks are women; among the women, there are blacks.") (Davis 1983: 60)，從不曾擁有屬於自己的身分認同。楚斯從她身為奴隸的黑人女性角度出發，宣稱她們的身分，在當時社會分類的範疇下，可說是從未存在的事實。在此種狀況下，她提出婦女運動應該關注黑人女性獨特的生命經驗，其論述顯得相當鏗鏘有力，無怪乎會成為當代「黑人女性主義」的核心觀點。

　　除指出黑人女性的獨特生命經驗，以及種族與性別的複雜交織，究竟是如何影響其社會處境，楚斯對女人與權力的觀點，也有別當時的白人婦運者。不同於白人婦運者對女人與權力之間的關係，多半採取負面的態度，楚斯「黑人女性主義」的獨到之處，在於她主張身為女人的經驗，是有力量 (powerful) 而非無力的 (powerless)。她強調女人應該要把握、攫取 (seize) 她們的權利，而非卑微的乞求 (beg for them)。也就是說，女人的權力應該由自己積極爭取，而非被動向男人哀求。因此，行動（而非言論）才是女性解放或權利平等的途徑，光說不練無濟於事，「假如女人可以堅持應有的生命，假以時日她們就會得到該有的權利」(Tong 2018: 133)。

　　楚斯關於女人與權力的看法，主張女人必須在行動中把握權力，並透過行動在日常生活中攫取力量，以獲得該有的權利，並達成平等的目標。從她個人的經驗來看，她認為白人女性之所以無力且無能賦權的主要障礙，是源自她們的內在或內心，而非出於外在因素。對她而言，白人女性面對權力當前，未免顯得有些卻步，她們似乎以為唯有得到男人的首肯或認可，女人才能擁有力量或行使權力。但她不認同這樣的觀點，堅持女人如果想要擁有權力，就必須該拿就拿，完全不需要請求別人的允許 (Hull, Scott and Smith 1982)。

　　楚斯對當時白人女性為主的婦運，還有另外一個不以為然之處。她批判白人婦運者主張在推動爭取平等的運動過程中，與白人男性團體或組織保持良好的關係，此種作法是全然錯誤的。白人女性認為必須得到來自男性與社會主流力量的支持，避免與權力核心疏離，才是達到女性平等的上策，但楚斯宣稱這只是向權力妥協或委曲求全。楚斯的批判可說是相當嚴厲，也反映黑人與白人女性的生命經驗，存在基本的落差，特別是與權力關係之間的連結。

　　黑人女性在美國種族與性別體制的文化脈絡下，處於權力的底層，是完全沒有任何權力的群體。相對而言，白人女性則因其種族優勢，仍然擁有些微的權力。此外，白人女性藉由與白人男性之間的連帶，可以分享來自男性主流的權力，因此白人女性在爭取平等的運動過程中，傾向與男性合作（而非互相對立），以便爭取他們的支持。此種行動策略的選擇，對黑人女性運動者而言，不

僅是運動路線的差異，導致黑人女性運動者大量出走且自立門戶，還衍生更為嚴重的後果，造成黑人女性產生「被背叛」的感覺，從此種下黑人女性與白人女性運動者之間的嫌隙，以及前者對於後者的「不信任感」。

例如黑人女性運動者，往往若非強調「局外人」(outsider) 的視角，例如奧德瑞・羅德 (Audre Lorde, 1934–1992) 的「局外人姐妹」(sister outsider)、佩翠西雅・柯林斯 (Patricia Hill Collins, 1948–) 的「圈內局外人」(outsider within)，就是如同坎貝麗・克倫索 (Kimberlé Crenshaw, 1959–) 一般，採取「邊陲／中心」(margin/center) 的觀點。她們也同時藉由「女人主義」(womanism)、「黑人女性主義」(black feminism) 等概念的提出，來定位她們與「女性主義」(feminism) 之間的區隔 (hooks 1984)。而且，此種不信任或緊張的關係，從 1840 年代「第一波婦運」開始，一直持續到 1960 年代的「第二波婦運」，始終未曾稍解。伴隨美國黑人女性社會地位的轉變，當代「黑人女性主義」者基於差異的立場，開始著手建構屬於黑人女性的「有色婦女女性主義」知識體系 (Collins 1996)。以下簡介幾位重要的當代「黑人女性主義理論」推手。

（二）黑人女性主義與第二波婦運

1.康巴西河共同體 (The Combahee River Collective)

1960 年代蓬勃興起的婦女解放運動，學界通常將之視為美國的「第二波婦運」，以作為 1840 年代「婦女投票權運動」的延伸與後續，是理解黑人女性運動歷史與女權思潮發展的重要根據。相對於黑人女性參與第一波「婦女投票權運動」時的低能見度，她們在「第二波婦運」的婦女解放運動中，則有較為顯著的可見度。雖然此波婦運主要倡議團體 (consciousness-raising groups) 的組成，仍以白人女性為主，缺乏種族的多樣性或族群的包容性。但與「第一波婦運」迥然不同的是，其他有色婦女選擇成立屬於她們自己的團體，以便推動各自的目標。黑人女性運動的團體中，最活躍且最為人所知者，當屬「康巴西河共同體」。此團體於 1974 年從「全美黑人女性主義者組織」(National Black Feminist

Organization, NBFO) 中分裂而出，是由一群黑人女同性戀女性主義者共同組成。

　　該團體於 1977 年 4 月，正式發表〈康巴西河共同體聲明〉("The Combahee River Collective Statement", 1977)，宣稱該組織的自我定位，係以積極抵抗種族、性與性傾向，以及階級的壓迫為宗旨，而發展各種壓迫系統之間相互交錯的整合分析與實踐方案，則是該團體的主要任務。「康巴西河共同體」主張，當「有色婦女」必須共同面對來自種族、階級、性別等體制的多重壓迫時，「黑人女性主義」正是黑人女性對抗壓迫時必然會採取的政治運動，此一宣示也為當代黑人女性的認同政治運動 (identity politics) 正式拉開序幕。除此之外，她們也同時關注黑人女性在白人女性與異性戀為主的婦運團體中被邊緣化，在黑人男性為主的民權運動與國族主義政治運動，例如「黑豹」運動 (the Black Panther Movement) 中，亦備受質疑與排擠的處境 (The Combahee River Collective 2017 [1977])。

　　對此一時期的「黑人女性主義」者而言，性別作為壓迫體制的優先性，並非絕對必然。有別於白人女性主義者，她們與其他有色婦女，擁有更多共同的生命處境，以及類似被壓迫的經驗，此種與白人女性有所差異的生命經驗，正可以被視為「黑人女性主義」的優勢所在。「第二波婦運」中的「黑人女性主義」者，以其特有的歷史經驗，和處於多重壓迫交織中的位置，作為建構「黑人女性主義」知識體系的理論根基，並據此分析「有色／種族」與「婦女／性別」之間的交錯 (interaction) 與交織 (intersection)。這些重要的理論研究與成果，對於當代女性主義知識體系的發展，具有極大的貢獻。

2. 奧德瑞·羅德 (Audre Lorde)

　　奧德瑞·羅德是當代黑人女性運動與女性主義理論的重要人物，也是「第二波婦運」中「反色情運動」的主要論述者之一。身為黑人女同性戀者，羅德深切瞭解自己與主流白人異性戀女權運動者之間的巨大差異，然而她不但不迴避這個差異，且進而將這個差異，轉化為形塑和滋潤其政治行動的基礎。或許是基於自己在種族與性傾向的層面，皆與許多白人女性不同，因此深刻體認到

女人之間的差異，她堅持女人不是同質且單一的分類範疇，而這正是她與同輩
女權主義者之間很重要的分野 (Lorde 1984a)。

　　因此，她敦促婦女運動在爭取女人的平權時，必須同時考慮年齡、身障、
恐同、階級、種族與雙性等因素，對於女權所產生的影響。她批評主流女性團
體「往往將對同質性的要求誤稱為是對團結的需要」(Lorde 1984b)，主張女人
唯有體認女人之間的差異，學習接受女人之間的異質，才能讓差異轉變為力量。
羅德並且提出一個鏗鏘有力的論述：「主人永遠不會用自己的工具，來拆掉屬於
自己的房子」 (For the master's tools will never dismantle the master's house.)
(Lorde 1984c)，也就是有權力的人，是不會自廢武功，或自動放棄權力的。

　　她並且宣稱：「我們這些身處社會主流圈之外，不被社會認定為可接受的女
人，我們這群在差異熔爐中被鍛造出來的人，包括貧窮、女同性戀、黑人、年
老的女人，都明瞭『生存』不是學院的技能，而是學會如何將我們的差異變成
力量。因為主人永遠不會用自己的工具，來拆掉屬於自己的房子，權力的主人
也許偶而會允許我們在他自己的遊戲中打敗他，但他們絕對不會讓我們帶來真
正的改變。因此，對那些仍然將主人的房子，定義為其唯一支持來源的女人，
這個事實只會帶來威脅」(Lorde 1984c)。

　　面對主流的婦女運動，將所有的關注焦點，全都放在性別之間的差異，羅
德再三強調女人之間差異的重要性，並指出階級、種族、年齡、性傾向與健康，
是攸關女性經驗最根本的議題。婦女運動必須體認女人在這些範疇中的處境差
異，因此，羅德也經常被視為「交織理論」的先行者。

3.貝兒·胡克斯 (bell hooks)

　　貝兒·胡克斯 (bell hooks, 1952–2021) 是當代極為重要的「黑人女性主義」
理論家，同時也是知名的詩人、文學家、教育者、公共知識分子與社會改革者。
貝兒·胡克斯的原名為葛洛麗亞·華特金斯 (Gloria Jean Watkins)，她選用母系
曾祖母的名字作為筆名，以紀念她的女性先人。此外，她也堅持用小寫英文字
母來拼寫她自己的名字，避免突顯作者個人自我的重要性。

　　就如同在她之前的「黑人女性主義」先行者，胡克斯主要關懷的議題，也是黑人（或有色）婦女在白人社會中，遭遇來自「種族」與「性別」的雙重障礙，以及隱含在主流女權運動中的種族主義 (racism)。關於女性主義理論，胡克斯也有其獨到的主張：以黑人女性的經驗為基底，所淬煉出來的女性主義，是為了賦權有色婦女。因此，理論必須具有可及性 (accessibility)，要讓不同處境的有色婦女，皆有接觸學習的機會。

　　胡克斯堅持以非學術論文的方式來寫作，既不使用艱深的學術語言或概念書寫，也不引經據典的註解，希望藉此讓她的著作，得以讓任何階級與教育程度的人，都有機會可以接觸。但此種非正統的寫作方式，卻使她在學界遭遇抵制且備受刁難，缺少註解的書寫，更讓她著作的完整性普受學界質疑。即便如此，她仍始終堅持到底，從未在龐大的壓力下就決定改變書寫方式。她仍然堅持避免使用術語，以非學術的方式寫作，目的是要讓女性主義的理念，能有效拓展到學院之外，也讓理念盡可能傳遞給不同社會位置的讀者。

　　胡克斯堅持非學術寫作的作法，並不表示她抱持反知識或理論的立場。相反的，她呼籲她的有色同胞，不要只是一味排斥理論或反對知識分子，而是應該盡可能的接受高等教育，讓黑人得以擺脫貧窮無知群眾的既定刻板印象，以達到真正的平等 (hooks 1991)。對胡克斯而言，所謂「女性主義就是終結性主義，以及性主義的剝削與壓迫的運動」(hooks 1984: 18–33)。她認為這個定義隱含一個前提：不論男人或女人、大人或小孩，所有「性主義」(sexism) 的想法與行動，全都是有問題的，要瞭解女性主義，就必須先瞭解「性主義」。由此推演，作為正統的女性主義者，就是要將所有的女人和男人，從「性主義」的角色類型、宰制與壓迫中解放出來。

　　關於女性主義的理論，胡克斯也同時注意到主流的白人女性主義理論，缺少多元包容的聲音。她在《女性主義理論：從邊陲到核心》(*Feminist Theory: From Margin to Center*, 1984) 一書中，強烈批評在主流的女性主義理論中，非主流的聲音與有色婦女的觀點，往往被邊陲化的現象：「所謂處於邊陲，就是雖是整體的一部分，卻不是主要的部分」(hooks 1984: xvi)。她認為主流的女性主

義，所追求的是女人與男人的平等，但這不但是不可能的目標，也無異於緣木求魚，因為在西方社會，所有的男人也並非全然平等。同理，女人之間的不平等也是常態，底層階級的貧窮婦女，尤其是有色婦女在日常生活所經驗的差異，時時都提醒她們，女人之間從未擁有共同平等的社會地位。

因此，胡克斯認為對這些「差異」的女人而言，應該不會將「女性解放」定義為女人與男人的平等，畢竟每天的生活經驗，都提醒不平等的現象已是家常便飯。因此，關於女性主義的理論，她主張必須進一步分辨「真」(real) 與「偽」(fake) 的女性主義。例如，胡克斯對於「臉書」(Facebook) 營運長雪柔·桑德伯格 (Sheryl Sandberg, 1969–)，在她曾經風行一時的暢銷書《挺身而進：女性、工作與抱負》(*Lean in: Women, Work, and the Will to Lead*, 2013) 中宣稱：女性只要依靠自己的意志與堅持，即可在企業中功成名就，胡克斯對這樣的說法特別感冒。她批評桑德伯格的這種說法，只看見處於優勢條件的白人、富有、已婚女人（白又貴的婦女）的成功，完全無視於處於劣勢的黑人、貧窮、單身女人的困境。

言下之意，直指桑德伯格的說法就是一種「偽」女性主義，表面看來似乎站在女人的立場上，主張女人可以依靠自己的能力，達到跟男人同等的地位，事實上，這種說法卻隱含指責女人的意味。亦即，女人若不能達到跟男人一樣的社經地位，是因為女人自己是否不夠努力，而無視於存在於制度結構中的性別障礙與歧視。關於桑德伯格的說法，女性主義者與婦運界的批評之聲頗多，包括許多白人主流的女權主義者，但胡克斯卻特別強調「偽」女性主義忽略階級主義與種族主義對有色婦女的多重影響❶。

胡克斯所宣稱的「真」女性主義，除了必須體認女人之間差異的存在，進而形成差異的姊妹情誼並互相接受。此外，她也主張「包容性」的平權運動，應該也同時納入男性，讓男性擔負他們應有的責任，這樣真正的改變才有可能

---

❶ hooks, bell, 2013, "Dig Deep: Beyond Lean In." in *the feminist wire*, https://thefeministwire.com/2013/10/17973/ (Date visited: April 11, 2021).

發生，性別平等才可能達成。因此，對於婦女平權運動，胡克斯反對「基進女性主義」所提議的「分離路線」，呼籲將男性（有權力者／被改革者）皆納入婦運，成為改變性別結構運動的同志。

　　此種「包容性」的運動策略，對胡克斯而言，不僅讓女性獲得平權，更要藉此改造原有壓迫性權力的文化框架。儘管她認為對男性抱持「包容性」的立場，是改造社會性別結構的根本之道，但卻遭致當時許多女權者（包括白人與有色）的懷疑與批判，認為是向男權妥協的作法。面對這樣的質疑，胡克斯仍堅持其一貫主張的包容立場：體認女人之間在階級與種族的差異，以及存在於男人與女人之間的差異。對她而言，唯有將男人與女人同時納入，一起為女權打拼，改變才有可能真正發生。

（三）建構黑人女性主義理論：從「差異」到「交織性」

　　「黑人女性主義」的理論，在經歷前後兩個世代的女權運動支持者，包括黑人女性作家愛麗絲·沃克 (Alice Walker, 1944–)、詩人羅德、學者胡克斯，以及社區行動者與運動者「康巴西河共同體」的共同努力，在 80 年代後期已有相當進展。其針對性別、種族與階級之間的交錯關係，所提出的「交織理論」，不但廣為學界肯定，也為性別理論的發展推進一大步。關於「交織理論」的建構，以下兩位「黑人女性主義」者，可謂是重要的推手。

1.坎貝麗·克倫索 (Kimberlé Crenshaw)

　　坎貝麗·克倫索是批判法學與種族理論學者，同時也是人權律師與社區工作者。「交織性」(intersectionality) 的概念，來自她對存在於美國司法體系中，種族、性別的差別待遇與歧視研究的洞見。她也常被歸功為「交織性」一詞的創造者。

　　「交織性」此一語彙，源自克倫索於 1989 年發表於《芝加哥大學法學論壇》(*University of Chicago Legal Forum*) 的論文。她在〈去邊緣化種族與性別的交織：黑人女性主義者對反歧視學說、女性主義理論與反種族主義政治的批判〉

("Demarginalizing the Intersection of Race and Sex: A Black Feminist Critique of Antidiscrimination Doctrine, Feminist Theory and Antiracist Politics", 1989) 此篇論文中，透過對美國司法程序的分析與評論，指出種族與性別究竟是如何交織，共同形塑黑人男性與女性在司法體系的經驗，並造成他們受到不等同於白人的待遇。例如黑人女性由於受到種族與性別雙重不利因素的交錯影響／交織，她們既非白人、又是女性的雙重附屬身分，導致她們在司法系統遭受不成比例且被邊緣化的危機。在這篇里程碑式的論文中，克倫索引進「交織性」的概念，除了具體批判法律與司法程序之外，同時也指出黑人女性在主流女性主義理論、種族理論與政治運動中，同時被邊緣化的現象 (Crenshaw 1989)。

關於黑人女性被邊緣化的社會處境，克倫索在 1991 年，也發表另一篇論文〈繪製邊陲：交織性、認同政治與對有色婦女的暴力〉("Mapping the Margins: Intersectionality, Identity Politics, and Violence against Women of Color", 1991)，進一步闡述如何以「交織性」作為分析架構，來突顯有色（特別是來自移民和社會弱勢社區）婦女的脆弱性，以及在防止對婦女使用暴力的社會運動與倡議團體中，她們又是如何在各種防制措施中備受忽略 (Crenshaw 1991)。

總之，克倫索認為「交織性」作為分析的視角或透鏡，其價值在於具有同時分析各種不同社會力量的作用，不僅可以用來分析與理解不同形式的特權與壓迫，是如何同時存在，並因而塑造個人在社會世界中的經驗。更重要的是，這個概念可以協助人們穿透社會表象，看清那些被認為（或看似不同）的社會力量，實際上究竟是如何相互依賴與共存。

克倫索關於「交織性」的論述，廣受各地女性主義者的肯定，普遍認為這是 1990 年代「文化轉向」(cultural turn) 之後受挫的（結構）女性主義理論，之所以能進一步發展的重要助力。然而，在「交織性」概念的大傘之下，許多「黑人女性主義」者也開始注意到性別與種族、階級之間的關係，是複雜、相乘而非相加的效應。其中，柯林斯就從社會學的觀點出發，提出「支配矩陣」(matrix of domination) 的分析架構，具體探究在美國社會與文化脈絡下，性／性別與種族是如何相互交錯，並進而影響黑人女性的處境與生命。

2.佩翠西雅‧柯林斯 (Patricia Hill Collins)

佩翠西雅‧柯林斯是當前美國重要的「黑人女性主義」理論家，也是相當活躍的美國社會學者。她曾獲選為第 100 任的 「美國社會學會」 (American Sociological Association, ASA) 理事長，同時也是該學會第一位非裔美籍女性理事長，可見她不只在美國社會學界擁有重量級的地位，在性別與種族的研究領域中，也具有相當重要的成就。關於性別與女性主義的理論，特別是「黑人女性主義」的思想，柯林斯的理論主要座落在種族、性別、階級與國族之間的交織性。關於交織性概念的發展與闡釋，她主要的研究著作，包括：〈學習「圈內局外人」〉("Learning From the Outsider Within", 1986) 以及《黑人女性主義思想：知識、意識與賦權政治》(*Black Feminist Thought: Knowledge, Consciousness, and the Politics of Empowerment*, 1991) (Collins 1986, 2000 [1990])。

在〈學習「圈內局外人」〉一文中，柯林斯特別提出「圈內局外人」(outsider within) 的概念，指出身為一個「黑人女性主義」者，若以其黑人女性身處美國白人社會邊緣位置的生活經驗為出發點，在建構女性知識論的層面上，究竟有何立場論的優勢。「正如許多黑人女性，過去藉由在白人家庭擔任幫傭工作，因而得知許多關於白人／主人家裡（不為外界所知）的私事。雖然她們備受白人主人及其家庭的倚重與信任，但從來不會被接納為家人，她們也不會忘記自己是局外人的身分」(Collins 2000 [1990]: 11)。

長期以來，黑人女性知識分子在學術界的處境，同樣也是身處類似的邊緣位置，但她們卻反而創造性的利用「圈內局外人」的位置，生產出對自我、家庭與社會有其獨特立場的「黑人女性主義」。作為「圈內局外人」，黑人女性／女性主義者的邊緣位置，使她們對於「局外人」的自己與「局內人」的他們，有更加深刻的瞭解。她們不僅可以從「外」看「內」(looking from outside) 外，也能夠從「內」看「外」(looking from inside)，培養她們瞭解優勢團體如何看待自己的特殊能力，更同時讓她們對「內」、「外」之間的權力關係，擁有更加自覺的理解。

因此，這種獨特的立場與位置，不但給予黑人女性知識建構的優勢，也會

使得她們對於社會平等的達成，更加期待並且熱切投入。在這個脈絡下，柯林斯持續關心的議題之一，就是對所謂「黑人家庭」的問題化。「家庭」是黑人女性受壓迫同時也是抵抗社會的脈絡，但美國社會的主流政策以及白人社會，對此卻不僅忽視也缺乏理解。

1990 年柯林斯出版她最廣為人知的著作《黑人女性主義思想：知識、意識與賦權政治》，該書普獲美國學界高度肯定，贏得多項殊榮。其中，也包括美國社會學界的兩個重量級獎項：1990 年 「美國社會問題研究學會」 (The Society for the Study of Social Problems, SSSP) 所頒發的 "The C. Wright Mills Award"，以及 1993 年 「美國社會學會」 所授予的 "The Jessie Bernard Award"。除此之外，「女性心理學學會」(The Association for Women in Psychology, AWP) 與「黑人女性歷史學家學會」(Association of Black Women Historians, ABWH)，也都針對該書予以授獎。

在《黑人女性主義思想：知識、意識與賦權政治》一書中，柯林斯提出屬於她的版本的「交織性理論」，透過支配矩陣的概念，分析不同形式的支配或宰制，其交互作用為何，也將種族、階級與性別等支配系統之間的連鎖互動與交織性，予以重新概念化。她主張這些不同形式的支配系統，不但是同時發生 (simultaneously occur)、相互組成 (mutually constitute) 的社會勢力，若將其組合 (compose) 起來之後，更會成為一個總體性的 (overarching) 權力支配系統 (Collins 2000 [1990]: 225)。

關於種族與性別的交互作用，一直以來都是討論有色女性（特別是黑人女性）處境的重點。過去學者也曾提出 「相加性模型」 (additive model)，主張種族、性別對於有色女性的壓迫，是透過累積的方式而產生加總的效果。但此模型始終無法完全掌握性別與種族之間交互壓迫的複雜性，直到克倫索提出「交織性」 的概念，才得以詳盡掌握不同壓迫系統之間的複雜關係。

但是柯林斯的「支配矩陣」，卻是試圖進一步勾勒不同壓迫系統之間交互與連鎖作用的分析模型。藉由將種族、性別與階級，看成是相互連鎖的支配系統，此一模型的意義，在於透過矩陣的分析方式，促進且帶動典範的轉移，讓人們

對於壓迫的想法更具開放性或包容性。除階級與種族之外，也可以將其他形式的壓迫，例如年齡、性傾向、國族與族群等，皆涵蓋在模型之內。「支配矩陣」除用來分析黑人女性的生命經驗外，也可以運用在其他有色或弱勢女性身上，探究被主流社會視為「他者」的群體，其受壓迫的具體處境究竟為何。

　　因此，「支配矩陣」可以說是柯林斯針對不同壓迫形式之間的交互關係，所提出的 「交織理論」。它不但具有理論的概括性與普遍性 (generalizability)，其分析架構還可以用來解釋各種支配系統對不同弱勢族群的壓迫形式。由於黑人女性長久以來，始終處於美國社會種族與性別體制兩大主要支配系統的宰制之下，其所置身的獨特位置，以及以此為基礎而發展的「黑人女性主義」知識體系，不但具有認識論立場的優勢，對社會壓迫與不正義的生命經驗與困境，亦可以提供更加深刻的體認與瞭解。

　　伴隨性與多元性別議題的提升，柯林斯也出版《黑人性政治：非裔美國人、性別與新種族主義》 (*Black Sexual Politics: African Americans, Gender, and the New Racism*, 2004)，再度擴展其原來的「交織理論」，將分析重點聚焦在種族主義與 「異性戀中心主義」 (heterosexism) 的交織與纏繞 (intertwined)，對黑人女同性戀者所造成的壓迫，並勾畫種族、性與階級之間的連鎖支配關係所形成的壓迫系統。她並且進而呼籲社會正義與社區營造的計畫與事業，必須認清這個壓迫系統的本質，當所有的被壓迫者，都能認清彼此間的共同經驗且因此團結，翻轉壓迫才有可能實現 (Collins 2004)。

（四）黑人女性主義的貢獻

　　克倫索對於「黑人女性主義」的主要貢獻，是引進「交織性」的概念，來描繪種族與性別體制，是如何對黑人女性造成雙重連鎖壓迫效用，並突破以往雙重或 「相加性模型」 的限制。柯林斯的成就，則是進一步將 「交織性」 的概念擴展並加以理論化，提出 「支配矩陣」 的分析架構。身為社會學家，柯林斯先看到階級與性／性別 (class and sex/gender)，隨著她的學術關懷擴大到第三世界的有色婦女，她又同時將國族 (nationality) 納入支配系統的一環。她後來更進

一步將階級、性／性別、國族三個體制，全都納入「支配矩陣」當中，作為解析社會壓迫的一般模式。因此，柯林斯的重要貢獻，則是提升「交織性」理論的概括性或普遍性，使之成為解釋其他弱勢族群被壓迫經驗的一般模式，進而證成她的知識論主張：以黑人女性經驗為基礎，所建構的「黑人女性主義」，在知識論的建構，有其立場上的優勢。

二、第三世界有色婦女女性主義

「第三世界女性主義」的理論，則是另外一個以有色婦女作為知識建構的主體，所發展出來的女性主義知識系統。相較於過去西方白人殖民國家，抑或當代歐美經濟發展先進國家，第三世界國家無論是在現代資本發展的過程，抑或是在新資本主義的全球分工體系下，皆處於被殖民或經濟後進／後段的位置，這些國家以提供原物料或動員女性廉價勞力的方式，來從事大量生產。以第三世界國家女性的生活經驗為主，發展出來關於全球化、殖民、國族與性別關係的知識，則被通稱為「第三世界女性主義」。

在這個龐大的女性主義知識體系的分類架構下，也同時含納「跨國女性主義」與「後殖民女性主義」。「跨國女性主義」是以全球資本分工體系的不同位置，作為其知識分類的框架 (Grewal and Kaplan 1994)，此外，還有後現代理論學者所主張的「第三世界女性主義」，也就是所謂的「後殖民女性主義」。「後殖民女性主義」的研究對象，並非西方殖民國家的白人女性，而是後殖民／再殖民社會中的女性，以其被壓迫與剝削的經驗為主體，所建構的知識體系，因此，後現代理論的學者，多半傾向將「後殖民女性主義」與「第三世界女性主義」彼此通用 (Mohanty 1984; Mohanty, Russo and Torres 1991; Alexander and Mohanty 1997)。

「跨國女性主義」與「第三世界女性主義」／「後殖民女性主義」，往往被視為是與第三世界婦女最密切攸關的女性主義流派。除此之外，隨著全球化日

漸成為發展論述的主流，以「發展」傳統為基礎的女性主義者，也提出「全球女性主義」(global feminism) 的理論。「全球女性主義」主要是為探究新自由主義全球化所產生的負面性別效應，並試圖整合「第一世界／核心國家」與「第三世界／邊陲國家」的女性經驗與觀點，其目標則是以達到全球婦女的姐妹情誼和共同利益為主體 (Moghadam 2005)。

　　概括而言，「第三世界女性主義」約莫起源於 1980 年代。雖然「跨國女性主義」與「第三世界女性主義」／「後殖民女性主義」，通常被認為是與第三世界婦女關係最為密切的女性主義流派，但所有流派的「第三世界女性主義」，大抵皆是源自第三世界的女性主義者、婦女運動者或團體，對於當時西方「第二波婦運」的反彈。因為「第二波婦運」多半都是以中產階級白人女性為基礎的女性主義論述，因此也被謔稱為「布爾喬亞女性主義」(bourgeois feminism)。「第三世界女性主義」者批評主流的白人女性主義，不但將所有的女性同質化，認為性別是導致所有女人不平等的唯一主要因素，也主張父權體制是壓迫女性的唯一元兇。但這樣的觀點，卻嚴重忽略（或忽視）非西方有色婦女其位置的差異，以及她們受到多重因素壓迫的複雜性。

　　據此，「第三世界女性主義」遂主張：第三世界有色婦女除了性別以外，也受到種族、階級及國族認同的支配，例如殖民主義或帝國主義等多重因素交織的壓迫。她們拒絕接受西方「第二波婦運」白人女性主義針對女性地位普同性 (universality) 的宣稱，也反對西方主流論述，將她們視為「他者」(other) 或予以「他者化」(otherized)。她們同時也指責主流西方女性主義以白人女性為主體，將第三世界女性的不同經驗視為「差異」，或將第三世界女性複雜的生命經驗，全都化約為同一種偏離於西方現代社會女性的經驗，其中沒有本質的差別，只有程度的高下。也就是說，相較於西方白人女性，非西方有色婦女的地位更加低落，這是因為非西方女性在傳統社會中，受到父權性別體制更高度的控制。除了這些主要論點是彼此共通之外，「第三世界女性主義」的不同流派之間，仍有一些重要的差異，以下將進一步分述之。

(一) 第三世界女性主義／後殖民女性主義

　　雖然在女性主義的理論文獻中，「第三世界女性主義」與「後殖民女性主義」經常被混合使用或交互使用，然而「第三世界女性主義」一詞，卻是因為印度裔女性主義學者錢德拉‧莫罕蒂 (Chandra Talpade Mohanty, 1955–) 所發表的論文，才得以隨之普及化。她於〈在西方眼中：女性主義學術和殖民論述〉("Under Western Eyes: Feminist Scholarship and Colonial Discourses", 1984) 一文中，強烈批判西方主流白人女性主義的論述，不當刻畫、錯誤描述 (mischaracterization) 並邊緣化所謂「第三世界的女性」(Mohanty 1984; Mohanty, Russo and Torres 1991)。

　　莫罕蒂質疑西方的女性主義者，長期以來都是從白人優勢、種族中心主義的立場出發，再加上處於西方資本主義經濟發展的核心地位，於是將非西方、有色人種的女性，全都描述為思想傳統、篤／迷信宗教、以家庭為重，且依賴丈夫的女性，並將她們塑造成為一群尚未被解放，也未曾自覺或自立的女性。這些西方的女性主義者，也同時認為相較於經歷過婦女解放運動洗禮的西方白人女性，來自第三世界的女性，其被壓迫的經驗本質上是大體相同的性別壓迫，只是程度高下有別。而這個更為沉重的性別壓迫，則是源自第三世界「傳統」的社會與文化中，仍然存有更加鞏固的宗教與家庭制度，以及更顛撲不破的父權體制，因而造成這些女性更嚴重的教育不平等與經濟的依賴。

　　這種立基於種族中心與白人女性為主體的西方女性主義，其學術與知識生產的模式，乃是以「同質化」、「客體化」的方式，來編碼 (coding) 與挪用 (appropriation) 第三世界女性的生活經驗、處境與知識，導致在西方主流女性主義的論述中，第三世界的女性在族群、階級與國族的多元差異，以及性別和這些因素之間複雜的交織關係，完全被忽略與視而不見。在這樣的理論脈絡下，所謂的「第三世界女性」，因此被塑造成「(內部) 單一」、「(與西方) 差異」且「更受壓迫」的單數「女性」範疇 (woman)，而不是一群位於不同族群、經濟地位，或分屬不同國族位置，且同時兼具抵抗能動性的複數「女人」(women)。

　　莫罕蒂認為西方的女性主義，將第三世界的非西方女性，加以「均質化」(homogenization) 和「他者化」(otherization)。除堆砌白人女性的主體性，也再次確認西方 (the West) 才是理論與實踐的主要指涉對象，而非西方 (the Non-west) 只能作為「差異」的一方，是用來突顯「自我」主體的「他者」。在新自由主義作為全球知識體系與經濟體系的霸權下，白人主流的女性主義學術，進而收編（或否定）第三世界在地女性主義者的知識生產成果，以及其獨特立場的有效性。這樣的學術「再現」方式，不但有其目的存在，甚且放任意識形態先行的政治與論述實作，其論述生產過程中，更處處銘刻著知識生產者對被生產者的權力支配關係。就像是殖民時期的西方帝國主義者，與非西方被殖民地人民的關係，乃是一種由上而下的「觀看」，存在著觀看者與被觀看者之間的權力關係。因此，對莫罕蒂而言，當代西方主流女性主義對第三世界女性的論述，可說是後（經濟）殖民之文化殖民下的再現方式 (Mohanty 1984: 334)。

　　至於該如何建構或生產有效的「第三世界女性主義」知識或分析？首先，莫罕蒂認為第三世界的婦女，在女性群體中所處的邊緣位置，賦加她們對影響自身生命事件與環境條件的理解，她們在知識生產的過程中，也因此享有「認識論的優勢」(epistemic advantage) 或「認識論的優先」(epistemic privilege)。因此，她主張關於第三世界各個不同地區女人的經驗，以及與其處境相關的論述，都必須要由第三世界的女性她們自己來生產。而「第三世界女性主義」者則必須在這個前提下，「辨識與重新構思不同社群的（第三世界）女性，如何在她們日常生活中啟動、上演某些形式的共同抵抗行動」(Mohanty 2003a: 515)。

　　具體而言，莫罕蒂提出以下這些作法：⑴相較於西方女性主義的「再現」(re-presentation)，「第三世界女性主義」則應該是「第三世界女性主義」者的「自我呈現」(self-presentation)；⑵以第三世界女性為知識生產的主體，除了性別的面向外，同時強調必須將女人放回在地社會「族群、階級與國族」／「宗教及性體制」等社會範疇所處的位置，同時觀照性別與這些不同體制之間複雜的交織關係；⑶「第三世界女性主義」的知識建構，也必須將女人受壓迫與抵抗的經驗，放在歷史的脈絡（特別是被殖民的歷史過程）之下分析。唯有透過

「由下而上」的取徑，將女人經驗紮根於在地社會或國族的統治／權力體制結構，並具有殖民歷史脈絡的觀點，藉由這樣的分析架構而產生的知識，才有可能真正呈現第三世界女性複雜多樣的受壓迫經驗，並進而理解且尊重受殖民女性不同形式的抵抗與行動主義。

　　隱含在莫罕蒂對「第三世界女性主義」知識生產的立場下，是她對西方科學方法霸權及 「方法論普遍主義」 (methodological universalism) 的批判 (Mohanty 1984: 346)。透過對以西方思想價值為中心而演繹的分析模式，以及所謂「方法論普遍主義」的批評——例如 Zed 出版社 (Zed Press) 所規劃的「第三世界女性」(Women in the Third World) 系列叢書，她指出西方主流女性主義者對第三世界女性的分析，通常是採用社會科學量化或實證的研究方法，以數字或統計作為比較的根據或基礎，不但嚴重簡化多元與複雜的交織關係，更造成「非西方」與「西方」的同質化。

（二）跨國女性主義

　　「跨國女性主義」與「第三世界女性主義」，可說是既有女性主義論述中，與第三世界女性關係最為顯著的理論流派。雖然兩派理論有其共同的理論立場與關懷：例如兩者皆反對「第二波婦運」以白人女性為主而發展的女性主義，拒絕西方女性主義預設以「大寫單數女人」(Woman) 和性別，作為分類範疇的普同主義；另一方面，兩者也都強調必須以第三世界女人 (women) 多元交織的受壓迫與抵抗經驗，作為建構女性主義知識論的基礎。雖說如此，然而，兩派之間還是有些基本差異。

　　首先，兩者崛起的時間與背景有所落差，1980 年代後期出現的「第三世界女性主義」在先，1990 年代後期方始萌芽的「跨國女性主義」在後。而這兩個時間點，恰巧反映兩個理論流派之所以崛起的不同歷史脈絡。「第三世界女性主義」是針對現代化資本主義經濟發展下，造成「第一世界／核心國家」對「第三世界／邊陲國家」婦女的壓迫；而「跨國女性主義」則側重新自由主義經濟之下，資本累積與生產分工的全球化，對第三世界婦女所造成的剝削。其次，

就理論實質而言，兩者亦有不同。概括來說，「跨國女性主義」的理論，還同時指涉一組當代女性主義理論的典範，以及與之相互對應的跨國女性行動與運動，稱之為「跨國女性主義實踐」(transnational feminist practice/praxis)。

　　就理論的關懷重點而言，「第三世界女性主義」強調必須要由第三世界的女性，自己來生產、發掘她們受壓迫的複雜型態，以及抵抗行動的多元經驗。其理論框架是定位在對現代化與殖民主義批判的傳統，探討的重點則放在資本主義發展模式下的西方資本主義帝國，對第三世界國家的殖民與反殖民，以及在第三世界國家的國族運動過程中，不同國家或地區的婦女，在性別、種族、階級與國族主義交織之下，其複雜多元的受壓迫經驗與抵抗方式。因此，資本主義之下的「第一世界／第三世界」、「核心國家／邊陲國家」，以及殖民主義之下的國家／國族主義，遂成為「第三世界女性主義」理論分析的關鍵概念，而在地 (local) 或國別 (national) 脈絡下，婦女多樣的經驗與行動主義，則是其理論建構的焦點。

　　反之，「跨國女性主義」的理論，則是探究全球化的現象與過程，對婦女，特別是第三世界婦女，所產生的效應。其批判的對象是 1990 年代以降新自由主義主導的經濟發展過程，其分析焦點放在全球化藉由科技的進步，所出現的資本、勞動、生產與文化的跨國界流動，對身處於第三世界，且被動捲入全球化浪潮的在地婦女而言，其生命經驗會因此產生何種轉變與效應。相較於「第三世界女性主義」，多半強調邊陲、在地與國族等地緣政治／邊界政治，「跨國女性主義」　則聚焦在全球與在地的連結　，以及霸權與邊緣文化的相互滲透 (interpenetration) 與混種化 (hybridization)，以及跨國之間 (transnational) 的緊密關聯。此外，不同於「第三世界女性主義」將西方父權資本主義視為壓迫第三世界女性的單一霸權，「跨國女性主義」則認為跨國資本、文化霸權與國族父權所共同組構的「分散霸權」(scattered hegemony)，才是導致當今全球化浪潮下，第三世界女性之所以備受壓迫的來源。

　　而兩者之間針對上述這些論點的歧見，所造成的必然結果，就是「第三世界女性主義」與「跨國女性主義」兩大陣營之間，對於「國家」(nation-states)／

「國族主義」(nationalism) 的概念，必然採取不同的觀點。總體而言，「第三世界女性主義」者對於國家與國族主義的概念，立場可說是相對中立，有時甚至還抱持讚許或肯定的態度 (approving of)。反之，「跨國女性主義」者對國家與國族主義則持保留態度，認為兩者皆不利於女性主義理想的達成，唯有「在地」(local) 與「全球化」／「跨國」(global/transnational) 的連結效應，才是其分析的焦點所在。以下將進一步討論主要「跨國女性主義」者的論點。

1. 錢德拉・莫罕蒂 (Chandra Talpade Mohanty)

如前所述，錢德拉・莫罕蒂一向被認為是「第三世界女性主義」的代表人物，然而在 1990 年代後期，隨著全球化與跨國資本流動的加劇，及其可能對第三世界女性與民主所帶來的全新威脅，莫罕蒂因此提出對於「第三世界女性主義」的新觀點。

首先，她在與賈姬・亞歷山大 (M. Jacqui Alexander, 年代不詳) 合編的《女性主義系譜、殖民遺緒與民主未來》(*Feminist Genealogies, Colonial Legacies, Democratic Futures*, 1997) 的前言提到：「（雖然）有色婦女女性主義者與第三世界女性主義者所生產豐富多元的經驗、歷史與自我反思，仍是這本（女性主義）選集的中心，但過去 10 年中，地緣政治的變動與特定形式全球化的興起，促使我們必須更積極與慎重，聚焦在思考如何將女性主義的系譜、遺緒與未來，放在比較女性主義實踐的問題。追尋女性主義的系譜，旨在提供具有比較性、相關性與歷史基礎的女性主義的概念，建構一個同時觀照到不同位置、認同與知識生產之間有相互關聯的女性主義與實踐。」(Alexander and Mohanty 1997: vii) 除此之外，她們也認為：「討論女性主義如何在全球脈絡中實踐，就會牽涉到分析單位的變動：從地方性、區域性與單一國家文化，調整為跨文化之間的關係與過程」(Alexander and Mohanty 1997: xix)。

然而，當面對全球化對在地與認同的衝擊，以及後現代（女性）主義對認同本質的懷疑，倡議「後現代跨國女性主義」的學者，企圖透過所謂認同的流動性、身分的混種性等概念，以解除性別、族群與地方作為認同基礎的必要性

與分析意義，莫罕蒂並不贊同這樣的看法。莫罕蒂與亞歷山大認為後現代主義的論述策略，會排除性別、種族與地方等社會分類範疇被復原的可能性，進而導致這些社會分類被消除，使第三世界婦女雖然受到種族主義或性別主義等因素的壓迫，其受苦的經驗卻再也無以名之。她們認為現今全球化所帶來的全球政經秩序的重整，以及資本的高度流動性，已經造成資本主義的宰制與壓迫關係，更進一步被鞏固與惡化。對第三世界的女性（或大部分社會底層的人民）而言，當代的全球化形同是「再殖民過程」(the process of recolonization)，而不是後現代的過程。

　　何謂全球化，雖然各家說法紛紜，其指涉亦各自不同，其中以藉由資訊科技的發展，而帶動資本與資訊的跨國流動，以及時空的壓縮最有共識。全球化所產生的資本市場跨國流動、生產垂直分工，以及地方／全球連帶現象，對第三世界國家與社會的效應，也最常被學界人士所討論 (Held and McGrew 2007)。在這個晚期資本主義再殖民的過程中，資本、人口與文化的跨國化，對後殖民的國家與人民，特別是女人，其自我身分認同的建構，產生混淆的作用。既有邊界被跨越或打破所造成的流動，對認同的持續或斷裂所產生的效應，也同樣是很複雜的課題 (project)，並非如後現代主義所宣稱，必然會產生認同的流動與斷裂而已。相反的，莫罕蒂與亞歷山大認為，「第三世界女性主義」因為是以第三世界女性作為知識的主體，因此，當女性主義者意欲建構具有比較性與關係性的跨國女權實踐，它在回應與介入全球化再殖民過程時，依舊可以提供一枚定海神針 (Alexander and Mohanty 1997: xx)。

　　此外，關於「全球化再殖民」，對於第三世界婦女，及其國家與國族的關係，莫罕蒂與亞歷山大也提出不同於「後現代女性主義」(postmodern feminism) 的看法。資本全球化帶動的經濟再殖民，在新自由主義的經濟政策下，為了方便資本在世界市場的流動，以及全球分工的競爭目標，不但國家邊界受到挑戰，國家的角色與意義更受到質疑。有別於傳統對國家與領土（邊界）之間的關係，以及對國家／政府角色的看法，認為領土的完整與國界的固守，是國家存在的前提與責任。全球化下的國家，其角色更著重在降低資本市場的

障礙，協助跨國資本從殖民國流出，並流入被殖民國。除此之外，國家也必須減少對市場的干預，並協助多國公司 (multinational corporation, MNC) 降低生產成本。在此種脈絡下，不但國家邊界不可侵犯性的意象，受到嚴重的衝擊，市場與政府也出現一致的立場，政府存在的意義與必要性，更是備受質疑。

對此，「後現代女性主義」者主張，全球化下的國家對女性主義而言，特別是第三世界女性的生命經驗，已經失去其傳統的重要性。國家／國族父權體制，不再扮演關鍵性的角色，取而代之的，是跨國資本、跨國公司與各國政府的父權，所共同形成的「分散霸權」結構，它才是影響第三世界婦女權益的主要父權系統。然而，對莫罕蒂而言，這並不意味國家／國族就此消失，而是對第三世界傳統國家、政府與國族意義的挑戰。由於全球化的過程，更加促進處於後殖民過程中的第三世界國家，與當代先進資本主義再殖民的國家之間，產生一種堆疊的關係，這個龐大的全球化過程，也連帶使國家／國族的討論變得困難且必要，尤其是關於國族主義與第三世界婦女之間的關係，更是棘手之至。

雖然莫罕蒂對後現代理論所主張的「後殖民女性主義」論述多所保留，但面對日益可見的跨國婦女運動與抗爭活動，以及國際女權組織在保障婦女人權時的成效──尤其是聯合國於 1995 年 9 月，在中國北京舉辦「第四屆世界婦女大會」 (The Fourth World Conference on Women) 時 ，所發表的 《北京宣言》 (*Beijing Declaration*) 與《行動綱領》(*Platform for Action*)❷，以及國際間日益加劇的資本全球化，和宗教基本教義派的興起與擴散，對第三世界婦女的福祉與女權運動，所造成的具體威脅，她終於在 21 世紀之交決定轉向「跨國女性主義」。

莫罕蒂解釋：「然而，既然我認為資本主義的政治與經濟，顯然是女性主義者抗爭最迫切的焦點，我的分析架構，將持續關注日常生活的微觀政治，以及

❷ 關於在「聯合國第四屆世界婦女大會」中，所發表的《北京宣言》和《行動綱領》，其內容請參見：https://www.un.org/en/events/pastevents/pdfs/Beijing_Declaration_and_Platform_for_Action.pdf，取用日期：2021 年 4 月 11 日。

全球經濟與政治的巨觀政治。政治經濟與文化之間的關聯，對任何流派的女性主義理論化而言，仍然至關重要。這並不表示我的分析架構已經改變，而是當全球的經濟與政治進程，變得更加粗暴與嚴酷，進而加劇階級、種族與性別之間的不平等時，作為女性主義者，必然需要對這些現象進行去迷思化、重新檢視與再理論化」(Mohanty 2003a: 509)。

　　因此，莫罕蒂提出「反資本主義跨國女權實踐」(anticapitalist transnational feminist practice)，將重心集中在對全球資本主義的批判 (critique of global capitalism)，作為 「第三世界女性主義」 者刻不容緩的任務 (Mohanty 2003a: 509)。除了在經濟層面，必須面對跨國資本主義的批判外，在政治權力方面，莫罕蒂在《女性主義系譜、殖民遺緒與民主未來》一書中，也雕琢出「女性主義式民主」(feminist democracy) 的概念 (Alexander and Mohanty1997: xxvii)，作為「跨國女性主義」者的行動利器。它不但可以分析全球資本主義再殖民化，對第三世界婦女所產生的性政治效應，也可據此發展具有反殖民和反資本主義特色的「去殖民」女性主義實踐策略。在莫罕蒂針對全球資本主義的批判計畫中，民族國家仍然是「跨國女性主義」首要關注的議題，也是其不可迴避的課題。

　　如前所述，全球化這個龐大的歷史進程，使國家的角色與定位日益複雜化，因而加深討論民族國家的必要性，特別是關於國族主義與第三世界女性之間的關係，也隨之更加問題化 (Alexander and Mohanty1997: xxiv)。無論何時或何地，不管是哪一種女性主義，女性主義從未逃脫國家的控制、干預、規訓與監控，這種情形尤以「第三世界女性主義」為甚。當資本主義全球化，國家（特別是後殖民國家）為競相吸引國際投資，政府採取各種政策措施以達成目標，國家於是成為跨國資本跨越國界的推促者，而非傳統概念下的邊界保衛者，也間接成為全球關係重構的協力者。因此，在分析當前資本主義和全球化再殖民過程，與第三世界婦女及女性主義之間的關係時，國家不但沒有退位或失去重要性，反而占據核心 (central) 的關鍵位置。

　　對後殖民地與先進資本主義國家而言，即便其國家的當務之急是不同的，

但對女性而言，這些國家之間則都擁有一些相同的特質。例如：國家對女人身體日益縝密的微型監控，將越來越多的日常生活，全都納管在國家的司法管轄之下 (Alexander and Mohanty 1997: xxiii)。不僅如此，隨著宗教基本教義派的傳播與興盛，以及對女性無所不至的監控，女性也淪為國族主義與宗教基本教義派之間，兩者父權結合下的貢品。而這對所有女性（特別是第三世界婦女）的自由與獨立，尤其是身體自主權與生育權的自我選擇，更同時帶來相當程度的威脅，例如先進國家對於女性墮胎權的限制，以及伊斯蘭國家對女性身體與性的嚴密監控等。對「全球女性主義」者而言，這些現象可以說是「民主的危機」，對此，莫罕蒂提議「女性主義式民主」的概念，作為「跨國女性主義」從事或進行「反全球化」運動時的行動利器。

何謂「女性主義式民主」？莫罕蒂認為它具有下列幾項重點：

⑴性政治

國家對女人的「性」的權力支配關係，是國家治理過程及其行動的核心，包括國家治理對女人所產生的效應，也涵蓋整個治理機器對待女性的方式。

⑵建立不同身分秩序人民之間的關係

當集體或組織的作法處於轉變的脈絡當中，除了必須特別檢驗不同的法條與規則，對不具有公民權或被剝奪公民權的 (disenfranchised) 人民所產生的效應為何，也同時要注意這些轉變之後，又重塑出何種人民之間的秩序關係，也就是不同性別、種族與階級人民之間的關係。

⑶能動性

由於意識的轉換，以及身分的再概念化，是民主作為去殖民實踐的要素 (Alexander and Mohanty 1997: xxviii)，「女性主義式民主」的制定，因此必須要針對能動性 (agency) 衍生不同的理論。女人不再將自己想像成國家治理之下的受害者或依賴者，而是將自己定位為掌握自己生命的代理人 (agent)。莫罕蒂為此作出以下的註解：「將自己想成置身於壓迫的空間之外，但卻隨時都在集體或社群的脈絡之內」(Alexander and Mohanty 1997: xxviii)。

⑷尋找新民主的定義

「女性主義式民主」要應用社會主義的原理，處理統治之間的階序關係，並用心描繪關於改變的替代版本。在尋找新民主定義的過程中，女性主義者在面對資本主義歷史的韌性與反撲時，要以過去社會主義發展被斬斷的歷史，以及反殖民國族主義失敗的經驗為其借鏡。

⑸「女性主義式民主」具有跨國的面向

莫罕蒂和亞歷山大也特別強調，她們所謂的「女性主義式民主」，具有跨國的面向，它以連結第三世界婦女、第一世界有色婦女的多元生命經驗為基礎，涵蓋不同歷史與經濟發展階段，作為共同對抗全球化為目標的「跨國女性主義」實踐。而且，「女性主義式民主」是一種「跨國女性主義」，而非「全球女性主義」或「國際女性主義」。因為後者是以西方白人女性主義為主體，雖然宣稱以「全球姐妹情誼」(global sisterhood) 為基礎，但仍隱含「中心／邊陲」或「第一世界／第三世界」的模式與想像 (Alexander and Mohanty 1997: xxix)。

2.蘭珠·修杜·赫爾 (Ranjoo Seodu Herr)

蘭珠·修杜·赫爾（Ranjoo Seodu Herr，年代不詳）是美國的韓裔女性主義哲學家，也是除了莫罕蒂之外，另一位同樣也主張「第三世界女性主義」的「跨國女性主義」者。或者更精準的說，赫爾雖然認同「跨國女性主義」抵抗資本主義全球化的基本主張與實踐訴求，但也意識到「跨國女性主義」的興起與流行，對原先「第三世界女性主義」產生一定程度的影響，甚至有可能取而代之。為避免以第三世界婦女為主體而發展的女性主義論述，在「後現代跨國女性主義」的盛行下消失，赫爾呼籲女性主義者需要重新回歸「第三世界女性主義」，並主張「跨國女性主義」仍然十分需要來自「第三世界女性主義」的理論資源 (Herr 2014)。

關於「第三世界女性主義」與「跨國女性主義」之間的關聯，赫爾在〈重拾「第三世界女性主義」：或為何「跨國女性主義」需要「第三世界女性主義」〉("Reclaiming Third World Feminism: Or Why Transnational Feminism Needs Third

World Feminism", 2014) 一文中，提出以下看法。首先，兩個理論陣營的目標彼此不同：「第三世界女性主義」旨在主張由第三世界的婦女們，自己來生產關於第三世界女性的知識論述，並以其所經歷的多元受迫經驗，和不同形式的在地抗爭，作為可靠的資料與分析；而「跨國女性主義」主要關注的焦點，則是發生在超越單一國家之外與跨國之間的女權組織、網絡與婦運，其所共同分享的倡議與實踐。

赫爾雖然也高度肯定國際女權組織與團體結盟，例如「跨國女性主義者網絡」(Transnational feminist network, TFN)，以及「聯合國婦女署」(UN Women) 和「世界婦女大會」(World Conference on Women) 等組織，自 1990 年代以來，在提升國際女性權益，與對抗全球資本主義、宗教基本教義派對女性壓迫的成就。然而，對「跨國女性主義」作為理論，特別是由「後現代主義」的女性主義學者英德波‧葛雷沃 (Inderpal Grewal, 年代不詳) 與凱倫‧卡波藍 (Caren Kaplan, 年代不詳) 所倡議的「後現代跨國女性主義」理論，其中關於「民族國家」 與 「國族主義」 的觀點 ， 赫爾卻是全然無法認同的 (Grewal and Kaplan 1994)。

赫爾宣稱：「這樣的失誤 (lapses)，會相當程度削弱跨國女性主義者作為第三世界婦女代言者的宣稱，因為對第三世界婦女的行動／實踐主義而言，民族國家與國族主義有其關鍵的關聯性。不僅如此，葛雷沃和卡波藍兩位學者，特別聚焦在跨國或全球，而這樣的作法，會導致『在地（地方）／國家』這個對第三世界婦女行動主義與女性主義而言，十分重要的場域與範疇，其理論化因此而有所不足」(Herr 2014: 3)。赫爾對國家與國族主義，和「第三世界女性主義」之間的關係，提出以下的看法：

(1)「民族國家」與「國族主義」

「第三世界女性主義」者在處理國家與國族主義的議題時，必然要十分小心。然而，由於「第三世界女性主義」，是被授權或委託要關注第三世界婦女所處的特殊地方性情境，並為她們發聲，這樣的授權，意味著「第三世界女性主義」者即便是在討論跨國主義的同時，也得持續關注「民族國家」與「國族主

義」的議題。至於後現代主義對「國家／國族」所作出的質疑，赫爾指出「國家／國族」的組成要素，包括「一群人民」、「一定領土」與「特定文化」，但是這三個要素的內涵，並非全然單一純粹，而是混種、異質、高度分化、非單面且不斷流變的。

(2)「全球－在地」

赫爾主張對於「中心－邊陲」這組既潛藏殖民帝國主義色彩，又高度不合時宜的分析概念，在全球化新的地緣與經濟政治下，「第三世界女性主義」者應該要拒絕使用，至於「全球－在地」這組分析概念，則不應輕率拋棄。「全球－在地」的概念並不必然是單一面向的：一方面，全球與在地之間，不僅會持續相互影響，而且其受到跨國資本、科技、文化與人民移動，所影響的管道、方式或程度也不盡相同。另一方面，「在地／地方」也不是全然同質的，每個「在地／地方」都是不同的地域，且所有的「地方／全國」文化也都是流動的混合物，只是程度深淺不同而已。然而，「全球－在地」的相互影響關係，及其所產生的流動與混種效應，並不足以致使「全球－在地」這個二元概念，因此變成「不恰當或不正確」，以致喪失其形塑第三世界婦女經驗與認同的重要性 (Herr 2014: 15)。

(3)「在地／地方」與「跨國女性主義」

1990 年代之後，當西方優勢文化隨著資訊科技的進步而散布全球，似乎已達無遠弗屆的境地。對許多學者，特別是西方學者而言，「全球／在地」之間的連結，儼然已成為普遍的現象，甚至還衍生「全球村」(global village) 的說法，質疑在「全球／在地」已成為各地方人民日常生活的脈絡時，「地方」是否還依舊存在？

「後現代跨國女性主義」者也同意此種觀點，一方面挑戰「在地」或「地方」作為個人認同與歸屬感的基礎，同時並提出認同流動 (fluidity) 與混種 (hybridity) 的概念來取而代之。她們主張隨著資本與文化全球化浪潮的襲捲，「在地／地方」與「民族國家／國族主義」一樣，對後殖民第三世界女性的意義，已然失去昔日統合／單一父權體制（亦即舊霸權）的光環。取而代之的，

是由當代座落於各大全球都市的跨國公司，以及全球文化中心的新父權，所共同結合而成的「分散霸權」。它不但已經成為全球化下壓迫第三世界婦女與形塑她們身分認同的結構，也是「跨國女性主義」者在進行跨國女權網絡實踐時，應該介入與交手的對象。

赫爾基本上同意全球化也對「地方／在地」的概念產生衝擊，但她主張「地方／在地」仍是影響第三世界婦女生命經驗與身分認同的重要基礎，「跨國女性主義」不宜將這個概念全面抹除。她對於「後現代跨國女性主義」所謂「認同流動」與「認同混種」的說法，尤其不以為然。對她而言，「後現代跨國女性主義」者所謂認同「徹底混種」(radical hybrid) 的感受，只適用於少數高度流動的菁英階級，對大部分第三世界的人民而言，「全球－在地」的二元框架仍然是很貼切的分析架構。因為在他們的日常生活經驗中，全球與在地經常是兩個分開或不同的領域，例如工作與家庭、公與私，抑或日與夜之分，甚至還可能是製造壓迫的關係。

由於許多第三世界的婦女，都處於階級、性別與種族的底層，在現行的新自由主義全球化，所造成的資本主義再殖民的過程中，「全球」當然會給這些女性帶來威脅與壓迫，這對「第三世界女性主義」與「跨國女性主義」而言，應當是很明顯的事實。因此，對宣稱要以第三世界女性為主體的女性主義者，例如「第三世界女性主義」者與「跨國女性主義」者來說，「全球－在地」的概念，在建構多元女性身分認同與抵抗經驗時，仍然是必要的元素 (Herr 2014: 17)。

3. 英德波·葛雷沃 (Inderpal Grewal) 與凱倫·卡波藍 (Caren Kaplan)

除了莫罕蒂這個「第三世界女性主義」的領銜者之外，英德波·葛雷沃和凱倫·卡波藍，也常被認為是當代「跨國女性主義」的重要推手。她們兩人共同合編的論文集：《分散的霸權：後現代性和跨國女性主義者的實踐》(*Scattered Hegemonies: Postmodernity and Transnational Feminist Practices*, 1994)，也被學術界普遍認為是倡議「跨國女性主義」的重要著作 (Grewal and Kaplan 1994)。雖然莫罕蒂對「跨國女性主義」的主張，在內涵上與葛雷沃和卡

波藍兩人有相當差異，但她們的基本立場則是相同的，在界定「跨國女性主義」定義的同時，皆認為它有別於當時另一個相當熱門的宣稱：「國際女性主義／全球女性主義」。例如羅賓・摩根在《姐妹情誼是全球性的：跨國女性運動文集》(*Sisterhood Is Global: The International Women's Movement Anthology*, 1984) 一書中，即表達類似的想法 (Morgan 1984)。

她們對於這類在 1980 年代興起，且以西方女性的經驗為主體，宣稱將非西方女性的經驗也容納在內，並據此而發展出來的「國際女性主義」或所謂的「全球姐妹情誼」，其批評也是相當類似的：僅只是片面（西方中心主義）的性別壓迫，而非多元（種族、階級、性／別交織）女性被壓迫的經驗。她們反對這類將女性之間的差異「扁平化」的西方女性主義，強調「跨國女性主義」應該著眼於分析「性別關係」與「日益加劇的全球化政治經濟進程」之間的連結，聚焦在不同國家／世界女性抵抗全球資本主義的運動，並強化跨國之間女性主義實踐網絡的建立。

然而，在這個相同的前提下，莫罕蒂以及葛雷沃和卡波藍兩者之間，對「跨國女性主義」的主張仍存在實質的差異。首先，莫罕蒂的「跨國女性主義」，可說是「第三世界女性主義」面對資本主義全球化的蛻變：由第三世界女性的立場出發，闡釋「跨國女性主義」乃是為因應資本主義的全球化，對第三世界的國家與人民（特別是女人）所帶來的「再殖民化」，與宗教基本教義派興起對民主未來所造成的威脅。「第三世界女性主義」者試圖整合不同地緣政經位置與殖民歷史的多元婦女，共同採取抵抗的行動，並以此作為跨國婦女反全球化的策略實踐。在這樣的框架下，「跨國女性主義」雖深刻體認傳統的「國家／國族」與「地方」，在全球化的衝擊下，對個人身分認同與生命經驗的形塑，其重要性已然受到嚴格的挑戰，但其角色與效應未必會消減，反而會更加複雜。因此，對立基於「第三世界女性主義」的「跨國女性主義」而言，「國家／國族」與「全球／地方」的分析架構，仍然是探究有色婦女受到種族、階級與國族父權壓迫之多元樣貌的重要面向，也是企圖連結跨越國界的女性主義實踐時，所必須嚴肅面對的差異。

　　葛雷沃與卡波藍所倡議的 「跨國女性主義」，則是從後現代主義的觀點出發，主張女性主義在面對日漸加劇的全球化，以及其所帶來的新興勢力，和全球都市與文化等新現象的浮現時，需要超越原有國家／國族的界線，以及地方之間的差異，也必須超越傳統單一國族／地方的父權，而將注意力轉移到「性別關係」與新興的「分散霸權」之間的連結。

　　後現代主義者所指涉的「分散霸權」，包括：全球經濟結構、父權國族主義、所謂 「正宗」 的傳統或地方的統治結構，以及不同層級的司法壓迫等 (Grewal and Kaplan 1994: 17)。具體而言，葛雷沃和卡波藍所倡議的 「後現代跨國女性主義」，質疑現代性關於空間的意象，往往會將國家、地方與全球予以 「自然化」，她們也質疑「國家」是否可以作為必要、合適且有用的分析單位。此外，她們也將「全球」與「在地」的二元分類框架問題化，主張純然的「在地」與「全球」從未存在，無論是在「前全球化」之前，抑或是在「全球化」之後。

　　因此，「後現代女性主義」 者認為，「跨國女性主義」 有充分理由捨棄傳統「全球—地方」或「中心—邊陲」的區位政治觀點，將焦點轉放在貫穿「全球—在地」的線路 (the lines cutting across them)(Grewal and Kaplan 1994: 13)。因此，跳脫根源於殖民／後殖民論述的「第三世界女性主義」的「國家／國族」與「在地」框架，將焦點放置在資本與文化全球化帶來（資本與人員）的跨國、跨界的流動 (cross boundary movement)，以及 「在地」 與 「全球」（文化）的混種 (hybridization)，就是其重要的貫穿線路之一。

　　分享這些後現代論述觀點的 「跨國女性主義」 者，一方面挑戰「在地」或「地方」作為個人認同與歸屬感的基礎，同時也提出認同的流動 (fluidity) 與混種 (hybridity) 來取而代之。資本與人民跨國流動的效應，一方面挑戰國家面貌的單一性，以及對領域主權和邊界管理的權威，而境內公民的多元認同與身分的流動，也同時挑戰「國家／國族」與「在地」框架，對形塑人民認同的獨占地位。

　　另一方面，由於資訊科技的創新，與網路及影像的無遠弗屆，不但造成空間與時間的壓縮，也打破「在地」與「在地文化」的獨特性。過去所謂正宗的

(authentic)「在地文化」已不復存在，代之而起的是「混種／雜種文化」，即便如此，其混雜的樣態，也是有所差異的。她們主張在資本與文化全球化的浪潮襲捲之下，對後殖民的第三世界女性而言，「在地／地方」與「民族國家／國族主義」一樣，已然失去昔日父權（舊霸權）獨大的光環，而當代跨國公司與全球文化的新父權組合而成的分散霸權，才是全球化下壓迫第三世界婦女與形塑她們身分認同的共犯結構，是各國在地女權組織行動主義應該交手的對象。而「跨國女性主義」藉由「跨國女性主義者網絡」，容納與整合各地婦女，共同對抗「分散霸權」所採取之多元形式的行動，以及其所發展出來的各種不同類別的女性主義，可以成為「後現代女性主義」所指涉之貫穿「全球－在地」的線路。

　　比較莫罕蒂的「第三世界跨國女性主義」，以及葛雷沃與卡波藍的「後現代跨國女性主義」，不難發現兩個派別之間有其關鍵性的差異。當「第三世界跨國女性主義」將重點聚焦在全球資本主義與後殖民國家，也就是側重全球化的新經濟政治體制，對第三世界國家再殖民所產生的性別效應；「後現代跨國女性主義」則將注意力放在語言與文化，亦即偏重全球化進程的文化效應，關注全球化的文化霸權，藉由跨國網路與媒體的操作，是如何將全球／西方的「現代性」文化，在各個不同的在地的「地方」製造與生產，她們也同時分析「現代性」的文化媒介與產品，是如何被發行 (circulate)、配送 (distribute)、接收 (received) 與商品化 (commodified) (Grewal and Kaplan 1994: 4–5)。

（三）國際女性主義／全球女性主義

　　所謂的「國際女性主義」，最早可以追溯到 1960 年代。當時一群西方女性主義者，企圖藉由聯合國的「婦女發展計畫」(Women in Development Project)，強調國際發展計畫，應將婦女的議題，整合入此類開發計畫的規劃與執行當中，以確保國際發展計畫的效應，能全面提升婦女的地位，以及女性全面的發展，並藉此彰顯西方婦女運動或女性主義，也具有涵蓋第三世界（或發展中國家）女性關懷的宣稱。

　　最早開始倡議「婦女發展計畫」的西方婦女團體與女性學者，應屬 1960 年代蓬勃興起的所謂「婦女發展學派」(Women in Development, WID)，以及「美國國際開發總署」(The U.S. Agency for International Development, USAID) 的專家，其中以埃斯特·波瑟魯普 (Ester Boserup, 1910–1999) 和艾琳·廷克 (Irene Tinker, 1927–) 最為人知，她們經常被視為「婦女發展學派」最具代表性的女性發展學者與專家。之後伴隨婦女議題可見度的提升，以及女性議題論述的逐漸擴展，不僅「婦女」的概念已被「性別」所取代，所謂的「婦女發展學派」(WID)，也進一步被「性別與發展學派」(Gender and Development, GAD) 取而代之。「性別與發展學派」(GAD) 將關注的焦點，放在「性別關係」與「性別平等」之上，而非以往「婦女發展學派」(WID) 所關注的「婦女議題」或「女性地位」。

　　自 1980 年代中期開始，「婦女發展學派」(WID) 的西方女性學者，除呼籲國際發展計畫的論述與政策，在規劃與執行的當下，必須同時關注第三世界或在地社會女性的處境與觀點外，在面對 1970 年代後期興起的「第三世界女性主義」及「有色婦女女性主義」者的質疑，這些西方／白人女性學者專家，也進一步透過婦女組織的創新，開始重視女人之間在階級、種族及國族的差異，並正視外界對其女性主義的傳統，立基在女人之間的同質性上的批判。

　　這些開創性的國際婦女組織，試圖透過與在地婦女組織的跨國連結，或不同定位婦女團體之間的彼此合作，例如「絨三角」(velvet triangle) (Woodward 2003)，來建立跨國婦女組織，或不同性質婦女組織間的網絡 (networks)、結合 (alliances) 與聯盟 (coalition)，以突顯她們對於整合不同種族、國家與階級婦女之間差異的努力。

　　在組織的跨國化方面，在 1982 年，原來以「婦女發展學派」(WID) 的美國女性主義／婦運人士與專家為主力所共同成立的國際組織——「婦女發展協會」(Association for Women in Development)，則透過全球會員的制度，將各國「婦女發展學派」(WID) 的學者、專家、政策官員、教育者、行動者、發展計畫執行者，甚至是經費贊助者與組織全都整合起來，形成一個龐大的全球網絡。「婦

女發展協會」 於 2001 年正式更名為 「婦女權利發展協會」 (Association for Women's Rights in Development, AWID) 並將組織身分明確定位為國際組織。除了將其總部設在美國的華盛頓特區以外，也在全球不同的地區，例如墨西哥、加拿大與南非等地，設立區域辦公室。

「婦女權利發展協會」 (AWID) 最重要的意義，在於彰顯組織在構思執行國際開發計畫領域的典範轉移。「婦女權利發展協會」(AWID) 在其官方網站，將其組織定位為「一個全球性、女性主義者、會員制且支持運動的組織，致力於在全球範圍內，實現性別正義、婦女人權與永續發展為使命」。此一組織定位，則希望可以：「嫁接過去在『婦女人權』與『性別與發展』這兩大領域之間的落差，同時藉由『婦女人權』的概念，協助組織對於女性權利的主張，提供有力的話語與監控系統。一方面，『婦女人權』應是所有女性天生具有的生命與生活的權利，而『性別與發展』則提供女性抵抗侵害她們權利的社會現實的工具❸。」此外，「國際女性主義」者主張「婦女權利發展協會」(AWID) 這個新的組織名稱，也比較「性別政治正確」，可以容納更多致力於「人權」的男性。

在將「國際女性主義」提升為「全球女性主義」的努力過程中，西方婦女運動團體或女權組織，也藉由聯合國於 1975 年開始，定期召開的「世界婦女大會」 為平台，將聯合國會員國的婦女代表，以及婦女議題相關的非政府組織 (NGOs) 成員聚集一堂，試圖就女性共同關懷的議題，容納整合不同意見與立場，以發表共同宣言並提出行動綱領。其中尤以 1995 年在北京召開的「第四次世界婦女大會」，成果最為顯著，此次會議除確立各國制定並簽署《北京宣言》暨《行動綱領》，作為國際社會對性別平等、婦女發展及和平的共同承諾以外，也正式確認「性別主流化」應成為各會員國政府行動的策略，強調落實性別意識為核心，要求過去的政策、立法與資源，必須要重新配置和改變，以確保可以真正反映性別平等。

---

❸ 請參見「婦女權利發展協會」(AWID) 的官網：https://www.awid.org/，取用日期：2021 年 4 月 11 日。

　　《北京宣言》的主要內容，包括下列三個理念：(1)婦女人權是全球婦女共同的權利，婦女和女童人權的確保與充分實施，是所有人權和基本自由中，不可剝奪、不可缺少，亦不可分割的部分；(2)環境保護與永續發展的「環境女性主義」；(3)具在地差異敏感度的女性主義觀點，作為新世紀「國際女性主義」的核心。雖說《北京宣言》主張必須含納差異，但是以白人或西方女性主義為主流的「全球女性主義」，仍然是以強調「女人之間的共通性」(commonality of women) 為基調。

　　例如希拉蕊‧柯林頓 (Hillary Clinton, 1947–) 代表美國在「第四屆世界婦女大會」致詞時，就表示：「無論我們看起來多麼不同，我們之間有更多可以將我們團結而非分裂之處……就讓我們宣稱人權就是婦女權利，婦女權利就是人權」(Barlow 2000)。而人權，在西方自由主義的傳統中，一向被視為是普世價值，放諸四海皆準。此外，西方的「全球女性主義」也往往認為，被父權體制壓迫是女人之間的共通性，因此呼籲全球女權主義者，必須採取共同的行動，聯合各國的婦女運動者，一起推翻「全球父權」(global patriarchy) 的宰制結構 (Morgan 1984; Bunch 1987)。

　　雖然主流西方女性主義者，在面對非西方／非白人女性的質疑時，企圖藉由倡議「全球女性主義」，作為收納不同種族、階級與國家女性之間差異的論述語言。然而，對第三世界婦運或女性主義者 (也包括西方「有色婦女女性主義」者) 而言，「全球女性主義」依舊被認定是「白人的」(white) 女性主義，因此後起的女性主義者，仍然偏好晚近被提出的「跨國女性主義」(Moghadam 2005; Ferree and Tripp 2006; Hawkesworth 2006)。

　　但是若與較早出現的「國際女性主義」相比，在回應非白人與非西方女性對其忽視女人之間差異的批評與質疑時，「全球女性主義」確實有其超越之處。它承認女人之間差異的存在，只是女人之間仍有相同之處，包括共通的生命經驗與面對共同的敵人。例如夏洛特‧邦奇 (Charlotte Bunch, 1944–)，就強調「普世父權」(universal patriarchy) 作為女人共同被壓迫的來源，她主張第三世界的婦女，與白人女性相同，都同樣經歷「普世父權」的壓迫 (Bunch 1987: 304)。

而摩根則辯稱：「幾乎在所有的國家中，女人或雌性本質的人類，之所以不可見或變成他者，皆源自人類的標準是男人或雄性」(Morgan 1984: 1)。

因此生為女性，是所有婦女「一個共享的生理」(a shared biology)，也造就女人之間相同的條件與共通的態度。對「全球女性主義者」而言，女人的這些共通性，已足夠說服女人捐棄使她們分裂的特殊性，讓不同國籍的女人，共同進行超越國家邊界的抗爭運動，締造一個屬於「全球姐妹情誼」的抵抗運動，共同消除來自種族、階級、性取向、殖民主義、宗教與國族對女性的壓迫，並一起反抗無所不在的 「父權思維」 (patriarchal mentality) (Bunch 1987: 301; Morgan 1984: 34)。

西方「全球女性主義」除了「白」(whiteness) 的批評以外，最被詬病之處，則在於其所隱含之「普同性」的謬誤。莫罕蒂作為「第三世界女性主義」的捍衛者，對此給予最犀利的反駁：白人女性主義者之所以相信跨文化女人可以成為單一同質的團體，具有相同的利益、觀點、目標和類似的經驗，乃是因為她們透過均質化 (homogenization) 與歷史化約論 (reductionism) 的論證過程。白人女性主義者將性別與父權的概念「去歷史化」，同時也意味「抹去當代（西方）殖民主義的歷史，以及其所遺留的效應」(Mohanty 1991: 33-34)。

參考書目

Alexander, M. Jacqui and Chandra Talpade Mohanty, eds., 1997, *Feminist Genealogies*, Colonial Legacies, Democratic Futures. New York: Routledge.

Barlow, Tani, 2000, "International Feminism of the Future." Signs: *Journal of Women in Culture and Society* 25(4): 1099–1105.

Bunch, Charlotte, 1987, *Passionate Politics: Feminist Theory in Action*. New York: St. Martin's Press.

Collins, Patricia Hill, 1986, "Learning From the Outsider Within: The Sociological Significance of Black Feminist Thought." *Social Problems* 33(6): S14–S32.

Collins, Patricia Hill, 1996, "What's in a Name: Womanism, Black Feminism, and Beyond." *The Black Scholar* 26(1): 9–17.

Collins, Patricia Hill, 2000 [1990], *Black Feminist Thought: Knowledge, Consciousness, and the Politics of Empowerment* (2nd ed.). New York: Routledge.

Collins, Patricia Hill, 2004, *Black Sexual Politics: African Americans, Gender, and the New Racism*. New York: Routledge.

Crenshaw, Kimberlé, 1989, "Demarginalizing the Intersection of Race and Sex: A Black Feminist Critique of Antidiscrimination Doctrine, Feminist Theory and Antiracist Politics." *University of Chicago Legal Forum* 1989: 139–167.

Crenshaw, Kimberlé, 1991, "Mapping the Margins: Intersectionality, Identity Politics, and Violence against Women of Color." *Stanford Law Review* 43(6): 1241–1299.

Davis, Angela Yvonne, 1983, *Women, Race and Class*. New York: Vintage Books.

Ferree, Myra Marx and Aili Mari Tripp, eds., 2006, *Global Feminism: Transnational Women's Activism, Organizing, and Human Rights*. New York: New York University Press.

Grewal, Inderpal and Caren Kaplan, eds., 1994, *Scattered Hegemonies: Postmodernity and Transnational Feminist Practices*. Minneapolis: University of Minnesota Press.

Grewal, Inderpal and Caren Kaplan, 2001, "Global Identities: Theorizing Transnational Studies of Sexuality." *GLQ: A Journal of Lesbian and Gay Studies* 7(4): 663–679.

Hawkesworth, Mary E., 2006, *Globalization and Feminist Activism.* Lanham, Maryland: Rowman & Littlefield.

Held, David and Anthony McGrew, eds., 2007, *Globalization Theory: Approaches and Controversies.* Cambridge: Polity Press.

Herr, Ranjoo Seodu, 2014, "Reclaiming Third World Feminism: Or Why Transnational Feminism Needs Third World Feminism." *Meridians: Feminism, Race, Transnationalism* 12(1): 1–30.

hooks, bell, 1981, *Ain't I a Woman? Black Women and Feminism.* Boston: South End Press.

hooks, bell, 1984, *Feminist Theory: From Margin to Center.* Boston: South End Press.

hooks, bell, 1991, "Theory as Liberatory Practice." *Yale Journal of Law & Feminism* 4(1): 1–12.

Hull, Gloria T., Patricia Bell Scott and Barbara Smith, eds., 1982, *All the Women Are White, All the Blacks Are Men, But Some of Us Are Brave: Black Women's Studies.* New York: The Feminist Press.

Joseph, Gloria I., 1989, "Sojourner Truth: Archetypal Feminist." pp. 35–47 in *Wild Women in the Whirlwind: Afra-American Culture and the Contemporary Literary Renaissance*, edited by Joanne M. Braxton and Andrée Nicola McLaughlin. New Brunswick: Rutgers University Press.

Lorde, Audre, 1984a, *Sister Outsider: Essays and Speeches.* Berkeley: Crossing Press.

Lorde, Audre, 1984b, "Age, Race, Class, and Sex: Women Redefining Difference." pp. 114–123 in *Sister Outsider: Essays and Speeches.* Berkeley: Crossing Press.

Lorde, Audre, 1984c, "The Master's Tool Will Never Dismantle the Mater's House." pp. 110–113 in *Sister Outsider: Essays and Speeches.* Berkeley: Crossing Press.

Moghadam, Valentine M., 2005, *Globalizing Women: Transnational Feminist Networks.* Baltimore: John Hopkins University Press.

Mohanty, Chandra Talpade, 1984, "Under Western Eyes: Feminist Scholarship and Colonial Discourses." *boundary 2* 12/13: 333–358.

Mohanty, Chandra Talpade, 1991, "Introduction: Cartographies of Struggle: Third World Women and the Politics of Feminism." pp. 1–47 in *Third World Women and the Politics of Feminism*, edited by Chandra Talpade Mohanty, Ann Russo and Lourdes Torres. Bloomington: Indiana University Press.

Mohanty, Chandra Talpade, 2003a, "'Under Western Eyes' Revisited: Feminist Solidarity through Anticapitalist Struggles." *Signs: Journal of Women in Culture and Society* 28(2): 499–535.

Mohanty, Chandra Talpade, 2003b, *Feminism Without Borders: Decolonizing Theory, Practicing Solidarity*. Durham and London: Duke University Press.

Mohanty, Chandra Talpade, Ann Russo and Lourdes Torres, eds., 1991, *Third World Women and the Politics of Feminism*. Bloomington: Indiana University Press.

Morgan, Robin, 1984, *Sisterhood Is Global: The International Women's Movement Anthology*, edited by Robin Morgan. New York: Anchor Press.

Nagar, Richa and Amanda Lock Swarr, 2010, "Introduction: Theorizing Transnational Feminist Praxis." pp. 1–20 in *Critical Transnational Feminist Praxis*, edited by Amanda Lock Swarr and Richa Nagar. Albany: State University of New York Press.

Sandberg, Sheryl, 2013, *Lean in: Women, Work, and the Will to Lead*. New York: Alfred A. Knopf.

The Combahee River Collective, 2017 [1977], "The Combahee River Collective Statement." pp. 15–27 in *How We Get Free: Black Feminism and the Combahee River Collective*, edited by Keeanga-Yamahtta Taylor. Chicago: Haymarket Books.

Tong, Rosemarie, 2018, *Feminist Thought: A More Comprehensive Introduction*. Boulder, CO: Westview Press.

Woodward, Alison, 2003, "Building Velvet Triangles: Gender and Informal Governance." pp. 76–93 in *Informal Governance in the European Union*, edited by Thomas Christiansen and Simona Piattoni. London: Edward Elgar.

第九章

心理分析女性主義理論

　　基本上，女性主義理論關於性別不平等的解釋框架，前述章節討論的理論派別中，皆分享一個明顯的共同點。這些不同的理論派別，都認為導致女性處於次等地位或被壓迫關係，乃是出於結構的因素。

　　例如，「自由主義女性主義」(liberal feminism) 主張公私分界的社會結構，是導致政治權利不平等的根源；「馬克斯女性主義」 (Marxist feminism) 宣稱生產與再生產性別分工的經濟結構 ，方是始作俑者；「社會主義女性主義」(socialist feminism) 則認為 ，罪魁禍首應為父權與資本主義合謀的社會經濟結構；而「有色婦女女性主義」(women of color feminisms) 則聚焦在種族、階級與性別交織的社會經濟結構，以及殖民歷史的政治文化關係。即便是「基進女性主義」(radical feminism)，雖然主張生物性的生殖差異是性別不平等的關鍵來源，但是社會的父權體制，對女人的性、生物家庭與母職制度的意識形態，才是壓迫的機制所在。由於壓迫的來源與機制，皆是純屬結構的因素，因此，改變維繫性別壓迫的父權社會、資本主義的經濟結構以及男權文化意識形態，遂成為實現性別平等的關鍵。

　　不同於前述 「結構論」 (structuralism) 主張的女性主義理論，「心理分析女性主義」 (psychoanalytic feminism) 堅持若要從根本解釋女人特定的行為方式，則必須要從女人們的心理 (psyche) 出發，特別是隱藏於內心深處，對於「身為女人」此事的看法與「女人是什麼」的想法來著手。當代「心理分析女性主義」理論可分為以下兩類：其一是佛洛伊德 (Sigmund Freud, 1856–1939) 的心理分析 (Freudian psychoanalysis)，特別是「嬰兒性慾」(infantile sexuality) 發展理論中，以「伊底帕斯情結」(Oedipus complex) 的構念 (construct) 為基礎而發展的理論；

其二則是以繼他之後的拉岡 (Jacques Lacan, 1901–1981) 所提出的語言與象徵系統的心理分析為基礎，而發展出來的「拉岡式心理分析」(Lacanian Psychoanalysis) 的女性主義理論。

「心理分析女性主義」者認為女性的性別認同，及其導致的女人不平等，是根植於她們在嬰兒與孩提時期一系列特殊（殊異於男孩）的經驗。此一系列的經驗，形塑女性對「自我」的概念，以及對「男性特質」、「女性特質」與男人和女人關係的看法。此外，嬰兒與孩提的經驗，不但影響女人心理意識層次的性別認同，更深藏於她們的「潛意識」(the unconsciousness) 層次。因此，若要理解與解釋女性的性（別）身分認同及行為方式，進而消除女性被壓迫的因素，則藉由心理分析的取徑，解開「性心理發展」(psychosexual development) 過程中的經驗，究竟如何形塑女性心理在意識 (the consciousness) 與潛意識層次的認同，不但是必要也是根本的 (Mitchell 1974)。

雖然「心理分析女性主義」理論相當程度倚賴佛洛伊德的心理分析，特別是他針對「嬰兒性慾」發展理論中，關於「前伊底帕斯階段」與「伊底帕斯情結」的構念，然而，佛洛伊德卻主張這兩個構念的性別作用，其實是生理差異的結果。由於女性主義者一向反對「生物決定論」(biological determinism)，因此，連帶對佛洛伊德「生理即命運」(Anatomy is destiny.) 的說法，以及他的心理分析理論，也抱持相當程度的批判，許多女性主義者對所謂的「心理分析」與女性主義，兩者究竟可否相容不無存疑 (Ortner 1975: 179)。

雖然如此，有鑑於此一理論派別的獨特性，試圖從心理的層次，探究自嬰兒、孩童成長過程的經驗，對個體性認同（包括意識與潛意識）的形塑。而這樣的取徑，對部分女性主義者而言，反而是瞭解社會存在「女性劣勢」(female inferiority) 的看法，以及解開女人心結之癥結的法門。同時，若能藉由批判佛洛伊德心理分析預設的父權偏見，重新建構以女性為主體的「心理分析」理論，則女性主義將有翻轉社會父權文化體制和象徵系統的可能，因此本書特別將「心理分析女性主義」理論列入討論。由於佛洛伊德與拉岡的心理分析可謂「博大精深」，遠超過本章可以涵蓋的範圍，因此，在討論主要的「心理分析女性主

義」理論及理論家之前，先扼要闡述佛洛伊德的心理分析，以及拉岡象徵系統
的心理分析，與性身分發展相關的論點，作為進入主要理論的前導。

一、佛洛伊德的心理分析與性發展

　　佛洛伊德於 1856 年出生在德國「佛萊堡」(Freiburg) 的猶太家庭，但他卻
是在奧地利的維也納長大。在取得醫學學位後，他開始對精神疾病產生興趣，
並利用「催眠術」(hypnosis) 作為治療精神疾病的一種方式。在各種精神疾病
中，佛洛伊德對「歇斯底里」(hysteria) 特別有興趣，他並且和約瑟夫・布羅伊
爾 (Josef Breuer, 1842–1925) 合作研究並共同出版《歇斯底里研究》(*Studies on
Hysteria*, 1893–1895) 一書 (Freud and Breuer 1955 [1893–1895])。

　　之後，佛洛伊德進一步發展對「潛意識」的運作與「夢」的角色的興趣，
他在 1899 年完成書稿並於 1900 年正式出版的《夢的解析》(*The Interpretation
of Dreams*, 1900)，也奠定他日後對於性心理發展理論的重要基礎 (Freud 1953
[1900]; 1953 [1900–1901])。佛洛伊德最主要的理論貢獻，在於他對以下三個領
域：嬰兒性慾、成人性心理發展，以及精神疾病，包括「歇斯底里」與「精神
官能症」(neuroses)，提出不同於當時社會與學界的看法。而他關於嬰兒性慾的
理解，以及「伊底帕斯情結」在男人與女人生命中之角色的看法，則是主要發
表在《性學三論》(*Three Essays on Sexuality*, 1905) 一書中。

　　佛洛伊德當然不是女性主義者，反之，許多女性主義者甚至認為他是徹頭
徹尾的厭女者。例如，他雖然對女人的性心理發展過程，以及女性的本質，曾
經發表許多看法，並提出許多論點，他卻仍然對他的學生瑪麗・波拿巴 (Marie
Bonaparte, 1882–1962) 表示，他不瞭解女人，且不知道「女人到底想要什麼？」
(Was will das Weib? /What does a woman want?) (Jones 1953: 421)。關於女人性心
理發展的理論，佛洛伊德在他的重要著作《性學三論》中，曾提出十分詳盡的
解釋 (Freud 1953 [1901–1905])。

　　佛洛伊德主張性心理有一定的發展過程：首先，小孩在成長過程中，必須歷經嬰兒性慾發展的幾個明顯不同階段；其次，小孩如何度過這些階段，或成長過程是否順利，將會影響他們長大成人後所表現的性別認同；最後，「前伊底帕斯階段」與「伊底帕斯情結」，則是影響小孩性心理發展過程最主要的經驗，小男孩與小女孩在這個階段的不同成長經驗，決定他們長大後身為男人與女人的差異，也影響他們在性別認同的表現。佛洛伊德關於小男孩與小女孩差異的成長過程，提供詳細的敘述與論點，正是後來的女性主義者，針對其理論所作的回應中，最有意思且最引人入勝的回響之處。

　　有鑑於此，以下先扼要說明佛洛伊德「性心理發展」理論的主要論點。首先，佛洛伊德將「性心理發展」的過程，從嬰兒出生期 (birth) 之後到青春期為止，共計分為五個階段，亦即：⑴「口腔期」(oral stage)；⑵「肛門期」(anal stage)；⑶「性蕾期」(phallic stage)；⑷「潛伏期」(latent stage)；⑸「生殖期」(genital stage)。

　　這五個階段又可具體分為兩個時期：⑴「前生殖器時期」(pre-genital phase)：包括「口腔期」與「肛門期」。在「口腔期」中，嬰兒與母親互為一體，形成一種共生關係 (symbiosis)，嬰兒的情慾則是一種自發性慾 (autoerotic) 的滿足；在「肛門期」時，嬰兒逐漸發展出自體與他體的區隔，並在情慾上分辨主動與被動的慾望；⑵「生殖器時期」(genital phase)：開始意識到生殖器的存在，但在父權社會中，只有一種生殖器（男性的陰莖）被認可，因此又稱為「陽具時期」(phallic phase)。從三歲開始，當小男孩發現自己有陰莖，而母親並沒有，且他們雖與父親相同皆具有陰莖，卻不足以與之相比；另一方面，小女孩則是發現自己與母親相同皆缺少陰莖，卻與父親不同，因而產生「缺失感」(awareness of lack) 與自卑感 (sense of inferiority)。

　　佛洛伊德以「伊底帕斯情結」（或「戀母情結」）與「戀父情結」(Electra Complex)，來描述在「性蕾期」(phallic stage) 階段兒童認同與性心理的發展 (psychosexual development)。這時期的兒童已由共生階段進入鏡像階段，同時陰莖的出現，使得小男孩與小女孩原來將母親視為性慾對象的關係，產生複雜的變化與完全不同的結果。

　　例如在鏡像階段，男孩會將母親視為唯一的情慾對象，對母親產生嚴重的占有慾，當他發現力量更為強大的父親是其競爭對手時，會出現嫉妒與憎恨父親的情緒。但矛盾的是，男孩又惟恐被父親發覺此一祕密，會切除他的陰莖以示警懲，於是衍生佛洛伊德所謂的「閹割焦慮」(the castration anxiety)。「閹割焦慮」使男孩不得不強迫自己壓抑他對母親的愛慕之意，並轉而認同自己父親的權威。藉由認同父親且放棄母親，男孩因此可以順利解決「伊底帕斯情結」所造成的困擾，並完成男性身分認同的轉換與自我的獨立。

　　另一方面，處於「性蕾期」階段的女孩，雖然母親仍是其情慾的對象，卻因為發現自己無法擁有父親的陽具，不能給予母親滿足，不但會感受到強烈的缺失與自卑，也會因此產生對陽具的欽羨 (penis envy)。但當小女孩發現母親也和自己同樣皆沒有陰莖時，就會引發對於母親的敵意與怨憤，並轉而愛慕父親。在渴求父親能給予她陽具卻又不可得之後，女孩又再度轉向認同母親，企圖藉此分享「陽具」所帶來的特權，也順利解決女孩固有的「戀父情結」。「戀父情結」的消弭，不但得以確保女孩長大後，成為符合異性戀情慾的女人，也將原來主動的情慾，轉為被動與生殖的 (reproductive) 性。

　　由於在成長過程中，男孩情慾需經歷「閹割焦慮」與「伊底帕斯情結」的挫折與情慾的轉換，男孩因而得以藉由拒絕母親、認同父親，而在意識層次上，確立完整男性的「自我認同」，並同時接受「陽具的優勢／女體劣勢」的性別關係，以及陽具價值的社會規範與法則，進而將對母親作為情慾對象的亂倫慾望，從此壓抑在潛意識的深層。而小女孩的身體則是由於「缺乏陰莖」，而沒有生理條件可以經歷「拒絕母親」與「認同父親」的經驗，因此只能在性別身分上繼續認同母親，而將性慾對象轉向像父親的男人。這樣的經驗在意識層次上，造成女孩在青春期後，一方面接受女性 (feminine) 是劣勢、次等與被動的地位，並將性慾 (sexuality) 由主動轉為被動；同時也由於母女之間的愛恨關係，除影響女性自我認同的確立，也導致女性善妒的特質。

　　總之，在發展過程順利的情況下，藉由性別認同的發展，小孩可以把對於異性父母的性愛慾望，保留在幻想或潛意識之中，而將父親與母親的價值，成

功納入他（她）的超我 (super ego) 當中。但若性心理發展過程不順利，無法完全解決「伊底帕斯情結」、「閹割焦慮」與「戀父情結」的糾結時，此類男孩或女孩就會產生性別認同的混淆，不僅其「超我」會較其他孩童為弱，也會欠缺一般孩童所擁有的自我價值感。例如男孩因為擔心父親會切割其陰莖的懲處焦慮，可能會過度認同母親的女性陰柔氣質，或因為在潛意識中認定女性具有傷害性，進而引發厭女、仇女甚或輕蔑女性的心態。而女孩則會因為缺乏陰莖與欽羨陽具的緣故，而產生厭棄自我的想法，認為女性價值本來天生就低於男性。若無法成功克服此種「戀父情結」的糾葛，放任此種自我貶抑的情緒推到極致，甚至還有可能會透過紊亂的性關係，亦或彼此調情挑逗的放縱方式，來呈現此種外顯的焦慮心態（楊玉華 2000）。

二、拉岡的心理分析理論與陽具中心象徵系統

拉岡是重要的法國心理分析學派宗師，他與佛洛伊德同一時代，但比他稍微年輕。拉岡與佛洛伊德相同，其心理分析也特別聚焦在解開「潛意識」的奧祕，甚至認為「潛意識」要比「意識」層面，對心理發展的影響更大。他在廣為人知的論文集《文集選讀》(Écrits: A Selection, 1977)，就針對「潛意識」提出一個既複雜、密閉／自成系統 (closed system)，又極具風格化的圖像 (mapping) (Lacan 1977)。拉岡認為佛洛伊德將「潛意識」視為導致自我脆裂的說法，是他提供給後世最有意義的理論啟示之一。拉岡在他的理論中，也特別展示「潛意識」是如何激烈的將我們的主體性（即個人對自己的感覺），分裂成無意識的慾望 (the unconscious desire) 與有意識的自我 (ego)，並藉此揭示潛意識所具有的破壞性力量。

此外，拉岡的心理分析理論，也受到法國語言學家索緒爾 (Ferdinand de Saussure, 1857–1913) 關於「結構語言學」(structural linguistics) 理論的重大影響。他不但將語言與潛意識相互連結，還有一句相關的名言：「無意識是以語言

的方式結構的」 (The unconscious is structured like a language.) （楊小濱 2016: 142）。拉岡沿襲索緒爾關於「結構語言學」的分析，挪用「符徵」(signifier) 和「符旨」(signified) 的概念，來解釋人類生活中無處不在的「象徵秩序」。他同時也使用索緒爾「表意鏈」(signifying chain) 的概念，當每個「符旨」都是另一個「符徵」，並且同時指向另一個「符旨」時，意義的終點並不會停留在單一的「符旨」，而是表意作用無止盡的延伸與開展。對拉岡而言，分析性的潛意識正是如此，它和「表意鏈」極為相似，是由相互連結的符徵 (signifier) 所組成的連動網絡。拉岡並且透過「語言」與「口語」的對比，強調「潛意識」有其結構，並將「潛意識」的結構類比為「語言」(*un langage*/language) 而非「口語」(une langue/tongue) （劉紀雯、謝昇佑 2010；Johnston 2018）。

　　拉岡的思想體系十分龐大複雜，其廣度與深度遠超越本書主題討論的範圍，本章嘗試探討其心理分析理論中關於佛洛伊德的兒童「性心理」、「自我」與「性別認同」發展等議題的看法。拉岡的這些說法，同時也是「後結構心理分析女性主義」批判與企圖解構的焦點，並進而促成當代「後拉岡」心理分析女性主義理論的發展，特別是「法國女性主義」理論的出現。因此，以下的討論將聚焦在兩個議題：⑴象徵秩序 (Symbolic Order) 與自我 (ego)；⑵伊底帕斯情結 (Oedipus Complex)。

（一）象徵秩序與自我

　　關於心理結構，拉岡提出一個含納「想像界」(the Imaginary)、「象徵界」(the Symbolic) 與「真實界」(the Real) 三界的「心理結構理論」(Register Theory)，作為建構其理論的骨架。此理論與佛洛伊德的本我／自我／超我有所不同，特別是拉岡在其結構中加入了「主體」(subject) 的角色。「主體」是拉岡重要的構思，也是語言學上所有言說的主動因素，而「想像界」、「象徵界」與「真實界」，可說是形塑「拉岡式心理主體性」的三大基礎介面，拉岡也一再強調三者之間的相互依賴性。雖然並非絕對如此，但拉岡傾向於將「想像界」侷限在「意識」的層次與自我感知的領域，而將「象徵界」與「真實界」歸屬於「潛意識」的層次 (Johnston 2018)。

　　拉岡的「象徵界」，指涉的是社會文化的習俗、慣行、制度、法律、規範、道德、儀式等，被稱之為是生活中的「象徵秩序」；同時，這些「象徵秩序」和語言之間，也存在著千絲萬縷的複雜關聯。拉岡把形塑主體自我形象的他者，也稱之為「象徵秩序」，並將它界定為是一種意義的架構，舉凡外在世界生活中觸手可及的所有東西，以及所談論的所有話題，全都包含在「象徵秩序」的範圍之中。「象徵秩序」有時又被拉岡暱稱為「老大他者」(the big Other)，個別主體藉由社會語言學的約定俗成，以及「象徵秩序」不同層次因素之間的彼此斡旋，而知道自己為何許人。因此，「象徵秩序」也可說是一組存在於主體之間 (inter-subjective) 與跨主體 (trans-subjective) 的意義脈絡，且每個個體在出生的當下，就已被迫進入（或被拋進）此一「象徵秩序」當中 (Johnston 2018)。

　　關於「自我」的形成，「他者」也是貫穿拉岡的分析中，經常被使用的詞彙。「他者」包括「小寫他者」(other, with a lower-case o) 與「大寫他者」(Other, with a capital O)。「小寫他者」(other) 指的是在個人與他人互動時被啟動的「鏡像自我」(Imaginary ego) 和其伴隨的「另我」(alter-ego)。「大寫他者」(Other) 則指涉與「象徵界」和「真實界」對應的另外兩個類型的「他者」，以及前述所說的「象徵秩序」(Johnston 2018)。對拉岡而言，雖然「鏡像自我」對於「自我形塑」(ego-formation) 之記述與探究，具有極其關鍵性的重要地位，且「想像界」也是說話者的心理主體存在 (existences of speaking psychical subjects) 固有與不可避免的層面，但拉岡更為強調的其實是「象徵界」中的「大寫他者」。

　　作為「大寫他者」的此類象徵系統，所指涉的是可以涵蓋全局且具客觀性的社會秩序，包括：設定跨主體之間互動場域的社會語言學結構，以及具有權威力的理念與知識，例如法律等。更重要的是，不論是語言系統或法律，「象徵秩序」都是以「陽具」(phallus) 作為主要的「符徵」(signifier)，也就是以父權為中心的社會文化體系 (Hook 2006)。由於「象徵秩序」作為形塑「自我」的「老大他者」，是以「陽具」（即父權）為中心，而以父權為中心的社會文化系統，更界定男人與女人和「老大他者」之間，其差異的關係與不同的可及性為

何。拉岡認為這是導致西方社會文化性別認同差異，以及女性缺乏「自我」的主要因素或邏輯基礎（沈志中 2019）。

（二）伊底帕斯情結

對拉岡而言，佛洛伊德的「伊底帕斯情結」，是兒童在面對「想像界」、「象徵界」與「真實界」之不同三界的「他者」時，試圖安置自己性別處境而上演的戲碼或表現的掙扎。為避免佛洛伊德的理論錯誤，因此在討論「伊底帕斯情結」時，拉岡小心避開以西方小資產階級家庭的性別分工為基礎，不以生理的男人與女人作為社會文化層次主體位置的父親或母親的代表，並認為這些角色可以由各種不同性傾向或性別的個人來扮演。由此延伸，拉岡稱伊底帕斯的父親就是戴著「象徵界」與「真實界」臉孔的「大寫他者」（而母親可能就是代表「想像界」的「小寫他者」）。

在「陽具中心」的象徵系統裡，「陽具」成為「他者情慾的符徵」(signifier of the other's desire)。因此對兒童而言，「陽具」是具有絕對重要性的慾望符徵，不但代表「父性情慾」(father's desire) 凌駕於「母性情慾」(mother's desire) 之上，更將父親人物視為象徵系統的代表。「象徵秩序」在此不僅成為以父為名的律法 (the Law in the Name-of-the-Father)，藉由「伊底帕斯情結」的階段，象徵體系甚至以「他者情慾」具體取代「母性情慾」，為此一造成鏡像階段兒童相當困擾的問題，提供一個較為明確的解答 (Hook 2006: 73)。

因此，用拉岡的詞彙來說，兒童經由認同在家庭伊底帕斯三角愛戀關係中的第三方：父性他者，一方面為謎樣母親圖像的困擾找到解方，同時也以「父性隱喻」(paternal metaphor) 取代不可知的「母性情慾」。此外，拉岡進一步將「陽具」(phallus) 而非陰莖 (penis)，界定為不可知的「真實界」他者 "x" 的結構函數 (structural function)。而父親形象則被認為擁有這樣的特質，因此父親可以馴化、控制母親這個不可臆測的慾望 (Johnston 2018)。

至於性別分化，拉岡則維持佛洛伊德理論中男女兒童性別認同的不對稱性：相對於男孩必須經歷「伊底帕斯情結」的試煉，女孩則需經過「戀父情結」的

考驗。然而，拉岡也提出不同的論點，他除了將性別分化定位在「真實界」的性別差異，因此是一種不可穿透且不透光的「事實性」(facticity) 之外；他也認為性別差異的「事實性」，是持續被提倡 (promoting) 且被抗拒 (resisting)，並同時被轉譯到「想像界」與「象徵界」的現實。當男孩經歷「前伊底帕斯階段」成為男人而進入象徵系統時，女孩則因生理性別的不同，而被排斥在男性的象徵系統之外。而這使得女性無法接近語言系統，導致女性處於無法書寫與不能定義的狀態 (Johnston 2018; Hook 2006)。此一說法為「後結構心理分析女性主義」學者所強烈質疑，也是當代「法國女性主義」的學者，之所以提出女性必須透過「陰性書寫」(écriture féminine) 的方式，來作為女性建構「陰性」與「自我」並進行社會革命手段基礎的原因所在。

三、心理分析女性主義及重要理論家

前述佛洛伊德的心理分析理論，在論及女性身體、自我與性慾的過程中，女人大多都被呈現為相對負面與貶損的形象：生理上有缺陷、自我不獨立、性格善嫉妒、道德感薄弱。簡言之，女人（相對於男人）僅只是一種虛弱的性別 (weaker sex)，當女人被如此不堪的描寫與對待時，可想而知，不僅是對於早期或當代的女性主義者而言，此種論點難免會引發眾怒。對許多當代的女性主義者，即便對性別平等理論抱持不同看法與立場的陣營，佛洛伊德的說法已然成為眾矢之的，她們特別反對佛洛伊德此種「生物決定論」式的看法，將「女人的生理差異」，視為女性次等社會地位與缺乏權力的根由。例如，「自由主義女性主義」者貝蒂·傅瑞丹，以及「基進女性主義」陣營中的蘇拉米思·懷爾史東和凱特·米列，都曾重炮抨擊此一論點，並直指父權社會與陽具價值的文化，對女性特質 (femininity) 的貶抑與建構，才是女性問題的癥結所在。

儘管如此，有鑑於佛洛伊德的心理分析，對西方社會負面女人／女「性」論述的深刻影響，1970 年代後，部分英、美的女性主義者開始重新檢視心理分

析的解釋架構，試圖從女人或性別的立場出發，重新詮釋佛洛伊德的心理分析理論，並提出「心理分析女性主義」的理論，作為解釋女人處境的另類取徑 (alternative approach)。諸如桃樂絲·狄諾史丹 (Dorothy Dinnerstein, 1923–1992)、南西·裘德洛與茱莉葉·米契爾，皆是此一時期的重要代表人物。但是狄諾史丹和裘德洛兩人，與米契爾對佛洛伊德的心理分析，所抱持的看法卻極為不同，雖然她的論點也觸及拉岡的理論，但基本上，她仍是傳統的心理分析女性主義。以下擬分為兩部分，討論這三位「心理分析女性主義」理論者看法的差異，及其各自的主張：第一部分聚焦在狄諾史丹和裘德洛兩人；第二部份以米契爾為主。

（一）桃樂絲·狄諾史丹 (Dorothy Dinnerstein)

桃樂絲·狄諾史丹是一位知名的心理學家，她對「心理分析女性主義」理論最主要的貢獻，來自她的著作《美人魚與牛頭怪：性別安排與人類的厄運》 (*The Mermaid and the Minotaur: Sexual Arrangements and Human Malaise*, 1976)，她在這本書中，提出幾個主要的論點 (Dinnerstein 1976)。

首先，由於社會對於性別的安排與配置，會強烈影響該社會的男人與女人究竟應該如何想像自己與互相看待的方式，以致當今西方社會既存的不對稱性別安排，已經對男人與女人產生極不愉快的惡果：女人被塑造成「美人魚」 (mermaid)，男人則變成「牛頭怪」(minotaur)。「美人魚」隱喻的背後，隱藏的是「奸詐、算計與費解的」負面女性特質，以及女性生殖（特別是母職）所代表的無所不能的神奇力量，及其不可預知的暗黑世界等；相反的，「牛頭怪」則是代表男人讓人害怕的強大力氣、對力量與權力的渴求，以及在愛與照護的情緒和人際關係上表現幼稚的男性特質。

根據佛洛伊德的心理分析理論，「前伊底帕斯階段」乃是影響嬰兒性慾發展過程的關鍵，這個時期的嬰兒，由於需要依賴他人照顧，而「母親」正是照護工作的主要承擔者，故形成它與「母親」之間的共生關係。對嬰兒而言，在這個共生關係中，母親是掌握它 (it) 的快樂滿足與挫折匱乏的來源，「母親」因此

代表無所不在與不可預測力量的象徵，嬰兒對「母親」這個圖像或人物，也因此產生矛盾的態度。

於是，在伊底帕斯階段，也就是小孩長大成人的性別認同發展過程中，男孩藉由認同「父親」的男性價值，得以逃離「母親」（女人）的控制，以確立「自我」的疆界與個體的獨立。然而，由於西方社會的性別安排是不對稱的，也就是將「母親」這個照顧的角色，僅只分派給女人，而將男人排除在這個角色之外。男人被指派的角色，是可以擁有母親作為性慾對象，且具有滿足、控制或指責母親之權力的角色。這樣的性別安排之下，男孩的男性認同，可以藉由擺脫母親轉而認同父親來完成，但小女孩的性別認同無法藉由認同父親而得到，只能透過認同「母親」來完成她的「女性」身分。但女孩與「母親」因為具有相同的性別，使得女人的「自我」認同無法經由拋棄母親，完全切斷嬰兒時期的共生關係，而達成獨立的目標。

在母職與父職角色呈現性別極不對稱的社會規範控制之下，此一性心理發展的過程，也因此導致男人與女人之間病態的性別關係。除了男性與女性特質被標籤為不同的價值，男人與女人也被賦予不平等的社會地位與權力關係。男性被認為天生就該擁有權力，而女性則不該擁有權力，甚或應該害怕權力。男性的權力是正當與正面且應被鼓勵的，而女性的權力則是不當與負面且應該被管控的。

另外，由於無法認同父親，女孩僅能繼續認同母親／女性的結果，就是女人的「性」也因此而被消音 (muted)。女人的「性」在青春期之後，由女孩時期的積極情慾，以及為求自我愉悅的「性」，轉變為以男人的愉悅為主，且專門以「生殖」為目的的性。這樣的差異，連帶也使女人成為性愛合一的信徒，但對男人而言，性愛則是可以二分的，女人的肉體是為滿足男人的性，與男人的愛並不相關。最後，經過性別認同發展過程的差異，男人得以確立「自我」為成年人的「我」 (I)，具道德性與公共性的自律力 ；女人則仍停留在嬰兒時期的「它」 (it)，仍然被非個人的 (it-like) 自然力所影響，因而缺乏自控能力，導致女人只適合私領域，不宜參與公領域。

　　總之，狄諾史丹認為當前西方社會畸形的性別關係，以及其所造成的社會病態或破壞性的人際關係，主要都源自失衡的性別安排，尤其是特別將母職和小孩的養育工作，完全指定給同一個性別的人：女人，而將另外一個性別的人（男人）完全排除在外。換言之，針對佛洛伊德心理分析的性心理發展理論，狄諾史丹並沒有全盤否定或嗤之以鼻，而是指出其結論所產生關於男女性特質的破壞性社會關係，以及佛洛伊德心理分析理論之解釋架構的謬誤。狄諾史丹宣稱男人與女人的性認同之所以不對稱，並非來自性別之間的生物差異，亦即生殖生理結構的不同亦或陰莖的有無，而是社會將「母職」與「父職」予以隔離，並同時將「母職女性化」、「女人母職化」的結構因素使然。

　　再者，狄諾史丹更進一步提醒，在既存性別失衡的親職制度教養下，對社會中的男人與女人皆同，在心理層面及社會層面的發展全都是有害的。不但造成女人的次等地位，或使女性淪為劣勢性別，更導致男人一方面對權力產生無比的渴望，另一方面卻在潛意識中隱藏對於被女人控制的恐懼。

　　狄諾史丹甚至認為這個失衡的性別安排，其實對男人的負面效應是大過於對女人的不利影響，因為整體而言，這個安排的結果，造成男人對女人的需要，遠大於女人對男人的需要 (Dinnerstein 1976: 40–54)。因此，唯有改變失衡的性別安排，將男人納入母職，讓男人與女人同時且共同參與孩童的教養過程；唯有將「母職」轉換為「雙親職制」(dual parenting system)，並透過「雙親職制」來打破女人對母職的壟斷，將女人由養育的私領域解放出來，才可以消除母親無所不能 (omnipotent) 且全面掌控 (total control) 的意象。這有助於小男孩性認同的正面發展，並消除成年男性一方面既對「母親」的力量感到不安，對「女性」的掌控也有所恐懼，另一方面卻迷戀於對權力的追求，以及對女人（特別是自己的女人）的控制。對小女孩的成長而言，「雙親職制」也有助於提升對自我認同的肯定，擺脫停留在被視為孩子氣或幼稚的階段，同時她也不會害怕主張與使用權力，因此得以建立女人與權力之間正面積極的關係。

(二) 南西‧裴德洛 (Nancy Chadorow)

關於佛洛伊德心理分析與女性主義理論，南西‧裴德洛最為人知的著作，應屬《母職的再製：心理分析與性別的社會學》(*The Reproduction of Mothering: Psychoanalysis and the Sociology of Gender*, 1978) 一書。在該書中，裴德洛試圖解開佛洛伊德關於女人、女性特質與母職之間關係所作的假設，並從女性主義的觀點出發，具體提出「母職理論」(Chodorow 1978)。以下扼要說明裴德洛的女性主義理論中，關於「母職」(mothering)、女性 (femininity) 與女性自我 (female self) 的要點。

關於女人，裴德洛認為最重要且需要優先回答的問題，就是「為何女人要當母親？」(Why do women mother?) 關於這個問題的答案，她拒絕佛洛伊德「嬰兒是女人的陽具替代品」的說法，反之，她相信女人承擔養育的「母親」角色，是來自父權社會的決定，而非由女人自己作主，此種社會規範下的母職，對女性特質與性別關係，只會產生有害的效果。其次，關於男女孩童的性別認同與自我發展，為何會有所差異，她也質疑佛洛伊德認為男／女孩童在「伊底帕斯階段」，會將認同的對象由母親轉移到父親，其過程是基於性別生理差異的假設。根據「客體關係理論」(object-relational theory)，她主張孩童性別認同對象的轉移，之所以會有所不同，其結果乃是因為「前伊底帕斯情結」對女孩性心理發展所產生的效應。

裴德洛提出「客體關係理論」的說法，指出男孩在這個階段轉而認同父親，可能是一種「位置性」(positional) 而非情感性 (emotional) 的認同。因為女性氣質在父權社會中備受貶抑，男孩因而選擇認同父親所代表（且被社會認為優勢）的男性氣質，而壓抑女性特質，並排斥那些代表或體現女性特質的人，例如身為母親的女人。

對女性的性別認同而言，女孩只要認同母親所表現的女性氣質，她完全無須放棄孩提時期的認同，以及她與母親之間的連帶，她只需要再增加對父親的愛，以完成異性戀的性慾規範即可。因此，女孩的性別認同與對母親的認同，

是個人性 (personal) 同時也是情感性的 (emotional)。就自我的形塑而言，男性的自我是二元組合 (dyad) 的關係；女性的自我則處於三元組合 (triad) 的關係。

因此，裘德洛認為「伊底帕斯階段」的重要性，在於其對男孩與女孩在人際關係的學習與養成上，產生了不同「關係能量」(relationl capacities) 的發展 (Chodorow 1978: 200)。男性在人際關係的發展，容易出現「情感不足」(emotional deficiency) 的狀況，不易與他人保持親密關係或較深的感情連帶。這樣的「情感不足」，雖然使得男人在家庭的親密關係發展有所障礙，卻讓他們較為適合在公領域發揮自我。

相較於男性情慾的對象只限於女性，女性的性發展除了增加男性（父親）為情慾對象外，仍然保有原來對母親／女性的愛與認同，並進而複製母親所代表的女性養育角色，這讓女性有較好的能力來發展深入或親密的人際關係。裘德洛甚至認為母女之間「認同」的延續，因而保存潛在女性之間的親密友誼與情慾對象。男孩與女孩經歷「伊底帕斯階段」的不同過程，使得女性在關係層面的發展複雜許多。對裘德洛而言，此一關係能力的差異極為關鍵，就是女孩基於同為女人，與扮演養育者角色的母親，始終維持親密的關係，使養育角色不斷複製的現象得到解釋。所以，女人之所以不斷複製「母職再製」的行為，是社會因素所造成的，駁斥佛洛伊德關於女性角色的「生物決定論」。

裘德洛藉由「客體關係理論」，一方面解釋女性之所以複製「母性」，主要源自在「伊底帕斯階段」，女孩與身為母親的女人之間，維繫著複雜的客體關係，而這與男孩和母親之間的排斥關係迥然不同。至於導致性別之間產生差異的客體關係，則是肇因於父權社會將「母職」的角色交由女性擔負，而此一社會規範又將男性完全排除在外的緣故。這個結論不但駁斥佛洛伊德的「生物決定論」，她並且進一步提出「雙親職制」來代替現行的「母職」，作為改變性別關係的實踐策略。主張父母雙親共同養育孩童，擴大父親與父職 (fathering) 的角色，並鼓勵男性參與嬰兒養育的過程，分擔傳統屬於母親的工作。在「雙親職制」的制度之下，將可促使男性與女性特質之文化定義的轉移，不但有助於性別關係的平等，對男孩性別認同心理的發展，以及人際關係能力的培養，也都會有所助益。

（三）對狄諾史丹和裘德洛的批評

　　雖然狄諾史丹與裘德洛從心理分析的角度出發，開啟女性主義理論對母職議題的關注，並討論性別認同的發展，對男性特質及性別關係所造成的不利影響與扭曲，提出對佛洛伊德傳統心理分析論點的反駁與修正。然而這兩位「心理分析女性主義」者，皆從個人層次心理發展過程出發，來解釋女性氣質之所以被貶抑與女性被壓迫的理論，當代女性主義者對此說法仍不免頗有微辭。來自女性主義者的批評，主要有以下三點。

1.將母性視為女性受壓迫的關鍵

　　女性主義者的第一個批評，是「心理分析女性主義」從個人層次的心理層面，將女人的母性視為解釋女性受壓迫的關鍵。狄諾史丹與裘德洛都認為女人因為母性的作用，承擔養育者的角色，其結果就是導致女人一再複製母性、接受男性對女性特質的排斥與貶抑，以及女人對權力的不安或恐懼。

　　「心理分析女性主義」者將解釋「女人必為母親」現象的重心，放在女孩性認同心理的發展，而不重視（或忽略）社會因素，可說是此一取徑最為人詬病之處。對當代的女性主義者或婦運行動者而言，女性之所以擔任母親，對大部分的女人而言，並非出於完全自願的選擇，而是不得不然的結果。

　　在父權社會的文化價值體系中，母職對於女人是一種「天職」而非一個「選項」，不能履行這個天職的女人，即是缺陷且必須要被懲罰的女人。另一方面，就女人在父權社會所擁有的物質條件而言，當女人在公共領域缺乏參與管道，在就業場所或勞動市場的參與機會、條件與報酬，都受到極為嚴格的限制與次等對待時，面對如此不利的情勢，女人選擇母職並留在家庭中，就變成一個合於經濟理性的行為。

　　反之，社會若給予女性在公共場域中相同的參與管道，在勞動市場亦有同等的機會、條件與相同的報酬時，也就是當女人在社會的物質條件，不再處於不利或劣勢的情況，女性也不再處於社經附屬地位時，選擇留在家生育兒女，

就將不再是她們唯一或最好的選擇。現今世界中的先進國家（包括台灣），女性選擇不婚或不育的比率已日漸提升，正可為此說法作一註解。

2. 以西方核心家庭為依據的母性

　　女性主義者的第二個批評，主要是針對「心理分析女性主義」關於女人母性的討論，多半是以西方核心家庭為依據，特別是中產階級與異性戀的家庭為主，缺少對家庭型態多樣化與多元性的關注。「心理分析女性主義」在取樣上的偏限和偏差，會導致樣本既同質性高也缺乏代表性，因此即便其結論是正確的，其推論的有效性亦頗為受限。由於家庭結構的型態極為多樣繁複，雖然西方社會以父母與子女組合而成的核心家庭，在過去經常被認為是家庭型態的理想典型，然而這僅是學界西方中心主義的產物之一。

　　事實上，不同文化與族群之間，家庭組織與結構的型態差異甚大，例如華人社會擴散式的大家庭，兒童的養育是由不同世代的女人來共同擔負；又如，由於族群的社經處境，在許多非裔美國黑人的家庭，女性／母親幾乎同時包辦父母雙親的角色，導致在形式上或實質上都儼然已成為女性單親家庭。此外，除了男人與女人所組成的異性戀主流家庭型態外，還有相同性別組成的非主流的同性戀家庭，在這類的家庭中，母親／母職與父親／父職的角色，全都是由同一性別來擔負。

　　由於在「心理分析女性主義」的解釋框架中，身為女性的母親與身為男性的父親，對於「伊底帕斯情結」是如何形塑孩童的性別認同極為關鍵，那麼這些差異的家庭結構，又是如何或是否會影響兒童的男性與女性認同？「心理分析女性主義」理論並未直接面對這些問題，然而這些問題的答案，卻可能直接挑戰該理論之論點的有效性：那就是「伊底帕斯情結」對性別認同心理發展過程的重要性，是否具有放諸四海皆準的普遍性 (universality)？還是只對成長在西方社會中產階級與異性戀雙親家庭的兒童，方具有決定性的解釋作用？

3.「雙親職制」對於解放女性的效應

　　女性主義者的第三個批評，是針對狄諾史丹與裘德洛兩位「心理分析女性主義」者所倡議的「雙親職制」，是否可以用作解放女性受壓迫之方案的質疑。女性主義批評者認為「雙親職制」或許其用意良好，但是效果卻無法預測，甚至還可能導致對女性不利的後果 (Elshtain 1981; Raymond 1986)。

　　首先，「雙親職制」的倡議，是立基於心理分析的性別認同理論：女人因為現行的親職性別分工，必須單獨負擔養育角色，因而發展女性獨具的養育、愛心與照護的特質；反之，男性因為投入公共領域與經濟的角色，缺乏參與孩童養育的過程，以致欠缺養育、愛心與照護的能力。因此，「雙親職制」的提倡，主張將男性納入孩童的養育過程，藉由養育角色的扮演，讓孩童與父親也可以形成共生關係，達到改變男童的男性／性別認同的目標。依照此一論證的推演，「雙親職制」應同時對男女兩個性別皆產生效應。對男性而言，積極參與養育工作將有利男孩緩和度過伊底帕斯階段的困難，使男孩形成性認同的過程中，無需經歷與母親的斷裂以及對女性特質的排斥，亦可培養男性同時具有養育、愛心與照護的特質。對女性而言，「雙親職制」應可有效解除或減少女性養育工作的負擔，讓她們得以享有空暇和餘裕，參與公共事務或從事勞動生產，這樣亦可以改變母親在孩童成長過程中，既無所不在又無所不能的「全能／全控」意象。「雙親職制」下的母子關係，不但有助於男孩的性別認同發展，對女孩的性別認同，也會同樣產生正面的作用，一方面可以緩和母女之間複雜的愛恨關係，另一方面也有助於女人與權力之間維持正向的關係。

　　然而，狄諾史丹與裘德洛在倡議「雙親職制」時，卻偏重鼓勵男性積極參與養育工作時，對男性特質所造成的正面效應，鮮少論及「雙親職制」對女性可能產生何種效應。例如，女性是否會因此跟男性一樣，具有競爭、理性與對權力的追求？因此，吉恩‧貝斯克‧艾爾斯坦 (Jean Bethke Elshtain, 1941–2013) 就對狄諾史丹的理論提出質問：「假如女人也和男人花同等的時間在公共參與的話，女人原有養育與愛心的正面價值特質，會因此而有任何改變嗎？」當狄諾史丹的回答是「完全不會」時，艾爾斯坦對此回應的不滿可想而知。而

這也同時引發她對「心理分析女性主義」主張的批評：「為何在『雙親職制』下，只有男人會因此改變，習得女人養育和照護的優點，而女人卻不能學到男性的積極和競爭等優點？」果真如此的話，艾爾斯坦最後的問題，應該是「雙親職制」對女人到底是好是壞？她認為這是狄諾史丹必須回答，卻始終未曾詳加思考的問題 (Elshtain 1981; Raymond 1986)。

對狄諾史丹與裘德洛的另一個批評，是針對「雙親職制」可能造成男權擴張，甚至將男人轉變成救世主的潛在負面效應 (Raymond 1986)。此一批評是來自女性主義哲學家珍妮絲·雷蒙 (Janice G. Raymond, 1943–)，雷蒙並不反對將男性特質包含養育、愛心與照護，如此可以讓社會關係更加和平，自然與環境生態亦更為友善，若能如此當然很好。她所顧慮的是「心理分析女性主義」將此期待寄託在鼓勵（或允許）男人插手原由女性主導的領域，作為改善社會病態的解方。而且此一解方，只藉由鼓勵男性參與孩童的養育過程即可完成，卻未同時主張提升女性在公共事務的地位。此種關於「雙親職制」的論點，不但可能提升男性的地位，（再次）使男性成為改善社會病態的救世主，而且也完全忽略女性的能動性或女人之間合作的可能。嚴格而論，她認為這是男性中心主義的論點，也是異性戀中心的觀點。

此外，雷蒙也同時指出，其實在現行的育兒制度中，男性從未曾缺席。因為在父權社會中，不管是「母職」作為一種體制，亦或女人身為母親的適當年齡 (when)、方式 (how) 與關係 (where)，全都是由男性所規定，女人從來都是在父權的母職規範下，恪守本分執行養育的工作，以致「母職」才會成為壓迫女人的枷鎖。因此，「雙親職制」鼓勵男性加入養育的過程，恐怕只會給予男性更大的權力，加深其對母親／女人的監控機制，無助於將女性從「母職」的禁錮中解放出來。

此一批評與「基進一文化女性主義」者艾德麗安·里奇，對「母職」的看法與批評有異曲同工之處 (Rich 1976)。里奇認為母職與女人的關係，可分為以下兩方面來看：⑴「母職作為體制」：是女人受父權社會壓迫的主要來源；⑵「母職作為經驗」：當女人可以自主選擇作母親的時間、場合與方式時，「母職」

也可以是女性權力和力量的來源。此外，里奇也不滿狄諾史丹與裘德洛對異性戀霸權缺乏批判，尤其是當她們特別重視「前伊底帕斯階段」，卻無視女孩被迫將性愛客體從母親轉移為父親，其中所預設的異性戀意識形態，也完全忽視女同性戀的可能性與正常性。

（四）茱莉葉・米契爾 (Juliet Mitchell)

茱莉葉・米契爾是英國著名的「社會主義女性主義」學者，也是支持歷史唯物論的馬克斯主義者。她在早期的著作《女人的地位》(*Woman's Estate*, 1971) 一書中指出：女人的生產 (production) 與再生產／生殖 (reproduction)、子女社會化 (socialization) 和性 (sex)，是造成女人系統性的被壓迫的四個基礎機制 (Mitchell 1971)。

然而，米契爾也同時是「心理分析女性主義」者，她在 1974 年出版《心理分析與女性主義》(*Psychoanalysis and Feminism*, 1974)，書中主張若要理解女人的話，女性主義者應該要開始以嚴肅的態度看待佛洛伊德的理論，而非將他的說法，視為 19 世紀小資產階級的男性沙文主義幻想，就如此簡單打發。她並且宣稱：「因為當其他的心理學是處理意識層次的問題，心理分析卻是討論潛意識的議題，而這正是佛洛伊德所堅持的一點」(Mitchell 1974: 8)。

所以，對米契爾而言，唯有認真看待佛洛伊德的理論，女性主義者才能體認從潛意識瞭解女人／性的重要性。米契爾批評反對佛洛伊德的女性主義者，例如凱特・米列，仍停留在「前佛洛伊德時代」，而未曾試圖瞭解其心理分析著作關於「潛意識」(the unconsciousness) 的重要性，甚且更因此否認「潛意識」對於瞭解女性 (femininity) 的意義。米契爾此一立場，正與拉岡的看法不謀而合。拉岡也同意對潛意識的關注，是佛洛伊德心理分析最重要的貢獻。因此，米契爾也同時被歸類為拉岡的心理分析和女性主義理論者，即便她的「心理分析女性主義」論點，仍是以佛洛伊德心理分析為基礎而發展。

米契爾對佛洛伊德理論的辯護，主要聚焦在以下的議題：

1.「生理即命運」的口號

　　「生理即命運」("Anatomy is destiny.") 的口號，是佛洛伊德最受女性主義者詬病與批判的論點。根據佛洛伊德的說法，由於女人天生的生理結構不具陰莖，這個生理的「欠缺感」，導致女性只能接受在社會中處於次級地位的宿命。這是一個強烈的本質論，將女人次級地位的緣由，歸因於天生的生理差異，所以性別不平等乃是自然法則，任何改變既有男尊女卑性別關係的企圖，就是違背自然的法則，既缺乏合法性，也會造成社會秩序的紊亂。可想而知，對女性主義者與婦女運動者而言，這個口號無異是以男性中心的立場，為父權體制的性別秩序，提供所謂「自然」的基礎與科學的說法，因此，佛洛伊德被視為反女性主義與婦運者，甚至還是「厭女者」。

　　對於這些批評，米契爾認為這是女性主義者過度簡化的解讀。與此相反，她認為佛洛伊德所指涉的是：「性心理的發展」是生理被社會闡釋的過程，而不是生理宿命的殘酷表現。換言之，米契爾主張，佛洛伊德的說法應該被解讀為：在以男性為中心的父權社會，女性的生理差異被挪用為是她們次級身分地位的基礎，同時並藉由「伊底帕斯階段」以擁有陰莖作為男性認同的準則，而形塑女人不同的性別認同，以及女性次級地位的潛意識。經過「伊底帕斯階段」的洗禮之後，小女孩學習了面對陽具中心的法則，於是將自己退縮到從屬的位置。

2.「伊底帕斯情結」的普同性

　　米契爾贊同佛洛伊德心理分析關於「伊底帕斯情結」的普同性，她對「伊底帕斯」普同性的辯護，包括以下兩部分。

　　首先，是關於女性主義者對佛洛伊德研究資料的批評。女性主義者認為佛洛伊德的心理分析理論，是建構在以 19 世紀維也納小資產階級家庭女性的精神疾病狀態為基礎。然而當時西方中產階級的家庭結構與性別分工有其特殊性，由此發展關於「伊底帕斯情結」的理論即便是有效，卻也未必適用於非西方的家庭組織，抑或非中產階級的家庭分工，因此，其理論的普同性必須受到質疑。關於這個批評，米契爾雖然同意佛洛伊德的研究資料有其侷限性，但認為無傷

大雅，畢竟大多數的「生物家庭」（血緣家庭）(biological family) 都會有某種的
性別分工方式，以及類似「伊底帕斯情結」家庭戲碼的演出，所以佛洛伊德的
性心理發展理論仍然可以適用。

其次，米契爾引用結構人類學家李維史陀 (Claude Lévi-Strauss, 1908–2009)
的論點：「亂倫禁忌」(incest taboo) 是人類社會之所以可能發展的機制。人類透
過禁止近親（親子之間）繁殖，部落氏族之間則透過交換女人的制度，才得以
順利發展為現代社會。米契爾認為「伊底帕斯情結」恰巧呼應「亂倫禁忌」的
說法，透過適當的性心理／性別認同發展機制，確保「近親繁殖」的禁忌得以
繼續在現代社會的「生物家庭」中執行。由此推論，米契爾主張佛洛伊德心理
分析的「伊底帕斯情結」，其理論應具有普同性。

3.性別秩序立基在陽具中心的象徵秩序

米契爾引用拉岡的論點，進一步支持佛洛伊德的心理分析理論。根據米契
爾的說法，她認為拉岡的心理分析，也是抱持相同的看法，都是立基於陽具中
心的外在社會現實，並依此來解釋個人性心理的發展。因此，性別秩序乃是立
基在陽具中心的象徵秩序 (symbolic order) 之上，而非源自性別的本質差異。然
而在拉岡的理論之中，男性特質與女性特質的建構，是在「象徵秩序」
(symbolic order) 的層面，也就是在語言 (language) 與論述 (discourse) 的領域，
其位置有所不同。當社會的「象徵秩序」即為陽具中心時，女性在「象徵秩序」
中是缺席的，也是隱身與不被看見的，「欠缺」言語與論述本身，即成為女性特
質的定義。所以，性別權力差異的銘刻，可被視為父權結構之下社會兩極化的
反射，當語言與論述所屬的「象徵秩序」是陽具中心，而且是如此普遍且無所
不在的現實時，女人對於性別差異框架的宰制，可說是無處可逃。

4.對茱莉葉·米契爾的批評

當代女性主義者對米契爾企圖藉由重新闡釋佛洛伊德的心理分析理論，特
別是關於性心理發展與潛意識對理解女人性別認同的重要性，雖然普遍給予肯

定，但基本上，大部分的女性主義者仍然沒有因此就被說服。例如，她們質疑米契爾在引用李維史陀將「女人交換」視為氏族部落發展為社會的基礎時，為何沒有對「只有女人（而沒有男人）被交換」，以及為何「是父親（而不是母親）擁有家庭掌控權」的說法提出疑問。

此外，米契爾也同意拉岡關於潛意識及「伊底帕斯情結」的看法，導致「父親」角色在潛意識所擁有的權力，與無所不能的父權 (patriarch) 象徵，作為解釋父權制與人類文明進展的關係，以試圖為父權解圍。女性主義者認為米契爾應該主張文明發展不應以犧牲女性作為代價。例如女性主義人類學家雪莉‧奧特納 (Sherry B. Ortner, 1941–) 就指出：「即使『伊底帕斯情結』可以當作解釋個人發展的通用理論，將性心理發展視為一個辯證的過程，當作每個人都需要經歷的掙扎，以及壓抑感情／情慾蛻變的過程。但理論上，這個過程的基本結構，並不必然有所謂的『性別期望值』(gender valence)，附加於其中特定的人物之上」(Ortner 1975: 179)。

因此，奧特納提出「替代理論」(alternative theory) 的觀點，主張隨著歷史的累積，社會轉變的過程中，對不同人物的性別期望值也會有所改變，而這樣的改變就可以解放「伊底帕斯情結」既存的「父權方案」(patriarchal agenda)。換言之，奧特納認為關於男性 (male–ness) 或女性 (femaleness)，法律既沒有規定只能擁有一種方式，也並未規定男性是優勢於女性，隨著婦運的發展，以及家庭結構和性別秩序的改變，勢必會為既有「伊底帕斯情結」傳說的「性別期望值」，帶來全然不同的可能。

四、「後拉岡」心理分析女性主義理論及代表人物

1990 年代後，隨著「後現代主義」(postmodernism) 的興起，女性主義者對於心理分析理論的興趣，也開啟新一波的浪潮。女性主義者一方面對於拉岡心理分析理論中，關於陽具中心的社會象徵秩序，以及性別與語言之間的關係，

提出諸多的批判與質疑，同時也反對拉岡認為女人在語言系統中缺席的觀點並發展出全新的見解 ，其中以法國女性主義者路思‧伊瑞葛萊 (Luce Irigaray, 1930–)、 茱莉亞‧克莉絲蒂娃 (Julia Kristeva, 1941–) 與愛蓮‧西蘇 (Hélène Cixous, 1937–) 為最重要的代表人物。

這三位當代的法國女性主義者，各自試圖超越拉岡的理論，一方面批判拉岡陽具中心的語言與論述象徵秩序，另一方面則以女性的欠缺或缺席為起點，延伸為父權對女性「無法定義」的新命題，並進而發展以女性的身體和性為主體的「陰性書寫」(écriture féminine) 與女性情慾 (jouissance)，作為女性開創新論述空間的途徑。這三位法國女性主義者，全都被歸類為「後結構女性主義」(poststructuralist feminism) 的成員，她們都主張女人與男人，在生理與性／情慾的層面上有所差異 (difference)，並強調必須要以「陰性的女性」(the feminine feminine) 而非「陽性的女性」 (the masculine feminine) 為基礎，作為解放 (liberate) 女人、顛覆 (subvert) 男性象徵秩序 (masculine symbolic order)，甚至重構 (restructure) 社會生活所有形式的有效策略。

嚴格而論，伊瑞葛萊與克莉絲蒂娃是以拉岡的心理分析為起點，比較偏重與拉岡分析的對話，特別是對「伊底帕斯情結」與性別認同的批判；而西蘇則以雅克‧德希達 (Jacques Derrida, 1930–2004) 的「延異」(différance)❶為起點來倡議「書寫」(écriture/writing)，並將「書寫」界定為「符號表意運作過程」(the signifying process) (Cixous 1976)。她主張女人應善用其陰性特質，以及天生獨具的示意方式，例如標記 (marking)、刻寫 (scratching)、塗鴉 (scribbling)、隨筆 (jotting) 等所謂流動或意識流的表意實踐方式。西蘇也同時宣稱，女人必須以「陰性書寫」作為手段，讓女人使用「白色墨水」(white ink) 來寫作，讓女人依循其原初的陰性特質，跟著她們多元併發的表意與情慾方式，呈現自由流動

---

❶ 張國賢認為：「『延異 (différance)』一詞同時保留了動詞 différer（延遲／有差異）的歧義」。 參見張國賢 ， 2019，〈解構主義〉。 收錄於王一奇主編，《華文哲學百科》。 http://mephilosophy.ccu.edu.tw/entry.php?entry_name=解構主義，取用日期：2021 年 4 月 11 日。

的示意實踐，而非依照男性陽剛、線性、單調或邏輯性的書寫方式。唯有如此，女人才得以重現「陰性的女性」，而社會的（性別）秩序才有可能改變（朱崇儀2000；蕭嫣嫣 1996）。

　　限於篇幅考量，本節關於「後拉岡」心理分析女性主義的探討，將以伊瑞葛萊與克莉絲蒂娃為主，針對她們關於拉岡心理分析對女性自我／主體的批判與修正，略作簡要的討論。法國女性主義的理論論述主題，涉及哲學、文學與語言等領域，與社會學的領域相距甚遠，她們的書寫與文字，也被公認為極度隱晦艱澀，非專長領域者不易掌握。有鑑於此，以下的討論將僅聚焦在她們論點與女性主義理論相關的部分，對其他議題有興趣的讀者，可直接參閱她們的相關著作。

（一）路思‧伊瑞葛萊 (Luce Irigaray)

　　作為「心理分析女性主義」者，伊瑞葛萊與性別相關的理論有以下幾個重點：

　　首先，伊瑞葛萊主張女性主義理論的核心是「解放女性」，而此一解放的過程，是要徹底地將「女性／陰性」從「男性／陽性」的哲學思想模式中解放出來 (to liberate feminine from masculine)。隱含在這個說法的背後，伊瑞葛萊似乎認為過往女性主義者所說的「解放女性」，其實根本無法真正達到解放女性或改變社會性別關係的目標。所以，她所主張的是「解放陰性」，要求女人必須找回女人原初的「陰性」，讓女人回歸其本性（陰性），並以此作為起點，重新建構社會的價值體系，而非只是把女人從既有父權社會男性所訂製的女性中解放出來，因為「陰性」對父權社會的男性而言，是完全「無法定義的」(Irigaray 1985a)。

　　其次，為了找回女人原有的「陰性」，伊瑞葛萊雖然借助於拉岡的心理分析中，關於「伊底帕斯情結」對性別認同的分析，但她卻提出不同的觀點。在拉岡的心理分析模式中，由「想像界」到「象徵界」的過程，不但是小孩從「鏡像認同」過渡到「自我認同」的重要階段，也是個體從前語言期進入語言系統的過程，而完成此一轉換的關鍵，就是兒童是否能夠順利克服「伊底帕斯情結」

的糾葛。對拉岡而言，這個過程對於兩性均皆適用 (bisexual)，也就是對男孩與女孩一體適用，只是女孩因為生理差異，導致她們無法順利克服「伊底帕斯情結」，因此無法轉為認同父親，只得繼續認同母親，女性因此而被排除在象徵語言系統之外，導致女性處於「他我」身分與附屬地位。

對此說法，伊瑞葛萊提出不同的看法。有別於拉岡的雙性說，她主張兒童由「想像界」到「象徵界」的心理轉換過程，向來都是單一或二者擇一 (either-or)。也就是說，伊瑞葛萊認為從「想像界」進入「象徵界」的過程，自始就有性別之分，不是陽性就是陰性，而且女性有其獨特的陰性心理發展過程，而非拉岡所說雙性皆適用的單一發展過程。由於父權社會的「象徵秩序」，是以男性為主體而建構的陽具中心語言體系，所以女性原有陰性的性心理發展過程，例如陰性的「想像界」、「象徵界」或前語言期的轉換等樣貌，才因此被陽性的觀點所取代，導致女人不是「陰性的女性」，而是男人／陽性觀點的女性 (masculine view of feminine)。正是因為女人原初的陰性、女性的性心理發展，以及陰性的語言系統，在社會的文化示意實踐中被迫缺席 (absence)，所以才導致女性的全面噤聲 (mute)。

伊瑞葛萊並且以內視鏡 (speculum) 作為隱喻，比喻男人以自己為核心，以男性的觀點出發，並且根據他們對女人的想像，來塑造女人的陰性，使女性成為「陽性的女人」(masculine woman)。所以，陽剛的「象徵秩序」的語言系統，就像內視鏡的作用，「女人」只是男性對陰性的自我反射 (reflection)，而非真正且女人原有的「陰性的女性」。因此，女性主義的首要任務，就是為女人找回原有的陰性，並以女人為中心重新定義陰性，讓女人最終成為「陰性的女性」(Irigaray 1985b)。至於要如何以此為基礎，建立一套陰性的知識體系或哲學思想？伊瑞葛萊提出以下幾個步驟。

首先，女性主義者要堅持「差異」(the difference) 的立場。畢竟女人與男人是不同的，陰性與陽性也同樣是有所差異的，所以要拒絕西方傳統「相同性／同一性」(the sameness) 的理念。除了佛洛伊德或拉岡關於「前伊底帕斯階段」男孩與女孩「相同」的性心理發展與他我認同，還包括以男性為主的所有西方

哲學思想，包括傳統的自由主義等。伊瑞葛萊這樣的論述立場，連帶也就隱含拒絕「自由主義女性主義」與「馬克斯女性主義」(Marxist feminism) 關於性別「同一」的主張 (Irigaray 1993)。

其次，女性要從女人原有的陰性特質出發，不再如同過往一般，立基在男性特有的單一 (single)、陽具獨尊 (phallic) 且單調 (mono) 的「慾力經濟」(libidinal economy)。女人要以複數 (plural)、雙唇 (two-lips) 和多點 (multiple) 的女性「慾力經濟」(libidinal economy) 為基礎，重新建立陰性的語言系統，以和男人陽性的語言系統有所區隔，並取代現有陽性語言系統強調中立 (neutrality)、客觀 (objectivity)、線性 (linearity) 與單一性 (singularity) 的表意方式與哲學思想體系。透過陰性語言系統的建立，女人自此就可以進入社會「象徵秩序」的體系當中，確立「自我」與「主體」的位置，改變女性的社會地位，同時也以她們獨有的（情慾）經驗，建立不同的人類表意體系 (human expression)，並進而改變社會結構的所有形式。

最後，伊瑞葛萊敦促且慫恿女人應該要模仿 (mime) 男人以自己為主體，把對女人的想像強加在女性身上的作法，女人也要以女人為中心，將自己對男人的想像，反射 (reflect back) 在男人身上，並且還要加倍奉還 (in magnified proportion)。如此一來，女性主義才可以同時解放女性並且顛覆男性。

（二）茱莉亞·克莉絲蒂娃 (Julia Kristeva)

就如同伊瑞葛萊一樣，克莉絲蒂娃也贊同拉岡關於兒童性心理發展不同階段，以及「伊底帕斯情結」對於階段轉移的重要性，她並且同樣也接受拉岡將「前伊底帕斯階段」視為「想像界」，而將「後伊底帕斯階段」作為「象徵界」的分類方式。在拉岡的理論中，由於兒童需在經歷並克服「伊底帕斯情結」之後，成功將「鏡像階段」的認同，轉移為對父親／男性的認同，並且過渡到「後伊底帕斯階段」，才能同時進入「象徵秩序」與男性的語言系統。因此，拉岡的理論似乎暗示在「前伊底帕斯階段」的「想像界」中，當語言體系尚未存在之時，也不可能有其他的示意系統或表意方式。

　　然而，克莉絲蒂娃對此說法卻不以為然，她認為兒童在經歷「伊底帕斯情結」並且過渡到「後伊底帕斯階段」後，便進入「象徵秩序」與社會的語言系統，此一過程其實更為複雜，並非如拉岡所言如此簡單。克莉絲蒂娃認為在這個過程當中，示意或表意方式並不是只存在於「象徵界」的陽性語言系統，而是不同階段皆有其不同優勢的「語言情態」(modality of language)：例如符號學 (semiotic) 是「前伊底帕斯階段」專有的語言模態，而象徵 (symbolic) 語言則是「後伊底帕斯階段」優勢，卻非專有的「語言情態」。

　　此外，克莉絲蒂娃更將「符號情態」(semiotic modality)──不同模式的符號信息，與母性 (maternal) 和詩意 (poetic) 互相連結，而「象徵情態」(symbolic modality) 則是與父性 (paternal) 和邏輯性 (logical) 彼此連結。而且，當象徵語言只存在於「後伊底帕斯階段」的「象徵秩序」當中時，符號學卻可同時存在於「想像界」與「象徵界」，此論述是異於拉岡的觀點，因為拉岡認為符號學的使用，只存在於「象徵秩序」之外 (Kristeva 1980)。

　　對克莉絲蒂娃而言，不同的「語言情態」意謂著差異的「意義生產」方式 (meaning-making) 或「書寫方式」(writing)。「陰性詩語（言）」(feminine poetic) 的「語言情態」，和男性的「象徵情態」迥然不同，它是直覺 (feeling)、循環／迂迴 (circular)、 主觀 (subjective) 與情緒性 (emotional) 的表達或示意方式 ，而「陰性書寫」 就是要在打破所有既存規則 (rule-breaking) 的同時 ， 也打破父性邏輯規則的意義生產方式。

　　因此，克莉絲蒂娃與伊瑞葛萊的論點相似，兩人都主張女人必須要以「陰性書寫」來代替陽性寫作，以作為顛覆男性「象徵秩序」與解放女性的策略，並試圖建構全新的社會形式。克莉絲蒂娃甚至認為除了女人之外，若男性也能同時採取「陰性書寫」來作為示意方法，重新建構西方的哲學思想體系，將會帶來更大的革命性意義與效應。可想而知，這種說法在女性主義者之間引起不少爭議，女性主義者對此各有看法，反對的聲浪也有不少 (Kristeva 1984)。

　　關於性別關係，克莉絲蒂娃還有一個論點值得探討，那就是她雖然主張女性與男性有別，但卻更加注重不同性別之間，在社會與文化層面的普遍差異 (general difference)，而非只強調男、女之間在「性的差異」(sexual difference)——所謂「雌／雄的差異」(female/male difference)，而此一看法與伊瑞葛萊的主張有別。

　　克莉絲蒂娃抗拒將「陰性」(feminine) 完全等同於生理女人 (women)，或將「陽性」(masculine) 與生理男人 (men) 直接劃上等號。她堅持在性別認同的發展過程中，當兒童由「鏡像階段」進入「象徵秩序」時，他／她可以選擇認同母親或父親，不同的認同選擇，會導致兒童的性別認同有所差異，例如傾向陽剛或陰柔的性別氣質。所以對於克莉絲蒂娃而言，理論上男人是可以退出「陽剛」的「象徵秩序」，並轉而進入「陰性書寫」的模式，女人也同樣可以拒絕「陰性」而採用「陽剛」的書寫方式。當然，在社會的現實情境下，這只是「可能」但尚未實現的想望，但它卻是克莉絲蒂娃認為女性主義若欲達到解放與社會革命時，應該採取的正確方向 (Kristeva, Jardine and Blake 1981)。

　　儘管克莉絲蒂娃認為性別認同並不必然是男／女二元對立 (sexual binary)，但她也承認男性與女性之間確實存在「性差異」。至於性別認同的差異，究竟是如何產生的，克莉絲蒂娃與其他「心理分析女性主義」者，例如狄諾史丹和裘德洛等人一樣，接受傳統心理分析理論的看法，將性別認同差異的起始點，置放在兒童與母親的關係。但克莉絲蒂娃與傳統「心理分析女性主義」者的看法不同，她特別強調兒童的性別認同，是透過從母親身體分離的掙扎過程而形成，而男孩在這個過程中並不是「拒絕」(rejecting) 母親的身體，而是藉由「賤斥」(abjecting) 母體的方式。

　　而所謂的「賤斥」，就是將母親的身體重新構思 (reconceiving) 為某種代表下賤、惡劣或令人作嘔 (disgusting) 的物體或東西 (object)。藉由「賤斥」的過程，母性的身體於是搖身一變成為社會不適者 (social misfit) 或社會邊緣人，例如西方社會的猶太人或吉卜賽人等。相反的，女孩由於與母親擁有相同的身體，因此在其性別認同的形成過程中會遭遇難題，因為女孩不能如同男孩一樣，藉由賤斥母性身體，來完成「自我」的分離與獨立。所以，當女孩置身在父權社會的性別體制，與陽性為中心的「象徵秩序」中，女孩的性別認同過程，必然會導致克莉絲蒂娃所說的女性認同困境 (Kristeva 1991；蔡秀枝 1993)。

（三）對「後拉岡」心理分析女性主義的觀察

以「法國女性主義」為主的「後拉岡」心理分析女性主義理論，伴隨 1990 年代西方人文與社會科學界的「文化轉向」(cultural turn)，在哲學思想與文學／文化理論中，掀起一股風潮。隨後，法國女性主義也飄洋過海傳至台灣的學術界，在人文、文學與文化研究領域，引起相當熱烈的討論。一時之間，伊瑞葛萊、克莉絲蒂娃與西蘇儼然成為「法國女性主義」的代表，而「陰性書寫」也成為女性主義的熱門名詞與流行語彙。

然而，由於源自佛洛伊德「心理分析」的女性主義，早就被批評帶有西方白人中心的色彩，因此，「法國女性主義」雖以拉岡的心理分析理論為依歸，仍然脫離不了以西方社會文化為中心的批評。此外，或許因為這三位「法國女性主義」者論證的脈絡及其「寫作」方式，特別是法語特有詞彙的使用，對非法語系或不熟悉法國文化的讀者而言，顯得十分艱澀難懂，且不易掌握。再加上非法語系的讀者，通常需要藉助英文或其他語言的譯本始得入門，而每位譯者對專有名詞（例如 jouissance、ecriture feminine 等詞語）的翻譯各有理解，間接也造成不同譯本之間的差異，以及理解與詮釋其理論的困難，進而提高「法國女性主義」理論轉譯到非西方文化社會的障礙。

因此，「法國女性主義」的理論，鮮少在非西方或第三世界女性主義的社群中被廣泛接受或嚴肅討論。對以非西方白人婦女為主體的「第三世界女性主義」(third world feminism) 或「有色婦女女性主義」(women of color feminisms) 者而言，不論是「法國女性主義」或是「心理分析女性主義」（包括佛洛伊德與拉岡的理論），由於這些女人的經驗總是顯得距離太過遙遠，她們的女性主義理論對於理解非西方、非白人婦女的處境亦沒有太多連帶，所以我們也就很少看到「有色婦女女性主義」對「法國女性主義」有太多興趣。以「後拉岡」心理分析女性主義為基底的 「法國女性主義」， 似乎仍然停留在 「非常法國的」 (very French)。

此外，「法國女性主義」還有另一個經常被詬病之處，在於她們的理論太受

制於西方思想的男性大師，例如佛洛伊德、拉岡與德希達的哲學思想和理論。這三位代表性的「法國女性主義」者，一致主張以「差異」作為女性主義的出發點，特別是「陰性」與「陽性」的不同，她們同時也堅持女人應該找回原初的「陰性」特質，並由此發展「陰性書寫」的表意系統，作為解放女性、顛覆陽性「象徵秩序」的策略，以達到社會革命的目標。

　　無可置疑，這些理論的宣稱十分基進，以女人天生原有的「陰性」為基底，以「書寫」作為性別革命的手段，迥然有別於「自由主義女性主義」理論倡議以性別「相同」為基礎，和以「平等」為目標的主張。然而令人疑惑的是，看似非常基進的「法國女性主義」者，如果她們不能踏出西方男性文化的論述框架，在非西方社會中找尋其他選項或替代版本的 (alternative versions) 性別分類，也無法向非男性傳統的女性主義理論流派取經，例如嘗試和「基進─文化女性主義」理論，抑或與法國女性主義哲學家西蒙波娃 (Simone de Beauvoir, 1908–1986) 對話，而是一味藉由批判既有男性大師們的父權思考模式，來建構自己的女性主義理論，這樣的作法，只會強化陽性「象徵秩序」所產生的效應，反而顯得「法國女性主義」仍然被她們所批判的「父權／陽性」意義生產體系所箝制，令人不禁對她們宣稱建構「陰性書寫」作為解放女人、顛覆陽性與社會革命的可行性產生懷疑。

參考書目

Chodorow, Nancy, 1978, *The Reproduction of Mothering: Psychoanalysis and the Sociology of Gender*. Berkeley: University of California Press.

Cixous, Hélène, 1976, "The Laugh of the Medusa." *Signs: Journal of Women in Culture and Society* 1(4): 875–893.

Dinnerstein, Dorothy, 1976, *The Mermaid and the Minotaur: Sexual Arrangements and Human Malaise*. New York: Harper & Row.

Elshtain, Jean Bethke, 1981, *Public Man, Private Woman: Women in Social and Political Thought*. Princeton: Princeton University Press.

Evans, Dylan, 1996, *An Introduction Dictionary of Lacanian Psychoanalysis*. New York: Routledge.

Freud, Sigmund, 1953 [1900], *The Standard Edition of the Complete Psychological Works of Sigmund Freud* (Volume IV)*: The Interpretation of Dreams* (first part), translated by James Strachey. London: Hogarth Press.

Freud, Sigmund, 1953 [1900–1901], *The Standard Edition of the Complete Psychological Works of Sigmund Freud* (Volume V)*: The Interpretation of Dreams* (second part) *and On Dreams*, translated by James Strachey. London: Hogarth Press.

Freud, Sigmund, 1953 [1901–1905], *The Standard Edition of the Complete Psychological Works of Sigmund Freud* (Volume VII)*: A Case of Hysteria, Three Essays on Sexuality and Other Works*, translated by James Strachey. London: Hogarth Press.

Freud, Sigmund and Josef Breuer, 1955 [1893–1895], *The Standard Edition of the Complete Psychological Works of Sigmund Freud* (Volume II)*: Studies of Hysteria*, translated by James Strachey. London: Hogarth Press.

Glowinski, Huguette, Zita M. Marks and Sara Murphy, eds., 2001, *A Compendium of Lacanian Terms*. New York: Free Association Books.

Hook, Derek, 2006, "Lacan, the Meaning of the Phallus, and the 'Sexed' Subject." pp. 60–84 in *The Gender of Psychology*, edited by Tamara Shefer, Floretta Boonzaier and Peace Kiguwa. Cape Town, South Africa: UCT Press.

Irigaray, Luce, 1985a, *This Sex Which Is Not One*, translated by Catherine Porter and Carolyn Burke. Ithaca: Cornell University Press.

Irigaray, Luce, 1985b, *Speculum of the Other Woman*, translated by Gillian C. Gill. Ithaca: Cornell University Press.

Irigaray, Luce, 1993, *An Ethics of Sexual Difference*, translated by Carolyn Burke and Gillian C. Gill. Ithaca: Cornell University Press.

Johnston, Adrian, 2018, "Jacques Lacan." In *Stanford Encyclopedia of Philosophy*, https://plato.stanford.edu/entries/lacan/ (Date visited: April 11, 2021).

Jones, Ernest, 1953, *Sigmund Freud: Life and Work*. London: Hogarth Press.

Kristeva, Julia, 1980, *Desire in Language: A Semiotic Approach to Literature and Art*, edited by Leon S. Roudiez. Oxford: Blackwell.

Kristeva, Julia, 1984, *Revolution in Poetic Language*, translated by Margaret Waller. New York: Columbia University Press.

Kristeva, Julia, 1986, *The Kristeva Reader*, edited by Toril Moi. Oxford: Basil Blackwell.

Kristeva, Julia, 1991, *Strangers to Ourselves*, translated by Leon S. Roudiez. New York: Columbia University Press.

Kristeva, Julia, Alice Jardine and Harry Blake, 1981, "Women's Time." *Signs: Journal of Women in Culture and Society* 7(1): 13–35.

Lacan, Jacques, 1977, *Écrits: A Selection*, translated by Alan Sheridan. London: Tavistock Publications.

Lacan, Jacques, 1988 [1964], *The Seminar of Jacques Lacan* (Book XI)*: The Four Fundamental Concepts of Psychoanalysis*, edited by Jacques-Alain Miller and translated by Alan Sheridan. New York: W. W. Norton.

Lacan, Jacques, 1988 [1954–1955], *The Seminar of Jacques Lacan* (Book II)*: The Ego in Freud's Theory and in the Technique of Psychoanalysis*, 1954–55, edited by Jacques-Alain Miller and translated by Sylvana Tomaselli. New York: W. W. Norton.

Mansfield, Nick, 2000, *Subjectivity: Theories of the Self from Freud to Haraway*. New York: New York University.

Mitchell, Juliet, 1971, *Woman's Estate*. Middlesex: Penguin Books.

Mitchell, Juliet, 1974, *Psychoanalysis and Feminism*. New York: Vintage Books.

Ortner, Sherry B., 1975, "Oedipal Father, Mother's Brother, and the Penis: A Review of Juliet Mitchell's *Psychoanalysis and Feminism*." *Feminist Studies* 2(2–3): 167–182.

Raymond, Janice G., 1986, *A Passion for Friends: Toward a Philosophy of Female Affection*. Boston: Beacon Press.

Rich, Adrienne, 1976, *Of Woman Born: Motherhood as Experience and Institution*. New York: W. W. Norton.

朱崇儀，2000，〈性別與書寫的關連：談陰性書寫〉。《文史學報》30: 33–51。

沈志中，2019，〈性別分化〉。頁 425–461，收錄於《永夜微光：拉岡與未竟之精神分析革命》。台北：台大出版中心。

杜聲鋒，1988，《拉康結構主義精神分析學》。台北：遠流。

楊小濱，2016，〈爽意：臧棣詩（學）的語言策略〉。《臺大中文學報》52: 135–172。

楊玉華，2000，〈伊底帕斯情結〉（Oedipus Complex）。頁 12–13，收錄於國立編譯館主編，《教育大辭書（三）》。台北：文景書局。

劉紀雯、謝昇佑，2010，〈賈克·拉岡〉（Jacques Lacan）。收錄在輔仁大學英文系「英文文學與文化資料庫」：http://english.fju.edu.tw/lctd/List/TheoristsIntro.asp?T_ID=46，取用日期：2021 年 4 月 11 日。

蔡秀枝，1993，〈克莉絲特娃對母子關係中「陰性」空間的看法〉。《中外文學》21(9): 35–46。

蕭嫣嫣，1996，〈我書故我在——論西蘇的陰性書寫〉。《中外文學》24(11): 56–68。

第十章

西蒙波娃與當代女性主義理論

西蒙波娃 (Simone de Beauvoir, 1908–1986) 是重要的「存在主義」(existen-
tialism) 哲學家,也是當代女性主義理論的先驅,因此女性主義學者習慣將她的
論述,界定為「存在主義女性主義」(existential feminism)。身為女性哲學家,
波娃雖然與沙特 (Jean-Paul Sartre, 1905–1980) 和梅洛龐蒂 (Maurice Merleau-
Ponty, 1908–1961),不但是同一時期的同學與同儕,在當時的法國哲學界同享
盛名,對於存在主義哲學的建立,她和沙特更可謂是夥伴關係。然而,在男性
主導的哲學界中,波娃在存在主義哲學的成就,卻經常被後來的哲學界人士所
忽略。他們若非著重在她與沙特的私人關係(尤其是伴侶關係),就是直接稱她
為沙特的弟子 (disciple) 或伴侶 (mate)。這樣的方式,不但矮化她的學術地位,
更使身為女性的波娃,喪失獨立的「自我」(self),成為男性、沙特的「他者」
(other)。

此種對待現象亦普遍存在於學術界與知識界:例如,當沙特與波娃傳記的
兩位作者,同時受邀到哈佛大學演講時,參與者對於沙特的興趣與所提出的問
題,基本上都與他的作品息息相關;相反的,關於波娃的提問卻多以私人事務
為主。即便是沙特本人,面對波娃的聰慧與才智,也只是高傲的表示:妳擁有
一個「男人的智能」 (a man's intelligence), 作為他對波娃的肯定與讚美 (*The
Second Sex* [*TSS*]: xii)。

波娃身為女人,而且是沙特的女人 (Sartre's woman),她與沙特之間似乎存
在著既微妙又緊張的關係。 作為存在主義的哲學家, 沙特倡議自主的自我
(self) 與主體 (subject),和「被客體化的他者」(objectified other) 之間,存在彼
此對立的看法, 提供波娃撰寫 《第二性》 (*Le Deuxième Sexe*/*The Second Sex*

[*TSS*], 1949) 一書時，用來分析女人處境的架構。至於波娃是否以此作為看待她與沙特之間的關係？這是個有趣的問題，實值得學界進一步的思辨。

波娃自 1946 年 10 月開始撰寫《第二性》，直至 1949 年 6 月完稿，期間雖曾旅美並同步寫作《美國日記》(*L'Amérique au jour le jour*/*America day by day*) 一書，但她前後只花費約莫兩年左右的時間，就完成《第二性》此書的撰稿。她並且將全書分為兩卷，以將近千頁（約 978 頁）鴻篇巨帙的篇幅，涵蓋風俗習慣、神話傳說、歷史、法律、宗教、哲學、人類學、經濟等面向關於女人的說法，作為證成女人如何成為「第二性」的根源所在，若以此點觀之，則波娃對於自己身為女人，是否能夠成為沙特的「孿生」(twinship) 身分，應是不無懷疑吧？

任何關於當代女性主義的討論，如果沒有涵蓋波娃的《第二性》，將會被視為不完整與不夠格的。雖然她於 1949 年出版《第二性》時，尚未將自己界定為女性主義者，甚至在著作中，還對「女人」和「女性」，特別是「生殖」(reproduction) 的部分，給予不少負面描述與評價。除此之外，她也對當時的女性主義者和婦運界人士多所批評，引發許多婦女及婦運者的不滿，以致 1960 年代初「第二波婦運」在美國再度興起的時候，美國的婦運界與女性主義者，對波娃並不友善，對《第二性》的論點也並未多加關注。波娃與當代「第二波婦運」之間的緊張關係，直到她於 1971 年，目睹法國婦女為爭取合法墮胎權而發起抗議運動，並與 343 位法國知名女性和女性主義者，共同連署發表《343 蕩婦宣言》("*Manifesto of the 343*") 時，立場才有所轉變。1972 年，她在接受《新觀察家》(*Le Nouvel Observateur*) 的訪問時，終於公開宣示自己為女性主義者。

此時，伴隨美國「第二波婦運」的蓬勃發展，帶動高等教育「婦女研究」教學與研究機構的出現，以及相關研究成果的累積，探討女人次等地位的歷史過程，以及解釋造成性別不平等的社會文化因素，遂成為女性主義者的重要任務。波娃的《第二性》是當時少數對於女人與女性地位的系統化分析與理論，她一方面批評當時男性關於女人論點的錯誤，另一方面檢視歷史與神話等文化因素對於女人的呈現，並分析女性生命不同階段的社會情境，是如何形塑女人

(woman) 及女性 (femininity)。她所提出的名言：「女人不是天生命定，而是後天養成」("One is not born, but rather becomes, a woman.") (*TSS*: 283)，更被視為是當代性別建構論的先驅。在這樣的背景下，《第二性》為當時女性主義者在建構女性知識系統時，提供重要的理論依據。隨著當代女性主義理論的發展與成熟，波娃作為女性主義者的身分，以及《第二性》此本重量級巨著，終於再度受到關注與肯定，《第二性》甚至還被稱譽為「女性主義聖經」(the feminist bible)。

因此，本章將檢視波娃在《第二性》所主張的豐富的性別理論，並探討其論點對於後來女性主義性別理論的影響。

一、《第二性》：女性主義聖經

波娃於 1946 年開始寫作《第二性》，法文版於 1949 年在巴黎出版後，曾經轟動一時，但英譯版則要等到 1953 年，才由紐約的「克諾夫出版社」(Alfred A. Knopf) 正式發行。

英譯版《第二性》的出版過程，亦頗為曲折。原來當法文的《第二性》在巴黎出版時，當時「克諾夫出版社」的老闆娘布蘭琪‧諾普 (Blanche Knopf)，正在巴黎旅遊，順便發掘新書。當她聽說這本新書時，顧名思義，她以為這可能是一本關於「性」的高級手冊，就將這本書帶回美國，並邀請「史密斯學院」(Smith College) 退休的動物學教授霍華德‧帕什利 (Howard Madison Parshley, 1884–1953)，對該書進行閱讀、評估與報告。他在閱讀之後，給予該書相當正面的評價：「兼具知識性與學術性，相當平衡的觀點……不像是教條式的女性主義」(*TSS*: xiii)。這個評審意見為帕什利教授贏得翻譯這本書的合約，但是出版社也要求帕什利在翻譯時將文本予以濃縮刪節，同時注意避免出現不必要的男性陽剛口氣。在這樣的前提下，帕什利在取得波娃的勉強同意後，將原文中不適合美國讀者以及英文語法的部分，或深奧的哲學論證等，皆加以精簡化、編輯或刪除，英譯版遂於 1953 年才正式發行。

　　一直以來，婦運界與婦女研究學界對於這個譯本並不滿意，這個不完整的英譯版雖然沒有太多的錯誤或扭曲，但是經由一位男性動物學家的翻譯，在重視科學知識正確性與避免女性主義氛圍的前提下，波娃原著的女性立場批判性，以及重要的理論辯證，就都被省略了。直到 2011 年，由女性譯者 Constance Borde 和 Sheila Malocovany-Chevallier 重新翻譯的完整英譯版終於問世，另，直接由法文版原著翻譯為中文的全新完整《第二性》（邱瑞鑾，2013）中譯版，也於 2013 年在台灣出版發行。婦運界與女性主義學者對此書的重新關注與興趣，再度顯現《第二性》對於瞭解當代社會女性地位與性別關係持續的重要性，亦同時彰顯其「女性主義聖經」的地位。

　　2011 年重譯的《第二性》英譯版一書，全書篇幅超過 800 頁，共分為兩卷。第一卷的主題為「事實與迷思」(Facts and Myths)：內含三個部分。除第一章〈導論〉以外，第一部分為「天生命定」(Destiny)，評論流行於當時西方知識界關於「女人」的男性觀點與說法，包括生物決定論、心理分析觀點與唯物史觀。第二部分為「歷史」(History)，共分為五章，以編年史的方式，描述並討論從史前階段到 1940 年代，女性在人類文明發展進程不同階段的處境。從史前的原始部落、氏族、游牧社會、文明初期與農業社會，再到希臘羅馬文明、中世紀歐洲與 20 世紀的英、法社會，廣泛引用人類學、神話傳說、歷史文獻，甚至法律、宗教教義與教條等資料，全面討論女人如何被定義、看待與記載。第三部分則是「迷思」(Myths)，共分為三章，波娃進一步以當時重要的文學作品為例，討論不同的男性作家，究竟如何以男人為「主體」，透過小說將女性塑造為不同型態的「他者」，以彰顯其對男性「主體」的不同主張，進而造就社會關於「女性」的不同迷思。

　　《第二性》的第二卷則為「生命經驗」(Lived Experience)，是波娃對於不同生命階段的女性，在當時法國社會生活經驗的觀察，可以說是波娃關於女人處境的實證研究。〈導論〉部分開宗明義指出：「女人不是天生命定，而是後天養成」，其他四部分，則分別涵蓋女性在不同生命階段與不同身分的處境與經驗。第一部分為「生成年代」(Formative Years)：包括孩提時期 (childhood)、成

為女孩 (the girl)、性啟蒙 (sexual initiation)、女同性戀 (the lesbian)。第二部分為「女人的處境」 (Situation)：分為已婚婦女 (the married woman)、母親 (the mother)、社交生活 (social life)、妓女與交際花 (prostitutes and hetaeras)、熟齡與老年 (from maturity to old age)、女人的處境與特質 (woman's situation and character)。第三部分為「女人的辯解」 (Justifications)：涵蓋自戀者 (the narcissist)、需要愛的女人 (the woman in love)、神祕的女人 (the mystic)。第四部分的結語則為「邁向解放」 (Toward Liberation)：獨立自主的女人 (the independent woman)。

　　從上述對於《第二性》的扼要介紹，即可一窺該書為何被稱為「女性主義聖經」。波娃對於女性議題的論證，不但從歷史縱深與文化層面的角度，作系統性與全面的檢視，並且同時兼顧理論的批判與實證的分析。例如在第一卷第一部分「天生命定」中，就分別針對關於「女人」的（男性）主流說法和理論，提出極為深刻的評論。當時關於女性／女人的主要理論，包括「自然論」或「生物論」 (biological data)、佛洛伊德的「心理分析理論」 (the psychoanalytic point of view)，以及馬克斯主義的「歷史唯物論」 (the point of view of historical materialism)。波娃除指出這些理論或論點，其論證過程有何缺失外，她更旁徵博引，從各類出版資料（包括小說、日記）與相關實證研究的結果，指出這些理論與女人真實情況的落差，作為支持她批評的佐證。

　　波娃以存在主義作為其理論框架，主張男人以「自我」作為定位基準，認為男性具有「存在超越性」(transcendence)，而將女人界定為「他者」，只具「存在內在性」(immanence)，以作為彰顯男性自我的對比標竿。立基於這個理論框架，波娃進一步主張從女人被男人或父權所設定的「處境」(situation) 出發，來解釋女人如何從「生物的雌性身體」 (female)，被教養成「文化的女性」(femininity)，並且最終成為「社會的女人」(woman)。她將第二卷的重心，放在闡釋女人一生從孩提時代起始，到成年後作為妻子與母親，這些不同階段的處境，究竟如何將她們從原先與男孩一樣具有主動性的小女孩，逐步形塑為被動且無法超越「存在內在性」的「女人」。

綜觀而論，《第二性》從宏觀的角度來看，是一部探討西方社會女性地位變遷的編年史，從微觀角度而言，它也是女人地位的生命史。這樣一部關於「女人」詳盡與全面的論述，不但在 1940 年代當時的知識界，無人能望其項背，即便是在「第二波婦運」之後的女性主義知識建構發展史，亦少有超越者。

《第二性》作為「婦女」研究的先驅，它對「女人」議題的論述，以及在探討女人的處境時，除檢視符合父權社會規範的「正常」與「好」女人——即異性戀的已婚女人（如妻子、母親）等傳統女性身分外，波娃也將被當時社會標籤為「不正常」或「壞」女人的女同性戀、妓女與交際花，一併納入討論的範圍。不僅如此，進入更年期與熟齡老年的「非雌性女人」——即不再具有生育能力，且喪失生物雌性特徵的女人，她們的處境也是波娃所關心的重點。

換句話說，對波娃而言，女人並非只有男性所界定的「正常女人」或「他者的女人」，而是多樣且不受男性界定的「非他者女人」。關於「何謂女人」或「女人是什麼」的問題，波娃企圖揭示的是：「女人非一」(This woman is not one.)，男性關於女人的觀點既是侷限也是偏駁的，因此，必須要由女人以女性為中心的立場觀看，才得以一窺全貌。這些「非正常」女性身分的女人，通常被排除於當時男性討論女人的範圍之外，即使是當代女性主義者關於性、情慾、同性戀與更年期等議題的討論，也是在 1980 年代之後才開始關注。波娃的開創性與遠見，再次顯示《第二性》在女性主義發展史中的先驅地位。

其次，波娃在《第二性》第一卷第三部分的「迷思」中，分別針對五位知名男性作家的作品，以女人的立場出發，作出不同的詮釋與解讀。她具體指出這些備受推崇的男性作家，是如何根據各自對女人（身為男性的「他者」）的看法，建構出全然不同的女性「迷思」。波娃不但認為：「在男性作家的筆下，女主角只能以作為彰顯男人主體的特許『他者』(the privileged Other) 出現」(TSS: 262)，也同時宣稱：「對上述每一位作家來說，理想的女人就是最能夠向他揭露她是『他者』化身的女人」(TSS: 264)。

例如亨利‧德‧蒙泰朗 (Henry de Montherlant, 1895–1972) 這位崇尚陽剛氣質的厭女者，將女人界定為純粹的雌性動物身體，在女人身上找尋的是她純

粹的動物性。對大衛‧赫伯特‧勞倫斯 (D. H. Lawrence, 1885–1930) 這位陽具中心論者而言，則將女人視為全然是以男人的性為中心的「性」動物。身為虔誠天主教徒且服膺天主教義的保羅‧克羅岱爾 (Paul Claudel, 1868–1955)，把（好的）女人定義為和他心靈相契的人，也是侍奉天主的虔誠侍女。「超現實主義」(surrealism) 者安德烈‧布賀東 (Andre Breton, 1896–1966) 將女人視為「詩」(poetry)，可以將男人從內在性 (immanence) 中解放出來。斯湯達爾 (Standhal [Marie-Henri Beyle], 1783–1842) 則期待女人（作為情人）是解放與自由的，也是一個和他對等的女人 (*TSS*: 214–265)。總之，男性作為主體可以藉由創造「迷思」，將女人建構為各種不同的「他者」，以作為彰顯其主體意涵的手段。反之，女人作為「他者」，卻無法創造「男性」迷思，即便斯湯達爾所想像的他者，是與他／男人對等且自由的女人，也依然如此。

　　波娃以女性的立場，重新解讀、批判男性作家的文學作品，藉由解析女性「迷思」的建構，揭開潛藏於男女兩性之間的權力關係，特別是這些男性作家們對女人身體、性或情慾的貶抑態度，可以說是開啟當代「性政治」論述之先。雖然波娃採用「男性／自我／超越」對比於「女性／他者／內在」的存在主義框架，作為分析當時社會女性被貶抑地位的基礎，而當代「基進女性主義」(radical feminism) 者凱特‧米列，則直指「性」(sex) 才是女人受壓迫的根源，並進而創造「性政治」(sexual politics) 一詞。兩者立論的根基雖然有別，米列源自「第二波婦運」之後出現的「基進女性主義」（詳見第七章），主張性與生殖是女性被壓迫的根源，「性政治」不但是性權力關係，也是性別關係的核心。但兩者相同的是，她們都選擇以勞倫斯的作品為例，藉此彰顯以男人的「性」為中心的父權文化，是如何控制女人的身體並貶抑女人的「性」。

　　值得特別一提的是，波娃置身於 1940 年代的法國社會，對「性」的態度相對保守，而她有別於當時論述性別不平等關係的氛圍，特別突顯男人對女人身體與性的貶抑及壓迫，就此而言，波娃的《第二性》所展現對「女同性戀」與「女性迷思」的關注與分析，正足以彰顯她及《第二性》觀點的「激進性」，絲毫不亞於當代的「基進女性主義」者。然而，極為可惜的是，波娃的這些理論

建樹，不僅在當時未被注重與正視，即便是在當代婦女運動發展的初期，也未獲得女性主義者應有的重視，特別是波娃對「性」議題的洞見，以及對當代「性政治」議題的啟發，「基進女性主義」者應該對此給予適當的認可。

波娃對男性知名作家所作的女性主義式批判，亦有學者從文學評論的觀點予以解讀，認為《第二性》對於「女性」迷思的分析，可被視為是七、八〇年代在歐美興起的當代女性主義文學批評之先例 (Moi 2009)。至於波娃《第二性》的寫作方式，是否對 1980 年代後期出現的法國女性主義者所主張的「陰性書寫」(écriture féminine) 或「女性情慾」(jouissance)，亦有首開先河的作用，則仍有待商榷。

二、《第二性》的女人／性別論述

如前所述，《第二性》關於「女人」的討論，涵蓋的篇幅甚廣，涉及的議題多元，部分是基於當時社會的性別氛圍，部分則是領先時代，觸及當時迴避的議題。然而，當代女性主義在「第二波婦運」的加持下，隨著「婦女研究」與「性別研究」等學術領域的建置化，波娃觸及的許多議題自 1960 年代以來，陸續已有相當的累積，專門的學術研究也相繼出版。因此，本章關於《第二性》的討論，擬聚焦在波娃關於女人、性別及性別關係的相關論述，而這對於當代女性主義理論而言，仍是根本且極具爭論性的議題。

（一）女人是什麼？

「女人是什麼」？恰如波娃所言，是千古以來存在已久且爭論不休的問題，而且已經耗費許多（男）人不少的筆墨。其實，波娃自認她對如何定義女人，或再寫一本關於女人的書，根本沒有興趣，也認為沒有任何意義可言。然而，當她想寫一本關於自己的自傳，面對「我是誰？」的自我界定時，卻顯得困擾不已。幾經思考之後，她所得到的答案卻仍然是：「我是一個女人」，並以此作

為自我認同的基礎與開端。而且更為弔詭的是，波娃認為當男人面對同樣的問題時，卻無需自我界定「我是一個男人」，因為男性是一個確定的社會分類範疇，有其明確的社會定位，意謂著社會都知道男人指涉的是什麼。

　　面對男、女兩個性別受到社會的差異對待，幾經省思之後，波娃終於決定寫一本關於女人的書：《第二性》，以存在主義「自我／他者」相對於「超越／內在」的框架，將女人視為「第二性」，探討女人身處在以男人為中心的社會，究竟如何被定位為「第二性」。她從生理、心理、經濟社會的觀點出發，批判當時既有關於「女人是什麼」的論點，指出西方文化的歷史、神話與文學如何論述「女人是什麼」，以及女人如何被論述為「第二性」。波娃在第二卷中，則是以當時西方（法國）社會女性／女人從孩提到老年之不同生命階段的生活經驗為資料，證成她關於女性最重要的論點：「女人不是天生命定，而是後天養成」。

　　對波娃而言，「女人是什麼」的答案很明確：相對於男人的「第一性」，女人就是「第二性」，然而在給予這個答案之前，波娃必須先提出她對既有說法的駁斥。首先，關於女人最普遍的看法，就是女人是雌性（也就是具有雌性生理或生殖特性）的人類。對於這樣的說法，她指出其中的謬誤，在於所謂「雌性人類」指涉的混淆。

　　波娃指出，所謂的「雌性人類」，同時包含以下兩層涵義：「雌性人類物種」(female human species) 與「雌性人類存在」(female human being)。若是指「雌性人類物種」，波娃廣泛援引生物學的文獻指出，雖然生物學界的物種有雌雄之分，但並非所有生物皆然，生物界不乏單性抑或雌雄同體的物種。再者，雖然雌雄之分有利於物種繁殖，但並不是所有物種的繁殖，皆需要雌雄交配的過程，單細胞生物的「無性生殖」，以及雌雄同體生物的「自體交配」，同樣也是物種繁殖的方式。

　　此外，在生物界中，物種雖有雌雄生殖功能之分，卻沒有所謂的「男性」與「女性」之別，相應於雄性氣質或雌性氣質之分，連帶所產生的性別分工亦非必然，當然也更沒有所謂陽剛與陰柔氣質的差異。因此，較之當時社會文化對女人的看法，波娃認為所謂「女人」是「雌性人類物種」的說法，其具體所

指涉的應該是女人是「雌性人類存在」，是一種不同於男人的社會存在狀況。女人作為「雌性人類存在」，是「雌性生理」(female biology) 再加上「陰柔氣質」(femininity) 的組合，至於女人的「陰柔氣質」如何產生？則是來自雌性的本質 (femaleness)。它不僅是天生具有的雌性生理／身體差異，也是後天形成與社會文化養成的後果，簡言之，它同時既是生理／生殖的差異，也是社會建構的結果。

關於「女人是什麼」這個問題的解答，波娃的立場十分明確。從前述關於物種分類的討論，已經清楚顯示存在於人類的男人／女人關係，並不等同於物種生物界的雄／雌關係，亦即「男與女（雄與雌）是人類物種為延續而分成的兩個不同類別的個體，他們的分類只能是相關性的」(TSS: 21)，而且「雌非女人」("Female is not woman.")，「女人」亦不僅僅等同於「雌」而已。「女人」是一個特定的社會分類範疇，是由「雌性人類物種」再加上「陰柔氣質」所組成，所以對於波娃而言，「女人」除具備特定的身體生殖結構（即「雌性本質」），還需同時具備社會認定的特定態度、行為模式與角色，也就是所謂的「陰柔氣質」。因此，「陰柔氣質」才是界定人類社會的女人最主要的因素，而社會如何定位「陰柔氣質」，更是攸關女人身分與社會地位的關鍵。

波娃認為：「只有從人性的觀點而言，雌（女）與雄（男）才能在人類物種中被比較」(TSS: 45)。因此，她同意梅洛龐蒂的看法：「男人並非『自然的物種』(a natural species)，而是『歷史的理念』(a historical idea)。女人也不是『固定的實體』(a fixed reality)，而是一種『流變』(a becoming)。且其『流變』需要與男人比較，這樣她各種的可能性 (possibilities) 才得以被界定。」(TSS: 45)

（二）女人作為「第二性」

波娃認為既有的男女兩性社會關係，呈現不對稱 (non-symmetrical) 的狀態，即是問題的根源所在 (TSS: 5)。雖然男女不同、陰陽互補的對稱 (symmetrical) 關係，看似是社會普遍的看法，認為男人與女人就像正負電流，各自占據電流正負相對的兩極。然而，實際的情況卻並非如此，女人確實只占據負極 (negative) 的一端，而男人則同時占據正極 (positive) 再加上中央 (center) 的位置。

　　此一不對稱的位置關係，給予男性「中央」的位置，使其得以扮演球員兼裁判的角色，賦予他們定位「自己／自我」(self) 和界定「他人／他者」(other) 的權利。在這樣的分類框架之下，男人成為社會的主體 (subject)，讓他們有權利 (right) 將自我族類描述為具有符合社會進展之正面價值的陽剛氣質，而將非我族類／他族界定為缺乏陽剛氣質 （或具備陰柔氣質） 的族群。 而所謂的 "right"，既隱含男人的陽剛氣質是正確的 (right)，也同時意味男人的主體是具有權利 (right) 的；而女人（作為男人的對立面）只能是客體 (object)，是缺乏權利的性別。

　　總之，在既存的不對稱性別關係下，男人與女人的存在是一種「主體」與「客體」、「絕對」與「相對」的不對等位階關係。至於社會之所以存在此一不對稱的性別關係，其基礎乃是建立在社會對男女身體差異的看法，特別是女人特有生殖功能的生物構造，導致女性身體被視為物種繁衍的媒介，進而導致她們被隔離在社會參與的機會之外。女性的身體因此成為「物種的奴隸」("She is a slave to the species.") (*TSS*: 32)，成為女人與外在世界直接連結的障礙。反之，男性的身體由於不具備擔負生殖的責任，不必成為「物種的奴隸」，男人可以透過身體直接與世界連結， 藉由身體來體現男性的陽剛氣質與雄性力量 (male power)，身體因此成為男人主體的基礎，而非與世界連結的障礙。

　　其次，男人與女人之間不對稱的社會關係，除了主、 客之間的差序位階 (hierarchy) 外，也指涉「自我」(self) 與「他者」(other) 的差別社會位置。也就是說，「自我」是男人自認 （與被認可）的社會位置，而女人卻只能取得 「他者」的社會位置。作為分析對立社會關係系統的概念架構，「自我」相對於「他者」，也顯示不同族群或人群之間某種特定的相互性 (reciprocity)。

　　雖然雙元 (duality) 或二元存在，是社會存在的基本形式，然而當社會由自然狀態進展到文化狀態的過程中，同時也會伴隨社會關係的變質，人群之間會由自然 （生物性）的雙元關係 (biological relations)， 進而轉變為一系列互相對立關係的系統 (systems of oppositions)。這也意謂當社會由基於團結和合作的原始存在關係 (*Mitsein*) (*TSS*: 7)，轉變為某一人群對其他人群的存在，出現不友善

或敵意的意識，為宣稱與強化其主體性，此一人群藉由將其他人群建構為相對差異、非本質、非必要 (non-essential) 的對立存在，來突顯自己團體的本質性與絕對性，以建立「自我」的地位。

因此，「他者」可說是被擁有「自我」身分的人群所假設，且被賦予具有對立特質與相對關係的人群。也就是說，「他者」的存在是為突顯「自我」的主體，不同的人群 (others) 之所以被假設為「他者」(the Other)，是作為「自我」的人群為彰顯「自我」的身分 (the One) 而設立的。所以，作為「自我」的人群，擁有界定誰是「他者」的權力，「他者」的人群則不能界定「自我」的人群，也不能界定本身的「他者」特質 (TSS: 7)。最後，為確保「他者」人群不會成為「自我」人群，他者必然要被迫接受或屈服於這種外來的觀點。

（三）女人如何成為「第二性」？

既然如此，女人作為雌性人類，是如何成為「第二性」的？關於這個關鍵問題，波娃提出以下幾個不同的解釋。

對波娃而言，關於男女之間「我」與「他我」的對立關係，首要的問題是：女人屈服於「他者」的身分是如何產生的？也就是在歷史的進程中，女人相對於男人，如何從立基於生物的性／生殖分工，其初始是「相互存在」的狀態，進而轉變成彼此對立的關係。男人自訂為「我」，而女人則被「他者化」，成為「我／男人」訂定的「他者」，而且女人似乎也從未突破此一對立的關係。對此，波娃提出以下說法。

就初始的二元關係而言，女人與男人雖是構成社會一體時，彼此相互需要且相互釘牢的兩個部件或兩個半邊，但是這並不表示兩者可以平分世界，或存在於兩者之間的，是沒有利益衝突的雙元關係。就歷史觀之，雖然女人未必是男人的奴隸 (slave)，她們一直以來卻都是男人的附庸 (vassal)，被界定為男人的「他者」，以彰顯他們的「自我」。「他者」作為「自我」的附庸，雖然既不平等也不具備獨立自主的地位，但女人也因此得以獲取來自主人賦予的特權 (privilege)，分享其延伸的權力。另一方面，女人作為附庸的「他者」，完全沒有法律或經濟

的地位和保障，既缺乏社會條件來逃避被壓迫的命運，也不具備具體的手段或方法，去改變被成為「他我」的狀態。這樣的附庸關係一旦根深蒂固，就會導致女人對「他者」受壓迫的困境失去知覺的能力，對於爭取自由產生逃避的心態，甚至對「自我」產生認同，進而成為壓迫關係的共犯與同謀 (complicit)。

當男人將自己定位為「主體」與「自我」，而將女人定位為男人的「他者」時，就已將性別之間的相互關係，由初始的二元關係，轉變為對立和不平等的關係，也就是宣示男人為「第一性」，女人則為「第二性」。為確保此一不對等關係或絕對的優勢，並進而將特權 (privilege) 轉變成權利 (right)。男人在歷史的進程中，先透過宗教的教義，例如聖經與教會的論述與規訓，再經由法律的規定與法院的判決，建立女人生理的特質，以及自然／生物的接近性，從而將初始差異二元性的相互關係，變成具有高低位階的關係。

透過將天生的生理差異，與後天存在的高低位階彼此連結，使前者成為後者的基礎，為男人的優勢找到合於自然的藉口與存在的價值 (*TSS*: 90–103)。16世紀之後，隨著西方國家的建立，法律除明確規範政府的權力，也劃分公私之間的分野，同時賦予男人參與公領域的權利與家戶長的地位，而將女人侷限於私領域的家庭。女人不但被排除在參與公領域的權利之外，也不具備法律上的人格與地位，家庭屬於男人的權力管轄範圍，女人行為的法律後果及其自由的範圍，則由男性家長負責規範與統轄 (*TSS*: 104–125)。

18 世紀之後，隨著工業革命而來的資本主義生產方式，對家庭經濟功能與女性進入勞動市場的需求產生衝擊。面對這些新興的挑戰，原有「男人優勢」的父權家庭制度，藉由差異薪資的方式，例如「家庭薪資制度」(family wage system)，來鞏固勞動階級男性的經濟地位與家長地位，而女人則被排除於經濟領域之外，或僅能淪為「勞動後備軍」。至於新興的中產階級或小資產階級 (petite bourgeoisie)，則提出「分離而平等」(separate but equal) 的性別意識形態，將中產階級女人形塑為所謂「家中天使」(angel in the house) 的角色，讓女人以營造幸福家庭以成為男人的避風港，養育下一代以便成為優良公民與有用的勞動者為天職。

　　在這樣的家庭意識形態之下，女人進入勞動市場賺取工資，被視為是不得已而為之，既是女人的不幸，也是男人的失敗。因此，波娃認為在工業革命之後，女人不但被剝奪經濟的參與機會，還透過「真正女人」(true womanhood)的說法，在心理層面進一步將女人弱智化，要求女人必須「天使」化、幼稚(childish)、輕浮 (frivolous)、取悅他人 (pleasing) 與依附 (depending upon) 男人。波娃特別強調此種貶抑女性心智的陽剛論述，藉由強化女人的 「他者性」(alterity)，讓男人在面對女人時，都會自覺高她一等，且對女人的觀點嗤之以鼻。即便是地位最低微或有「次等情結」的男人，面對女人也會自我感覺良好且侃侃而談，自認比女人還要優秀 (TSS: 126–139)。

　　綜觀西方社會發展的歷史，隨著世俗化與現代國家的建立，當男人開始享有普遍人權，並參與公共領域時，女人的權利並未隨之擴展。相反的，女人不但被認定為歸屬於家庭和男人，也同時被排除與隔離在公共領域和資本主義的生產方式之外，導致女人與男人的關係，從原本的附庸關係，惡化為主客之間的不平等關係：男人為主，是「第一性」；女人為客，是「第二性」。男人身為「第一性」，是絕對與優勢的，他們占據社會中央與正面的位置；女人身為客體，則被定義為負面與低劣，用來突顯主體所具有的正面特質，作為合理化性別不平等關係的基礎。

　　由此結論，波娃認為在性別的競逐關係中，身為主體的男人是裁判兼球員，女人則淪為被動的遊戲者。由於既有男人提出關於女人的理論，都是建立在此種單向評斷的關係之上，缺乏女人的經驗與看法，因此並不能公正回答「女人是什麼」的問題。當男人將本身作為「主體」的絕對性，視為其應得的權益時，通常會將女人貶低為次等人群並習以為常。即便所謂解放且開明的男人，雖然態度上倡議必須善待女人，並且將女性視為夥伴的關係，但這些主張並非具體的平等，充其量也只是理論上的平等和「抽象的平等」(abstract equality)，並未指出 (posit) 他們所認定的不平等基礎何在。尤有甚者，當他的利益與女人之間發生衝突或抵觸時，情況亦會全盤扭轉。

　　雖然波娃主張女人的問題只有女人才能回答，但是關於女人真實的經驗，

並非所有的女人都能給予不偏不倚的 (impartial) 答案。因為習於接受男性觀點之女性特質的女人，對於女人的看法同樣不牢靠，她們正如男人一樣，也是裁判兼球員。只有某些特殊的女性，也就是那些可以享有與男人同樣特權的幸運女人，她們的特殊情境方給予她們得以持有「公正」的奢侈。一方面因為生為女人而瞭解女性的經驗與處境，另一方面則藉由分享與男性相同的特權，而得以理解男人「主體」的優勢，是如何將女人形塑為「第二性」。這個特殊的位置，讓這些女人最適合闡明「女人是什麼」，以及女人的處境究竟為何。

波娃這樣的說法，與當代女性主義者的倡議，可說是不謀而合。例如，朵洛西・史密斯 (Dorothy E. Smith, 1926–) 所倡議的女性主義方法論，提出以女性社會學家的日常生活經驗，及其社會學知識建構理論之間的「斷層線」(fault line)，作為建構女性主義立場 (standpoint) 知識系統的方法 (Smith 1987)。此外，當代黑人女性主義者佩翠西雅・柯林斯 (Patricia Hill Collins, 1948–) 也提出「圈內局外人」(outsider within) 的方法論，從同時和黑人男性與白人女性皆有密切往來的黑人女性生活經驗出發，來建構兼具性別與種族立場的知識系統 (Collins 1986)，由此可見波娃對於女性主義知識論建構的先見之明。

三、「女人不是天生命定，而是後天養成」

波娃不僅確定女性的社會存在是「第二性」，也同時指出只有某些享有與男性類似「特權」的女人，才能真正瞭解女人究竟如何被形塑。而波娃身為當時少數的女性知識分子與傑出的哲學家，自然屬於她所指稱的「某些特許的女人」。她在針對當時男性知識分子所主張的「生物決定論」、佛洛伊德的「心理分析理論」以及馬克斯主義的「歷史唯物論」，分別提出批評與反駁之後，當仁不讓對這個問題提出她的看法。她在《第二性》第二卷「生命經驗」的〈導論〉中，開宗明義指出：「女人不是天生命定，而是後天養成。沒有任何生理、心理或經濟的命定，可以界定雌性人類在社會的身形樣貌，只有從人類文明的整體，

才得以闡釋這個介於雄性男人 (the male) 與太監 (eunuch) 的產物——被稱為女性 (feminine) 的雌性人。唯有經由他人的中介，才能將個體建構為他者」(*TSS*: 283)。

　　至於將女人建構成「他者」的「他人的中介」究竟為何？就存在主義而言，就是來自男人（身為主體）對女人處境的界定。強迫女人從一個自主且自由的存在，直到發現自己身處只能選擇成為「他者」的命運，並且從此取得「客體」的身分與「內在性」(immanence) 的存在，這就是女人被男人界定為客體的處境。在男人所定義的世界中，女人的日常生活，必須面對身為主體的男人對於超越性 (transcendence) 的基本主張，以及女人被迫成為客體，卻只具備內在性處境所產生的衝突，而這樣的衝突，迫使女人選擇服膺「女性」(feminine) 的處境而成為「他者」。

　　波娃在《第二性》的第二卷，詳盡描述女人不同階段生命經驗所面對的處境，並且針對所謂「他人的中介」，提出具體例子與實證的資料予以佐證，以駁斥當時主流男性關於女人的說法。這是當時第一部由女人的立場與社會學的觀點出發，提出關於女人生命經驗的分析，也是該書對於女性主義理論的重要貢獻。

　　波娃將女人的生命經驗，分為「成長期」與「處境」兩大部分加以討論。由於波娃的論述涵蓋面廣且仔細，以下僅擇選最經典且最具先驅性的觀點，並針對女人成長過程中兩個重要的階段（孩提時期與母職），加以扼要的說明。

（一）生成年代：孩提時期

　　波娃接受當時佛洛伊德的心理分析理論，主張對於個體的成長而言，孩提時期的經驗可謂扮演關鍵性的角色，特別是針對個人性別認同的形塑。佛洛伊德的心理分析理論，認為不同性別兒童的性別認同發展，主要源自男孩與女孩在性／生殖器官的差異，才進而導致男人與女人的性別認同差異。具體而言，男性認同的起點，來自男孩因為發現具有陰莖，認知到與母親身體結構的差異，因而在成長過程中需要克服「伊底帕斯情結」(Oedipus complex) 的糾葛，將嬰

兒時期原有對母親的認同，轉換成為認同父親，藉由切斷和母親之間的連帶，完成其獨立自主的男性認同。反之，女孩因為沒有陰莖而只有陰道，因此無法透過「伊底帕斯情結」來切斷和母親之間的連結，並完成對於父親的認同。

　　根據佛洛伊德的心理分析理論，男性認同的建立有兩個基本前提：⑴性別認同的基礎來自身體結構的差異，特別是生殖／性器官，也就是陰莖的有無；⑵男性認同建構的路徑，必須先推翻女性（母親）的性別認同，再接受男性（父親）的性別認同。所以性別認同被建構為對立的二元，男性認同是斷裂的，而且是「非女性」、「去女性」與排斥女性的；而女性認同則是連續的，不但是與母親（或其他女性）彼此連結，也同時是欠缺的 (lack)。因此，男性代表獨立、自主與權威，而女性則是彼此連結、依賴與次等。

　　面對當時流行的佛洛伊德心理分析理論，波娃雖然同意孩童階段對於個體（特別是女孩）的性別認同形塑，有極為重要的影響，但卻提出截然不同的看法。她認為：「女孩即使在青春期之前，或甚至在很小的時候，就有明顯性別特定 (sexually specific) 的表現。並非出於神祕的女性本能，註定讓她們順從、愛撒嬌或具有母性，而是一開始即有『他人』(others) 涉入嬰兒的成長，在她生命一開始的最初幾年，就灌輸她必須承擔身為女人的天職」(TSS: 283)。

　　那麼小女孩的生命中，究竟有哪些「他人」的涉入與中介，迫使她承擔女人的天職？首先，波娃認為「斷奶期」的生命經驗，將會深刻影響孩童的成長與個體認同的形塑。由於嬰兒從懷孕到出生，都是經由母親的身體，因此，不論任何性別的嬰兒，在出生後雖然脫離母體，仍舊需要依賴母奶與母親的照顧，在其生命的初期，嬰兒仍然認為自己與母親是一體的。嬰兒由初生到孩童發現自我的過程，必須藉由與母親的分離才能建立，例如「斷奶」就是重要的過程。波娃將「斷奶」視為一種隱喻，而非僅只限定在實際的「斷奶期」。「斷奶」泛指母親利用不同的方式，試圖讓孩童與父母保持距離或彼此分離，以便讓孩童得以有機會發展獨立的自我，她將孩提時期的斷奶，區分為兩個階段。

　　第一次的斷奶，指涉母親終止母奶（或配方奶奶瓶）的時間點，藉由母親不再餵奶，嬰兒不再享有母親的乳房，而開始察覺與母親身體連帶的斷裂。對

嬰兒來說，斷奶的過程並不愉快，不僅會讓嬰兒感受到被母親拒絕的挫折，或與母親分離的孤立感，另一方面，也必須藉由斷奶，嬰兒才得以經驗與母體分離的過程，意識到自我 (self) 與母親不再是「完整的一體」(the Whole)，使個人的自我得以自「完整的一體」中分離。嬰兒可以藉由他人（特別是母親或照顧者）的反應，逐漸體會自我主體的存在，這個階段的斷奶，對嬰兒自我形塑所產生的作用，基本上沒有性別差異之分 (TSS: 284)。

至於兒童第二次的斷奶，波娃認為大約是發生在孩童三歲至四歲的時候 (TSS: 285–287)。此時父母親通常會以兩種方式來進行：一方面積極鼓勵孩童開始獨立，母親或照顧者會採取各種方式，鼓勵保持身體接觸的距離，並以口頭言語的方式告訴孩童，他們要成為大孩子，不再需要父母的擁抱。另一方面，父母親也會消極且不再回應孩童採用各種取悅、撒嬌、生氣或哭鬧的手段，企圖得到或保持父母的注意與關愛。

然而，在這個階段的斷奶，雖然為達到「將母親身體從孩童擁抱中撤出」的目的是一致的，但是父母親或照顧者對待小男孩與小女孩所採取的方式和手段，卻是不盡相同。乍看之下，小女孩甚至彷彿享有特權，仍能得到父母親的優待，而小男孩卻被嚴格要求，必須與母親的身體保持距離。例如，當小男孩希望得到父母親抱抱、親親或拍拍的要求，被嚴厲拒絕的同時，小女孩仍然還是持續得到寵愛，被允許與父母親保持親密接觸，例如躲在母親的長裙裡，或是被父親抱在膝上，小女孩甚至被繼續打扮成洋娃娃 (doll)，或是被當成娃娃看待。反觀對於小男孩，父母親或照顧者不但禁止他有孩童的行為表現，例如與大人有親密關係的期望，更會進一步透過言語的方式，告誡他哪些行為不符合男人的要求。例如：「男人不可以要求親吻，男人不會照鏡自憐……男人不可以哭」等這類區分男人有別於女人，並灌輸男人比女人優越意涵的訊息 (TSS: 286)。

除限制身體接觸距離的力道有強弱之別外，照顧者對於孩童性器官態度的差異，也被波娃視為此一時期另一個重要的中介因素。父母或其他照顧者對於小男孩的陰莖 (penis) 與小女孩的陰部 (genital parts)，通常持有不同的看待與處理方式，對於孩童性器官也會表達不同的言論。然而這些不經意的動作與言辭，

卻傳達社會對於小男孩與小女孩身體的不同定位，以及文化規範對於「男人性活力」與「女人性約束」所作出的價值位階。

關於這部分，波娃提出細緻的描述與精彩的論證：「雖然小男孩對於自己小而軟的陰莖，並未感覺有任何值得特別驕傲之處，可是圍繞在他身旁的人，態度卻是有所不同。或許是面對陰莖在情慾上的優勢，或許是對於男性情慾的反擊，不管理由是什麼，母親及奶媽在照顧過程中，對待小男孩的陰莖，總是特別呵護或關注，這些表現方式，都持續傳遞陽具 (phallus) 等同於雄性 (maleness) 的傳統」(*TSS*: 286)。

例如，在許多社會的日常生活中，人們為了避諱直稱「陰莖」的性含意過強，大人通常會以「小弟弟」、「小人」或其他的代名詞，來指稱小男孩的性器官，儼然是將「陰莖」視為小男孩的分身。同時，由於男性的陰莖是外顯器官，且有其生理特性，不但看得到且可以把玩（例如小男孩的尿尿比賽），甚至有時還會自動勃起，好像有其獨立的意志存在。對於小男孩而言，這樣的生理特性，不僅讓他對於男人的雄性「自我」，有具體的生理基礎可供依循，也進而發展清晰且明確的主體界線。

相反的，對小女孩而言，她們第二性徵的性器官，所得到的待遇卻是極為不同。母親與奶媽通常不會對這個階段小女孩的生殖器（外陰部），有特別的關注或呵護。一方面是因為女性生殖器（如陰道或陰唇等）並不外顯與具體，在小女孩的階段，女性生殖器充其量只是小小的兩片外陰唇，既不明顯可見，也不易把持。就生理的意義或身體而言，小女孩甚至可以說是無性的 (not a sex)。雖然如此，但波娃認為這個情況，並不會影響小女孩對自己的看法，她並不會經驗到佛洛伊德所指稱的「欠缺」，因為對小女孩而言，她的身體是十分完整的 (plenitude)。即便小女孩發現自己和小男孩之間，有些許不同之處，她們也有很多方式來接受或化解此一疑慮。例如，小女生對小男生雙腿之間的「小小一塊肉」，也只是多半出於好奇或好玩，並沒有產生所謂的欽羨或嫉妒之心 (*TSS*: 288)。

然而，若與周遭大人們對小男孩的態度相互比較，小女孩就會發現自己和

他們是不同的。更重要的是，她們會發現大人們似乎對小男孩的器官（陰莖）有不同的對待方式。周遭的大人（特別是母親與奶媽）對小男孩的陰莖與對自己外陰唇的態度，顯然有很大的差異，對前者是重視且呵護備至，對後者則相對忽略或予以迴避。例如，父母親會鼓勵小男孩站著尿尿，告誡他們不可以跟女生一樣坐（蹲）著尿尿，父親甚至還會強調只有男人才能站著尿尿。而且，這個小肉團不但可以看得到、摸得著，男孩之間還可以拿來互為比較，或是作為比賽和遊戲。

另外，此時性別化的兒童遊戲方式與玩具，也是形塑男孩與女孩不同「自我」與認同的重要媒介。例如小男孩之間會比賽撒尿的距離，看誰撒的尿最遠，尿尿比賽是許多社會中常見的小男孩的遊戲。這種性別化的遊戲，一方面形塑「陰莖」成為男性認同的生理基礎，彰顯男性身體的優勢，同時男孩也經常被鼓勵去參加運動比賽，藉由體能活動的鍛鍊，來強化身體、力量與男性認同之間的緊密關聯。

另一方面，女孩並不被鼓勵參與運動或發展肢體的力量，大人們都希望小女孩安靜在家玩娃娃布偶與扮家家酒遊戲。當父母親送給小男孩球具與汽車玩具當作禮物，並鼓勵他們去打球與賽車時，小女孩則往往會收到洋娃娃，希望她們可以扮演娃娃或照顧娃娃的角色。這些極具性別化特徵的兒童遊戲，不但會強化小女孩察覺到女性身體乃是有所不同的認知，甚至還會引發她們感受到自己身體的不足，並進而產生對於男性「陰莖」的欽羨 (penis envy)。若加上周圍照顧者對於小女孩性器官的忽視，以及對女性性慾的壓抑，最終就會導致女性對自己身體與「自我」認同，產生自卑與自覺有所欠缺的效應。

除照顧者等他人對於兒童生理／身體的差異對待外，波娃也提到日常生活的社會化，對於男女兒童自我定位形塑的重要性。例如，家裡父母親的家務分工方式，以及對於小孩家務工作的分配，女孩通常被分派協助家務，當母親的好幫手，男孩則被允許在外面遊戲或從事戶外活動。在教育的場所中，學校提供的兒童讀物，與老師講授的童話故事，其內容所傳遞的性別角色，在在強化男主女從、男強女弱的訊息，無形中再度形塑女性只是附屬「他者」的身分。

　　總之，對於波娃而言，孩童階段的成長經驗，的確是形塑女人身分認同與女性氣質 (femininity) 的重要因素。孩童對身體差異的認知，固然是此一時期主要的發展因素，但真正影響日後如何覺知「自我」的差異，其中的關鍵則是來自小女孩周圍的照顧者，如父母、奶媽、親友及教師等，對她們身體（特別是生殖器）態度的差異或忽視。由於成年人態度的明顯差異，不但引導小孩察覺到他們身體是有所不同的，更傳達差異的身體代表不同意義的社會價值體系，進而導致男孩與女孩對自己身體與自我的定位，以及對此種性別差異地位的無條件接受。

　　所以，導致女孩「自卑」情結的關鍵，對波娃而言應該就是他人的涉入與中介，而非來自女性身體本身的「欠缺」。而男孩與女孩在這個階段中，不同生理（殖）結構的認知，以及身體經驗的差異，雖然對他們而言有其重要性存在，但充其量也只是必要條件，若沒有周圍大人的「中介」所扮演的充分條件，男人與女人的性別認同差異，可能完全會是另一番情景。波娃關於「重要他人」與兒童遊戲或玩具的觀察與論點，在 1990 年代關於性別認同的發展研究中，也一再被證實與支持 (Thorne 1993; Connell 2000)。

　　關於孩童時期的成長經驗，對個體性別認同發展的重要性，是佛洛伊德心理分析理論的重要論點（詳見第九章）。扼要來說，佛洛伊德認為孩童時期的成長經驗中，主要影響個體自我發展的機制有三：(1)「伊底帕斯情結」（或戀母情結）(Oedipus Complex)；(2)「閹割焦慮」(castration anxiety)；(3)「陽具欽羨」(penis envy)。這三個機制的發展基礎，則是來自男女生理（生殖）結構的差異。

　　前二者是具有陰莖的小男孩，在成為男人的成長過程中，必須努力克服的考驗，若能順利通過這兩個關卡，男孩才能切斷原初對於母親（女性）的認同，轉向認同父親（男性），完成其男性獨立「自我」與主體性的形塑。至於欠缺陰莖的小女孩，雖然不需要克服「伊底帕斯情結」，努力拒絕與母親之間的原始認同，或是經歷「閹割焦慮」的考驗，但卻因為沒有陰莖，而無法認同父親（權），也無法藉此獲取「陽具」的特權，導致女人自覺「欠缺」(lack) 與「低下」(inferiority)，僅能是依賴「自我」的「他者」。

　　基本上，佛洛伊德的心理分析理論，是將性別認同的差異，建立在男人與女人在生理結構（即雌雄生殖器官）的差異，作為形塑陽剛氣質 (masculinity) 與陰柔氣質 (femininity) 最初的驅動力，而父母親與周圍大人的態度，充其量只是次要的因素。對此，佛洛伊德的名言：「生理即命運」，可以說是為當時主流的男性觀點（生物決定論），提供最佳的佐證。

　　相較於佛洛伊德的心理分析理論，以及生物決定論的觀點，波娃對「孩提時期」的分析，主要聚焦在孩童周圍成人們的態度與作為所傳遞的信息，以及這些他人的涉入與中介所導致的處境，對男孩與女孩的成長經驗，及其「自我」形塑的差別效應。對波娃而言，生理結構／生殖特徵的差異固然重要，但並非絕對。她同時也批判佛洛伊德的生物決定論，是男性「陽具中心」的偏誤，完全忽略女人身體所處的不利情境與經驗，對形塑女性「他者」身分的重要性。相較於生理差異的因素，波娃強調的是「處境」(situation) 及「生命經驗」(lived experience)，對於形塑女人「自我」與女性特質 (femaleness) 的優先性。此一論述有別於當時女性主義運動者的觀點，例如自由主義婦運者即主張性別相同論，並且完全否定性別生理差異的重要性，這也是波娃極為重要的先見與貢獻。

　　波娃並不否定男女在生理／性器官的差異，對於性別認同必然會產生一定程度的作用。例如，波娃明確指出「身體」(body) 是存在的基礎，是個體體驗世界的媒介，因此，不同的身體會為個體帶來不同體驗世界的經驗。除了雄、雌生物在生殖功能上的差異，決定男女兩性與人類物種繁衍間的差別關係外，「性」(sex) 作為性別的標籤，以及外顯陰莖與隱晦陰蒂之間的差異，也意味男女兩性與性慾的關係有所不同。前者具「外在」與「向外投射」的特質，而後者則是隱含「內在」和「向內投射」的意涵。同時，男孩的陰莖不但看得見且可以把玩，隱含「自我」獨立於「他我」之外，以及「自我」可以控制「他我」。相對而言，女孩的陰道卻是內藏的，既不可見也無法掌握，這就暗示女人與身體的疏離關係、「自我」與「他我」的混淆，以及女人對於「性」的恐懼。

（二）處境：母職

　　從女人的立場出發，檢視「母職」(mothering) 或將「母職」去迷思化，重新看待「母親」這個角色，對於女人生命究竟產生何種意義與效應，可說是「第二波婦運」最關鍵的印記 (enigma) 之一，也是當代女性主義論述的重要貢獻。一般認為「母職」論述是「基進女性主義」以及其衍伸的「基進—文化女性主義」(radical-cultural feminism)，所提出的理論重點及重要成果。然而波娃卻早在 1949 年出版的《第二性》一書中，即針對 20 世紀西方社會的母親角色及女人處境，提出極為透徹的分析與批判，可說是當代女性主義「母職」論述的先驅。

　　波娃在《第二性》第二卷的第六章「母親」中，以將近 50 頁的篇幅，具體批判當時社會關於「母職」論述主流說法的偽善，以及對女人所造成的連帶壓迫 (*TSS*: 524–570)。波娃的母職論述可分為三個重點：⑴墮胎與節育；⑵母職的迷思；⑶母職的過程，以下將分別詳加闡釋。

1. 墮胎與節育

　　眾所周知，波娃一向對「母職」抱持懷疑與否定的態度，除個人拒絕選擇「母親」的角色之外，她也反對當時社會對女人與母職之間關係的看法，尤其是將「母職」視為女人的天職 (calling)。

　　身為存在主義者，基於「超越」優於「內在」的前提，波娃對於女人生殖的身體與女性自我之間的關係，有其矛盾的立場。一方面，波娃認為：「母職是社會強制女人落實源自於她自身的生理特性，也就是她的『自然』使命，在於能讓人類物種永續的制度」；另一方面，波娃也主張：「但人類社會從來不會完全任由『自然』所擺布，特別是近百年來，生殖已不再是任憑自然機率，而是由人類的意志來掌握」(*TSS*: 524)。

　　因此，對波娃而言，節育方式（包括墮胎）的合法化，將可促使女人逃脫強迫性的母職，得以從母職的限制中解放出來，使得母職不再是女人被強迫與

「自然」的使命，而是可以自願加以決定或選擇。然而在當時許多社會，特別是天主教國家（如法國），仍對節育採取相當保守的態度，更明令立法禁止墮胎，以致於墮胎成為非法或犯罪的行為。這使得女性面對社會不允許的懷孕與不受歡迎的母職，例如未婚懷孕或婚外生子時，若真的需要墮胎，僅能在缺乏合法醫療管道的情況下，被迫在祕密與非法的條件下進行，導致母職仍是女人（特別是下層階級女性）無法避免的壓迫。

波娃強烈批判當時法國主流社會對於墮胎態度的偽善，以及其所造成的性別與階級效應。她認為當時主流社會價值對於墮胎的論述，最足以說明強迫性的母親角色，對於女人會造成何種巨大的壓迫。她以長達將近 15 頁的篇幅（*TSS*: 524–539），討論當時法國社會對墮胎與節育的雙重標準和曖昧態度，並開宗明義指出：「沒有其他幾個議題可以（比墮胎）更加突顯中產階級社會最偽善的表現」（*TSS*: 524）。

波娃數落法國主流社會中產階級對於「分娩」與「墮胎」的論述，其實充斥虛偽與矛盾。一方面，他們認為墮胎是令人厭惡的犯罪，即便提到這個字眼都是不道德或猥褻的，但事實上法國每年墮胎的數字，和出生嬰兒的數量幾乎是相同的。然而，法律對此事實卻仍然視而不見，且依舊立法禁止合格醫師執行安全墮胎的手術，以致弱勢女性——特別是未婚、婚外及下層階級的懷孕女性，為解決不被社會所祝福的母職，必須尋求非法的祕密管道，也就是所謂的「暗巷」（back alley）密醫。

將墮胎犯罪化所導致的不合格醫療程序，不但造成許多「非自願懷孕女性」失去性命，即使幸運存活的女人，仍須終生承擔巨大的身心傷害。藉由這個矛盾的現象，波娃指出社會主流對於女人「母職」的偽善：並非所有母職都值得歌頌，只有「好」的母職，也就是「婚姻內」的母職，才是值得歌頌的女人天職。此外，對女人「分娩」的讚美與頌揚，也只限於「婚姻內」的分娩，凡是「非婚姻」（即「壞」）的母職與分娩，不但不被眾人所祝福，置身此種處境的女人，還必須被法律懲罰，也會遭受社會的排擠和詛咒。

在此種情境下，墮胎儼然即是一種階級犯罪（class crime）（*TSS*: 527）。波娃

進一步指出，僅只是立法禁止墮胎，基本上並無法達到全面禁止墮胎的效果，反而會造成墮胎淪為一種階級犯罪。法國社會的上層或中產階級婦女，由於具有經濟能力或醫療管道，當她們需要終止懷孕時，就可選擇到鄰近國家進行合法的墮胎。此類婦女通常也可藉由社會或文化資本，取得法國國內合法的醫療管道，達到其安全墮胎的目的。因此，波娃抨擊法國社會反對墮胎合法化的行為，只會將墮胎犯罪予以階級化，讓非法墮胎成為下層階級女人的原罪，並不能防止有經濟能力或醫療管道的中、上層階級婦女，動用自身資源取得合法墮胎的機會。

尤有甚者，禁止墮胎必然會給有此需要的女性，帶來極大的負面影響。在墮胎被視為非法的社會中，婦女面臨「不被允許的懷孕」而必須予以終止時，通常只能選擇自行解決，或私下尋求曾有類似經驗（或擁有相關知識）的其他婦女提供協助。但這個管道不僅效果有限，且失敗的機率很高，同時更會為婦女身體（以及胚胎）帶來無窮的傷害，因此，大部分的女人最終仍須尋求非法墮胎的管道。

由於非法墮胎往往是在所謂的「暗巷」，由不合格的「密醫」，在既簡陋又不衛生的場所執行醫療行為。婦女在如此危險的醫療條件下，接受移除胚胎的手術，可想而知，必然會對其生命安全與身體健康，帶來極大的威脅。婦女因墮胎喪命，不幸死於非法墮胎手術台的例子更比比皆是，因為非法墮胎而使生殖功能受損，導致終生不孕或健康受害者，亦是時有所聞。非法墮胎除使女人必須承擔健康威脅與犯罪風險外，定然也會讓她們的心理，遭受極大的影響與衝擊。

由於社會主流關於「反墮胎」及「墮胎犯罪化」論述的影響，墮胎的經驗不僅會使女性產生「罪惡感」，自覺「未婚懷孕」是罪有應得，因此即使必須承受墮胎而產生的健康威脅與苦難，也會認為這是對自己所犯「失足之過」的懲罰。此外，社會主流「反墮胎」的論述，強調胚胎具有生命與人格的說法，也會強化墮胎是扼殺生命與嬰靈的主張，在在皆會導致女性產生心理不安與愧疚，以致墮胎女性出現自殘或性冷感的心理症狀，連帶影響往後的婚姻關係，以及對女性身體與自我價值的肯定。漏洞百出的墮胎論述不僅偽善，波娃也指出法

國社會主流墮胎論述的兩個主要矛盾之處：(1)關於胚胎與母親的關係；(2)男人對墮胎表裡不一的態度。

西方主流社會的衛道者，所持反對墮胎的主要理由，包括胚胎是有生命與靈魂的。因此對教會人士而言，墮胎不但是謀殺行為，還包括因墮胎而未能出生的胎兒，由於無法接受教會的受洗，其靈魂將無法通過天門進入上帝的國度。波娃對此觀點予以反駁，主張教會人士從不曾責難戰場上的殺戮或執行死刑，是一種殺人或剝奪生命的行為，卻唯獨對未出生的胚胎，抱持絕不妥協的人道主義訴求。

另外還有一批衛道人士，則主張胚胎具有獨立的人格，雖然其附屬於母親的身體，卻並非隸屬於母親所有。也就是說，他們雖然承認胚胎之所以生存與長大，是依賴母體供給養分，也是母親身體的一部分，但母親對於所懷胎兒並未擁有所有權，因此母親當然不得透過墮胎行為，來終止胚胎出生的權利。然而，極為弔詭的是，當胎兒出生之後，法律不但規定子女（親權）屬於父親，社會規範復又將子女的管教責任歸於母親。波娃批判此種男人主流社會的假道學，一方面禁止墮胎合法化，立法懲罰女人不得不墮胎的行為，但卻放任許多父親不負責任或過度管教，且對社會救助機構虐待兒童的現象視而不見。

此外，男人對墮胎的態度也是表裡不一，公私有別。面對情慾上與自己沒有關係的其他女人，若因「不被允許的懷孕」而必須墮胎時，則堅守反對的立場。但是當需要墮胎的女人，與自己有牽扯不清的情慾關係，也就是當女人「不被允許的懷孕」恰巧正是該男人放縱情慾的後果，卻又不能承認也不願承擔責任時，男人通常迫不及待的希望或甚至強求 (demand) 女人，務必要想辦法解決此一困擾，即使是透過不合法的墮胎方式，都要達到消除這個「不方便」的目的。波娃諷刺男人對於墮胎行為的合法與否，只是出於抽象理論或口頭上的反對，但在個人生理與身體層次上則是贊同的。換句話說，男人關於墮胎有其雙重標準：對他人的墮胎採取極為嚴格的標準，主張墮胎絕對是不合法的行為，但當自己有需要時，墮胎則可以被允許，因為自己的墮胎是必要的，所以也是可以被接受的 (*TSS*: 531–533)。

2.母職的迷思

　　因為男人不需要為墮胎負責，當墮胎為非法時，僅有女人必須承擔放縱情慾與懷孕的後果，並為母職付出極大的身心代價。因此，波娃極力主張節育與墮胎的合法化，讓母職成為女人自由的選擇，而非強迫且必須接受的「本質母職的意識形態」(the ideology of essential motherhood)。

　　波娃對於母職的論述，可謂開啟並重新檢視當代女性主義關於母職與女人的關係。波娃對母職的批判，主要聚焦在兩個議題：「母職的迷思」(the myth of motherhood) 與「強迫性的母職」(the forced motherhood)。不同於早期的女權運動者或當時的女性主義者，波娃對於被視為女性傳統身分或神聖天職的母親角色並不友善，甚至可說是相當批判。

　　由於母親／母職是父權傳統社會賦予女人神聖且不可侵犯的價值，在當時的社會氛圍下，一旦對此有所批駁，就會被視為是貶抑和鄙視女人。這導致波娃不但被一般女性所敵視，也必須遭受來自女權主義者的圍剿，認為她是男性主流的同路人，一味站在男人的立場，認同男性的看法，不僅輕視女人，也厭惡母職，甚至還為她貼上「厭女者」(misogynist) 的標籤。平心而論，此類批評在當時的社會氛圍下，雖然可以理解，但若放諸後來女性主義發展的脈絡來看，則是有失公允。更何況波娃對母職的批評，必須被置放在她對女人處境的論述脈絡來加以檢視，其母職論述的豐富與複雜性，才可以被較為完整的呈現 (TSS: 524–570)。

　　波娃雖然質疑懷孕與分娩的過程，會對女性身體與女人的「存在」，產生許多負面的意義，但她對母職並非一味反對批判或全盤否定，而是針對「母性」本能的迷思 (myths)，以及父權意識形態下的「母職」體制 (institution)。她主張母職應該是女人出於自由的選擇，反對強迫性的天命母職，她也同時批判支撐母職體制的「母性」本能的迷思，以下詳加闡述。

⑴「**身為母親可以讓女人得到滿足，女人都想成為母親**」(TSS: 565)

　　然而，波娃指出實際的情況，應該是女人對於母職的態度各有不同，感受也彼此不一，端視女人的社會與經濟條件而異，不同處境的女人，對於懷孕與母職，也有各自有別的抉擇。許多處境艱難的母親，是非常不快樂、痛苦與不

滿的，她與孩子的關聯，也會受到她和丈夫、母親之間的關係，以及自己的過去等因素的影響。因為孩子代表承擔義務，而承擔義務是一種能力，並非天生就具備的天性，且這種能力需要個人具備一定的條件與資源，也就是女人的處境好壞與否，會決定她們是否有承擔孩子的能力，只有處於相對友善與有利的社會與經濟處境下，女性才能具備承擔母職的能力。所以，母性並非一種本能，是否具備身為母親的能力，取決於她的整體社會處境與個人態度。只有在母職是女人自由的選擇、自願的承擔，是她個人真心想要孩子等前提下，身為母親的人，才能完全實現自我 (*TSS*: 566)。

⑵「**所有的女人都是好母親**」(*TSS*: 566)

社會的傳統價值與文化規範，總是將所謂「好母親」的形象，塑造為無私、沒有「自我」，且一切皆以孩子福祉為優先前提與中心的女人。然而母親並非聖人，女人本來就有喜怒哀樂的情緒，尤其是在父權意識形態支撐的母職體制壓力之下，母性更是摻雜自戀與利他的衝突，同時也造成母親對男孩與女孩的差別對待。

母親與兒子之間，由於性別的差異，對兒子的態度較為寬鬆與正面，與兒子之間的矛盾情結因而較少。反之，母親與女兒的關係，則多半是複雜與緊張的，母親會把自己和自己糾葛的關係，全部投射到女兒身上，因而造成她對女兒的行為舉止，不僅控制嚴格、要求眾多，甚且還特別緊張。母親一方面不自覺的透過女兒的成長，尋找自己的分身，以及已經遺失的「另一個自我」(alter ego)，導致對於女兒的管教，會有忽嚴忽縱、患得患失與進退失據的狀況。另一方面，隨著女兒的成長，有些母親也會因為感受到年輕女孩對熟齡女人所帶來的威脅，而對女兒產生嫉妒甚至競爭的關係。

波娃指出在父權社會之中，並非全然無視母親內在潛藏的「殘酷」(cruel)面向，為維護「聖潔母親」(saintly mother) 的迷思，父權意識形態支持下的母職體制，更進而創造「後母」(stepmother) 角色的迷思，將此種不符合好媽媽形象的母親歸類為「壞母親」，以有別於大部分合於母性迷思形象的「好母親」(*TSS*: 267)。

⑶「孩子在母親的懷抱中，必然是幸福的」(*TSS*: 567)

對波娃而言，父權意識形態支持下的母職體制，利用母職的迷思，將女人禁錮在婚姻與家庭的牢籠中，讓女人將所有的時間與精力，全數投置於家務和養兒育女的事務，以達到禁止女人參加公共活動，或從事有酬工作與職業的機會和權利。母職的迷思不僅讓女人既無法享有經濟上的獨立，也不具備處理家庭之外公共事務的能力，只能停留在無知、無能與依賴的階段，進而維護男人對女人既有的優勢地位。

波娃更進一步指出，母性絕非天性使然，而是一種後天的能力，需要透過學習才可以獲得，方能勝任與善盡母親的角色，滿足教育孩童的社會期待。然而社會或主流男性，一方面將女人侷限在私領域，限制她們的發展與獨立，以致她們在各方面的能力皆有所不足，另一方面卻讓這樣的女人，獨自承擔教育孩童的重責大任。波娃因而指責父權社會，這對女人是非常不公平與殘酷的，也是社會必須面臨的最大危險。

事實上，在母職體制的重重壓力下，身為母親的女人，當然也會有殘酷的一面，成為所謂缺乏「母愛」的女人。對於這些不符合「慈愛」母親形象的女人，父權社會於是創造「後母」的角色，例如白雪公主故事的後母，將這類女人歸類為「壞母親」，以便與正常的女人（「好母親」）有所區隔。波娃對此一矛盾現象重砲批判，她主張：「社會最大的危險，就是將天真無知的小孩，交給在各方面能力多半不足的女人手中，　而且還認為這是對小孩最好的安排」　(*TSS*: 569)。因此，波娃呼籲社會大眾應該透過社會的支持系統，來協助母親完成教養孩子的任務。

⑷「女人身為母親就能與男人對等」(*TSS*: 569)

主張此種說法的人，無論男女皆認為：身為人母是女人神聖的權利，要不就如心理分析理論所言：小孩是女人拿來作為陰莖的對等物或替代品。所以女人唯有成為母親，才能彌補因為沒有陰莖而連帶產生的「匱乏感」。女人透過生小孩的方式，消除身為女性的「缺陷感」，藉由「小孩」這個「他我」，進而與男人相同，皆可具有完整的身體和自我。波娃認為此一論點錯誤百出，即便「小

孩」可以被視為女人的陰莖，但是女人卻無法（也不可能）等同於男人，得以
具有完整的「自我」身分與「主體」。因為在父權社會中，男人的權力是來自於
「陽具」(phallus) 中心的象徵系統，而非生理結構上的「陰莖」，而女性則是被
排除在「陽具」中心的象徵系統之外的。

　　但是波娃認為母親將小孩視為分身／他我，可以讓女人領會到男人利用陰
莖作為分身／他我，以及將女人等同於獵物的生命經驗。總之，波娃反駁此一
迷思，她主張女人並不會因為身為母親，便取得其神聖的地位，未婚媽媽依舊
備受眾人鄙夷與社會排斥。女人唯有透過結婚的方式，在合法的婚姻關係下成
為母親，在男性的庇護或管轄範圍內，才得以獲得「好母親」的褒揚與榮耀。
因此，身為母親的女人，即便是神聖的，骨子裡頭仍然還是丈夫的附庸。

3. 母職的過程

　　除對母職體制的迷思予以批判之外，波娃也針對母職的過程對女人主體性
與存在的影響，提出有別於當時社會的看法，彰顯波娃超越時代的洞見。雖然
這些論點，或許廣為當時社會主流的觀點所排斥或忽視，也很難被大部分的女
性所接受，甚至還曾經被女性主義者誣指為「厭女者」。

　　然而，伴隨當代女性主義理論的發展，自 1980 年代中期開始，特別是「基
進－文化女性主義」提出對母職的重新論述之後，女性主義者與婦運界，開始
出現對波娃母職、懷孕與女人關係的不同解讀，並且重新肯認《第二性》有關
身體、性別與主體性的重要論述，在當代女性主義中所占據的領先地位。

　　波娃關於母職過程的討論，分為以下三部分：⑴受孕 (conception) (*TSS*:
534–535)；⑵懷孕／妊娠 (pregnancy/gestation) (*TSS*: 533–548)；⑶分娩／母嬰關
係 (birth/mother-infant relations) (*TSS*: 556–569)。其中以將「懷孕／妊娠」聚焦
在雌性身體與女人主體性之間的關係，不但最具爭議，也是其洞見所在。

　　《第二性》論及女性生理／身體、懷孕／妊娠與女性處境的段落與篇章，
可謂遍佈全書，最關鍵的討論內容，主要集中第一卷第一部分的第一章〈生物
決定論〉(Biological Data)，以及第二卷的第六章〈母親〉(The Mother)。當代女

性主義與婦運界，對於《第二性》及波娃有關懷孕與女性身體論述的解讀，可以區分為 「淺讀」 (crudest reading)、「細讀」 (nuanced reading) 與 「重讀」 (revisionist readings) 三種不同層次的讀法 (Stone 2017)。

　　第一個層次為「淺讀」，這是早期當代女性主義者，或是與波娃同時代的女權運動者，對波娃論述的理解與批判。她們認為《第二性》全書充斥對「懷孕」及其所隱含之女性身體的負面評價。 例如波娃將懷孕指涉為 「女人孵化器」 (woman-incubator) (Verhage 2013)，強制將「外來者／異形」(alien) 置入女人的身體當中，導致外來的「胎兒」(fetus) 或「他我」(the other)，得以藉此挑戰女人原有的（母親）「自我」(self)。或者將懷孕形容為：「將女人變成『植物、動物與膠體集合』的狀態」，而且懷孕不僅導致「女人身體的膨脹與變形，讓兒童們看了害怕，年輕人則吃吃竊笑」(*TSS*: 538)，懷孕還是女人作為物種奴役的體現。

　　此外，波娃也認為此種自然（內在性）的身體，對於存在主義而言，形成一種不可超越的障礙，使女人無法達到人性必須的超越 (transcendence)， 也無法成為自由的個體 (individual) (*TSS*: 537)。這些評語或形容，一旦被抽離於脈絡之外，當然會使波娃被歸類為 「厭女者」，也會讓其論點被斷章取義的詮釋為「生物決定論」或「本質論」。然而，此種解讀（或誤讀）方式，隨著當代女性主義知識的精進與多元化，自 1980 年代中期開始，女性主義學界開始對《第二性》的女性身體論述，展開較為細緻的解讀。

　　第二個層次則是所謂的「細讀」，就是將《第二性》全書不同章節中，關於母職、懷孕與女性身體所出現之繁複和相互抵觸的看法，給予比較完整的解讀，企圖為波娃的母職與女性身體論述， 賦予較為公允的評價 (Bauer 2017)。「細讀」派的女性主義者指出，其實波娃關於母職的論述，是複雜且多面向的，廣布於《第二性》的不同章節，如果沒有將這些看似前後矛盾的觀點，作較為完整的解讀，很容易就會失之偏頗。

　　例如關於母職，波娃雖然反對女人成為全職母親，也不贊成所謂的「本質母職」，但她也明白主張：「當社會能提供母親與兒童完善的支持時，母職就完全可以成為女人一個可行的選項」(*TSS*: 568)。波娃所謂完善的社會支持，指涉

社會能提供免費的避孕、合法的墮胎與適當的兒童照顧，讓女人可以在自由意志下選擇是否懷孕和成為母親，而且母職的壓力，亦不應該是由女人獨自承擔。

　　此外，關於懷孕或女人的身體，波娃雖然向來主張雌雄兩性的人體，具有不可否認的生理差異，但她同時也明白指出，這些差異本身並沒有意義。反之，她堅持認為：「我們必須將這些所謂的生物事實，放置回本體論、經濟、社會與心理的脈絡來加以衡量」 (*TSS*: 56)。意即要深入探討雌性身體對於女人的意義為何，必須通盤理解西方文化（包括神話、歷史、語言社會、經濟）如何造就女人成為「他我」的處境，導致女人與身體之間產生疏離 (alienation)，亦使身體成為女人無法達到「超越性」 (transcendence) 的障礙。

　　所以持平而論，波娃並不是一味反對母職，或是貶低女人的身體，而是指出女人在當時西方社會與文化脈絡的處境，尤其是「強迫性的母職」與「疏離的（懷孕）身體」，對於女性主體性或人性所造成的負面效應。雖然如此，但不可諱言的是，即便給予波娃最大的善意，她對於女性母職與懷孕身體仍然有所保留，呈現所謂的「存在主義偏見」(existentialism bias)。波娃身為沙特的同志與愛人，在沙特「內在／超越」與「自我／他我」的分析架構下，即便選擇母職與否是在最佳的情況下，波娃應該也不會贊同女人選擇成為全職母親。對於信奉存在主義的她而言，波娃深信人性必須藉由「計畫」或「事業」，也就是透過有意識的心智所產生的行動，來改變自然的「內在性」 (immanence) 狀態，並進而達到「超越性」(transcendence) 的存在 (being)。

　　對波娃而言，「身體」 (the body) 是個體經驗與掌握外在世界的媒介 (Bauer 2017: 149)，女性生殖的身體 (female reproductive body) 是女人被自然與物種奴役的原始狀態，因此女人的懷孕與母職，即使是在自由意志並有適當社會支持系統的情況下，身為母親的女人，仍然還是處於「內在性」的狀態。女人唯有透過參與其他公共事務或就業，才能擺脫其內在的牽制，進而達到「超越性」的存在。因此，若要克服生殖身體的「內在性」，波娃認為女人應該拒絕母職，選擇從事公共性的生產活動，以便創造存在的意義。若逼不得已必須選擇母職，她堅持女人不應該成為全職的母親，政府不但不得允許女人成為全職母親，法

律也必須規範母親不應（且不得）獨攬養育兒童的責任，這樣才可以確保兒童長大之後成為獨立的個體，而女人也可以同時保有自我。

對於「細讀」派的女性主義者而言，波娃對於母職的論點，是一種「男性中心」或「男性立場」的展現。雖然波娃採取這樣的立場，在 1949 年當時的知識界放眼皆是，但以當代女性主義知識論的視角來看，波娃被批評為保守或不夠激進，亦是可以理解。因此，到了 1990 年代之後，女性主義學界再度重新解讀波娃的《第二性》，並給予較為正面的評價。

第三個層次則是所謂的「重讀」(Bauer 2017: 150)，這些自稱「重讀」派的當代女性主義者，拒絕前述兩種對於波娃母職和女性身體論述的負面解讀，她們正面看待波娃的論點，主張波娃既不是「生物決定論」者，也並非絕對的「反母職論」者。她們宣稱波娃並非痛恨女人的身體，也不是主張女人要像男人一樣。「重讀」派的女性主義者，試圖將波娃關於女性身體（生理）、懷孕與母職看似前後矛盾且繁複不一的說法，耙梳其論述脈絡，提出一致的論點。她們並且特別著重波娃對「身體」的主張，以及在當時父權掛帥與性別歧視當道的社會條件下，生殖的身體與母職，究竟對女人掌握周遭世界、瞭解「自我」與性別認同，產生何種扭曲的作用。也就是說，她們企圖找回波娃試圖回答的問題：具有被性化特徵的女性身體經驗是什麼？

對於「重讀」派的女性主義者而言，唯有將波娃母職論述放置在這樣的脈絡之下，重新解讀並賦予《第二性》新意 (new light)，才得以完整評價波娃對於日後女性主義身體與性別論述的啟發。「重讀」派的女性主義者，從生物（女性身體）與存在主義（女人主體性）的雙重視角出發，將波娃對於母職過程中的懷孕、分娩與母嬰關係，進行全面性與完整的分析。她們並且提出全新的概念：歧義性 (ambiguity)，以便重新闡釋波娃對於女人身體、處境與主體性之間複雜交錯關係的精闢理解，以及其獨領時代風騷的觀點，進而確立《第二性》在當代女性主義理論的經典地位。

在西方傳統思想體系的「二元論」(dualism) 中，主體與客體被視為是對立的，並將男人界定為主體，而女人則被定位為客體。女性生殖的身體接近自然，

屬於無法超越的「內在性」，母職則被認為是造就女性被客體化的根源。身為存在主義者的波娃，對此結論雖然並未完全反對，卻也沒有全盤接收。關於「主體」與「客體」之間的關係，波娃的論證相對細緻與豐富，她主張兩者之間存在「歧義性」的關係，「母職」與「自我」的概念，亦同樣如此。

首先，波娃認為人類的存在，就是「同時身處主體與客體之間歧義性的掙扎」(Bauer 2017: 150)，波娃將之稱為「人性存在的歧義性」。主體與客體並非完全或持續分立，而是存在某種不確定性，也就是說，人性（或人的存在）並非一直在追求主體性或摒棄客體性，因為人為了取得主體性，需要有一定的條件或經濟能力，但是在父權意識形態主導的社會結構下，女人是不易達到這些條件的。所以，女人必須維持客體化的存在 (being other)，藉由成為男人的「他我」，來分享男人的「自我」地位，已成為諸多女性置身父權社會取得「存在」的優先選項。再者，大部分的人不可能永遠是主體或是客體，主體與客體既然是相對的，自然也會隨社會條件而有所變動，所以有其「歧義性」的關係。

波娃進一步指出：母職經驗會導致女性對「自我」認知的概念，產生模糊與不確定感。如前所述，波娃對母職的顧慮，主要是在父權意識形態主導的母職體制之下，母親被要求必須全力為子女付出，以子女的成就來定位女人的價值。在這樣的社會眼光期待下，作為母親的生命經驗，必然會對女人追求「主體」的身分，產生相當不利的後果，因而波娃對母職始終保持懷疑與反對的立場。

然而，波娃也指出母職的過程對女人而言，並非必定全然負面，而是充滿危險與弔詭 (paradoxes)。波娃如此形容懷孕：「最主要是女人自己與自己之間的一場心理歷程」；「懷孕女人的特殊之處，在於當她的身體處於向上提升和感受『超越性』存在時（孕育胚胎、創造生命），也同時感受到身體閉鎖的『內在性』（作為胚胎成長的供應者）」（邱瑞鑾譯 2013: 860）。也就是說，懷孕的身體讓女人同時體驗到生命的成長與所需承擔的義務，對女體本身入侵的衝突。身為母親的女人，不僅在自己的身體中，同時感知到主體性與異化的經驗，甚且在接受社會尊崇的「母親」身分之過程中自我異化。母職使女人既是主體也是客體，對女人而言，主體與客體之間的關係，亦具有不確定的「歧義性」。

　　總體而言，在父權主導的母職體制下，波娃對於女人身為母親的主體性，是抱持懷疑的態度。她宣稱：「女人生小孩並不等於男人的創造作品，她無法塑造胚胎的成長並主導最後的結果 （作品的樣態），所以不等同於男人的超越」(TSS: 538)。因此，波娃並不贊成女人選擇承擔「全職母親」的角色，而是主張女人除了母職之外，應該藉由參與經濟或其他公共活動，來追求其內在的「超越性」。雖然這樣的論點，彰顯她受當時男性主流知識菁英影響的侷限，但值得強調的是，她對懷孕過程、身體和育嬰，與女人主體性之間交錯複雜的關聯，不僅提供十分精闢的分析，對於後進女性主義者而言，更無疑是極為重要的啟發。

　　此外，波娃也揭示「女性自我」概念的特殊性，她認為女人的「自我」與「他我」，並非明確二分或截然對立，既沒有固定的邊界，也會因時而易。換句話說，女性的「自我」或主體性，也許不是主流男性「自我」所主張的獨立性與自主個體，其「自我」與「他我」之間，更非涇渭分明，擁有明確二分的清楚邊界。隱約之間，波娃也暗示女人「自我」的歧義性，其實源自其雌性身體、懷孕過程與身為母親的經驗，在父權社會中的處境，導致女人對於主體身分產生特殊的認知。女人的主體性並不（能）排斥他者，她的「自我」亦同時包含「他我」，而且女人主體與客體之間的關係，不僅具有「歧義性」，女人的「自我」更並非完全獨立自主 (independent)，而是關係性的 (relational)。

　　顯然上述對於波娃說法的解讀，是不可能被與她同時代的學者所接受，然而這卻無法否認波娃論點的跨時代意義。假如將波娃的理論，放置在當今女性主義思潮的氛圍中，從女性為中心的立場出發，重新看待並解讀性別，則可發現波娃的論點，不但與當代「法國女性主義」者所倡議的「陰性的女性」(the feminine feminine) 和「陰性書寫」，在婦女解放的意涵上，有不謀而合的共通之處，她的論點其實也吻合當代「基進－文化女性主義」的立場，特別是關於女人獨有的母職經驗，所造就女人特有的價值觀與世界觀。

　　有別於男性強調以自主、獨立與競爭為核心的個體主體性，「基進－文化女性主義」者如艾德麗安‧里奇 (Adrienne Rich, 1929–2012)，就強調女人應該發

揮以關係 (relational) 和合作 (cooperation) 為基礎的價值觀，來取代男性主流以獨立 (independence) 和競爭 (competition) 為基調的文化。此外，女性主義心理學家卡羅爾‧吉利根 (Carol F. Gilligan, 1936–) 也指出，女人和男人並非在道德觀的發展有其高低之分，而是具有概念意旨的差異。有別於男性善惡二元的道德概念，女性道德觀的發展，則是以照護 (caring) 與關係 (relations) 為前提的倫理觀。

四、波娃的身體觀

波娃在《第二性》中關於女性身體的論述，是另一個引起當代女性主義學者和婦運人士激烈爭論的議題。波娃將女性身體／生理的討論，放在全書的第一章，可見她對這個主題的重視。此外，《第二性》第二卷的每一章，從孩提到老年全都觸及女人的身體及其社會處境，因此，女性身體或雌性生理，可說是貫穿波娃性別論述的關鍵要素之一。在波娃企圖瞭解女人的計畫中，生物現象構成女人天生命定的第一道底線，因為「身體是人類掌握世界的工具……人類初始即是透過身體，而對外在世界產生印象，並藉此瞭解與調整我們如何身處其中」(TSS: 46)。概括而言，當代女性主義者對於波娃《第二性》的身體論述，可大致區分為三種不同的評價或反應 (Groenhout 2017; Léon 1995; Arp 1995; Ward 1995)。

（一）波娃是本質論者

傳統或早期的女性主義者，例如與波娃同時代的學者，或是 1960 年代以「自由主義女性主義」(liberal feminism) 為首的女權主義與婦運人士，對於《第二性》第一章的觀點深不以為然，因為波娃在此章中，將人類的女性生理，與物種的雌性生物相互類比，並給予極為負面的描述。部分當時的女權主義或婦女運動者，甚至將波娃標籤為「本質論」者 (essentialist)。如此這般的歸類，放諸當時的社會氛圍，不但顯得合理，似乎也不難理解。

誠然如批評者所言，波娃認為女性身體（雌性生理）對於女人的存在或主體性，有其相當顯著的影響，而這正好與「自由主義女性主義」的訴求，產生明顯的衝突。因此，在 1960 年代「第二波婦運」開始興起後，面對戰後保守性別規範的重重阻力，女權主義者之所以會反對《第二性》對女人身體的負面描述，其立場實可理解。然而，若因此即將波娃標籤為「生物決定論」或「本質論」，不僅會顯得有失公允，更是太過簡化的讀法 (Léon 1995; Arp 1995)。

（二）波娃是建構論者

伴隨「第二波婦運」的發展，以及「婦女／性別研究」的建制，當代女性主義者提出性別是社會建構的觀點，並將之稱為「建構論」。「建構論」有別於過去「生物決定論」或「本質論」的說法，主張「性別」是一種社會建構，而非生理決定，試圖擺脫性別與生理／身體關係的爭論與糾葛。

有別於將波娃視為「本質論」者的婦運人士，將重點放在全書的第一章，主張其為「建構論」者 (constructionist) 的女性主義學者，則聚焦在全書的第二卷，特別是波娃在〈導論〉中開宗明義宣稱：「女人不是天生命定，而是後天養成」，以及波娃對女人「處境」的詳細闡述與分析，也就是社會、經濟和文化結構，對女人不同階段的生命經驗，究竟會產生何種限制。在這個脈絡之下，波娃被當代的女性主義者，讚頌為性別建構論的先驅，然而若單純只將波娃視為「建構論」者，雖然未必全然誤讀，卻難免有簡化之嫌。

誠如托里爾·莫伊 (Toril Moi, 1953–) 所言，「建構論」強調性別認同是社會建構的結果，透過社會化和社會制度的規範而來，性別認同則與男女的身體或生理結構無關 (Moi 1999: 65)。在「建構論」的觀點中，身體／生理與社會是截然二分的，至於性別（何謂男人或女人）則是由社會武斷建構的，無需與身體／生理掛勾，而且性 (sex) 與性別 (gender) 是彼此分立的。

然而「建構論」的說法，顯然與波娃的主張有所不同，對她而言，身體與性別認同之間，並非截然二分，而是彼此相互關聯。波娃在全書第一章就明白表示，女人不僅只是「雌性人類物種」，構成女人的要素包括以下兩者：(1)雌性

生理 (female biology)；(2)陰柔氣質（或稱「女人味」）(femininity)，兩者之間相互關聯且缺一不可。與此相同，對人類社會而言，男人則指涉兩大部分：雄性身體與陽剛氣質（或稱「男人味」）(maleness)，藉此以和「雌性氣質」(femaleness) 有所區隔。因此，若忽略波娃關於女人的定義，或她對性別分類的豐富論證，逕自將她標籤為「建構論」者，無疑是當代女性主義者的誤讀，也是對波娃論點的扭曲或簡化。相信她若在世，應不會同意這樣的標籤，因為對波娃而言，「身體並不是東西，而是處境」(*TSS*: 46)。

（三）「處境觀」的身體

　　若波娃的身體觀既非「本質論」也不完全是「建構論」，那麼波娃又是如何定位「身體」在性別概念中的位置，或如何界定「身體」在性別建構所扮演的角色？首先，在《第二性》全書的〈導論〉，波娃就提出一個關於性別最基本的擲問：「女人是什麼？」，並且同時反駁當時「自然論」者將女人等同為子宮的荒謬論調。其次，在談論「生物決定論」的第一章中，她更進一步鋪陳對女人的界定，主張女人不是「雌性人類物種」，人類的女人是「雌性人類存在」，迥然有別於自然界的雌性物種。

　　因此對波娃而言，女人是「雌性生理」與「陰柔氣質」的總和，兩者缺一不可，意即女人不是雌性生理 (female)，雌性生理亦不等同於女人 (woman)。若要符合社會對於「女人」的期待，必須同時具備「雌性身體」與社會文化規定的「女人味」（或「女性氣質」），而後者卻是自然界雌性物種無需具備的元素。

　　更重要的是，在人類的社會當中，所謂的「女人味」，包括社會與文化對女人身體的規訓，例如女人的衣著、體態、性／情慾與母職的實踐等，這些都是構成父權社會性別意識形態的關鍵要素。波娃將社會的性別規範，稱之為女人身體的「處境」，雖然社會同樣也對男人的雄性身體有其規範，但相對而言，這些男性規範不但較為寬鬆，而且更是男性自己可以制定的。由此可見，對波娃而言，性別（男人／女人）作為社會分類的範疇，性化的身體 (sexed body) 具有基本組成要素的關鍵性，也可說是構成性別的必要條件。

　　波娃對「身體」與「女人」之間關係的重視，在《第二性》的第一章也可看出。在這章的內容中，她詳盡爬梳當時的生物學和科學知識，儘管這些發現隨著科學知識的日新月異，許多老舊的說法已經失去效度，不再適用於當前的時代。但是她的身體論述，仍然有些說法經常被後人所引述，例如：「生物現象在人類的生命史中，扮演重要的角色」；以及「身體是人類掌握世界的工具，也是影響女人處境的根本要素。人類初始即是透過身體，而對外在世界產生印象，並藉此瞭解與調整我們如何身處其中」(TSS: 46)。因此，波娃認為在高度「性別主義」(sexism) 的社會脈絡下，例如當時的法國社會，女性的身體不但會被嚴格約束，女人身為人類存在與認同的自由，也隨之受到限制與貶抑。

　　總結而言，波娃在《第二性》第一章的主要論述是：生理／身體 (biology) 雖然無法決定 (determine) 但卻可以具體形塑認同，所以女人的雌性身體，雖然無法決定女性認同的意義，也並非導致女人成為「他者」身分的要素，但被「性化」(sexed) 的身體，可以對女人存在的意義與自由，設定相當嚴格的限制。換言之，對波娃而言，女人的身體雖然有兩層意義：⑴它既是物體 (body as a thing)，也是生物機制 (biological mechanism)；⑵身體作為經驗的載體 (body as experienced)，同時也是歷史的理念 (as an historical idea)，但卻非自然的事實 (not a natural fact)，顯然波娃更在意的應該是第二層的涵義 (Ward 1995)。

　　所以，要瞭解女人存在的意義，必須同時觀照女人身體（生物的基礎），以及身體處境（社會條件）和歷史經驗兩個組成元件，並同時注意兩個層次之間的必然關聯。身體不是界定性別的唯一要件，但凡具有生物的雌性身體，對於女人的生命經驗，無論是從初生、兒童、少女、成年到老年的每一個階段，都會產生密切的後果與影響，即便身體未必具有決定性的影響，亦會是如此。最後，波娃「處境觀」的身體，還有一點特別值得提出，那就是「人並非自然物種，而是一種歷史觀；女人也不是僵固不變的真實，而是一種生成與變化」(TSS: 45)，唯有剖析此種在生成中不斷變化的歧義性，才能真正徹底理解波娃的身體觀。

五、《第二性》的知識遺產

　　雖然《第二性》也許是波娃最重要也最為人知的著作，但其實她的著作等身，並且涵蓋各種不同的議題、文類與學術領域。波娃除與沙特、梅洛龐蒂合辦《摩登時代》(*Le Temps modernes*) 此本政治雜誌之外，也擔任論文編輯並發表許多單篇論文。

　　波娃寫作的重要專書，其主題與類型可謂包羅萬象，可大抵區分為小說、哲學專書與自傳等幾種類型。小說類專書包括：《女客》(*L'Invitée*, 1943)、《他人的血》 (*Le Sang des autres*, 1945)、《人皆有一死》 (*Tous les hommes sont mortels*, 1946)，以及曾於 1954 年榮獲「龔固爾文學獎」(Prix Goncourt) 的《名士風流》 (*Les Mandarins*, 1954)。哲學類專書則包括 ：《述模稜兩可的道德》 (*Pour une Morale de l'ambiguité*, 1947)、《美國紀行》(*L'Amérique au jour le jour*, 1948)、《第二性》(*Le Deuxième Sexe*, 1949)，以及 《長征》(*La Longue Marche*, 1957)。 此外， 波娃晚期的著作以自傳為主， 包括：《一個乖女孩的回憶錄》 (*Mémoires d'une jeune fille rangée*, 1958) 、《歲月的力量》 (*La Force de l'âge*, 1960)、《物質的力量》(*La Force des choses*, 1963)，以及《一切都說了，一切都做了》(*Tout compte fait*, 1972) 等。

　　透過這些著作與自傳，波娃清晰展現 1930 至 1970 年代法國知識界的真實圖像。在書寫社會議題的部分，除對性別或女性主義有所關注以外，波娃也對法國社會普遍漠視「老化」的現象，提出具體的批判與看法，包括：《一場極為安詳的死亡》(*Une Mort très douce*, 1964)、《論老年》(*La Vieillesse*, 1970)，以及忠實紀錄沙特晚年生命痛苦回憶的 《再見，沙特》 (*La Cérémonie des adieux*, 1981)。

　　至於該如何定位波娃的知識遺產？身為一個女性知識菁英，波娃與當代西方哲學和女性主義思潮的發展，有其特殊且複雜的關聯。伴隨時代的進展與社

會條件的轉變，特別是女性主義思潮與女權運動的蓬勃發展，知識界與婦運界對她的評價與看法，亦是正反不一，可謂前貶後褒。

　　過去在 1960 年至 1990 年之間，於哲學的領域中，多半是以波娃身為一個女性哲學家的身分出發，將討論的主要焦點，置放在爬梳她與沙特之間的私人與智識關係，並探討波娃對於存在主義哲學的獨立貢獻。在當時高度男性主流的哲學領域裡，對波娃哲學成就的評價，基本上不是全然忽略，就是缺少應有的肯定 (Groenhout 2017)。

　　同樣也是 1960 年代至 1990 年代，在當時以性別平等和性別建構論為主流的女性主義領域中，波娃在《第二性》主張以生理性差異 (sexual difference) 為基礎，所建構之既繁複且相對精細的性別論述，顯然不易被當時的女性主義者所接受，同時也極為容易被誤讀或簡化。1990 年代之後，伴隨哲學的（逐漸）性別化 (gendering of philosophy)，以及女性主義哲學領域的建制，再加上女性主義的性別理論，也開始強調「差異」與「身體／體現」的多元論述，因此對於波娃《第二性》的解讀，也更加細緻與全面。在這個相對友善與開放的知識脈絡中，波娃的《第二性》又是如何被闡釋？此書對於當代性別理論的發展，以及女性主義知識系統的建構，其意義究竟為何？

（一）哲學性別化的先行者

　　哲學作為一個知識領域，向來被認為是最陽剛化 (masculinized) 與男性主流的學科。在過去很長的一段時間中，不但女性哲學家的人數極為稀少，美國的哲學界也沒有女性的全職正教授，傳統哲學更被認為根本沒有性別可言。近幾十年來，經過許多女性哲學家的努力不懈，女性主義哲學終於成為哲學領域中的次領域之一。性別／女性不僅被接受為建構哲學知識的分類範疇與主體，女性主義的立場，更成為批判傳統知識論極為重要的觀點，進而促成晚近哲學理論的批判化，也同時催生哲學的性別化。

　　波娃身為一個「哲學性別化的先行者」(pioneer of the gendering of philosophy)，她所撰寫的《第二性》，主要扮演三個重要的角色。首先，該書藉由提出：「女人

是什麼」此一擲問，作為哲學辯證與存在主義哲學的核心問題，探究女人作為人類存在的意義和現象為何。不但讓「女人」成為分析「存在」的主體，證成人性存在的性別差異，也同時將「性別」帶入哲學，使性別成為哲學分析的分類範疇。

其次，波娃在《第二性》第二卷探討女性的生命經驗，透過引證諸多不同的研究資料，詳盡描述女性在生命的不同階段，分別有什麼不同於男性的特有經驗。她除了反駁當時主流「生物決定論」與佛洛伊德心理分析理論的說法外，更證成她所主張的「處境論」，以及女性「存在」現象的差異性，間接為後來的經驗現象學，帶入豐厚的性別視角。

最後，《第二性》作為篇幅龐大的哲學專書，波娃除了試圖論證與解釋女性「存在」的哲學基本議題外，也不忘批評當時主流男性觀點的偏差與狹隘。她更呼籲社會應該具體改善女人的處境，給予女性除了持家與養育角色之外的參與機會，讓女性可以擁有「超越性」的存在。此種立場鮮明的行文方式，雖然有悖於傳統哲學堅持知識中立的立場，卻和日後的「批判理論」(critical theory) 與「女性主義立場論」(feminist standpoint theory) 有遙相呼應之處。

（二）當代性別理論的奠基者

對 1960 年代開始蓬勃發展的「第二波婦運」而言，女性主義知識系統的建構，以及致力於將 「性別」 概念化與 「性別關係」 理論化之 「性別理論」(gender theory) 的建構，是該運動極為重要的使命與成果。「性別理論」是關於「性」、「性別」與「性別關係」等概念的論述，試圖解釋不同社會的性別現象，以及建立性別作為分析社會關係範疇的一組想法或說法。

除挑戰傳統男性主流的「生物決定論」之外，「性別理論」也迥然不同於古典女性主義的性別論述。晚近新興的「性別理論」，試圖從個人、社會與文化等不同層次，也就是生物／身體、社會制度／社會化、性別體制等因素的交互與連結，來解釋陽剛氣質 (masculinity) 與陰柔氣質 (femininity)，究竟是如何被社會所建構，並進而影響不同階級、種族與性傾向男女或跨性別者的性別認同、生命經驗與社會關係。因此，當今的 「性別理論」，不僅具有跨領域

(transdisciplinary)、差異 (difference) 與交織性 (intersectionality) 的特質，也頗為強調與性 (sex)、身體 (body) 和性別 (gender) 之間的緊密連帶。

波娃在《第二性》所提出的問題，以及其試圖建立的詮釋框架，可謂領先同時代的女性主義思潮，並且為後來的「性別理論」奠定雛形。具體而言，《第二性》藉由提出「女人是什麼」的議題，將女人問題化與哲學化，使其成為哲學領域的問題之一。此外，她同時也探討女人身為相對於男人的主體，她們被客體化的存在意義究竟為何。波娃的提問方式，雖然在當時未必受到重視，但她無疑提升了性別問題的理論性。

其次，波娃在論證女人之所以淪為「第二性」時所提出的「處境論」，不只是強調「女人不是天生命定，而是後天養成」，也同時指出生物特徵（身體）、文化體制（歷史、迷思、小說）、社會制度（家庭社會化、婚姻、母職）與經濟機會，是如何導致女人處於劣勢的情境，終致她們只能淪為「客體」的身分與「內在性」的存在。為佐證她的理論，波娃亦不惜廣泛引用哲學、生物、歷史、文學、心理分析、人類學、社會學等不同學科的研究發現，雖然許多當時她所引用的資料或理論，或許有所訛誤或早已不合時宜，但是《第二性》依舊充分展現波娃性別理論的跨領域性。

不同於古典女性主義的性別論述，波娃的《第二性》在論述女人處境的同時，還有兩個對於晚近「性別理論」發展深具意義的重要主張。波娃雖然認為所謂的「陽剛氣質」與「陰柔氣質」是來自於社會建構，但她並不否認男女之間在生殖／生理上的差異，而且她同樣也認為「性別化的身體」，乃是性別建構的基礎所在。波娃的這些論點，雖然在當代女性主義倡議的過程中，曾飽受批評與忽略，但隨著 1990 年代之後「性別理論」的開枝散葉，不但「差異」與「性差異」成為女性主義理論關注的焦點，對於「性」、「身體」與「性別」之間的關係，也發展出許多枝繁葉茂的精闢論述。例如蘇拉米思・懷爾史東、凱特・米列以及路思・伊瑞葛萊，可說是波娃「性差異」論的傳承者。而茱迪斯・巴特勒 (Judith Butler, 1956–)，則可被視為波娃「身體／身體化」與「性／性別」觀最有力的闡釋者 (Butler 1986, 1990, 1993)。

　　經歷逾 70 年的光陰淬鍊，回頭再次閱讀《第二性》此本大部頭的經典著作，重新審視波娃關於性別關係的重要論述，例如「性差異」、「女人不是天生命定，而是後天養成」以及「身體並不是東西，而是處境」等精闢之論，在在可見波娃不僅早已觸及這些議題，也同時預告它們未來將成為日後「性別理論」的核心，更是不同流派女性主義者彼此爭論與互生嫌隙的焦點所在。雖然《第二性》絕非完美之作，當然也有其識見不足之處，就如同與她同時期的西方學者一樣，波娃的性別論述，亦無法豁免於西方中心主義的侷限。但波娃無疑仍是「性別理論的奠基者」(founder of gender theory)，為性別研究的領域披荊斬棘、開疆闢土，也為女人生成流變的處遇，點燃無數燭照前路的火炬。

參考書目

Arp, Kristana, 1995,"Beauvoir's Concept of Bodily Alienation." pp. 161–178 in *Feminist Interpretations of Simone de Beauvoir*, edited by Margaret A. Simons. University Park: Pennsylvania State University Press.

Bauer, Nancy, 2017, "Simone de Beauvoir on Motherhood and Destiny." pp. 146–159 in *A Companion to Simone de Beauvoir*, edited by Laura Hengehold and Nancy Bauer. West Sussex: John Wiley & Sons Ltd.

Beauvoir, Simone de, 2011, *The Second Sex* (TSS), translated by Constance Borde and Sheila Malovany-Chevallier. New York: Vintage Books.

Butler, Judith, 1986, "Sex and Gender in Simone de Beauvoir's Second Sex." *Yale French Studies* 72: 35–49.

Butler, Judith, 1990, *Gender Trouble: Feminism and the Subversion of Identity*. New York: Routledge.

Butler, Judith, 1993, *Bodies That Matter: On the Discursive Limits of "Sex"*. New York: Routledge.

Collins, Patricia Hill, 1986, "Learning From the Outsider Within: The Sociological Significance of Black Feminist Thought." *Social Problems* 33(6): S14–S32.

Connell, Raewyn, 2000, *The Men and the Boys*. Cambridge: Polity Press.

Groenhout, Ruth, 2017, "Beauvoir and the Biological Body." pp. 73–86 in *A Companion to Simone de Beauvoir*, edited by Laura Hengehold and Nancy Bauer. West Sussex: John Wiley & Sons Ltd.

Léon, Céline T., 1995, "Beauvoir's Woman: Eunuch or Male?." pp. 137–160 in *Feminist Interpretations of Simone de Beauvoir*, edited by Margaret A. Simons. University Park: Pennsylvania State University Press.

Moi, Toril, 1999, *What Is a Woman?: And Other Essays*. Oxford: Oxford University Press.

Moi, Toril, 2009,"What Can Literature Do? Simone de Beauvoir as a Literary Theorist." *PMLA* 124(1): 189–198.

Smith, Dorothy E., 1987, "Women's Perspective as a Radical Critique of Sociology." pp. 84–96 in *Feminism and Methodology: Social Science Issues*, edited by Sandra G. Harding. Bloomington: Indiana University Press.

Stone, Alison, 2017, "Beauvoir and the Ambiguities of Motherhood." pp. 122–133 in *A Companion to Simone de Beauvoir*, edited by Laura Hengehold and Nancy Bauer. West Sussex: John Wiley & Sons Ltd.

Thorne, Barrie, 1993, *Gender Play: Girls and Boys in School*. New Brunswick: Rutgers University Press.

Verhage, Florentien, 2013, "The Vision of the Artist/Mother: The Strange Creativity of Painting and Pregnancy." pp. 300–319 in *Coming to Life: Philosophies of Pregnancy, Childbirth, and Mothering*, edited by Sarah LaChance Adams and Caroline R. Lundquist. New York: Fordham University Press.

Ward, Julie K., 1995, "Beauvoir's Two Senses of 'Body' in The Second Sex." pp. 223–242 in *Feminist Interpretations of Simone de Beauvoir*, edited by Margaret A. Simons. University Park: Pennsylvania State University Press.

西蒙・德・波娃 (Simone de Beauvoir) 著、邱瑞鑾譯，2013，《第二性》。台北：貓頭鷹出版。

第三篇

「性別作為實作」：
性別平等在台灣

<table>
<tr><td>第十一章</td><td>

性別教育主流化：
「性別研究」作為台灣婦運的實作[*]

</td></tr>
</table>

一、「婦女研究作為婦運在學院的部門」

　　教育平等一向是女性主義訴求性別平等的核心理念與價值，也是婦女運動所追求的目標。1792 年瑪麗・沃斯通克拉夫特的《為女權辯護：關於政治及道德問題的批判》(*A Vindication of the Rights of Woman: With Strictures on Political and Moral Subjects*, 1792)，為爭取女性同等的教育機會首開先聲，除開啟第一波女性主義的思潮，同時也是當代自由主義婦運推動政策改革的基礎 (Wollstonecraft 1996 [1792])。自 1960 年代第二波全球婦運興起發展，至今已有半世紀，其倡議目標與理念訴求，更是以建構女性立場論的知識體系為主，期許透過女性主義的課程、教育方式與研究方法等路徑，來深化教育中的性別平等，達到以教育解放與賦權女性的效應，讓教育的內涵不僅是「以女性為主」(of women)、「由女性所產」(by women)，更同時也是「以女性為用」(for women)，徹底落實性別教育平等的意義 (Lougee 1981; Schramm 1977)。

　　台灣雖早在 1970 年代即出現「新女性主義」的相關論述，揭開台灣婦女運動的序幕，其中教育性別不平等也是當時婦女團體批判的重點。但是由於台灣過去特殊的政治歷史脈絡，早期性別議題在政府的教育政策中，除就學機會平

* 本章改寫自周碧娥，2018，〈性別教育主流化：台灣高等教育的性別化〉，原刊登於行政院性別平等會 「性別平等觀測站」：https://geo.ey.gov.tw/article?id=8a946c9262effeba0163c9a0c9fd000d，取用日期：2021 年 7 月 5 日。部份資料更新承尤美琪博士與廖瑞華小姐協助，特此致謝。

等外，其他議題皆經常處於被邊緣化的位置。解嚴之後，隨著台灣社會改革運動的蓬勃發展，在民間婦女團體與女性學者的共同倡議改革下，性別平等教育的推動，陸續已有具體的成果，特別是在法規與政策制定的層面上。

1996 年，「行政院教育改革審議委員會」編輯的《教育改革總諮議報告書》，明言應成立「兩性平等教育委員會」，並落實兩性平等教育，將性別平等教育列為教育改革項目之一❶。1997 年 1 月《性侵害犯罪防治法》制定公布，並於 2005 年再修訂，其中第 7 條規定：「各級中小學每學年應至少有四小時以上之性侵害防治教育課程」❷。1998 年的《國民中小學九年一貫課程暫行綱要》發布，則明訂將性別平等教育，以重大議題方式融入七大學習領域建構課程，闡明性別平等教育已成為正式教育的一部分❸。2004 年公布的《性別平等教育法》，第一章總則第一條更開宗明義揭櫫此法制定的主因：「為促進性別地位之實質平等，消除性別歧視，維護人格尊嚴，厚植並建立性別平等之教育資源與環境」。《性別平等教育法》除為性別平等教育政策的實施提供法源依據之外，更具有強制各級政府與教育機構，實施性別平等教育、落實性別平等政策綱領的正當性與權威性，此法可說是性別平等教育的基礎所在❹。

2010 年教育部公布《性別平等教育白皮書》，分別從組織與制度、資源與

❶ 參見「行政院教育改革審議委員會」，1996，《教育改革總諮議報告書》，刊登於國家教育研究院 「台灣教育研究資訊網」： https://teric.naer.edu.tw/wSite/PDFReader?xmlId=&fileName=1583137323891&format=pdf&OWASP_CSRFTOKEN=9CTA-SMA2-IS8A-KJIM-8PBS-RLUS-SV70-U2UR，取用日期：2021 年 7 月 5 日。

❷ https://law.moj.gov.tw/LawClass/LawAll.aspx?PCode=D0080079，取用日期：2022 年 1 月 21 日。

❸ 參見教育部，1998，《國民中小學九年一貫課程暫行綱要》，刊登於「教育部國民中小學課程與教學資源整合平臺」：https://cirn.moe.edu.tw/WebContent/index.aspx?sid=9&mid=131，取用日期：2021 年 7 月 5 日。

❹ 關於在 2004 年公布的《性別平等教育法》之法條內容，刊登於立法院國會圖書館「立法院法律系統」：https://lis.ly.gov.tw/lglawc/lawsingle?0006200977FF00000000000000000A000000002000000^01773093060400^00039001001，取用日期：2021 年 7 月 5 日。

空間、課程與教學、教育人員、校園性別事件防治、家庭教育與社會教育等六個面向出發，檢視性別平等教育之現況及困境，同時擬定推動國內性別平等教育之短、中、長程計畫，以便進一步具體落實《性別平等教育法》之規定與精神。《性別平等教育白皮書》的架構中，也強調如何鼓勵性別平等教育學術研究之發展，與相關教材教法之開發，以落實《性別平等教育法》，是推動性別平等教育之首要政策與內涵❺。此外，教育平等也是 2011 年行政院函頒《性別平等政策綱領》的七大領域之一，將性別在教育、文化和媒體的實質平等，視為政府評估性別主流化的重要指標之一❻。

　　然而，徒法不足以自行。性別平等教育政策的落實，仍然面臨諸多困境與挑戰。在課程與教學方面：目前中小學層級性別課程的實施，面臨性別議題必須與其他重大議題競爭資源的問題，而推動「十二年國民基本教育」之後，性別平等教育議題既無訂定課程綱要，改以議題融入方式與其他議題並列，且其所增加之性別平等教育課程的輔導與服務、中小學教科書性平的檢核等，皆仍亟待加強。而在大學院校的層級，高等教育機構針對《性平法》與性別主流化教育政策的制定與推動更是闕如，致使國內性別相關系所及課程的發展受到侷限，性別研究教學與研究成果，也無法發揮更廣泛的影響力。

　　此外，教育場所的性別分流與性別隔離現象仍舊存在，例如男性多數選擇理工領域，而女性則有較高比例選擇人文社會科學領域。由於人文社會科學領域的教育資源較為稀少，致使女性受教權益與教育資源，必然遭受相當程度的損害與剝奪。各級中小學的師資，雖然以女性教師占據多數，但校長或行政主管的職位，男性比例卻偏高許多，而女性擔任大專院校的校長者，更是為數甚少。教育場所的行政主管階層，男性教師的比例明顯高於女性教師，這也造成

---

❺　參見教育部，2010，《性別平等教育白皮書》，刊登於教育部「性別平等教育全球資訊網」：https://www.gender.edu.tw/web/index.php/m1/m1_01_01?sid=258，取用日期：2021年 7 月 5 日。

❻　參見行政院，2011，《性別平等政策綱領》，刊登於「行政院性別平等會」網站：https://gec.ey.gov.tw/Page/FD420B6572C922EA，取用日期：2021 年 7 月 5 日。

教育領導權力的性別不平等。這些現象的持續存在，顯示性別平等教育仍有待繼續強化，因此如何使學校的師生與社會大眾，瞭解性別建構的脈絡、解構性別迷思、提倡女性性別意識覺醒，並建立多元的價值觀，乃是當前實施性別平等教育的重要課題（黃馨慧、方念萱 2011）。

二、從「婦女研究」到「性別研究」

　　教育平等一向是女性主義訴求性別平等的核心價值。1792 年沃斯通克拉夫特在《為女權辯護》一書中，宣稱當時女性的不平等，係源自她們接受學校教育的機會尚付之闕如。她倡議社會應該給予女性和男性相同的受教機會與受教內容，讓女性發展其體能與天賦的「理性」，同時並培養其「美德」，使女性在具備身為公民條件的同時，也可以成為擁有美德的母親，進而為社會養育理性的下一代公民。自此，教育平等始終是「自由主義女性主義」(liberal feminism) 的理論基礎，以及婦女運動所追求的終極目標。

　　而 1960 年代興起的「第二波婦運」，除持續主張提升女性教育機會（特別是高等教育）的平等以外，也呼籲破除性別刻板印象對於女性學習學科的侷限。美國藉由推動《積極行動法案》(Affirmative Action Act 1986) 等政策的改革，提高女性進入非傳統的科學、醫學與法律等領域就讀的名額，並保障對女性運動項目的公平補助，期使教育機會與教育效應，可以達到實質的性別平等。

　　除承襲過去婦運對教育體制性別不平等障礙的改革以外，此波婦運更進一步主張對知識生產體系進行革命性的改變，使教育得以發揮解放與賦權女性的積極效果，進而使女性成為知識生產與教育的主體。為此，「第二波婦運」除透過群眾運動和推動法案改革以外，不僅廣泛採用 「意識覺醒團體」(consciousness raising group, RAP) 的策略，提升女性平等意識與傳播女性主義主張，更藉由在大學發展「婦女研究」(Women's Studies) 課程與學程，開授以婦女生命經驗為主體的課程，將女性議題納入教學課程，合法化女性經驗的知

識有效性，也讓知識學習的過程，與女性對於自身生命經驗和處境的理解，產生密切的關聯性與意義 (Boxer 1982; Lauretis 1986)。

自 1971 年「聖地牙哥州立學院」創設「婦女研究學系」（Department of Women's Studies, San Diego State College；現已更名為 San Diego State University）以來，「婦女研究」及其後續延伸的「性別研究」(Gender Studies) 學程與研究領域的建立，遂成為此波婦運極為重要的特色與成就。「婦女研究」學程所開設的課程內容，以關注女性生命的歷史、社會與文化為核心議題，而「女性主義教育學」(feminist pedagogy) 更是強調非權力關係，主張以女性主義相互對等的教學方式，以及解放與賦權的教育原則為優先，「婦女研究」因此被視為婦女解放運動的學術支翼 (Gordon 1975: 565)。

繼「婦女研究」之後，女性主義學者更進一步倡議「性別研究」，以性別作為社會分析的基本範疇，並以建構女性主體的知識體系為最終目標。「性別研究」除以女性立場檢驗知識男性主流知識的普遍性，更強調女性經驗也是知識的有效基礎外，主張女性同是知識的生產者，企圖轉化以男性為主流的知識體系 (Harding 1991; Hartsock 2004; Sheridan 1990)。

總體而言，「婦女研究」作為大學課程與學術領域的建制，確實明顯形塑女性主義知識體系在學術界與知識界的發展。美國幾乎所有的大學，或多或少都會開設不同形式「婦女研究」或「性別研究」的課程，即使是最傳統的哈佛大學，也在抗拒多年之後，於 1986 年通過，次年正式成立「婦女研究學程」(Women's Studies Program)，並於 2003 年改為「婦女、性別與性研究」學程 (Studies of Women, Gender, and Sexuality, WGS)❼。這樣的發展，也充分反映女

---

❼ 關於哈佛婦女研究學程的發展歷程，參見 Pasquini, Nina H., 2019, "How to Build a Concentration." *The Harvard Crimson*, Oct. 3, 2019. https://www.thecrimson.com/article/2019/10/3/womens-studies-scrut/(Date visited: July 5, 2021)。該學程提供大學部學生主修 (field of concentration, major) 或輔修領域 (secondary field or minor) 兩種不同的選擇，研究所學生則只能選擇輔修領域 (graduate secondary field)，請見 https://wgs.fas.harvard.edu/，取用日期：2021 年 7 月 5 日。

性主義運動已帶來高等教育體制內的課程改革，而這樣的改革本身，更是已成為主要的婦女運動 (Stimpson 1973, 1978)。目前美國大學設有「婦女／性別」研究相關的學系、研究所或學程，提供女性主義與性別議題教學與研究者，其數量已超過 900 個❽。

　　由上述討論可知：作為女性主義知識建構體系的手段，「婦女研究」與「性別研究」的教學和研究，對於當代婦女運動的發展與深化，確實扮演相當重要的角色。藉由開授課程來深化論述和女性主義知識的傳授，不但造就「第二波婦運」在女性主義理論發展史上的成就，更為婦女運動培育年輕世代的接班人，使此波婦運得以持續延燒，避免重蹈「第一波婦運」早夭的命運。因此，分析「婦女研究」與「性別研究」課程在高等教育機構中的發展，可說是瞭解當代婦運發展軌跡時無法忽略的環節。

　　有鑑於台灣當代婦女運動歷經超過半世紀的發展，累積的成果可謂領先亞洲各國，與此同時，關於性別平等的立法與政策，國內學者的研究與分析也不在少數。但是關於「婦女研究」與「性別研究」的課程，作為婦運在學術界的部門 (arm)，也就是學院婦運的發展，則較少著墨，亦缺乏關注。因此，分析國內目前高等教育體系「婦女／性別」研究建制化的過程，對於釐清教育性別主流化的演變歷程應有所助益。

三、台灣的婦女運動與性別教育改造運動

　　在台灣的政治與社會發展過程中，婦女運動有其極為漫長的歷史。台灣婦運發展史也可以粗略分為以下兩波：第一波溯源至日治時期「台灣文化協會」

---

❽　Korenman, Joan, 1994–2021, "Women's/Gender Studies Programs & Research Centers." in *Women's Studies Online Resources*, https://userpages.umbc.edu/~korenman/wmst/programs.html (Date visited: April 11, 2021).

的啟蒙運動。1925 年台灣第一個婦女團體「彰化婦女共勵會」於彰化成立，成為第一個以本土婦女為主體的獨立婦女團體，可謂揭開台灣史上第一波的女權思潮（楊翠 1993）。此波婦運隨著日本備軍參與二戰，加強對台灣的統治與同化，終於在二戰爆發前宣告結束。

　　台灣現階段的婦女運動，也可說是台灣的第二波婦女運動，學界通常是以 1971 年呂秀蓮提出「新女性主義」的觀點，並在 1974 年出版《新女性主義》一書作為起點（王雅各 1999: 55）❾。雖然呂秀蓮主張她所提倡的「新女性主義」，是來自台灣本土元素所產生出來的婦女平等思潮，而非自西方的婦女解放運動移植而來（呂秀蓮 1977）。但一般認為此波由「新女性主義」延伸發展的當代台灣婦女運動，與 1960 年代在英、美興起的「第二波婦運」，有著極其密切的關係。當代台灣婦女運動不但在性別平等的思想與理念上，受到西方「自由主義女性主義」的啟迪，在性別平等議題的設定，以及運動推展的路徑與策略，亦頗多借鏡之處。尤其重要的是，在高等教育機構推動「婦女研究」、「性別研究」的課程和研究領域，建立以女性為主體的知識系統，作為傳播女性主義思想與性別平等理念的平台，以達到性別平權的目標。透過「婦女研究」的成立與建制化，作為推動婦女解放運動的路徑，此種策略在台灣當時特殊的政治環境下，確實有其特殊意義存在。

　　台灣在 1970 年代，經濟層面雖已擁有相當程度的發展，但政治局勢依舊處於戒嚴時代的威權統治。雖然人民有選舉與投票的權利，但在《動員戡亂時期臨時條款》的施行下，由憲法所保障之人民集會與結社的自由，其實仍然受到相當的限制。在集會結社自由高度限縮的社會條件下，任何的社會動員或具草根性的群眾運動，不但不易發展，也是不被允許發生的，所以必須透過出版、演講與活動的其他管道，來傳播理念與喚起意識。此一時期的台灣婦女運動，也是藉由這些手段，才得以興起與散播（周碧娥、姜蘭虹 1989）。在 1980 年代

---

❾　《新女性主義》最早應是於 1974 年在《幼獅月刊》出版，且「新女性主義」一詞之所以能夠鼓動風潮，據呂秀蓮自己的宣稱，是從 1972 年 3 月 8 日在台大法學院的演講開始。

後，伴隨「婦女研究」在美國大學的建制化，與此相關的理論，也因為女性學者紛紛返國任教，而逐漸移植到台灣的大學校園。「婦女」與「兩性」課程在大學校園的開設，為戒嚴時期推動婦運提供一個相對不受箝制與干擾的場域，讓婦運的推廣和女性主義的論述，可以擁有發芽、成長與茁壯的庇護所，這對累積婦運能量與培育人才相當重要。

　　雖然台灣的「新女性主義」早在 1970 年代初期就已萌芽，與 1963 年在美國興起的婦女解放運動，僅只相距不到十年的時間 (Friedan 1974 [1963])，但是傳播／教授婦女議題相關課程的「婦女研究」課程與單位，卻遲至 1985 年，台灣的高等教育機構才出現第一個「婦女研究」的單位：「台灣大學人口研究中心」所設置的「婦女研究室」(Women's Research Program)。值得一提的是，「婦女研究室」並非隸屬於台灣大學的校內正式單位，只是「人口研究中心」的附屬組織，得力於當時該中心主管的傾力支持。更重要的是，該單位的經費全數來自美國「亞洲協會」的資助，而且組成「婦女研究室」的主要成員，除召集人是台大教授以外，其他三人皆是來自不同大學與研究機構的教授。此一組織既名為「婦女研究室」，其主要的任務定位，自然是婦女議題研究成果的彙整與傳播，以及相關研究計畫的推動。至於「婦女研究」教學與課程，則要等到「清華大學人文社會學院」於 1989 年正式成立「兩性與社會研究室」，開始著手規劃當時稱為「兩性」(gender) 議題的課程，並由該學院教師以團隊教學的方式，於通識教育開授婦女課程時，才在高等教育機構中正式出現，而「婦女研究導論」作為第一門課，正是台灣大專院校「婦女研究」課程的嚆矢。

（一）「婦女研究」的建制化

1.萌芽

　　相對於英、美兩國的發展進程，「婦女研究」作為一個教學／學術領域，在台灣的發展歷史尚未滿 40 年。雖然台灣在「婦女研究」的建制化起步較晚，但其表現可圈可點，明顯優於其他亞洲國家（顧燕翎 1996；Chen 2004）。

　　首先，性別作為一個學術領域，女性主義作為知識建構的體系，已由原來以婦女為知識生產主體的「婦女研究」，進一步提升到「性別研究」，主張以性別作為社會分類範疇的基礎，以檢視性別體制與權力壓迫的關係。其次，就制度或組織的成長而言，在台灣的高等教育機構中，根據教育部性別平等全球資訊網的資料，目前共有 10 個分設於不同大學／學院的「婦女／性別」研究單位（表 11–1）。從表內附註的發展過程亦可看出，這些單位或稱研究室或稱中心，端看各校行政體制如何定位。大抵而言，當大專院校尚未成立獨立的「婦女／性別」研究系所時，研究室與研究中心是資源整合與推動性別研究課程的平台，將分散於不同系所的相關師資與課程統合彙整，連結跨領域的教師，以利推動性別議題的相關研究，並開設「婦女研究」或「性別研究」的系列課程，以供學生選讀或選修（黃淑玲、謝小芩 2011）。

2. 性別教育的建制：從「婦女」／「性別」學程到「性別」研究所

　　至於以推動女性主義教育和性別課程為目的所設立的建制，在台灣有兩個不同的發展方式：其一是透過整合跨科系的教學資源與師資，所共同成立的學程，例如「婦女研究」或「性別研究」課程與學程，由不同系所的教師規劃並開設性別議題系列課程，提供對女性主義與性別議題有興趣的學生選讀與修習，並於修滿規定的學分數後，授與正式的學程證明 (certificate)，大學部的教學多以此一方式為主。第二個發展方式則是設置以「性別」為主修領域的研究所，培育以「性別研究」為專長的專業與教育人才。目前台灣所有大學有三個「性別研究」相關研究所，一個「性學」研究所。

表 11–1　「婦女」／「性別」研究單位在台灣高等教育建制化過程

成立時間	單位名稱	附　註
1985	台灣大學人口研究中心婦女研究室	1998：婦女研究室→婦女與性別研究組 1999：更名為「人口與性別研究中心」
1989	清華大學人文社會學院兩性與社會研究室	2014：更名為「性別與社會研究中心」
1992	高雄醫學大學人文社會科學院兩性研究中心	2001：成立性別研究所
1993	社團法人台灣女性學學會	台灣第一個女性主義學者的組織 2001：正式註冊為人民團體（2002 年核可）
1995	台灣大學建築與城鄉研究所性別與空間研究室	已更名為「性別與空間研究中心」
1995	成功大學婦女與兩性研究室	原隸屬於研究總中心之台灣文化研究與諮詢中心 2000：成立「性別與婦女研究中心」
1995	中央大學性／別研究室	
1997	世新大學性別與傳播研究室	2001：改制為「性別與傳播研究中心」 2007：改制為「性別平等教育中心」
2000	樹德科技大學應用社會學院人類性學研究所	
2015	輔仁大學女性主義研究室	

資料來源：教育部性別平等教育全球資訊網 https://www.gender.edu.tw/web/index.php/m10/m10_02_index，取用日期：2022 年 1 月 21 日。

⑴「婦女」／「性別」學程

目前台灣各類型大專院校中，約有 12 個跨領域「性別學程」（表 11–2），這些性別學程都是以跨領域的方式，由不同系所教師開授以女性或性別為核心的課程組合而成。其課程包含核心課程、基礎課程與選修課程，當修課達到一定學分數的要求，即可頒授學程證書。另外值得一提的是，目前的「性別研究」學分學程，主要是設置在公立大學，私立大學相對較少，而曾經設置相關學程的私立大學（例如東海大學與靜宜大學）恰巧都是深具宗教背景的高等教育學府，其中是否有何意涵，也許值得進一步的探究。作為跨領域的學分學程，「婦女研究」與「性別平等研究」也是教育部在 2009 年致力推動的「高教創新」項目之一（教育部 2010：2）。這種跨領域形式的「性別研究」學分學程，受到教育部開放學制，鼓勵多元學習政策下，過去 10 年雖然呈現增長的結果，但這樣的發展距離將「性別研究」作為「輔修」或「雙修」的學科，仍有相當程度的差距，更遑論以此作為主修領域。

其中較為特別的例外，則屬「清華大學人文社會學院學士班」的「性別研究學程」。此一學程目前除提供全校學生選修外，更是該校人社院學士班現有 9 個學程之一。（自 2020 年開始，學程增加為 10 個。）「性別學程」自 2003 年成立以來，即隸屬於人社院學士班的專業學程之一（不含最近增設的「自主學習」學程），此後的六年期間 (2003–2009)，共有 39 人選擇以「性別研究」作為專長領域。自 2010 年開始，「性別研究」改屬副修學程，至 2017 年的七年中，亦共有 56 人選修該學程作為副修領域，平均每年約有 8 人。但最近的 4 年 (2018–2021) 選修性別學程的人數卻呈現顯著的減少，共 16 人，其中有 2 年更是只有 1 或 2 人選讀，在 2021 年選讀人數又回升到 7 人（以上資料來自：國立清華大學人文社會學士班辦公室）。從學生選讀性別學程得以作為滿足學位學分的性質來看，也許這個被正式列為「副修」領域的「性別學程」，可以被視為接近一般所稱的「副修」學位。

表 11-2　「婦女」／「性別」研究學程與系所在台灣大學校院建制化過程

成立時間	學程／系所名稱	主辦單位
1997	台灣大學「婦女與性別研究學程」	人口與性別研究中心婦女與性別研究組
2003	清華大學「性別研究學程」	清華大學人文社會學院學士班
2006	政治大學「性別研究跨領域學程」	政治大學法律科際整合研究所
2007	靜宜大學「性別關係學程」	靜宜大學人文暨社會科學院（103 學年度 (2007-2014) 停辦）
2008	東海大學「性別與文化學分學程」	東海大學共同學科暨通識教育中心（100 學年度 (2009-2011) 停辦）
2008	中山醫學大學「性別、文化與醫療學程」	通識教育中心
2009	中央大學「性別教育學分學程」	通識教育中心
2009	台灣科技大學「性別研究學程」	共同教育委員會
2009	成功大學「性別研究學分學程」	性別與婦女研究中心
2008	台南大學「性別與族群學程」	人文學院
2011	陽明大學「性別研究學分學程」	人文與社會科學院
2011	中山大學「性別研究學程」	社會學系
2000	高雄師範大學教育學院「性別教育研究所」	2000：碩士班 2011：性別教育博士學位學程
2000	樹德科技大學應用社會學院「人類性學研究所」	2000：碩士班 2006：博士班
2001	高雄醫學大學人文社會科學院「性別研究所」	原屬護理學院，2012 年改隸人文社會科學院
2003	世新大學人文社會學院「性別研究所」	北台灣首創之性別研究所

資料來源：作者自行整理

(2)「性別」研究所

雖說高等教育機構中的跨領域「性別學程」，目前共有 12 個之多，但是以「性別研究」作為主修學術領域，並以女性主義知識體系為取向，所成立的大學獨立教學單位卻只有三個，分別是：高雄師範大學「性別教育研究所」（2000年）、高雄醫學大學「性別研究所」（2001 年）、世新大學「性別研究所」（2003年）❿。有趣的是，這三個現有獨立的「性別研究」教學單位都是研究所，特別是碩士班。而高雄師範大學所設立的「性別教育研究所」更是在《性別平等教育法》初步研議期間，由教育部同意成立的第一個（也是唯一）國立大學以培育師資為任務的性別研究所。其他兩個「性別研究所」的成立，則都是在私立大學，且是以培育專業人才（如醫療、媒體、政策與文化研究）為任務的大學，而非所謂的一般全科大學。教育部對於私立大學系所的設置，與公立大學的要求與審查過程，有其不同標準與考量。因此這些現象是否意味「性別研究」的建制化過程，只是在特殊時期與特定情境下的結果，而無法被視為未來發展的指標，此一現象值得婦運學界進一步觀察⓫。

（二）「性別研究」的課程主流化

學院婦女運動的推展，除透過「婦女」／「性別」研究的教學和研究單位的建制化來檢視之外，還可由「婦女」／「性別」相關議題的課程，在大專院校開設與被接受的情形來呈現。所謂「性別研究」主流化，可以透過兩個途徑來加以實現：第一個方法是在傳統或既有的課程中，放進或偷渡 (slip-in) 與女

---

❿ 樹德科技大學亦設有「人類性學研究所」，以「性學」的教學與研究為主，以培養學校及國內相關機構所需專業人才為目標，其定位與「性別研究」主張的女性主義教育原則和知識取向並不一致。

⓫ 關於國內大專院校所設立的「性別研究」學分學程，由於目前教育部並未提供完整的資料庫，表 11-2 的資訊主要來自截至 2016 年各校的官方網站，早期的資料則是參考「台灣大學婦女研究室」所出版的通訊。由於學分學程是由各校核定成立（與撤銷），因此學程若有變動，相關資訊未必會對外公開，因此本表格可能會有資訊落差的情況。

性或性別議題相關的主題與教材。例如，在社會學導論的授課內容中，當討論到家庭、階級或權力關係時，就將婦女與性別議題同時納入。第二個方式則比較直接，就是在既有的課程之外，開設以性別或婦女為主題的新課程，並將之納入學校正式課表，提供有興趣的學生修習。本文採用第二個方式，根據教育部大學校院課程資源網❶的數據作為基礎，分析 2006 年至 2021 年台灣大專校院開設性別議題相關課程的變遷，以呈現大學教育「性別研究」課程主流化的發展過程（參見表 11–3）。關於更早期台灣大專院校性別議題課程的發展狀況，則另有專文分析 (Chou 2018)。

　　我們可以從表 11–3 的統計資料，發現以下幾個值得注意的現象。總體而言，可分兩階段來看：第一階段為 2006 年至 2016 年，在這十年間，從開課總數來看，不同類型的大專院校中，性別議題相關課程的開設，大抵呈現明顯成長的趨勢 （即便在 2016 年時出現小幅減少的狀況）。 課程總數從 2006 年的 1,146 門，調升到 2016 年的 1,519 門，增加幅度為 32.5%。若比較性別議題課程在不同類型大專院校成長的差異，整體而言，增加的幅度在 25% 到 60% 之間。其中以「公立科技／專業大學（院）」的性別議題相關課程成長幅度最大，從 2006 年的 70 門課提升到 2016 年的 112 門課，成長幅度為 60%，而成長幅度最小的則屬「私立科技大學／學院」，在 2006 年至 2016 年間，性別相關課程的總數雖然增加 117 門，但成長幅度僅為 25%。然而，在第二階段，2016-2021 年，這個成長的趨勢卻有消退或停滯的現象，開課總數呈現相當幅度的減少，2021 年的總數減為 1,151 門課。此一現象可能與台灣進入人口轉型有關，隨著大學生人數降低與大學總數的減少，再加上大學教育趨向市場化，在在影響「性別教育」這類以人文教育，而非市場取向的課程的需求。因此，若高教的發展方向持續市場取向，對性別教育主流化後續的影響將是值得關注的議題。

---

❶ 資料來源：教育部大學校院課程資源網 https://ucourse-tvc.yuntech.edu.tw/web_nu/search_subject.aspx，取用日期：2022 年 1 月 25 日。

表 11-3 台灣大專校院開設「婦女」／「性別」相關課程趨勢：依學校類型與課程性質區分 (2006–2021)

類別 年份	公立大學				私立大學				公立科技／專業大學（院）				私立科技／專業大學（院）			
	總數	必修課程	選修課程	其他	總數	必修課程	選修課程	其他	總數	必修課程	選修課程	其他	總數	必修課程	選修課程	其他
2006 (1,146)	334 (29.14%)	64 (.19)	270 (.81)	–	270 (23.56%)	66 (.24)	204 (.76)	–	70 (6.11%)	47 (.67)	23 (.33)	–	472 (41.19%)	237 (.5)	235 (.5)	–
2008 (1,421)	444 (31.25%)	100 (.23)	342 (.77)	2 (.005)	324 (22.80%)	104 (.32)	212 (.65)	8 (.03)	84 (5.91%)	47 (.56)	37 (.44)	0	569 (40.04%)	271 (.48)	290 (.51)	8 (.01)
2011 (1,343)	327 (24.35%)	136 (.42)	178 (.54)	13 (.04)	298 (22.19%)	118 (.4)	148 (.5)	32 (.1)	94 (7%)	64 (.68)	28 (.3)	2 (.02)	624 (46.46%)	295 (.47)	319 (.51)	10 (.02)
2014 (1,652)	447 (27.06%)	140 (.31)	286 (.64)	21 (.05)	427 (25.85%)	129 (.3)	254 (.6)	44 (.1)	114 (6.9%)	73 (.64)	40 (.35)	1 (.01)	664 (40.19%)	295 (.44)	362 (.55)	7 (.01)
2016 (1,519)	438 (28.83%)	128 (.29)	286 (.65)	24 (.06)	380 (25.02%)	113 (.3)	257 (.68)	10 (.03)	112 (7.37%)	72 (.64)	40 (.36)	0	589 (38.78%)	308 (.52)	279 (.47)	2 (.003)
2021 (1,151)	308 (26.76%)	94 (.31)	198 (.64)	16 (.05)	244 (21.20%)	73 (.3)	168 (.69)	3 (.01)	107 (9.30%)	59 (.55)	46 (.43)	2 (.02)	492 (42.75%)	234 (.48)	247 (.50)	11 (.02)

註：「總數」此一欄位的百分比，為該學校類型「婦女／性別」研究課程的總數，占全國「婦女／性別」研究課程總數的比例（例如 2006 年 N = 1,146）。

資料來源：教育部大學校院課程資源網 https://ucourse-tvc.yuntech.edu.tw/web_nu/search_subject.aspx，取用日期：2022 年 1 月 25 日。

再者，若比較不同類型大專院校開設性別相關議題課程的數量，則可發現以「私立科技／專業大學（院）」為最多數，在過去的 15 年，其性別教育的課程約占該年度總課程數的 2／5 左右 (38.8%–46.5%–42.7%)，而「公立科技大學／學院」所開授的性別議題課程數則相對較少，所佔比率尚且不到 1／10(5.9%–7.4%–9.3%)。至於公立大學或私立大學則相差不多，在前 10 年間，每年開課總數的占比，前者約占 1／4 到 1／3 之間，而後者則為 1／5 到 1／4 之間；且在近 5 年來，這樣的分配型態變化不大。私立科技或專業大學（院）出現較高比率的性別教育課程的情形並不意外，因為這並非意味「私立科技大學（院）」較為熱衷推動或開設性別議題的相關課程，而是肇因於台灣高等教育機構的組成結構，畢竟在全國大專院校中，不但「私立科技／專業大學（院）」占據相當高的比例 (82／157)，且因限於財務考量，此類校院偏重培育社會服務專業人才，而非科技產業人才，因此，女性學生的比例偏高，性別相關課程的需求也就相對大。（關於各類大學校院不同性別學生人數的比例，亦可參照表 11–4）

因此，若以各類校院開設性別課程的平均值而言，以 2006 與 2021 年為例，「公立大學」對性別議題相關課程的開設，還是具有較高的接受度，平均各校開設課程的數量為 9.3／11 門，「私立大學」為 7.5／8.7 門，「私立科技／專業大學（院）」則有 6.4／6 門課，而性別議題授課數量最低者，則是「公立科技／專業大學（院）」，平均每校開課數量只有 3.6／5.6 門。由於「科技大學／學院」多半都以理工科系為主，且以男性學生為主要的授課對象，性別議題的相關課程在這類學校當中，經常被認為是非必要的，而且也不容易被接受。總體而言，在 2021 年，雖然各類型大專校院開課數量平均值都有所提升，但就不同類型大學對性別授課的接受度或容納度而言，其排列順序仍維持與 2006 年相同。這樣的結果顯示，台灣高等教育機構的性別教育，仍然存在性別的刻板印象與層層阻礙，且還有許多改善的空間（張玨、吳燕秋 2002；魏美娟、方文慧 2012）。

表 11–3 進一步將大專院校所開設的性別課程，具體區分為「必修課程」、「選修課程」與「其他」三類。「必修課程」和「選修課程」的區隔，顯示不同議題在大學教育中的重要性亦各有不同。一般而言，「必修課程」標示該門課在

大學教育或學術領域有其必要性與基礎性，而「選修課程」則是提供對該議題有興趣的學生，作進一步深度或廣度的學習。因為「選修課程」是非必要性的教學，通常是對該議題有特別關注與興趣的學生才會選讀，因此修課人數通常較少。

若具體分析「必修課程」和「選修課程」的數量分布，則表 11–3 顯示的數據資料，呈現相當不同的分配型態與發展趨勢。首先，從分配型態來看，表 11–3 的資料呈現兩種不同的樣態：在一般公立與私立大學中，大部分的性別議題課程，幾乎都屬於「選修課程」，2006 年「公立大學」的「選修課程」所占比例甚至超出 8 成 (81%)，2016 年無論是公、私立大學的「選修課程」則都超過 6 成（分別占 65% 和 68%），即使 2021 年選修比例也仍然偏高，分別為 64% 與 69%。與此相反，在科技／專業大學或學院中，性別課程卻有較高比例被列為「必修課程」，尤其是「公立科技大學（院）」，在 2016 年之前，甚至有將近 7 成 (56%–68%) 的性別課程，是以「必修課程」的方式開設；即便是 2021 年仍然有半數以上 (55%) 的性別課程被歸為必修。

表面觀之，上述數字看似樂觀，其實未必。此一現象的出現，並不表示性別課程在這類「科技大學／學院」中受到高度的重視。若我們將此一數字，與該類學校開設性別課程數量的低總和同時考量，就可得知「必修課程」呈現高比例的分配，反而突顯性別課程在科技類大學（院）中被最少化且邊緣化的現象。因為開設性別議題相關的「必修課程」，可能只是為求滿足《性別平等教育法》對性別課程數量的最低要求，這對於鼓勵學生（特別是男性學生）主動選修性別課程，以及提高男性學生的性別平等意識，反而是不利的作法。

若就趨勢來看，也許有些可以樂觀的發展。在各類大學校院，性別教育課程作為必修／選修課的比例，在過去的 15 年出現兩條方向相反的曲線：在全科大學這一類，不論公私立，必修類別的性別課程的比例，呈現明顯與持續的提升。例如相對於 2006 年的必修課比例 (19%、24%)，在 2021 年的數字為 31% 與 30%。相反的，在科技／專業校院，不分公私立，必修類別的性別課程比例則有逐步下降的情形；從 2006 年的 67% 與 50% 減低，到 2016 年時，其比例

分別為 55% 與 48%；在公立科技校院，其變化尤其明顯，由原來的 2／3 降低到 1／2 的比例。

　　性別教育的主流化，也可以從修課學生的人數與性別組成來加以評估（參見表 11–4）。性別議題修課學生的總人數，在 2006 至 2021 的 15 年間，呈現大幅度的成長。在 2006 年至 2016 年間，各類型大專院校選修性別議題的學生總數，成長約 1.5 倍左右，特別是 2014 年達到高峰，75,415 人。近年來，因為受到就業市場變化與少子化的影響，大專校院的學生人數開始降低，其中以「私立科技／專業大學（院）的招生受到較嚴重的衝擊，因而出現總體修課人數降低的現象。在這樣的整體條件相對不利的情況下，選修性別課程的總人數仍能維持正向趨勢，正顯示性別教育與性別意識，已然在大學課程與校園文化受到接納與重視，這是正面與積極的發展。

　　當我們進一步檢視修課學生的性別組成時，亦可以發現另一個極為有趣的圖像。有別於過去既有成見或一般刻板印象，認為性別議題多半只涉及女性，只有女生會關心，而與男生無關。從 2008 年開始的統計資料顯示，不論學校類型為何，選修性別議題課程的男女學生比例，其差異並沒有想像中的大，女生雖然仍占多數，大概在 6 成左右 (51%–62%)，但是男性也維持在 4 成左右 (38%–49%) 的人數。即便是傳統以理工科系為主且男性學生占據多數的「公立科技大學／學院」，男性學生修課的比例也都超過 4 成 (43%–49%)。當然這樣的圖像也不宜過度樂觀解讀，若與這類學校學生的性別組成相比，這樣的男性比重，突顯性別課程的修課學生，主要仍以女性為主，對於強化男性學生性別意識的教學，仍有不少可以進步的空間。

性別社會學

表 11-4　台灣大專校院學生選修「婦女／性別」相關課程的趨勢：依學校類型與學生性別區分 (2006-2021)

類別\年份	公立大學			私立大學			公立科技／專業大學（院）			私立科技／專業大學（院）		
	總人數	男	女	總人數	男	女	總人數	男	女	總人數	男	女
2006 (48,091)	10,272 (21.36%)	-	-	11,596 (24.11%)	-	-	3,606 (7.5%)	-	-	22,617 (47.03%)	-	-
2008 (58,298)	11,652 (19.99%)	4,425 (.38)	7,227 (.62)	14,884 (25.53%)	6,617 (.44)	8,267 (.56)	4,262 (7.31%)	1,845 (.43)	2,417 (.57)	27,500 (47.17%)	10,748 (.39)	16,752 (.61)
2011 (67,635)	13,655 (20.19%)	5,752 (.42)	7,903 (.58)	17,084 (25.26%)	7,060 (.41)	10,024 (.59)	4,929 (7.29%)	2,303 (.47)	2,626 (.53)	31,967 (47.26%)	13,827 (.43)	18,140 (.57)
2014 (75,415)	14,080 (18.67%)	6,158 (.44)	7,922 (.56)	22,834 (30.28%)	9,497 (.42)	13,337 (.58)	5,878 (7.79%)	2,728 (.46)	3,150 (.54)	32,623 (43.26%)	12,659 (.39)	19,964 (.61)
2016 (71,094)	14,559 (20.48%)	5,537 (.38)	9,022 (.62)	20,681 (29.09%)	8,370 (.4)	12,311 (.6)	5,973 (8.4%)	2,943 (.49)	3,030 (.51)	29,881 (42.03%)	12,611 (.42)	17,270 (.58)
2021 (58,577)	14,255 (24.34%)	5,922 (.42)	8,333 (.58)	14,986 (25.58%)	5,797 (.39)	9,189 (.61)	5,394 (9.21%)	2,439 (.45)	2,955 (.55)	2,3942 (40.87%)	9,996 (.42)	13,946 (.58)

註：「總人數」此一欄位的百分比，為該學校類型「婦女／性別」研究課程修課人數，占全國「婦女／性別」研究課程修課人數的比例（例如 2006 年 N = 48,091）。

資料來源：教育部大學校院課程資源網 https://ucourse-tvc.yuntech.edu.tw/web_nu/search_subject.aspx，取用日期：2022 年 1 月 27 日。

四、性別教育主流化作為性別實作：
　　路徑、成效與侷限

　　教育平等向來是女權運動的核心目標，而性別教育主流化則是達到性別教育平等的重要手段。以女性主義立場作為知識建構與教育理念的「婦女研究」與「性別研究」，更是「第二波婦運」極其重要的成就。因此性別教育不平等自然也是台灣婦女運動批判的重點，更是近年來政府推行性別主流化政策的重要項目之一，然而性別平等教育的落實，卻仍然有相當龐大的改善空間。

　　本章透過對教育部、性平會的統計資料與可搜尋的各校資訊的分析，探討國內目前的教育體系中，「性別研究」建制過程與性別主流化的樣貌，同時也檢視各類大專院校不同性質性別議題課程的開設數量，以及修課學生的性別比例，以此作為討論教育性別主流化，以及評估當代性別研究的知識體系，在大專院校教育場域生根與深化的根據，分析結果顯示以下三點結論：

（一）以性別議題在高等教育的建制作為性別實作的路徑

　　雖然「大學」作為知識傳遞與人才培育的殿堂，一向被賦予具有傳授思辨與批判能力的任務。然而，由於歷史發展的結果，傳統上「大學」也是父權與男性主流的知識生產與教育機構。因此，企圖將女性主義的知識生產與教學理念這類挑戰男性主流的課程，插入既有的「男性主流」高教框架中，並非容易的任務。藉由成立「研究室」（進而成為「研究中心」），這類具彈性又不改變組織架構的單位，或藉由開設「性別議題」課程（進而成立「性別學程」），達到「性別研究」與「性別教育」在高教建制化，成為女性主義學者在不同性質大學作為實作性別的路徑。

（二）「性別教育」主流化作為性別實作的成效

1.從「婦女研究」到「性別研究」

　　就性別議題在台灣高等教育機構的建制化來看，台灣的「性別研究」在概念和組織層次上，已有一定程度的提升，從早期的「婦女研究」進展到「性別研究」，顯示探討的議題已由女人／女性的處境，轉變為「性別」作為社會體制的層次，也從「研究室」的層級，逐步改制成「研究中心」。另外在教學方面，也由「婦女研究」相關的學分學程，發展為跨科系的「性別研究」學程，再到「性別研究所」的設立。目前台灣的大學校院當中，以成立時間來看，從最早的 1985 年到 2021 年之間，共成立 10 個「婦女／性別」研究相關的研究室、研究中心與學會，以及 12 個跨領域的「性別研究」學分學程。2000 年左右，則相繼成立三個以「性別研究」為主修的獨立研究所，並正式授予碩士學位，2011 年高雄師範大學「性別教育研究所」甚至更設立「性別教育博士學位學程」，以培育此一領域的高教師資與研究人才。

2.「性別研究」課程的主流化

　　「性別研究」課程的主流化，可透過「婦女／性別」相關課程在大專院校的開設數量與被接受的情形來呈現。從開課總數來看，無論是何種類型的大專校院，性別議題的開課數量，在 2006 年至 2021 年間，皆有明顯的成長，其中以「公立科技／專業大學（院）」的成長幅度最大，而「私立科技／專業大學（院）」的增幅最小。而性別課程的開課總數，則以「私立科技／專業大學（院）」占據最多數，而「公立科技／專業大學（院）」所開授的性別議題課程數量則相對稀少，這是因為在台灣高等教育機構的組成結構中，「私立科技／專業大學（院）」所占比例相對較高的緣故。若以各校開設性別課程數量的平均值而言，「公立大學」對於性別課程的開設仍具有較高的接受度，而以理工學科為主且授課教師與學生組成多半為男性的「公立科技／專業大學（院）」，其開設數量平均值則是最低。

3.「必修課程」與「選修課程」的比較

　　若將大學院校所開設的性別議題相關課程，按課程性質區分為「必修課程」與「選修課程」，可以發現極為有趣的結果。性別課程無論是在「公立大學」或「私立大學」之中，多半都屬於「選修課程」，而在「科技／專業大學（院）」中，卻有較高的比例被列為「必修課程」，尤其是「公立科技／專業大學（院）」。如果將此一數據與該類學校開設性別課程的低總和同時考量，就可得知性別研究「必修課程」的高比例，並不意味校園文化對於性別意識的高度支持，多半只是為滿足《性別平等教育法》對於開課數量的最低標準，無助於提升男性學生的性別教育意識。

（三）「性別教育」主流化作為性別實作的侷限

　　總括而言，台灣高等教育機構的性別教育雖已有相當長足的進展，但是在教學單位的組織建制化，以及學術領域的主流化方面，仍然有諸多不足之處。雖然為因應《性別平等教育法》的具體施行，大專院校對於性別議題的接納度以及開課總數，皆有大幅的提升。但若仔細分析，可以發現未來發展的侷限。不論就研究或教學的建制化，若比較前 10 年與後 5 年的資料，近期的發展似已出現停滯的現象。以「性別」為名的「研究室／中心」與跨科系的「婦女／性別」學程，在近 5 年來成長有限，若以總數來看，幾乎是零成長。更重要的是，從 2003 年之後近 20 年間，大學校院中未見任何新設以培養性別專業人才為目標的「碩博士班」。缺乏正式的教學單位會影響性別教育的經費、師資的支持，對性別研究長期持續的發展造成隱憂。其次，就「性別教育」課程的開授，資料亦顯示近 5 年來開課總數出現下滑。雖然確切的原因有待研究釐清，但隨著台灣人口轉型，學生人數減少，再加上大學教育市場化取向等因素的影響，這些發展趨勢對「性別研究」這類以批判、實踐，而非就業取向為目標的教學，未來面對的衝擊將是不可避免的。最後，從「必修課程」與「選修課程」在不同學校類型之間的比例差異，則可發現高等教育機構仍然存在顛撲不破的性別成見與刻板印象，認為性別問題單純只是屬於女性的議

題，這種現象顯示台灣高等教育機構的性別平等教育化，還有極大幅度的改革空間。

（「性別研究主流化」除了經由「性別教育」的路徑外，還可徑由「性別」知識的主流化作為機制，也就是藉由研究成果論文的出版與「性別」專業學術期刊的發行，達到讓「性別研究」成為公認與接受的學術領域。關於這部分的討論，請見作者論文，Chou(2018)。）

參考書目

Boxer, Marilyn J., 1982, "For and about Women: The Theory and Practice of Women's Studies in the United States." *Signs: Journal of Women in Culture and Society* 7(3): 661–695.

Chen, Peiying, 2004, *Acting "Otherwise": Institutionalization of Women's/Gender Studies in Taiwan's Universities*. New York: Routledge.

Chou, Bih-Er, 2018, "Gendering of Academic in Taiwan: From Women's Studies to Gender Studies, 1985–2015." pp. 115–147 in (*En*) *Gendering Taiwan: The Rise of Taiwanese Feminism*, edited by Ya-chen Chen. Switzerland: Springer International Publishing.

Friedan, *Betty*, 1974 [1963], The Feminine Mystique. New York: Dell.

Gordon, Linda, 1975, "A Socialist View of Women's Studies." *Signs: Journal of Women in Culture and Society* 1(2): 559–566.

Harding, Sandra G., 1991, *Whose Science? Whose Knowledge?: Thinking from Women's Lives*. Ithaca: Cornell University Press.

Hartsock, Nancy, 2004, "The Feminist Standpoint: Developing the Ground for a Specifically Feminist Historical Materialism." pp. 35–54 in *The Feminist Standpoint Theory Reader: Intellectual and Political Controversies*, edited by Sandra G. Harding. New York: Routledge.

Lauretis, Teresa de, 1986, "Feminist Studies/Critical Studies: Issues, Terms and Contexts." pp. 1–19 in *Feminist Studies/Critical Studies*, edited by Teresa de Lauretis. Bloomington: Indiana University Press.

Lougee, Carolyn C., 1981, "Women, History, and the Humanities: An Argument in Favor of the General Studies Curriculum." *Women's Studies Quarterly* 9(1): 4–7.

Schramm, S., 1977, "Women's Studies: Its Focus, Idea Power and Promise." *Social Science Journal* 14(2): 5–13.

Sheridan, Susan, 1990, "Feminist Knowledge, Women's Liberation, and Women's Studies." pp. 36–55 in *Feminist Knowledge: Critique and Construct*, edited by Sneja Marina Gunew. New York: Routledge.

Stimpson, Catharine R., 1973, "What Matter Mind: A Critical Theory about the Practice of Women's Studies." *Women's Studies* 1(3): 293–314.

Stimpson, Catharine R., 1978, "Women's Studies: An Overview." *The University of Michigan Papers in Women's Studies* 3(1): 14–26.

Watkins, B., 1983, "Feminism: A Last Chance for the Humanities?." pp. 79–87 in *Theories of Women's Studies*, edited by Gloria Bowles and Renate Duelli Klein. London: Routledge & Kegan Paul.

Wollstonecraft, Mary, 1996 [1792], *A Vindication of the Rights of Woman*, edited by Candace Ward. New York: Dover Publications.

王雅各，1999，《臺灣婦女解放運動史》。台北：巨流。

呂秀蓮，1977，《新女性主義（修訂版）》。台北：拓荒者。

周碧娥、姜蘭虹，1989，〈現階段臺灣婦女運動的經驗〉。頁 79–101，收錄於徐正光、宋文里合編，《臺灣新興社會運動》。台北：巨流。

教育部，2010，《跨領域學位及學分學程》。〈高教職技簡訊〉042: 2–5。

張珏、吳燕秋，2002，〈臺灣各大學婦女研究與兩性平等教育〉。《應用心理研究》13: 73–107。

黃淑玲、謝小芩，2011，〈運動與學術雙向結合：台灣性別研究發展之跨學門研究〉。《女學學誌：婦女與性別研究》29: 173–231。

黃馨慧、方念萱，2011，《教育、文化與媒體篇》。頁 63–71，收錄於財團法人婦女權益促進發展基金會主編，《性別平等政策綱領》。台北：行政院性別平等處。

楊翠，1993，《日據時期臺灣婦女解放運動：以「臺灣民報」為分析場域(1920–1932)》。台北：時報。

魏美娟、方文慧，2012，〈我國大專院校性別教育課程之發展：2001–2010 年〉。《性別平等教育季刊》58: 25–32。

顧燕翎，1996，〈從移植到生根：婦女研究在台灣 (1985–1995)〉。《近代中國婦女史研究》4: 241–268。

<table>
<tr><td>第十二章</td><td>政治平等作為性別實作：
兼論台灣女性的政治參與*</td></tr>
</table>

▌一、女性參政權的發展

男女兩性政治權利的平等，是民主國家的基本價值所在，而透過政策來落實平等，更是政府責無旁貸的目標。性別政治平權的倡議，讓女人與男人擁有同等參與公共事務與政治決策的權利，這不但關係正義、人權與良善治理等議題，也是當前聯合國婦女政策的宣言，更是我國政府性別平等政策的精神。但考察今日女性政治權的發展與現況，我們可以發現事實與理想之間，仍有相當的差距，不但在台灣如此，歐美民主先進國家亦是如此。

根據「國際民主與選舉協助組織」(International Institute for Democracy and Electoral Assistance, International IDEA)、瑞典的「斯德哥爾摩大學」(Stockholm University) 以及「國際國會聯盟」(Inter-Parliamentary Union, IPU) 長期共同合作調查，並於 2014 年 6 月由「國際民主與選舉協助組織」正式發表的研究報告書《選舉性別配額地圖》(*Atlas of Electoral Gender Quotas*) 顯示，在過去的 20 年期間，全球女性的參政比率已有相當程度的提升，例如女性國會議員占國會總席次的比例，就由 1998 年的 13%，躍升為 2013 年的 21%。雖然在當時，全球共計有 37 個國家，女性在眾議院所占的席次比率，皆已達到「聯合國經濟與社

＊本章內容係改寫自周碧娥，2017，〈性別政治平等：台灣女性參與公共事務與決策〉。頁5–46，收錄於行政院性別平等處編，《性別與權力、決策與影響力》。台北：行政院。部分資料更新承尤美琪博士與廖瑞華小姐協助，特此致謝。

會理事會」(United Nations Economic and Social Council) 所要求的性別平權門檻 30%，不過大多數國家仍然遠遠落後，甚至有 72 個國家仍低於 15%。就全球地域分區來看：歐洲地區（不含北歐）平均為 22.8%，美洲地區平均為 24.8%，亞洲地區平均則僅有 19.1%，至於其他開發中國家就更有待改進。唯一較為例外且令人滿意的是北歐國家（如丹麥、芬蘭、冰島、挪威與瑞典），女性參與公共事務和政治決策的人數相對偏多，擔任國會議員與內閣閣員的比例，甚至高達 42%，已極為趨近男女各半、性別平等的理想 (International IDEA 2014: 15)❶。

　　至於從 2015 年到 2020 年間，根據「國際國會聯盟」(IPU) 的統計，以全球整體而言，女性的公共事務與政治參與率仍持續增加，女性國會議員的席次比率，在 2020 年已具體攀升到 24.9%，相較於 1995 年的 11.3%，數據相差兩倍以上。此外，雖然北歐國家女性在國會的代表率，仍然遠遠領先於其他區域，始終維持超越 40% 的水準 (43.9%)。但是在此段期間當中，全球卻總計有四個國家，其女性在單一國會或眾議院所占的席次比率，已高達（或超越）總席次的 50%，其中包括：盧安達 (Rwanda)：61.3%、古巴 (Cuba)：53.2%、玻利維亞 (Bolivia)：53.1%、阿拉伯聯合大公國 (United Arab Emirates)：50% (Inter-Parliamentary Union 2020: 4)。因此，「國際國會聯盟」在其報告分析中指出，若此發展趨勢得以持續不斷，未來性別平權 (gender parity) 的理想，將不再是難以企及的夢想。我們可以清楚在圖 12–1 中，看到過去四分之一世紀 (1995–2020) 以來，全球女性在國會或中央議會層級代表率的變化趨勢，以及不同時期的成長幅度 (Inter-Parliamentary Union 2020: 3)❷。

---

❶　關於此份由「國際民主與選舉協助組織」、「斯德哥爾摩大學」以及「國際國會聯盟」共同研究提交的報告書《選舉性別配額地圖》(*Atlas of Electoral Gender Quotas*)，亦可參見「國際民主與選舉協助組織」之官方網站：https://www.idea.int/publications/cata-logue/atlas-electoral-gender-quotas，取用日期：2021 年 11 月 9 日。

❷　「國際國會聯盟」成立於 1889 年，距今已有超過 130 年的歷史，加入該組織的成員國遍及全球各洲，共計有 179 個。關於「國際國會聯盟」於 2020 年所發表的《議會中的女性：1995–2020》(*Women in Parliament: 1995–2020*)，其相關內容亦可參照該組織之官

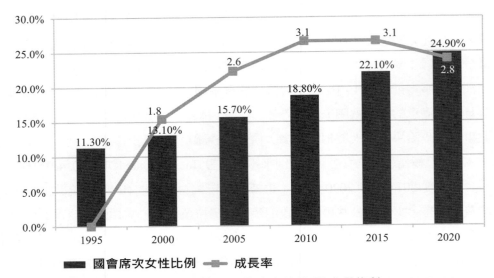

圖 12-1　全球國會或中央議會層級女性席次比率暨成長趨勢 (1995-2020)

資料來源：Inter-Parliamentary Union (2020: 3, Figure 1)

　　此外，隨著更多國家在制定選舉辦法時，積極納入性別平等相關的具體措施，例如拉丁美洲與加勒比海國家的女性參政率，即因受惠於「性別配額制度」(gender quotas system) 的採納，而有極為顯著的提升。與此同時，女性在地方層級議會的政治與決策參與率，也同樣因為採用「性別配額制度」的關係而隨之攀升。2020 年全球女性參與地方層級議會的代表率已高達 36%，相較於她們在國會或中央層級議會所占的席次比率 25%，整整高出一成之多 (11%)。不僅如此，這段期間對於女性參政權益的關注，除其在議會席次的所占比率之外，更擴展到女性決策權或影響力的層面。關於女性在其他領域的政治決策參與，過去 20 年間也有長足進步。綜觀全球，2020 年女性擔任政府內閣成員或中央政府部會首長的比率約為 22%，亦即每五個政府部會首長中，就有一位是女性。在司法部門中，女性出任法官的比率，也由 2008 年的 35%，增加到 2017

網 ： https://www.ipu.org/resources/publications/reports/2020-03/women-in-parliament-1995-2020-25-years-in-review，取用日期：2021 年 11 月 9 日。

年的 40%。然而美中不足的是，雖然女性閣員比例已大幅提升，但是她們所具體掌管的權責範圍，仍然高度集中在與家庭和社會議題相關的部會❸。

　　至於女性行政領導權的進步與躍升，目前為止，也已有振奮人心的發展。當今全球知名的女性國家領導人，除已遭彈劾下台的南韓首位女性總統朴槿惠 (박근혜, 1952–) 之外，還包括英國前任首相德蕾莎‧梅伊 (Theresa Mary May, 1956–)、德國甫卸任的總理梅克爾 (Angela Dorothea Merkel, 1954–)、丹麥現任首相梅特‧佛瑞德里克森 (Mette Frederiksen, 1977–)、紐西蘭現任總理潔辛達‧阿德恩 (Jacinda Kate Laurell Ardern, 1980–)、芬蘭現任總理桑娜‧馬林 (Sanna Mirella Marin, 1985–)，當然還有台灣首任女性總統蔡英文 (1956–) 等人。除此之外，希拉蕊‧柯林頓 (Hillary Diane Rodham Clinton, 1947–) 也於 2016 年正式成為美國史上首次出現的主要政黨（民主黨）女性總統候選人，雖然她礙於選舉人制度的關係而終致敗選，卻仍在白熱化的激烈選戰中得到過半的總票數。

　　即便如此，縱使江山代有才人出，年輕世代的女性國家領導者始終不乏其人，可惜此一樂觀的發展動力，卻不見得能持續燃燒下去。2020 年女性擔任國家領導人（或取得政府最高權力位置）的人數未見顯著增加，全球總共僅有 20 名，且多數皆來自於歐洲國家。由此可知，雖然晚近 20 年關於女性參政權的發展趨勢，為實現「性別平等和多元共治」的理想帶來希望，也同時讓女性得以看到漫長山洞後面的亮光。然而要完成理想的最後一哩路程，還有許多關卡仍待突破，正是「理想尚未成功，女性仍須努力」。

---

❸　「聯合國經濟與社會理事會」(United Nations Economic and Social Council, ECOSOC) 自 1990 年起，每隔五年皆會發表與世界女性相關的研究報告。此處與 2020 年女性參政比率有關的數據，參見該理事會於 2020 年 10 月所公布的報告書《2020 年世界女性：趨勢與統計》(*The World's Women 2020: Trends and Statistics*)，尤其是與「權力與決策」(Power and Decision Making) 相關的部分：https://worlds-women-2020-data-undesa.hub. arcgis.com/pages/power-and-decision，取用日期：2021 年 11 月 9 日。

二、台灣女性政治參與的現況

相較於全球發展的趨勢，過去三十年間台灣女性的參政權，也有相當程度的進展，在立法部門的代表比例，從早期只有一成的玻璃天花板，躍升到超過四成。雖說女性擔任行政部門閣員的比率與類型，仍未能如部分歐盟國家達到40% 以上，甚至還擔任國防、外交、司法、內政、交通等傳統僅由男性閣員擔任的要職，但也從所謂鳳毛麟角且僅具「裝飾性」的少數，到所謂「女性職位」的閣員位置。

更重要的是，為積極提升女性的政治代表性與性別政治平等，聯合國已在1979 年通過《消除對婦女一切形式歧視公約》(*Convention on the Elimination of All Forms of Discrimination against Women*, CEDAW)，並於 1981 年正式生效，要求會員國政府採取積極措施，具體落實改善女性政治參與的權益。台灣雖非會員國，但政府仍將此一公約的精神納入近年來全力推動的性別主流化政策。本節將從性別的觀點出發，以近年來的數據資料為基礎，包括歷年大選的投票性別比例，以及中央和地方層級立法與行政部門的女性代表與成員數量等，深入探究台灣的性別政治平等議題。

在投票率方面，以「第 12 任總統副總統選舉」(2008)、「第 13 任總統副總統選舉」(2012)、「103 年地方公職人員選舉」(2014)，以及「第 14 任總統副總統選舉」(2016) 來看，女性和男性的投票參與程度大致相仿，在投票選民中各占一半，女性選民的比率甚至還略微偏高。未來隨著人口性別組成的改變，女性選民比例可能還會持續增加，進一步加重女性對於未來選舉的影響力。

在參與政府公共事務方面，就中央層級的立法部門而言，2020 年第 10 屆立法委員女性立委總席次（含區域與不分區等）共 47 人，比例已超過國會的四成 (41.59%)，區域及原住民女性立委的比例亦達 35.44%，相較於 2012 年第 8 屆立法委員選舉，已有相當幅度的攀升。在地方層級的縣市議會中，根據 2018

年直轄市議員及縣市議員選舉的結果，女性議員的當選比率也達 33.66%。其中，屬都會地區的直轄市，女性議員的比例較高 (35.79%)，但在離島的連江縣與金門縣，女性議員所占比率偏低，連江縣僅有 11.11%，金門縣也只在兩成左右 (21.05%)。

在政府公職行政部門的參與方面，情形則較為複雜。2020 年蔡英文總統連任之後，新任內閣名單的 42 名政務官當中，竟然只有兩位女性閣員（勞動部部長許銘春、公平交易委員會主委黃美瑛），堪稱是史上最「男」內閣。當時「婦女新知基金會」曾經發表抗議聲明，並公布「台灣歷屆內閣性別比例」的調查結果，其中有以下幾個現象值得觀察。首先，在台灣歷任政府中，女性閣員的第一次出現是在 1989 年，也就是在解嚴之前，台灣政府從未任命女性擔任部會首長，而且在過去的 30 年以來，女性內閣成員的比例，也從未達到四分之一 (25%) 的門檻。其次，自 2000 年至 2012 年間的歷任內閣中，女性閣員的比例介於 10%（蕭萬長內閣）到 23.4%（陳冲內閣）之間；2013 年至 2016 年的江宜樺、毛治國與張善政三任內閣中，女性閣員比率亦均未滿 15%(11.4%–14.3%)。2016 年，台灣首次選出女性總統，但是在蔡英文總統第一任任期內所任命的男性閣揆（包括林全、賴清德與蘇貞昌），其內閣女性成員的比例卻未見提升，僅停留在十分之一左右的水準 (10%–12.2%)；2020 年蔡英文總統再度連任時，其內閣女性成員的比率，甚至銳降至 4.8%（婦女新知基金會 2020）。

但是在考試院與監察院此類屬於特殊任務取向，而非居行政決策領導位置的單位，自 2014 年起，女性委員的比率皆已達四成，而且在 2014 年至 2017 年間，女性監察委員所占比率，甚至高達 55.6%，已非常接近性別平等 (gender parity) 的理想。最後，就中央公務人員的性別組成分析，2019 年簡任級的高階女性公務人員約占 35.5%，薦任級公務人員的女性成員比率甚至將近六成 (58%)。

在地方層級的各縣市政府中，根據「行政院人事行政總處」2021 年第 1 季的資料顯示，女性主管所占的比率甚至已超過四成 (45.3%)。就全國 22 個縣市政府觀察，女性主管所占的比率差距頗大，以新竹縣政府和新竹市政府居於榜

首，其女性主管的比率均超過半數，分別為 54.38% 與 51.88%，比例最低的則為澎湖縣政府，女性主管不到三成 (29.40%)，約莫只有前者的一半。值得注意的是，金門縣、連江縣及澎湖縣等離島縣市，女性主管的比例均相較偏低，僅在三成左右，仍有待政府性別平等主管機關進一步督導並尋求改善。至於直轄市政府，由於都市化程度偏高，表現大致令人滿意。除了台南市 (38.93%) 外，女性主管的比例都在四成以上，新北市與台北市甚至均接近五成，全國已有 14 個縣市（含直轄市）的女性主管所占比率均超過四成。

總體而言，台灣女性在政治參與的表現，可謂強弱並存。其亮點雖然所在多有，例如女性選民的高投票率、女性立委在國會所占比率已超過四成，以及直轄市議員的席次比例亦有不錯表現，但亦有需要改善之處。雖說各縣市地方政府女性主管的平均比率，已趨近性別平等的理想，但此數據和縣市議會女性議員所占席次的表現仍略有反差，此一現象值得未來進一步討論。此外，在中央層級的政府公職行政部門，雖然在任務型導向的考試院與監察院，均有近半數的女性委員，但在涉及政治決策權力的行政院內閣組成中，女性閣員所占的比例卻始終相對偏低。這顯示女性對於參與政府公共事務，雖具有一定程度的影響力，但未必擁有政治的決策權力。

表 12-1　台灣歷屆公職人員選舉投票人性別比例：2008-2020 I.

2014 年地方公職人員選舉：投票人性別比例				
直轄市與縣（市）	投票人數			投票人數性別比例	
	男性 (A)	女性 (B)	合計 (C)	男性投票人數占總投票人數比率 (D = A / C)	女性投票人數占總投票人數比率 (E = B / C)
總計	6,190,920	6,321,511	12,512,431	49.48%	50.52%
2018 年地方公職人員選舉：投票人性別比例				
直轄市與縣（市）	投票人數			投票人數性別比例	
	男性 (A)	女性 (B)	合計 (C)	男性投票人數占總投票人數比率 (D = A / C)	女性投票人數占總投票人數比率 (E = B / C)
總計	6,281,881	6,509,568	12,791,449	49.11%	50.89%

II.

2008 年第 12 任總統副總統選舉：投票人性別比例				
直轄市與縣（市）	投票人數			投票人數性別比例	
	男性 (A)	女性 (B)	合計 (C)	男性投票人數占總投票人數比率 (D＝A／C)	女性投票人數占總投票人數比率 (E＝B／C)
總計	6,504,575	6,717,276	13,221,851	49.20%	50.80%

2012 年第 13 任總統副總統選舉：投票人性別比例				
直轄市與縣（市）	投票人數			投票人數性別比例	
	男性 (A)	女性 (B)	合計 (C)	男性投票人數占總投票人數比率 (D＝A／C)	女性投票人數占總投票人數比率 (E＝B／C)
總計	6,591,407	6,860,234	13,451,641	49.00%	51.00%

2016 年第 14 任總統副總統選舉：投票人性別比例				
直轄市與縣（市）	投票人數			投票人數性別比例	
	男性 (A)	女性 (B)	合計 (C)	男性投票人數占總投票人數比率 (D＝A／C)	女性投票人數占總投票人數比率 (E＝B／C)
總計	6,132,600	6,315,993	12,448,593	49.26%	50.74%

2020 年第 15 任總統副總統選舉：投票人性別比例				
直轄市與縣（市）	投票人數			投票人數性別比例	
	男性 (A)	女性 (B)	合計 (C)	男性投票人數占總投票人數比率 (D＝A／C)	女性投票人數占總投票人數比率 (E＝B／C)
總計	7,094,872	7,369,699	14,464,571	49.05%	50.95%

資料來源：中央選舉委員會「選舉專區」資料 (https://www.cec.gov.tw/)：
⑴97 年第 12 任總統副總統選舉。
⑵101 年第 13 任總統副總統選舉。
⑶103 年地方公職人員選舉。
⑷105 年第 14 任總統副總統選舉。
⑸107 年地方公職人員選舉及全國性公民投票案第 7 案至第 16 案投票統計分析。
⑹第 15 任總統副總統及第 10 屆立法委員選舉投票統計分析。

表 12-2　台灣中央與地方層級政府公職（立法部門）當選人性別統計表
I.

【中央層級】立法委員選舉：當選人性別統計表						
年份	當選數				當選比率	
第 8 屆 (2012)	類別	當選總數 (A)	男性當選 數 (B)	女性當選 數 (C)	男性當選比率 (D = B / A * 100%)	女性當選比率 (E = C / A * 100%)
	區域及原住民	79	59	20	74.68%	25.32%
	不分區與僑民	34	16	18	47.06%	52.94%
	總計	113	75	38	66.37%	33.63%
第 9 屆 (2016)	類別	當選總數 (A)	男性當選 數 (B)	女性當選 數 (C)	男性當選比率 (D = B / A * 100%)	女性當選比率 (E = C / A * 100%)
	區域及原住民	79	54	25	68.35%	31.65%
	不分區與僑民	34	16	18	47.06%	52.94%
	總計	113	70	43	61.95%	38.05%
第10屆 (2020)	類別	當選總數 (A)	男性當選 數 (B)	女性當選 數 (C)	男性當選比率 (D = B / A * 100%)	女性當選比率 (E = C / A * 100%)
	區域及原住民	79	51	28	64.56%	35.44%
	不分區與僑民	34	15	19	44.12%	55.88%
	總計	113	66	47	58.41%	41.59%

II.

【地方層級】直轄市議員、縣（市）議員選舉：當選人性別統計表					
年份		當選數			當選比率	
2014	縣市	當選總數 (A)	男性當選數 (B)	女性當選數 (C)	男性當選比率 (D＝B／A＊100%)	女性當選比率 (E＝C／A＊100%)
	直轄市	375	242	133	64.53%	35.47%
	地方縣市	532	387	145	72.74%	27.26%
	總計	907	629	278	69.35%	30.65%
2018	縣市	當選總數 (A)	男性當選數 (B)	女性當選數 (C)	男性當選比率 (D＝B／A＊100%)	女性當選比率 (E＝C／A＊100%)
	直轄市	380	244	136	64.21%	35.79%
	地方縣市	532	361	171	67.86%	32.14%
	總計	912	605	307	66.34%	33.66%

資料來源：「中央選舉委員會」網站「各項選舉性別統計」資料，包括：
(1) 101 年第 8 屆立法委員選舉區域及原住民立法委員選舉：參選人及當選人政黨性別統計表。
(2) 101 年第 8 屆立法委員選舉全國不分區及僑居國外國民立法委員選舉：參選人及當選人政黨性別統計表。
(3) 105 年第 9 屆立法委員選舉區域及原住民立法委員選舉：參選人及當選人政黨性別統計表。
(4) 105 年第 9 屆立法委員選舉全國不分區及僑居國外國民立法委員選舉：參選人及當選人政黨性別統計表。
(5) 第 10 屆區域及原住民立法委員選舉：政黨之參選人及當選人性別統計表。
(6) 第 10 屆全國不分區及僑居國外國民立法委員選舉：政黨之參選人及當選人性別統計表。
(7) 103 年地方公職人員選舉：政黨之參選人及當選人性別統計表。
(8) 107 年地方公職人員選舉：政黨之參選人及當選人性別統計表。

表 12–3　台灣歷任內閣女性閣員比例

年度／時間	行政院院長	內閣總人數	女性人數	女性比例 (%)
1950.03.10–1954.05.26	陳誠	19	0	0
1954.05.26–1958.07.04	俞鴻鈞	20	0	0
1958.07.04–1963.12.10	陳誠	18	0	0
1963.12.10–1972.05.26	嚴家淦	20	0	0
1972.05.26–1978.05.09	蔣經國	19	0	0
1978.05.26–1984.05.25	孫運璿	23	0	0
1984.05.25–1989.05.30	俞國華	20	0	0
1989.05.30–1990.06.01	李煥	20（局部改組）	1	5.0
1990.06.01–1993.02.27	郝柏村	23（不含行、處、局、署）	2	8.7
1993.02.27–1997.08.31	連戰	37	5	13.5
1997.09.01–2000.05.20	蕭萬長	40	4	10.0
2000.05.20–2000.10.06	唐飛	42	9	21.4
2000.10.06–2002.02.01	張俊雄	41（局部改組）	9	22.0
2002.02.01–2004.05.20	游錫堃	44	8	18.2
2004.05.20–2005.02.01	游錫堃	41	7	17.1
2005.02.01–2006.01.24	謝長廷	45	7	15.6
2006.01.25–2007.05.21	蘇貞昌	44	7	15.9
2007.05.21–2008.05.20	張俊雄	46	7	15.2
2008.05.20–2009.09.10	劉兆玄	48	10	20.8
2009.09.10–2012.02.05	吳敦義	49	10	20.4
2012.02.06–2012.05.19	陳冲	49	11	22.4
2012.05.20–2012.12.31	陳冲	47	11	23.4
2012.12.31–2013.02.18	陳冲	42（至 2012 組織改造進度）	6	14.3
2013.02.18–2014.12.07	江宜樺	45	6	13.3
2014.12.08–2016.01.31	毛治國	44	5	11.4
2016.02.01–2016.05.19	張善政	42	6	14.3
2016.05.20–2017.09.08	林全	40	4	10.0
2017.09.08–2019.01.14	賴清德	41	5	12.2
2019.01.14–2020.05.20	蘇貞昌	42	5	11.9
2020.05.20–	蘇貞昌	42（內閣總辭後之局部改組）	2	4.8

資料來源：「婦女新知基金會」於 2020 年 5 月 19 日公布之「台灣歷屆內閣性別比例」。

表 12–4　台灣中央與地方層級政府公職（行政部門）女性成員比例

【中央層級】中央政府女性成員比例									
職務	2004	2007	2008	2009	2014	2016	2017	2018	2019
政務人員	9.5%	13.8%	14.9%	16.2%	19.6%	21.8%	21.1%	23.4%	22.4%
考試委員 *	15.8%	15.8%	30.4%	26.3%	42.1%	42.1%	40.0%	40.0%	40.0%
監察委員	8.3%	24.1%	24.1%	24.1%	55.6%	55.6%	55.6%	48.3%	48.3%
簡任公務人員（10 職等以上）	18.6%	21.5%	22.8%	24.1%	30.2%	32.5%	33.6%	34.6%	35.5%
薦任公務人員（6–9 職等）	46.6%	49.5%	50.4%	51.3%	56.6%	57.6%	58.0%	57.9%	58.0%

＊考試委員人數係以當屆初次特任人數，加上任期中再行特任人數，且未排除辭職、轉任等。

【地方層級】各縣市地方政府女性主管 * 比例					
地方政府	2015（第 3 季）	2021（第 1 季）	地方政府	2015（第 3 季）	2021（第 1 季）
新北市	49.46%	49.81%	雲林縣	39.53%	40.53%
臺北市	47.37%	49.24%	嘉義縣	35.40%	37.37%
桃園市	43.67%	44.40%	屏東縣	36.87%	39.55%
臺中市	45.31%	47.47%	臺東縣	39.17%	39.97%
臺南市	34.74%	38.93%	花蓮縣	40.55%	40.59%
高雄市	46.20%	48.47%	澎湖縣	30.16%	29.40%
宜蘭縣	38.65%	40.81%	基隆市	42.39%	43.95%
新竹縣	52.85%	54.38%	新竹市	50.15%	51.88%
苗栗縣	45.32%	49.55%	嘉義市	42.72%	43.81%
彰化縣	40.28%	42.00%	金門縣	24.43%	30.53%
南投縣	37.38%	37.73%	連江縣	28.65%	30.09%
合計	2015（第 3 季）	43.57%	2021（第 1 季）		45.30%

＊係為地方政府機關（構）、學校及公營事業機構編制正式職（教）員（含幼兒園）之主管。

資料來源：
(1)行政院主計總處編，2016，《2016 年性別圖像：權力、決策與影響力篇》。
(2)行政院主計總處編，2018，《2018 年性別圖像：權力、決策與影響力篇》。
(3)行政院性別平等處編，2019，《2019 年性別圖像：權力、決策與影響力篇》。
(4)行政院性別平等處編，2020，《2020 年性別圖像：權力、決策與影響力篇》。
(5)行政院性別平等處編，2021，《2021 年性別圖像：權力、決策與影響力篇》。
(6)行政院人事行政總處 「性別統計專區」：110 年第一季 3–16 地方政府主管人數及性別統計表。
　https://www.dgpa.gov.tw/mp/info?mid=153&uid=156&pid=5194。

三、女性參政權的發展與理論內涵

(一) 女性投票權

　　政治權利的平等，是女性追求參與公共事務平等地位的基礎，也是性別平等和性別主流化的核心價值，更是當代性別平等運動的終極目標，以及聯合國婦女發展計畫長期戮力以赴的重要政策。女性爭取平等政治權與追求政治平等的理想，有其漫長而充滿挫折的歷史。女權的思潮起始於瑪麗·沃斯通克拉夫特 (Mary Wollstonecraft, 1759–1797) 於 18 世紀後期出版的《為女權辯護：關於政治及道德問題的批判》(*A Vindication of the Rights of Woman: With Strictures on Political and Moral Subjects*, 1792)，倡議社會應給予女性（與男性）同等的教育權利，以便女性成為具有「美德」的母親，教養子女成為民主政治下的優良公民 (Wollstonecraft 1996 [1792])。自 19 世紀中期開始，由英、美兩國婦女所發動的「投票權運動」(women's suffrage movement)，則正式展開女性爭取相同公民身分與政治權利的訴求。它不但是婦女要求平等參與政府公共事務運動的濫觴，也是女性投票權倡議的起始。

　　「投票權運動」經歷長達 70 年 (1848–1918) 的光陰，經歷過無數的努力和許多的挫敗，終於在 20 世紀初期，也就是第一次世界大戰之後，英、美兩國的婦女，才得以行使與男人相同的投票權 (the right to vote)，但這已經是在所有男人皆已獲得投票權之後了。英國婦女在 1918 年取得與男性平等的投票權，而美國婦女則要等到 1920 年美國國會正式通過《第十九號憲法修正案》(*The 19th Amendment*) 後，才能正式取得投票權。投票權的取得，對於女權或性別平等具有劃時代的意義，不但奠定女性和男性同等公民權的基礎，也象徵女性可以透過投票權，平等享有參與公共事務與政府決策的權利。這為後來的性別平等政策，以及女性追求公民權和平等公民身分的發展，樹立無可比擬的標竿。

　　投票權的取得，固然為女性參政權提供相對穩固的基礎，更是女性參與政治公共事務的必要條件，但投票權固然重要，卻非充分條件。權利的行使需要兼具物質條件和能力 (capacity)，例如投票權的行使，需要選民具有時間、行動的自由，以及相當的知識程度。女性必須同時具備這些條件以後，才能夠將享有的平等參與機會真正具體落實，實質的行使投票權。然而在父權性別意識形態的規範，與傳統社會公私分離的性別分工模式下，女性被分派作為母職和照顧者的身分，使大部分婦女的生活經驗和活動，都被侷限在私領域之中，長期被桎梏於照顧者的身分，而沒有自我的時間與行動的自由，也缺乏參與公共事務的自信心。這些因素的加總，導致婦女在跨越私領域和參與公領域事務面臨不少的障礙，因此，女性即使在獲得投票權之後，能夠真正行使該權益的人數並不多。而女性投票率低落的現象，更進一步強化當時主（男）流社會普遍認為女性缺乏對政治興趣的偏見，更加坐實社會長久以來對於女性不適合參與政治的刻板印象。

　　第二次大戰後，伴隨戰後女性在教育機會、勞動參與和經濟能力的提升，以及「第二波婦運」的倡議、積極組織與大力推動，1970 年代開始，西方女性的投票率逐步升高，並已獲得相當顯著的進展。目前大部分的民主國家（包括台灣在內），女性的投票率幾乎皆和男性不分軒輊，甚至台灣女性的投票率還略微偏高。此外，在投票行為模式亦出現所謂的「性別差距」：女性選民對於議題、政黨以及候選人的偏好，呈現與男性截然不同的類型，在在顯示出女性選民的自主性與獨立判斷能力，徹底擺脫早期政治學者和社會主流對女性缺乏政治判斷、獨立性和理性的偏見。

（二）女性政治代表權

　　相對於女性投票率的顯著提升，女性針對參與政治決策的代表性，在取得平等投票權後的半世紀中，始終處於令人失望的水準。在大部分的民主國家中，女性的政治代表，比例大致停留在 2% 至 10% 的水準，即使在所謂民主先進國家的英、美兩國，女性在國會選舉的席次，亦有很長一段時間，始終都難以突

破 5% 的障礙。雖然台灣由於《中華民國憲法》第 134 條明定設置婦女保障名額，使得婦女的政治代表比例，在民意代表的選舉中，一直得以保持在 10% 至 15% 的水平，然而這與原本立法條文規定的四分之一 (25%) 女性保障名額，其立意仍然有相當程度的落差。

再者，隨著議會層級或決策權力位置的提高，女性代表的比率亦同時呈現遞減的現象。也就是說，立法的層級愈高，女性代表的比率愈低，女性政治代表與權力位階呈現負相關的現象。因此，在過去國會選舉制度尚未修改以前，台灣女性在區域立法委員選舉的代表率，通常在 8% 至 12%，但是在國民大會、省市議會和縣市議會中，女性的代表率卻大致可以維持在 10% 至 15% 之間 (Chou, Clark and Clark 1990: 90–92)。類似的情況也出現在西方的民主國家，例如在 1980 年代中期，德、法、英三國的地方議會選舉，女性的代表率分別在 12% 至 14%，美國 1985 年的地方選舉，女性則有 15% 的代表比率 (Phillips 1991)。

此一情形直到 1980 年代，北歐國家透過政黨自願性採取「女性 40% 代表」的配額制度，才有明顯的改變。在台灣，女性在各級議會的代表比率，也與政治民主化和選舉制度的轉變，有著相當程度的關係。在 1989 年後，隨著政治解嚴、政黨開放和民進黨的成立，在另一政黨的競爭下，女性在地方選舉的代表席次也有明顯增加（周碧娥 1999：349；彭渰雯 2000：78）。此外在 1990 年代中期，伴隨：⑴政黨內部自願性規定：例如民進黨 1996 年通過四分之一女性候選人的規定；⑵選舉制度的改變：例如 2004 年修憲通過不分區代表的女性名額，不得低於二分之一的規定，都對於提升女性在決策過程的代表性，具有顯著性的影響。而在內閣和行政首長比例的提升方面，則以 2000 年台灣選出第一位女性副總統呂秀蓮，以及當時新任唐飛內閣有超過五分之一的女性閣員或首長為分水嶺，為台灣女性參政開啟全新的篇章（黃長玲 2001：76；婦女新知基金會 2020）。

（三）女性參政理論

關於女性參政的理論，主要是聚焦在解釋女性代表何以不足的現象

(women's underrepresentation)：包括女性代表人數稀少，且代表率也偏低的情境。這類理論試圖從女性的內在或個人層次，以及外在或結構層次，來解釋為何女性雖然擁有投票參政權，但在選舉代議政治中的代表性，卻是微不足道。關於女性的低度參政，傳統的論點多半認為源自女性天生就對政治沒有興趣且不懂政治，再者政治也被認為是污濁可怕的，因此女性沒有意願（也被禁止）涉入政治活動，不但較少投票，也不（可）熱衷政治事務，以免不慎被污染。在 1970 年代之後，隨著婦運發展開啟女性覺醒的同時，也鼓勵女性積極參與各種社會和政治運動，從此女性投票率逐漸逼近男性，這種過時的說法已經失去說服力。 1980 年代開始， 女性主義政治學者提出 「替代理論」 (alternative theories) 的觀點，推翻傳統女性內在或天生性別差異的說法，試圖從社會和政治結構因素出發，解釋女性嚴重代表不足的現象，因此這些理論也被稱為「性別落差理論」(gender gap theories)。

1. 社會化理論

　　「社會化理論」 (socialization theory) 認為女性之所以在政治參與的層面，出現極為明顯的落差，即女性低度政治代表的表現，是源自男女社會化的差異，造就不同的性別角色認同。女性的角色認同，被社會要求扮演被動、溫柔、依賴的人格特質和行為模式，而這些都與政治講求競爭、積極和有主見的特質正好相反。因此女性之所以不願參與政治，並非她們天生如此，而是長期社會化的結果，導致她們不被鼓勵參與公共事務，對政治的涉入感較低，她們的性別角色特質，也不適合且不利於從事政治工作（楊婉瑩 2007）。

　　影響女性參政的社會化過程，可大致區分為兩部分：一是孩童時期的社會化所形塑的性別認同，另一則是指成年時期的「再」社會化，也就是在成年後，隨著女性進入婚姻、家庭或職場，經由社會性別角色分工的經驗，再度強化孩童時期的社會化性別角色 ， 進而加深不利於女性參與政治競逐的成見與效果 (Elshtain 1981; Kelly and Boutilier 1978; Sapiro 1983)。社會化除形塑女性氣質不適合於政治要求外，建立在「男（公）／女（私）」為基礎的性別角色分工與社

會規範，更將成年女性侷限在以母職為天職，以家庭為責任的框架，使得婚姻、家庭和母職，成為阻礙女性參與政治的深沉心理壓力和實際阻礙，造成女性參政特有的模式。許多國內外的研究指出，女性參政與男性相較之下，具有以下這些共同的特質：年齡較大（在完成母親的責任後），且需要得到家人的同意與支持 (Clark, Clark and Chou 1992)。

當然，女性也有可能在成年時期的「再」社會化過程中，經由意識覺醒，如參與婦運或閱讀女性主義的相關知識，而達到「去」社會化的效果，進而促使她們對政治產生興趣，積極參與政治活動，最後成為政治女性。許多婦運領袖和從政女性多有類似經驗，因此，成年時期先「去」社會化而後「再」社會化的過程，被認為是影響女性參政更為重要的因素 (Sapiro 1983)。總之，社會化是複雜與動態的過程，其對女性所產生的政治效應並非一成不變，而是互動與情境式的，端視女性的社會處境而定（楊婉瑩 2007）。

2. 社會資源論

有別於「社會化理論」多半著重女性的人格特質，「社會資源論」(social resources theory) 則聚焦在女性多半處於政治資源不利的位置（楊婉瑩 2007）。所謂的政治資源，包括女性的社經地位、政黨支持與選民態度。由於傳統社會化和父權文化性別意識形態的影響，女性不但受教機會與教育水準偏低，接受教育訓練的目的，主要也是在培養賢妻良母，其專長領域更往往以語言、教師、文書與照護等所謂傳統女性職業需求為主。然而這些領域和職業，卻都不是培養從政人才的訓練場合，例如在美國，律師身分與司法工作的實務經驗，才是養成男性政治人物的主要來源。

除了個人的政治資源外，來自政黨的支持，更是現代民主政治選舉最重要的資源。然而政黨和利益團體的領袖，向來都是由男性主導，在傳統「男（公）／女（私）」的性別分工意識形態影響下，以男性為主導的政黨，通常認為男性既適合政治又較有競爭力，當選機會較大。雖然台灣的政黨為因應婦女保障名額的設置，必然會提名女性，但婦女保障名額通常只有一名，因此政黨

不願提名超過一名女性候選人，以確保其他男性候選人擁有最大的當選機會。由於政黨多為男性優勢，婦女保障名額從原先被設定為保障婦女的地板，搖身一變成為限制女性的玻璃天花板，就是很好的說明 (Chou, Clark and Clark 1990; Chou and Clark 1994)。換句話說，「社會資源論」認為女性代表之所以嚴重不足，乃是出於「男性陰謀論」，是男性主導的政黨針對女性參選，在提名和資源配置予以歧視及不公平對待的結果，並非女性缺乏能力或競爭力而造成的。

　　除政黨內男性的歧視外，選民的歧視或不信任感，也是女性參選時在政治資源上必須面對的不利情況。受制父權社會對女性角色和能力的偏見，過去不論男女選民，皆普遍認為女性較不適合擔任政治工作，對女性政治人物抱持負面印象。此種選民偏見不但使女性參選人得票不易，爭取選民認同與選票的困難度也較高，更會進而導致女性在爭取政黨提名時，必須面對與克服更大的阻力（洪秀菊 1985）。

　　總之，「社會資源論」認為造成女性低度政治代表的因素，主要來自教育訓練和職業經驗，並未為她們進入政治作充分準備，也未提供有利進入參與政治的資源，同時她們還要得到配偶的認可，以及家庭的支持或諒解。此外，她們還要面對政黨提名過程的抵制，和選民對女性政治人物的負面刻板印象。反之，進入政治的女性，通常需要經過「去」社會化與「再」社會化的過程，克服進入的門檻，進入非傳統女性的教育和職業領域，不但起步落後，也需要較長時間累積儲備進入政治領域的資源，即使順利晉身政治領域，仍然可能受到優勢性別的排除，或主流媒體的不友善對待。

3.政治結構論

　　政治結構和選舉制度的設計，是限制女性政治代表的另一重要結構性因素。在民主國家的選舉，政治席位現任者擁有最大政治資源分配權，以及高知名度的現任者優勢，被公認是影響選舉結果最重要的因素。長期以來，女性都被排除在政治代表之外，男性獨占現任者優勢的效果可想而知，就是不斷獨厚男性政治人物，導致女性持續處於劣勢位置，再次鞏固男性絕對優勢與女性政治代

表嚴重不足的不對等關係，若要打破這個惡性循環，則需要長期努力及積極措施的介入。

選舉制度的設計，則是另一個影響女性政治代表的因素。選舉制度在選區規劃、代表名額的配置，以及投票與計票方式，皆會對女性或少數族群參與選舉的表現產生影響。當選舉是採取「單一選區多席次」的方式——即「複數選區單記非讓渡投票制」(SNTV-MMD) 時，通常政黨與選民會比較願意提名與支持女性候選人，女性參選者也比較有機會當選。反之，當選舉是採取「單一選區相對多數決制」(Plurality-SMD)，即勝者全取的方式時，通常是對女性最不友善的。不但女性不易被提名，選民也較不願意將唯一的代表權託付給女性，這樣的情形在西方民主選舉與我國選舉發展過程中皆屢屢出現（黃長玲 2001）。例如，相對於民意代表「單一選區多席次」的選舉方式，女性民意代表約有 10% 至 15% 的代表率，縣市長選舉則是「同一選區單一席次」，因此，直到 1982 年，才出現第一位省轄市女性市長——有「媽祖婆」之稱的嘉義市長許世賢，並於 1983 年出現第一位女性縣長——嫁入政治世家的高雄縣長余陳月瑛（彭渰雯 2000）。

此外，相對於區域代表制，「比例代表制」(proportional representation) 的選舉制度，對女性參與政治亦較為有利（黃長玲 2001；Phillips 1991）。不同於區域代表，比例代表的席次是根據政黨得票數多寡來計算。在政黨競爭的壓力下，各政黨為強化對於選民的說服力，通常在政黨不分區名單內，皆需納入女性（或少數族群）候選人，增加其選民的涵蓋面與多元代表的合法性。在這種選舉制度下，女性不是單獨競選，無需獨自面對選民對於女性候選人的疑慮或不信任感。而政黨在宣稱多元代表的前提下，往往也比較願意將女性納入政黨的不分區名單，以擴大選民認同的光譜。當然，在「比例代表制」中，政黨名單的排名次序是取得代表席次的關鍵，因此女性是否能在「比例代表制」的模式下出列，端視其政黨是否願意在排名次序上給予女性支持而定。既有調查資料中也顯示，女性在實施「比例代表制」的國家（尤其是北歐國家），其政治代表率皆呈現顯著的提升，普遍高於「非比例代表制」的國家（黃長玲 2001：78；International IDEA 2014）。

四、女性代表權理論與「性別配額制度」

　　女性長期被排除在政治決策過程之外的現象，是歐美「第二波婦運」女權運動者和女性主義者批判的重點。她們主張：民主政治的基礎，是建立在「民意控制」（popular control）和「公平代表」（fair representation）兩個原則之上（Phillips 1998）。當政治決策的代表權，長期為社會單一性別的成員（男性）所壟斷，而構成社會半數的另一性別（女性），卻只在決策過程中，占有微不足道的代表性，這就是違反民主的平等與公義原則。更有甚者，此一現象不僅長期以來未曾改善，不同性別政治權力的落差更是持續存在，這既不符合民主政治的合法性和公義性，也不是好的治理模式，女性人權亦因此缺乏保障。因此，女性主義者一方面從理論層次挑戰平等的概念，另一方面則同時透過婦運團體的組織與動員，強烈要求政府和政黨採取積極的措施，以求有效改善性別政治權力的不平等，強化民主治理的公平性與合法性。在理論的層面，女性主義政治學者提出「女性代表權」理論，在政策措施的層面，則具體提出「性別配額制度」的積極措施。

（一）女性代表權理論

　　「女性代表權」（women's representation）包含以下兩個問題：「女性為何需要參與政治？」與「政治決策需要納入女性嗎？」。關於這兩個問題，女性主義者由兩方面加以論證：其一是關於民主政治的哲學基礎，其二則是關於民主政治的現實效果。

1.代議政治的兩個基本假設

　　民主政治的代議制度，建立在「民意控制」和「公平代表」兩個基本假設之上。「民意控制」所指涉的是公民普遍參與，也就是在現代的民主國家中，隨

著投票權（包括女性投票權）的普及，進而達到全民參與的目標。「公平代表」則是指涉社會各個不同的組成群體，在政治決策的面向上要擁有同等的代表席次。「同等代表」(equal representation) 是相對複雜的概念，包含以下兩個層次：⑴「描述性代表」(descriptive representation)；⑵「實質性代表」(substantive representation) (Pitkin 1967)。

「描述性代表」是指當全民皆擁有平等的參與基礎時，政治代表的組成應該就要鏡映 (mirror) 社會既有選民群體的組成。因此，當政治決策過程有任何組成群體被排除在外時，會造成政治決策過程及其產出 (output) 的扭曲，進而導致對民主政治是否符合正義原則產生疑慮。在理論的層次上，根據「描述性代表」的原則，當代議立法機構代表的組成比例，與整個社會選民群體的組合比例相較之下，兩者比例若能相符時，則立法議會即能符合鏡映 (mirror) 的假設，有如小型的社會，使各選民群體的利益皆可以被代表，都有同等傳達各自主張和利益的能力，並且同時被納入決策過程當中，這樣才能為民主政治的代議制度，提供重要的合法基礎，也能確保社會中的每個群體，皆能感受到被同等代表。

「同等代表」的第二個層次則是「實質性代表」，企圖從政治現實主義的觀點出發，為性別平權提供另一主張。既然現代民主國家是高度異質的社會，並沒有所謂透明或明顯的 「公共利益」 (public interest) 可言，只有多元衝突的利益，必須被積極肯認與仔細平衡。在這種情況下，政治菁英的組成就具有顯著的社會意涵，政治代表的組成，即象徵選民群體利益的納入與排除，也就是「公共利益」是否能明確落實「公共」的精神。因此，當政治代表的組成長期排除某些群體時，必然會強化這些群體劣勢的處境，同時也會導致其主張被排除在社會公共利益的範圍之外。

2. 積極措施的意義

如果有部分選民群體，因為長期被排除在政治代表組成和社會公共利益之外，使其聲音和需求，無法被公平含納在政治決策之中，政府勢必要推動某些

積極措施來加以改善，例如從女性觀點提出的「性別配額」制度。關於性別公平積極措施，政治主流經常提出以下疑問：「為何女人是積極措施的施行對象？」「女人在政治上究竟有何特別重要的關聯性？」「當社會組成的分類範疇有許多可能的標準，為何在考慮『公平代表』時卻獨衷性別的面向？」

關於性別是重要的社會分類範疇，且女性具有特定政治關聯性的論點，當代女性主義理論已有相當豐厚的論述。「自由主義女性主義」(liberal feminism) 提出公私領域的分界，「社會主義女性主義」(socialist feminism) 強調性別勞動分工，「基進女性主義」(radical feminism) 則立基在性慾 (sexuality) 的權力關係之上。

這些不同派別的女性主義理論，從不同的基礎出發，在在指出性別建構是影響社會階序關係的重要根源。女性因為被侷限在私領域的範疇，僅能以家庭作為主要的活動範圍，再加上被賦予擔任生育和養育等「再生產」的工作，而「再生產」的勞動，卻又被排除在社會生產與市場交換價值之外，使女人不得不因此變成經濟的依賴者，更必須同時接受父權文化對於女人「性」的壓迫，讓「性」只成為生殖的附加產物，而非自主選擇的結果。

此外，在一連串的優劣排比中，女人通常被歸類為低階與附屬。相對於公領域的男人，女人則是私領域的，但公往往優於私；男人是生產，女人則是再生產，生產有其價值所在，再生產則毫無價值可言；相對於男性的「自我」，女人是「他我」，自我是主體，他我則是客體；男人是第一性，女人則是第二性。女人不但在社會位階關係處於弱勢，也是次等的。身處邊緣的社會位置和被壓迫的生活經驗，使得女性對於政治和權力結構，產生極為獨特的立場和觀點，此即所謂的「女性主義立場論」(feminist standpoint theory)，而這與置身優勢位階男性的政治關注、利益和觀點是截然不同的 (Young 2000)。

在台灣的相關研究中，也經常指出類似的現象。女性議員相較於男性議員，針對婦女保障名額制度、政治意識形態與女性的政治表現，往往存在迥然不同的看法。有別於男性的同僚，女性議員通常自認：較具有自由傾向，相對肯定女性的政治能力，認為女性在政治上比較誠實，較不受利益團體影響，較為注重

與投入人際關係的經營。此外，她們對於男性議員宣稱女人不夠政治的看法，也通常抱持反對的意見（唐文慧、王怡君 1999；Chou, Clark and Clark 1990: 150）。

3.「性別配額」與女性利益

女性作為一個群體，是否有其共同且獨特的利益，因而需要特定的代表？首先，女性作為社會組成的群體之一，的確並非全然同質，不同的女人之間自然也會有所差異。但是與社會優勢的主流男性相比，女人作為一個群體，儘管她們之間的地位彼此有別，但其所身處的劣勢卻是共同的。既然權力是高度性別化的，那麼女性是否具有共同且一致的利益或觀點，就並非重點所在，也不是構成推翻利益性別化論點的基礎。以墮胎為例，雖然不是所有的女人全都選擇生育，但是關於懷孕與墮胎的選擇權，男人和女人的利益確實有其根本的差異。因此，女性有其獨特的利益，其觀點之所以成立，不是建立在女人擁有一致的利益，而是建立在男性與女性利益的差異。

由於女性長期被排除在政治決策代表之外，導致女人和社會對於何謂「女性利益」，既缺乏公開表述的機會，也沒有清楚的認知。傳統以男性為主的政治代表，對於為女性利益發聲與代言，通常意願不高，也沒有能力與合法性。在這種情況下，唯有透過利益關係人的女性擔任代表，進入政治決策的管道，女性的利益才能被清楚表述與有效納入公共利益的光譜 (Sapiro 1981)。總之，假如女性的利益被承認是獨特且不同於男性的，那女人的利益，就必然只有女人能夠代表。因此，「同等代表」就必須納入女性，而且其比重要符合該社會的組成比例，這也就是「性別配額」的意義所在，透過對弱勢性別提供特定配額（例如 40% 比例）的保障，來確保其利益能獲得實質的代表。

（二）性別配額制度

1.推升女性代議權躍進的關鍵

近 30 年來，女性參政權的進步，特別是在國會或中央層級議會代表率的顯

著提升，主要是因為下列兩個關鍵要素：(1)當代女權運動的長期倡議與推動；(2)「性別配額制度」的採納。所謂「性別配額制度」，指涉的是政府經由立法保障在各級選舉中，不同性別的候選人在提名或當選的名額，應有一定的比例或數量。近年來在全球女性組織的致力推動之下，許多國家在選舉政策與立法層面，皆採納積極的措施來保障性別平等，特別是「性別配額制度」的大幅採納。此一措施的建制，確實有效提升女性在許多地區和國家中，擔任國會議員的席次比例。除台灣特有以憲法規範「各種選舉，應規定婦女當選名額」，來保障女性參與各級公職選舉的權利外，近年來為改進婦女在政治決策代表性不足的窘境，世界各國亦逐漸採取各種積極措施，透過立法規定或由政黨自願性制定內規，來增加女性被提名參選的機會，或保障選舉結果的性別代表性，以達到提升性別政治平等的目標。

　　根據「國際國會聯盟」(IPU) 的研究調查指出，在 1995 年之前，全球只有阿根廷 (Argentina) 與尼泊爾 (Nepal) 兩個國家，已具體採用 「性別配額制度」的措施 (Inter-Parliamentary Union 2020: 4)。但在過去的 25 年間，「性別配額制度」已在全球不同區域迅速蔓延，進而有效提升女性在國會層級的代表性。隨著女性政治代表權在過去四分之一世紀以來顯著的提升，女性對政治平等的期待與需求也跟著擴展。1990 年代原先設定以 30% 為性別平權的門檻，已經不再適用，也不是當前女性參政權所追求的目標。代之而來的是，女性追求以「性別配額制度」作為墊腳石，以企求達到完全平等 (full parity) 的境界。

　　當今全球已有 24 個國家，其女性在國會的代表比例，已達到或高於 40%的水準。玻利維亞、古巴和阿拉伯聯合大公國三個國家，單一國會或眾議院女性所占席次已超過半數，盧安達國會的女性議員人數，甚至已高達六成以上。女性參政之所以能享有今日的成果，採用性別平等措施的先驅國家，其典範轉移所衍生的示範作用，絕對功不可沒。據此，「國際國會聯盟」也在其研究報告中，具體肯定「性別配額制度」是推升女性政治代表率的關鍵因素，女性要求性別平權的目標 ， 已經不再只是遙不可及的夢想 (Inter-Parliamentary Union 2020: 4, 15)。

「性別配額制度」針對提升女性代表權的措施，其內涵可大致區分為三種不同形式：保障當選名額、立法規定政黨提名，以及政黨自願性提名配額，其中以政黨自願性提名配額，首先在北歐國家的政黨得到友善的回應。1970 年代初，瑞典和挪威等國的政黨，開始在黨內選舉中，採取「40% 女性代表配額」的原則，並且在 1980 年代，具體落實在選舉提名的機制，由政黨自願將此「40% 任一性別代表率」的原則，擴展到政黨在國會層次的選舉。

例如挪威勞工黨 (Norwegian Labour Party) 在 1985 年的地方與中央選舉，施行保障 40% 女性候選人的條款。這個措施的引進，大大提升北歐女性在各級議會的現身 (presence) 和代表性 (representation)。在 1985 年後，挪威女性一舉拿下 34.4% 的國會席次，內閣閣員有 44%(8/18) 是女性，即便是在地方議會，女性代表也占 31.1% 的席次。挪威女性成功現身在政治決策權力的表現，為世界各國女性爭取政治權力的平等，樹立全新的里程碑 (Phillip 1991, 1998)。至於台灣選舉制度中，關於婦女保障名額的相關措施與法律規定，將於第五節討論。

目前國際組織對於倡議「性別配額制度」的創新作法，以「性別配額資料庫」(Gender Quotas Database) 最為顯著❹。該資料庫的建構，係由「國際民主與選舉協助組織」、瑞典的「斯德哥爾摩大學」與「國際國會聯盟」共同合作。透過系統性收集各國關於「性別配額制度」的辦法，並建立女性在各國國會代表比例的資料庫，企圖藉此推動「性別配額制度」，進而達到性別政治平等的終極目標。此外，「歐盟性別平等委員會」(EU Commission on Gender Equality) 與「歐洲性別平等研究所」(European Institute for Gender Equality, EIGE)，也分別將「政策／決策參與」和「性別平等／平衡」，納入其 2016 年至 2019 年的工作計畫 「歐盟促進性別平等策略約定 2016–2019」 (EU Strategic Engagement for Gender Equality 2016–2019) 之中。

---

❹ 「性別配額資料庫」https://www.idea.int/data-tools/data/gender-quotas/，原名為「配額計畫：女性配額全球資料庫」(Quota Project: Global Database of Quotas for Women)，取用日期：2021 年 11 月 9 日。

　　根據「國際民主與選舉協助組織」正式發表的《選舉性別配額地圖》指出：2013 年全球共有 118 個國家，其選舉法規設有某種形式的「性別配額制度」，立法規範或鼓勵國內政黨在提名過程自訂性別配額辦法。其中有 60 個國家或地區 (territories)，採用「候選人配額」(legislated candidate quotas) 的相關政策；36 個國家或地區，立法在其國會或次層級的選舉，採用「保障名額」(reserved seats) 的方式❺；37 個國家或地區採用「政黨自願配額」(voluntary party quotas) 的制度 (International IDEA 2014: 16)。

　　「性別配額制度」在過去十年間持續發揮效用，該制度不但獲得更多國家及地區的採用，不同形式的「性別配額制度」，也各自發揮其提升女性政治代表率的積極效用。根據「國際民主與選舉協助組織」、「斯德哥爾摩大學」和「國際國會聯盟」共同建置的「性別配額資料庫」2021 年最新資料顯示：採用「候選人配額」有 59 個國家／地區，實施「保障名額」為 26 個國家／地區，而以立法規範或鼓勵政黨提名採用「政黨自願配額」者，則有 55 個國家／地區。這些國家中，部分是只採用一種模式的配額制度，但不少國家則是同時採用兩或三種不同形式的配額制度❻。

2. 性別配額的正面效益

　　關於「性別配額制度」對於提升女性參政權的效益為何，最早的資料來自於北歐國家的數據。如前所述，早在 20 世紀後期，當大部分國家的女性在國會的代表率還停留在 20% 以下時，北歐國家即已透過政黨自願性採取「40% 女性

❺　關於 "reserved seats"，另一個常見的譯法為「保障席次」，其配額立法的精神與目的，在於確保女性在各級選舉當選的名額。鑑於我國在選舉制度中，以憲法明文規定「婦女保障名額」，為求名詞一致，本章統一使用「保障名額」來指涉 "reserved seats" 的配額措施。

❻　關於「性別配額制度」在全球不同區域的分布，以及各國／地區採用此一制度的詳細資料，請參見「性別配額資料庫」：https://www.idea.int/data-tools/data/gender-quotas/country-overvie，取用日期：2021 年 11 月 9 日。

代表配額」的制度，明顯提升女性在國會和地方議會的代表席次。此一成果為「性別配額制度」的有效性，提供相當具有說服性的有力根據，特別是在「比例代表制」的選舉制度中，此種積極措施的效果更為顯著。

　　21 世紀以來，隨著全球更多國家採納「性別配額制度」的措施，根據「國際國會聯盟」(IPU) 的統計分析指出：若兩相比較之下，在沒有立法設置「性別配額制度」的國家，女性在國會（或相當層級議會）的代表率，呈現較低的水準，且有相當程度的落差。以 2019 年為例，總體來看，女性在該年的各國國會選舉中，順利取得超過四分之一的代表率 (25.8%)。但若我們仔細比較，就可以發現在 40 個設有任一形式「性別配額制度」的議院中，女性平均取得的席次比率為 30.3%；反之，在其餘未設置任何形式「性別配額制度」的 28 個議會中，女性僅能取得 17.9% 的席次，其代表率尚且不到五分之一 (Inter-Parliamentary Union 2020: 4)。

　　由表 12–5 的資料中，亦可以明顯看出「性別配額制度」對於推升女性的國會席次代表率，已然發揮積極的作用。在全球國會女性代表率排名前 20 名的國家中，有 16 國的選舉辦法設有「性別配額制度」，以「配額」設置方式與立法基礎來分，包括：⑴政黨自願配額 (Voluntary party quota)：7 個國家；⑵立法配額：保障名額／候選人配額 (Legislated quota: reserved seats plus legislated candidate quota)：5 個國家；⑶立法與政黨配額 (Legislate and party quotas)：4 個國家。另外 4 個未採用任何「性別配額」制度的國家，包括古巴、芬蘭、格瑞那達、安道爾侯國，後二者則分別為加勒比海及歐洲的小國。

表 12-5　全球國會女性席次排名前 20 國家 ： 女性代表率與性別配額制度 (2020)

排名	國家	單一國會或眾議院女性席次比率	性別配額制度
1	盧安達 (Rwanda)	61.3%	立法配額（保障名額／候選人配額）
2	古巴 (Cuba)	53.2%	無
3	玻利維亞 (Bolivia)	53.1%	立法與政黨配額
4	阿拉伯聯合大公國 (United Arab Emirates)	50.0%	立法配額（保障名額／候選人配額）
5	墨西哥 (Mexico)	48.2%	立法與政黨配額
6	尼加拉瓜 (Nicaragua)	47.3%	立法與政黨配額
7	瑞典 (Sweden)	47.0%	政黨自願配額
8	格瑞那達 (Grenada)	46.7%	無
9	安道爾侯國 (Andorra)	46.4%	無
9	南非 (South Africa)	46.4%	政黨自願配額
11	芬蘭 (Finland)	46.0%	無
12	哥斯大黎加 (Costa Rica)	45.6%	立法配額（保障名額／候選人配額）
13	西班牙 (Spain)	44.0%	立法與政黨配額
14	塞內加爾 (Senegal)	43.0%	立法配額（保障名額／候選人配額）
15	納米比亞 (Namibia)	42.7%	政黨自願配額
16	瑞士 (Switzerland)	41.5%	政黨自願配額
17	挪威 (Norway)	41.4%	政黨自願配額
18	莫三比克 (Moçambique)	41.2%	政黨自願配額
19	阿根廷 (Argentina)	40.9%	立法配額（保障名額／候選人配額）
20	紐西蘭 (New Zealand)	40.8%	政黨自願配額

資料來源：此表格內容譯自「國際國會聯盟」所發表之研究報告 (Inter-Parliamentary Union 2020: 4)。

3. 平等與性別正義

　　「性別配額」的效益，除了在實證資料上得到支持，也在理論層次上，為「性別政治平等」賦予全新的意義與內涵。從此女性在爭取政治平等時，必須同時涵蓋兩個層面：(1)投票權的平等：形式上的參與機會；(2)代表性的平等：實質的投票結果。換句話說，性別政治平等要兼顧權利與權力兩個面向，其所獲取的平等，才是真正完整和公平的。不僅如此，女性主義者基於性別的觀點，具體挑戰傳統政治平等的概念，更為當代民主理論的多元論述，作出許多重要的貢獻。

　　由女性的立場出發，來討論民主政治中「同等代表」的意義，隱含女性主義關於平等概念的重要觀點，那就是對於平等的闡釋，需要被置放在社會脈絡中來加以界定。不論平等所指涉的意義，究竟是同等參與投票的機會，抑或參與決策代表性的公平，唯有當弱勢群體（如女性或少數族群）在社會結構位置的差異，以及其權力劣勢地位，皆被充分考量，其不同於優勢群體的觀點、利益和意見，也都能被納入政治決策或代表，此種平等才是公平和正義的。反之，若是只從抽象的概念來看待平等，將之抽離於「性別不平等」的現實社會脈絡之外，單單只強調待遇平等和相同參與的機會，民主國家的選舉結果，將會屢屢出現代議政治長久以來都由社會優勢群體（特別是男人、白人／漢人和上層階級）所壟斷的窘境。在現代民主國家講求多元聲音與異質價值的時代，政治決策的代表組成，必然也要適度反映社會不同群體利益的現身 (presence)，才能合乎公平與正義的原則。

五、台灣關於提升女性政治代表權的積極措施

（一）法律規範：婦女保障名額

　　我國對於女性參政權益的保障，是以憲法的規定為基礎，除明訂女性具有

平等的投票權與被選舉權外，主要是以當選者應有女性保障名額來規範選舉的結果。台灣選舉制度中有關婦女保障機制的起源，可以追溯到 1946 年「制憲國民大會」召開之前，藉由當時「中國國民黨中央黨部婦女運動委員會」與「制憲國民大會」女性代表的積極布署與倡議，成為當時社會輿論關注的焦點。雖說在「制憲國民大會」中，由女性代表所提出的四分之一 (25%) 婦女保障名額的提案，並未被採納入憲，但最終仍於《中華民國憲法》第 134 條中明文規定：「各種選舉，應規定婦女當選名額，其辦法以法律定之」，這就是通稱的「婦女保障名額制度」(the reserved-seats system for women)。

　　換言之，台灣選舉制度所設置的婦女保障名額，是經由憲法所保障的，也就是說，女性政治平等的基礎位階甚高。目前世界各國的婦女保障名額，若非是以法律或立法的形式出現，就是以法規命令或行政規則來加以規範，同時藉由憲法與相關法規，來規定婦女保障制度，可說是我國選舉制度的特點所在。

　　關於婦女保障名額的規定，伴隨台灣民主的進程，在歷經數次修憲與政府改造之後，有過幾次重大的變遷。其中以立委選舉增設「比例代表制」，以及廢除國民大會所產生的衝擊最大，其影響各有利弊。「比例代表制」的設置，藉由增設不分區代表，並同時在《中華民國憲法增修條文》第 4 條中，明令規定各政黨不分區代表的當選名單中「婦女不得低於二分之一」，此一性別比例原則的條文，可說是最有利於提升女性立委席次的措施。而國民大會的廢除，則使得女性因為廢除國大代表，而喪失婦女團體在國會代表的機會。

　　目前，關於中央民意代表的婦女保障名額，主要規定於《中華民國憲法》第 134 條以及《中華民國憲法增修條文》第 4 條。地方民意代表的婦女保障名額，則主要規定於《地方制度法》第 33 條。至於保障名額的機制與執行辦法，則由《公職人員選舉罷免法》第 68 條來加以規範，表 12–6 詳列相關條文與規定。

表 12-6　台灣中央與地方選舉，婦女保障名額法律相關規定

I.

（一）中央層級
《中華民國憲法》第 134 條
各種選舉，應規定婦女當選名額，其辦法以法律定之。
《中華民國憲法增修條文》第 4 條：僅列立法委員選舉產生方式相關條文
立法院立法委員自第七屆起一百一十三人，任期四年，連選得連任，於每屆任滿前三個月內，依左列規定選出之，不受《憲法》第六十四條及第六十五條之限制： 一、自由地區直轄市、縣市七十三人。每縣市至少一人。 二、自由地區平地原住民及山地原住民各三人。 三、全國不分區及僑居國外國民共三十四人。 前項第一款依各直轄市、縣市人口比例分配，並按應選名額劃分同額選舉區選出之。第三款依政黨名單投票選舉之，由獲得百分之五以上政黨選舉票之政黨依得票比率選出之，各政黨當選名單中，婦女不得低於二分之一。
《公職人員選舉罷免法》第 68 條
地方公職人員選舉，其婦女當選人少於應行當選名額時，應將婦女候選人所得選舉票單獨計算，以得票比較多數者為當選；其計算方式，依下列規定。但無婦女候選人者，不在此限： 一、直轄市議員、縣（市）議員、鄉（鎮、市）民代表、原住民區民代表選舉，在各該直轄市、縣（市）、鄉（鎮、市、區）劃分選舉區時，各該選舉區開票結果，婦女當選人不足各該選舉區規定名額時，應將該選舉區未當選婦女候選人所得票數，單獨計算，以得票較多之婦女候選人，依序當選。 二、平地原住民、山地原住民直轄市議員、平地原住民、山地原住民縣（市）議員、平地原住民鄉（鎮、市）民代表選舉，婦女當選人不足規定名額時，應將各直轄市、縣（市）、鄉（鎮、市）選舉區未當選婦女候選人所得票數單獨計算，相互比較，以得票數較多之婦女候選人於其選舉區之當選名額中依序當選。

II.

(二) 地方層級
《地方制度法》第 33 條：議員及代表之產生、任期、人數及就職規定
各選舉區選出之直轄市議員、縣（市）議員、鄉（鎮、市）民代表名額達四人者，應有婦女當選名額一人；超過四人者，每增加四人增一人。 直轄市、縣（市）選出之山地原住民、平地原住民名額在四人以上者，應有婦女當選名額；超過四人者，每增加四人增一人。鄉（鎮、市）選出之平地原住民名額在四人以上者，應有婦女當選名額；超過四人者，每增加四人增一人。

資料來源：全國法規資料庫 https://law.moj.gov.tw/

（二）政黨自願性積極措施：候選人提名性別比例原則

　　候選人提名的性別配額或性別比例，除政府透過法律來規範以外，另一個有效提升女性政治代表性的作法，則是透過政黨的內規與提名的辦法，設置「女性配額」或「女性比例原則」的規定，以增加女性參選的機會。在當代民主國家的選舉中，政黨的支持是影響選舉結果的關鍵要素，因此女性若能確保在政黨內被提名的公平機會，無疑是落實她們參與機會的公平基礎，對提高女性的代表率亦有直接的影響。過去的研究指出，以往女性參政低落的原因之一，是因為她們缺乏被提名的機會（即低提名率），而非出於她們的當選率（Chou, Clark and Clark 1990；黃長玲 2001：80）。目前國內主要的兩大政黨：「中國國民黨」與「民主進步黨」，都在其各自的提名辦法中，設有女性配額或性別比例原則的規定（參見表 12–7）。

表 12-7 台灣主要政黨候選人提名之性別比例原則相關辦法
I.

中國國民黨	
《中國國民黨黨員參加全國不分區及僑居國外國民立法委員選舉提名辦法》	
民國 104 年(2015年) 10 月 28 日第 19 屆中央委員會第 97 次常務委員會議修正	【第 6 條】 中央委員會成立提名審查小組，由有關單位主管及相關同志組成之，秘書長為召集人，就推薦或登記名單之人選進行資格審查後，依類別分業對象及本辦法第四條之規定研擬建議提名名額、名單提報中央提名審核委員會。 前項建議提名名額每二人，應有婦女保障名額一人。
	【第 8 條】 中央提名審核委員會審核通過之建議提名名額、名單及排名順序，提請中央委員會全體會議對被提名人個別行使同意權後，報請主席核定。被提名人如經中央委員會全體會議出席人二分之一以上不同意者，取消其提名。但與友黨協商提名之名單及其排名順序，經報請主席核定後確定，不再對被提名人個別行使同意權。 前項經行使同意權後之被提名人，在辦理候選人登記前，如有第三條之情事者，應經簽報主席核定後，撤銷其提名資格。 第一、二項所遺缺額，由被提名人名單按順位依次遞補之；其屬於婦女保障名額者，由女性被提名人依次遞補之。 中央提名審核委員會得提候補名單及候補排名順序，提請中央委員會全體會議核備。 經行使同意權後之提名名額，應有僑居國外國民至少一人，每二人應有婦女保障名額一人。

資料來源：中國國民黨：http://www.kmt.org.tw/2015/10/blog-post_345.html

II.

民主進步黨	
《公職候選人提名條例》	
2016 年 4 月 9 日第 16 屆第 1 次臨時全國黨員代表大會修正	【第 8 條】 中央黨部、縣市黨部在接受登記前應決定各選區之提名名額。各類公職之各選區提名名額中，除第二類公職全國不分區及僑居國外國民外，每四名至少應有一名女性。
	【第 13 條】 第二類公職候選人其中政黨比例代表（包括全國不分區代表及僑居代表），其產生方式如下： 一、由提名委員會提名產生，名額、名單及排序由提名委員會提出，由中央執行委員會出席總數三分之二就全案為通過或不通過之決議。提名委員會由黨主席提名七至九人，經中央執行委員會同意後組成，提名委員會成員不限本黨籍人士。提名委員會由黨主席主持，被提名人應對本黨黨綱有深切認同，並對本黨及社會具有明顯貢獻者為限，不受第六條第一項入黨期間之限制。 二、提名總額中每兩名應有一名女性。 三、提名總額中得含一名（或以上）之僑選代表。 四、提名總額中得含一名（或以上）之原住民代表。 五、曾連續擔任兩任政黨比例代表者，其次任不予提名。 經提名之本黨政黨比例代表候選人，應接受中央黨部指派，全力為本黨候選人助選，闡揚黨章、黨綱與行動綱領，並為黨所作成之決策進行辯護，並繳交一定款項。 政黨比例代表立法委員職務行使辦法，由中央執行委員會另定之。
《公職候選人提名條例施行細則》	
2016 年 4 月 27 日第 16 屆第 20 次中執會修正	【第 39 條】 各候選人依提名產生方式之得票比率加計之總數，即為各該候選人提名初選之總得票比率。 公職人員提名初選，除另有規定外，以各候選人之總得票比率依高低順序排名決定提名人選；總得票比率相同而超出提名名額者，辦理提名黨部應於投票日後三日內，以公開抽籤決定之。但經協調產生提名人選者，得不舉行抽籤。 公職人員提名初選，依本條例第八條第二項規定，有女性提名名額，其當選提名人少於應提名名額時，應將女性候選人之總得票比率單獨計算，以總得票比率較高者為提名人選。

資料來源：民主進步黨：https://www.dpp.org.tw/upload/download/D%E9%A1%9E%E5%85%A8%E9
%83%A8%E6%B3%95%E8%A6%8F.pdf

在「中國國民黨」方面，主要是在《中國國民黨黨員參加全國不分區及僑居國外國民立法委員選舉提名辦法》第 6 條第 2 項中規定：「前項建議提名名額每二人，應有婦女保障名額一人」；第 8 條第 3 項亦規定：「第一、二項所遺缺額，由被提名人名單按順位依次遞補之；其屬於婦女保障名額者，由女性被提名人依次遞補之」。提名辦法中雖然有明確的婦女保障名額相關規定，但是該黨的提名程序卻設有特殊的門檻：「但與友黨協商提名之名單及其排名順序，經報請主席核定後確定，不再對被提名人個別行使同意權」（第 8 條第 1 項）。即便提名辦法中有此但書，然而最後仍然規範：「經行使同意權後之提名名額，應有僑居國外國民至少一人，每二人應有婦女保障名額一人」（第 8 條第 5 項）。唯考察「中國國民黨」第 9 屆立委選舉不分區提名名單的排序，卻發現與提名辦法有些許落差，例如排名第五、六位者，皆同為男性候選人。

「民主進步黨」則在「性別比例原則」的提名辦法中，有較為完備的規範。在政黨比例代表（包括全國不分區代表及僑居代表）此類公職候選人部分，《公職候選人提名條例》第 13 條第 1 項第 2 款規定：「提名總額中每兩名應有一名女性」。也就是說，伴隨《公職人員選舉罷免法》的修訂，設有不分區代表二分之一「女性當選配額」的規定後，在不分區立法委員選舉提名時，每兩名候選人中，需有一名為女性。此種方式，類似於「性別配額制度」一般通稱的「拉鍊系統」(zipper system)，也是提升女性代議政治代表性最有效的積極措施。另外，關於區域立委選舉的提名，《公職候選人提名條例》第 8 條第 2 項規定：「各類公職之各選區提名名額中，除第二類公職全國不分區及僑居國外國民外，每四名至少應有一名女性」。《公職候選人提名條例施行細則》第 39 條第 3 項同時並規定：「有女性提名名額，其當選提名人少於應提名名額時，應將女性候選人之總得票比率單獨計算，以總得票比率較高者為提名人選」。然而，這個規定雖然立意積極，但在區域立委選舉採用「單一選區兩票制」後，每一選區只選出一位代表，此種「婦女保障（提名）名額」的實質效用相對不大。

六、政治作為性別實作的未來展望

（一）採取積極措施是近年來全球的趨勢

採取積極措施，以便有效提升女性參與政治的機會與代表性，是近年來全球性的發展趨勢。此波潮流與聯合國在 1979 年通過《消除對婦女一切形式歧視公約》，1995 年聯合國「第四屆世界婦女大會」決議，將提升女性國會議員的代表性，列為優先討論的議題，且要求各會員國的女性國會議員比率應達 30%，有著極為密切的關係。目前全世界已有超過 180 個國家遵循此一決議，積極促進與保障女性的政治參與。不過，在選舉制度上針對女性候選人，設置特定的配額、比例或席次，以促進女性參與選舉的機會或政治代表性，仍具有相當程度的爭議性。至今仍有不少民主國家 （特別是美國），仍未在制度層面作出回應，不論是政府抑或政黨，至今也尚未採取任何性別配額相關的積極措施。

當前保障女性參與政治的積極措施與辦法各異，其所產生的保障效果亦各自不同。各國提升女性政治代表性的措施，可大致區分為兩種途徑：(1)「保障名額」(reserved seats) 或「女性配額」(women quotas) 立法：前者常見於非洲、亞洲和中東地區的國家，後者則以開發中國家（尤其是拉丁美洲國家）居於多數；(2)政黨配額 (political party quotas)：由政府立法規定，或政黨自願性訂定「性別配額」規則，在選舉提名時，保障一定比例（如 40%）任一性別的候選人，例如歐陸國家的政黨，最常採取此一辦法。

至於實質的保障效果，針對選舉提名有自訂「性別配額」規定的政黨，其國會女性議員的比率亦相對偏高。整體而言，政黨自訂「性別配額」提名似乎表現較佳，尤其是在北歐國家。然而，這樣的數據觀察不宜過度解讀，畢竟任何制度的成效，通常是由許多複雜的機制加總而成。影響北歐國家女性政治代表相對平等的因素，有賴該國社會結構和文化條件的支持，並進而創造一個性別友善的環境，方得有利於女性參政權的具體實現。

（二）「婦女保障名額」作為提升女性參政權的手段

　　關於提升女性參政權，台灣以多重積極措施，同時保障並提升女性政治參與機會的平等。首先，在憲法層次保障各種選舉必須規定女性當選名額，並透過《公職人員選舉罷免法》和《地方制度法》的條文規定，使「婦女保障名額」的立意，得以在選舉和提名的過程中具體落實。此外，《公職人員選舉罷免法》第 67 條亦明文規範各政黨不分區及僑民立委候選人當選名單中，女性名額不得低於二分之一，並設有「婦女候選人少於應分配之婦女當選名額時，視同缺額」的懲罰條款。透過這種正反機制的並用，鼓勵或誘導政黨自願訂定「性別比例原則」的提名條款，有效提升女性在國會席次的比率。

　　至於婦女保障名額相關制度的成效如何，總體而言，婦女保障名額對於提升台灣女性參政的代表性，確實發揮相當程度的作用。尤其是在台灣民主選舉發展的初期，確保台灣女性在地方議會至少獲取 10% 的席次，這是極為難能可貴的民主成就 (Chou, Clark and Clark 1990)。

　　伴隨社會的發展與民主的成熟，婦女保障名額制度在晚近選舉所產生的效果，也開始出現微妙的變化，因應選舉的層級與地區有別，而出現各自不同的保障效果（周碧娥 1999；彭渰雯 2000；黃長玲 2001）。根據過去選舉資料的分析，區域立法委員的選舉，在「單一選區兩票制」具體實施後，雖仍適用每四席保障一席女性的規定，但近年來的區域立委選舉，則只有一位女性參選人，是因保障名額的緣故而當選，顯見此一制度在中央層級的保障效果並不明顯。在直轄市議員選舉方面，女性參選人靠保障名額當選的人數也很少，可見此一制度在直轄市民意代表選舉的保障效果亦不顯著。

　　不過，婦女保障名額制度在縣市議員和鄉鎮市民代表的選舉中，對於提升女性的代表席次而言，仍然相當重要，且具有相當明顯的保障效果。即便如此，女性候選人因為婦女保障名額的規定而當選的人數，也有逐年下降的趨勢（莊文忠、鄭夙芬、林瓊珠 2012）。婦女保障名額的效用，似乎與選舉地區的層級和都市化程度密切相關，在非都市化的地區，因為農業經濟與傳統性別文化的效應，女性參政仍然必須面臨較大的阻力。

（三）「性別配額制度」作為未來女性平等政治權的積極措施

由上述分析可知，婦女保障名額對於保障女性參政的代表性，確實發揮該有的作用，更為日後台灣女性的平等參政權，奠定無比重要的里程碑。然而隨著民主深化和性別平等意識的提升，此一性別平等積極措施亦應與時俱進。在名稱上，若將憲法規定的「婦女保障名額」、以法律明訂行使婦女保障名額的辦法，以及政黨不分區代表「性別比例原則」的提名規定，三者予以統合，並稱之為「性別配額制度」(gender quota system)，在概念上不但可以更貼切的表達「性別配額」(gender quota) 的良善立意，也符合當前性別平等與多元共治的理念與論述，在政策上更可以與多數民主國家的制度接軌，進而符合全球潮流的趨勢所向。

在具體作法上，除政黨提名應維持 40%「性別比例原則」的規定之外，若將現行的《地方制度法》中關於「婦女保障名額」的規定，由規範性的四分之一 (25%)，也就是「每滿四人，需有一人」，修訂為「不得低於」（或「至少」）25% 的女性配額。當然，若能將婦女在各層級議會代表的配額，進一步提高至三分之一 (33%)，將更有助於提升婦女在各級政治決策與領導的參與，並進而達到性別平等的實質目標。而這樣的目標設定，也恰巧符合 2005 年「聯合國婦女署」(UN Women) 所提出的「女性參與政治決策過程」(Women in Political Decision-Making Process)，特別是關於政治參與和領導之性別平等的呼籲。

若此，再配合由「行政院婦女權益促進委員會」積極推動「行政院各部會所屬委員會單一性別委員比例達三分之一」的政策，使行政與立法部門同步採取三分之一「單一性別配額」的施行，將可彰顯政府性別平等立場的一致性，落實女性平等參與政府公共事務政策的承諾，我國性別主流化的政策制定將會更臻完善。

參考書目

Childs, Sarah and Lena Krook Mona, 2008, "Critical Mass Theory and Women's Political Representation." *Political Studies* 56(3): 725–736.

Chou, Bih-Er, 1992, "The Changing Role of the Family in the Making of Political Women in Taiwan: Generational Differences in Women's Political Socialization."《國家科學委員會研究彙刊：人文及社會科學》(*Proceedings of the National Science Council, Republic of China, Part C: Humanities and Social Sciences*) 2(2): 165–178.

Chou, Bih-Er, Cal Clark and Janet Clark, 1990, *Women in Taiwan Politics: Overcoming Barriers to Women's Participation in a Modernizing Society*. Colorado: Lynne Rienner Publishers.

Chou, Bih-Er, Cal Clark and Janet Clark, 1993, "Differences in the Political Attitudes of Women and Men Legislators in Taiwan." *American Asian Review* 11(3): 57–90.

Chou, Bih-Er and Janet Clark, 1994, "Electoral Systems and Women's Representation in Taiwan: The Impact of Reserved Scats System." pp. 167–170 in *Electoral Systems, Minorities and Women in Comparative Perspective*, edited by Wilma L. Rule and Joseph F. Zimmerman. Connecticut: Greenwood Press.

Clark, Cal, Janet Clark and Bih-Er Chou, 1992, "The Role of the Family in the Rise of Assembly Women in the R. O. C." pp. 123–127 in *Families: East and West*, edited by P. Lan Lin, W. Y. Chao, Terril Johnson, Joan Persil and Alfred Tsang. （Indian-apolis）: University of Indianapolis press.

Elshtain, Jean Bethke, 1981, *Public Man, Private Woman: Women in Social and Political Thought*. Princeton: Princeton University Press.

International IDEA, 2014, *Atlas of Electoral Gender Quotas*. Stockholm: International IDEA.

Inter-Parliamentary Union (IPU), 2020, *Women in Parliament: 1995–2020*. Geneva: Inter-Parliamentary Union.

Jónasdóttir, Anna G., 1988, "Sex/Gender, Power and Politics: Towards a Theory of the Foundations of Male Authority in the Formally Equal Society." *Acta Sociologica* 31(2): 157–174.

Kelly, Rita Mae and Mary Boutilier, 1978, *The Making of Political Women: A Study of Socialization and Role Conflict*. Chicago: Nelson-Hall.

Paxton, Pamela Marie and Melanie M. Hughes, 2014, *Women, Politics, and Power: A Global Perspective* (2nd edition). California: SAGE Publications.

Paxton, Pamela Marie, Melanie M. Hughes and Jennifer L. Green, 2006, "The International Women's Movement and Women's Political Representation, 1893–2003." *American Sociological Review* 71(6): 898–920.

Paxton, Pamela Marie and Sheri Kunovich, 2003, "Women's Political Representation: The Importance of Ideology." *Social Forces* 82(1): 87–113.

Phillips, Anne, 1991, *Engendering Democracy*. Pennsylvania: The Pennsylvania State University Press.

Phillips, Anne, 1998, *The Politics of Presence*. Oxford: Oxford University Press.

Pitkin, Hanna Fenichel, 1967, *The Concept of Representation*. Berkeley: University of California Press.

Sapiro, Virginia, 1981, "Research Frontier Essay: When Are Interests Interesting? The Problem of Political Representation of Women." *The American Political Science Review* 75(3): 701–716.

Sapiro, Virginia, 1983, *The Political Integration of Women: Roles, Socialization, and Politics*. Urbana: University of Illinois Press.

Young, Iris Marion, 2000, *Inclusion and Democracy*. Oxford: Oxford University Press.

Wollstonecraft, Mary, 1996 [1792], *A Vindication of the Rights of Woman*, edited by Candace Ward. New York: Dover Publications.

行政院主計總處編，2016，《2016 年性別圖像：權力、決策與影響力篇》。台北：行政院主計總處。

行政院性別平等處編，2017，《性別與權力、決策與影響力》。台北：行政院。

行政院主計總處編，2018，《2018 年性別圖像：權力、決策與影響力篇》。台北：行政院主計總處。

行政院性別平等處編，2019，《2019 年性別圖像：權力、決策與影響力篇》。台北：行政院性別平等處。

行政院性別平等處編，2020，《2020 年性別圖像：權力、決策與影響力篇》。台北：行政院性別平等處。

行政院性別平等處編，2021，《2021 年性別圖像：權力、決策與影響力篇》。台北：行政院性別平等處。

周碧娥，1987，〈台灣地區婦女政治參與的變遷〉。《社區發展季刊》37: 13–25。

周碧娥，1999，〈臺灣婦女與政治：1985–1994〉。頁 334–370，收錄於王雅各編，《性屬關係（上）：性別與社會、建構》。台北：巨流。

周碧娥，2017，〈性別政治平等：台灣女性參與公共事務與決策〉。頁 5–46，收錄於行政院性別平等處編，《性別與權力、決策與影響力》。台北：行政院。

洪秀菊，1985，〈嘉義新營選民對婦女參政態度之分析〉。頁 557–614，收錄於姜蘭虹等編，《婦女在國家發展過程中的角色研討會論文集》。台北：台灣大學人口研究中心。

范雲、徐永明，1994，〈被發現的台灣婦女選民〉。論文發表於「民主化、政黨政治與選舉學術研討會」，台北：國立政治大學選舉研究中心，民國 83 年 7 月 8 日。

唐文慧、王怡君，1999，〈女性參政者之角色扮演與政策議題：以 1998 年立法委員選舉為例〉。《國立政治大學社會學報》29: 75–116。

婦女新知基金會，2020，〈台灣歷屆內閣性別比例〉。https://www.awakening.org.tw/news/5449，取用日期：2021 年 11 月 9 日。

梁雙蓮、朱浤源，1993，〈從溫室到自立——臺灣女性省議員當選因素初探 (1951–1989)〉。《近代中國婦女史研究》1: 91–124。

莊文忠、鄭夙芬、林瓊珠，2012，《我國選舉制度婦女保障名額之研究》。行政院研究發展考核委員會研究報告 (RDEC-RES-100-008)。台北：行政院研究發展考核委員會。

彭渰雯，2000，〈一九九九台灣女權報告：參政篇〉。頁 73–90，收錄於陳美華、吳嘉苓、胡淑雯、彭渰雯合編，《一九九九台灣女權報告》。台北：婦女新知基金會。

游盈隆，1989，〈性別與投票取向〉。頁 139–159，收錄於梁雙蓮編，《婦女與政治參與》。台北：婦女新知基金會。

黃長玲，2001，〈從婦女保障名額到性別比例原則——兩性共治的理論與實踐〉。《問題與研究》40(3): 69–82。

楊婉瑩，2007，〈政治參與的性別差異〉。《選舉研究》14(2): 53–94。

Note

社會學概論（修訂五版）　　蔡文輝、李紹嶸／編著

誰說社會學是一門高深、難懂的枯燥學科？本書由社會學大師蔡文輝與李紹嶸聯合編著，透過簡明生動的文字，搭配豐富有趣的例子，帶領讀者進入社會學的知識殿堂。本書特色在於：採取社會學理論最新的發展趨勢，以綜合性理論的途徑，精闢分析國外與臺灣的社會現象與社會問題；此外，每章結尾並附有選擇題和問答題，供讀者複習與反思，是一本值得您一讀再讀的社會學入門書籍。

社會學理論（修訂五版）　　蔡文輝／著

本書以簡潔易讀的文字，有系統地介紹和討論當代西方社會學主要理論學派的概念和理論架構。對於功能論、衝突論、符號互動論及交換論等四大學派及其代表人物等，皆有詳盡的說明。其他次要理論如標籤論、社會演化論、俗民方法論、現象論、女性主義理論等亦有介紹。本書緊扣理論的精華，並以客觀的立場評其得失，不僅是社會學系學生學習之指引，也是其他社會科學系學生不可或缺之參考書。

教育社會學（修訂四版）　　陳奎憙／著

本書主要是為準備從事教育工作的教育院系學生而寫，也可供社會學系學生與在職教師閱讀、研究參考之用。書中除詳細介紹「教育社會學理論」、「教育的社會環境」、「教育機會均等」等主題，亦運用現代社會科學理論來分析「教育制度」、「學校社會組織」與「班級社會體系」，更具體探討「教學方法」、「教育專業」、「師生關係」、「青少年次文化」等重要議題。本書歷經多次修訂，在既有的主題架構下更新書中資料，使內容更為周全以符合時代性，是為新版特色。

行政學（修訂五版）

張潤書／著

本書共分七編、三十五章。從「行政學的基本概念」到「行政學的未來展望」，涵蓋了行政學的主要內容。舉凡國內外的相關理論與方法，皆有周詳的論述，堪稱目前國內行政學最新穎、最完備的著作，且兼顧學術性與實務性，無論大專院校或公務機構均可作為重要教科書或參考書。本書自初版以來已多次修訂，尤其對近十年所發展出來的理論與管理方法特別重視，例如組織學習、組織再造、非營利組織、轉換型領導及行政資訊管理等，是參加高、普考及研究所入學考試的最佳與必備參考書籍。

國家圖書館出版品預行編目資料

性別社會學：性別作為範疇、理論與實作／周碧娥
著.——初版一刷.——臺北市：三民，2022
　　面；　公分

　ISBN 978-957-14-7446-5 （平裝）
　1. 性別研究 2. 女性主義 3. 社會學

544.7　　　　　　　　　　　　　111006239

性別社會學：性別作為範疇、理論與實作

作　　　者	周碧娥
責任編輯	張家慈
美術編輯	郭雅萍

發 行 人	劉振強
出 版 者	三民書局股份有限公司
地　　　址	臺北市復興北路 386 號 (復北門市)
	臺北市重慶南路一段 61 號 (重南門市)
電　　　話	(02)25006600
網　　　址	三民網路書店 https://www.sanmin.com.tw

出版日期	初版一刷 2022 年 9 月
書籍編號	S541530
Ｉ Ｓ Ｂ Ｎ	978-957-14-7446-5